金沙遗址考古资料集

（三）

成都文物考古研究所
成都金沙遗址博物馆 编

科学出版社
北京

内 容 简 介

成都文物考古研究所与成都金沙遗址博物馆编《金沙遗址考古资料集（三）》。本书共收录16篇分析测试报告和27篇研究论文。金沙遗址时代约为商代晚期至春秋时期，分布面积约5 km²，文化内涵丰富，对研究古蜀文明的发展演进历程有着重大意义。本书是成都文物考古研究所对金沙遗址多年科技考古成果的集中反映，具有重要的参考价值。

本书可供从事中国考古学、历史学研究的学者参考。

图书在版编目(CIP)数据

金沙遗址考古资料集（三）/成都文物考古研究所，成都金沙遗址博物馆编. —北京：科学出版社，2016.12
ISBN 978-7-03-051076-1

I. 金… II. ①成… ②成… III. 巴蜀文化-文化遗址-考古发掘-发掘报告-成都 IV. K872.711.5

中国版本图书馆CIP数据核字（2016）第302385号

责任编辑：王光明　卜　新／责任校对：张凤琴
责任印制：徐晓晨／封面设计：美光设计

科 学 出 版 社 出版
北京东黄城根北街16号
邮政编码：100717
http://www.sciencep.com

北京教图印刷有限公司 印刷
科学出版社发行　各地新华书店经销

*

2016年12月第 一 版　　开本：787×1092　1/16
2018年5月第二次印刷　印张：21
字数：500 000

定价：208.00元
（如有印装质量问题，我社负责调换）

《金沙遗址考古资料集（三）》编辑委员会

主　编　王　毅
副主编　江章华　蒋　成　朱章义
编　委（按姓名笔画排序）：
　　　　王　方　王　宁　田湘萍　白玉龙
　　　　白　露　刘　珂　孙　杰　杨　弢
　　　　杨　盛　肖　嶙　张　擎　明文秀
　　　　罗春晓　郑漫丽　黄玉洁

目　　录

分析测试报告

金沙遗址出土太阳神鸟金饰分析测试报告 ……………………………………………………
…………………………… 成都文物考古研究所　北京科技大学冶金与材料史研究所（3）

金沙遗址出土金面具分析测试报告 ………………………………………………………………
…………………………… 成都文物考古研究所　北京科技大学冶金与材料史研究所（5）

金沙遗址出土蛙形金饰分析测试报告 ……………………………………………………………
…………………………… 成都文物考古研究所　北京科技大学冶金与材料史研究所（7）

金沙遗址出土金盒分析测试报告 …………………………………………………………………
…………………………… 成都文物考古研究所　北京科技大学冶金与材料史研究所（9）

金沙遗址出土鱼形金箔饰分析测试报告 …………………………………………………………
…………………………… 成都文物考古研究所　北京科技大学冶金与材料史研究所（11）

金沙遗址出土金饰分析测试报告 …………………………………………………………………
…………………………… 成都文物考古研究所　北京科技大学冶金与材料史研究所（13）

金沙遗址出土射鱼纹金带分析测试报告 …………………………………………………………
…………………………… 成都文物考古研究所　北京科技大学冶金与材料史研究所（15）

金沙遗址出土金箔残块分析测试报告 ……………………………………………………………
…………………………… 成都文物考古研究所　北京科技大学冶金与材料史研究所（17）

金沙遗址出土金箔残片分析测试报告 ……………………………………………………………
…………………………… 成都文物考古研究所　北京科技大学冶金与材料史研究所（19）

金沙遗址出土牌形铜器分析测试报告 ……………………………………………………………
…………………………… 成都文物考古研究所　北京科技大学冶金与材料史研究所（22）

金沙遗址出土扁平铜片残块分析测试报告 ………………………………………………………
…………………………… 成都文物考古研究所　北京科技大学冶金与材料史研究所（24）

金沙遗址出土铜瑗分析测试报告 …………………………………………………………………
…………………………… 成都文物考古研究所　北京科技大学冶金与材料史研究所（26）

金沙遗址出土铜器残块分析测试报告……………………………………………………
……………………………成都文物考古研究所　北京科技大学冶金与材料史研究所（28）
金沙遗址出土铜片分析测试报告……………………………………………………………
………………………………成都文物考古研究所　中国科学技术大学科技史与科技考古系（32）
成都金沙遗址博物馆藏三件铜器分析测试报告……………………………………………
………………………………成都博物院　成都金沙遗址博物馆　成都文物考古研究所（35）
金沙遗址出土古象牙成分分析测试报告………………成都文物考古研究所　晨光化工研究院（40）

研究论文

金沙遗址玉器、石器材料研究鉴定 ………杨永富　李　奎　常嗣和　蒋　成　王　方（47）
金沙遗址高精度磁法考古探测研究 …………李　军　王绪本　李才明　张　擎　朱章义（81）
探地雷达在金沙遗址考古探测中的应用研究 ………………………王　亮　王绪本　李正文（83）
模糊聚类磁异常分析在金沙遗址文物识别中的应用研究 ………………………………………
………………………………………………………李　军　王绪本　李才明　张　擎（87）
激发极化法在金沙遗址青铜器文物探测中的应用研究 ………胡清龙　王绪本　江玉乐（94）
金沙遗址考古文化沉积层磁参数特征研究 ………………………………………………………
………………………………李　军　王绪本　张　擎　朱章义　许东郎　苏永军（100）
金沙遗址雍锦湾墓地人骨鉴定报告 ………………………………………魏　东　朱　泓（104）
金沙遗址古人类与古动物牙齿的FTIR与XRD分析 ……………………………………………
…………………………………………………黄成敏　张　擎　柏　松　王成善（111）
四川成都城乡一体化工程金牛区5号C地点考古出土植物遗存分析报告 …………………
………………………………………………姜　铭　赵德云　黄　伟　赵志军（117）
金沙遗址"阳光地带二期"地点浮选结果及初步分析 ………成都文物考古研究所（126）
成都中海国际社区遗址浮选结果及初步分析 ………………成都文物考古研究所（134）
金沙遗址出土金属器的实验分析与研究 ………………肖　嶙　杨军昌　韩汝玢（149）
金沙遗址铜器研究 ………金正耀　朱炳泉　常向阳　许之咏　张　擎　唐　飞（162）
金沙遗址出土铜片的加工工艺研究 ………魏国锋　毛振伟　秦　颖　王昌燧　龚　明（178）
金沙遗址青铜器的化学特征及矿质来源 ………………………向　芳　蒋镇东　张　擎（183）
金沙玉器的稀土元素特征及材质来源 ……………………………………………………………
………………………………向　芳　王成善　蒋镇东　张　擎　李　奎　刘　建（190）
金沙遗址玉器的材质来源探讨 ……………………………………………………………………
………………………向　芳　王成善　杨永富　蒋镇东　张　擎　李　奎　刘　建（194）

成组石璧考古调查与音乐声学测量 ……………………………… 幸晓峰　王　方（201）

PIXE/RBS Studies on Ancient Pottery from Jinsha Ruins Site of Chengdu ……………
　　　　………………………… Ye Li　Liu Mantian　Huang Wei　Yang Sheng　An Zhu（208）

金沙遗址出土古象牙赋存环境研究 ………………………………………………………
　　　　……………… 旦　辉　汪　灵　叶巧明　邓　苗　樊　华　孙　杰　杨颖东（216）

三星堆及金沙遗址出土古象牙的物相及其结晶特征 ……………………………………
　　　　……………… 樊　华　汪　灵　邓　苗　叶巧明　旦　辉　孙　杰　宋　艳　杨颖东（222）

金沙古人类遗址亚黏土层的元素特征及其环境意义 ……………………………………
　　　　……………………… 陈碧辉　李巨初　李　奎　蒋　成　朱章义　张　擎（229）

金沙遗址沉积物微量元素特征及其环境意义 …… 文星跃　曾　娜　黄成敏　张　擎（236）

金沙遗址古环境状况的综合探讨 ……… 傅　顺　叶青培　王成善　刘　建　李　奎（245）

金沙遗址距今3000年的古气候探讨 ………………………………………………………
　　　　……………………… 姚轶锋　李　奎　刘　建　王宇飞　杜乃秋　李承森（253）

金沙遗址古环境初步研究 ……………… 傅　顺　王成善　江章华　刘　建　李　奎（267）

金沙遗址脊椎动物及古环境研究 …………………………………………… 刘　建（274）

分析测试报告

金沙遗址出土太阳神鸟金饰分析测试报告

成都文物考古研究所
北京科技大学冶金与材料史研究所

1 文物简介

太阳神鸟金饰（编号：2001CQJC:477）外径12.5 cm，内径5.29 cm，厚0.02 cm。整器呈圆形，器身极薄。图案采用镂空方式表现，分内外两层：内层为一圆圈，周围等距分布12条旋转的齿状光芒。外层图案围绕在内层图案周围，由四只相同的逆时针飞行的鸟组成。鸟头、爪较大，颈、腿长且粗，身体较小，翅膀短小，喙微下钩，短尾下垂，爪有三趾。四只鸟首足前后相接，朝同一方向飞行，与内层漩涡旋转方向相反（图1）。

整个图案似一幅现代剪纸作品，线条简练流畅，极富韵律，充满强烈的动感。此器构图凝练，是古蜀人丰富的哲学思想、宗教思想，非凡的艺术创造力与想象力和精湛工

图1 太阳神鸟金饰（编号：2001CQJC:477）

艺水平的完美结合，也是古蜀国黄金工艺辉煌成就的代表。2005年8月16日，太阳神鸟金饰图案被国家文物局公布为中国文化遗产标志。

2 测试方法

表面合金成分的无损分析：在配有NORAN公司V4105能谱仪的日本电子株式会社JSE-5900LV扫描电子显微镜下进行测定。样品成分分析用无标样定量分析法进行，其方法是在能谱仪显示的X射线能谱曲线上，扣除本底，把某元素特征X射线峰值面积与

显示的所有元素特征X射线峰值面积和的比值定为该元素的含量,然后归一化处理。V4105能谱仪使用的是超薄窗口,可检测到原子序数大于5的元素。测量分析时的工作条件为激发电压20 kV,扫描时间80 s。考虑到样品成分的偏析,电子束应尽可能大,放大倍率尽可能小,使样品被扫描的面积尽可能大,在未腐蚀区进行面部扫描分析检测。

金器表面合金成分的无损分析,是把金器直接放在扫描电镜的样品台上,推进样品腔中进行分析,分析时应尽量避开器物表面的污染物。

金器表面及纹饰加工痕迹的观察是在光学显微镜和扫描电镜中分别进行,把观察到的有技术特征的痕迹进行照相记录。

3 测试结果

太阳神鸟金饰(编号:2001CQJC:477)表面合金成分分析结果见表1。

表1 太阳神鸟金饰(编号:2001CQJC:477)表面合金成分分析结果

合金元素成分/%			备注
Au	Ag	Cu	
94.2	5.1	0.7	器物表面有来自埋藏环境的污染物,含有Si、Al、Fe、K、Ca、Mg、Na等元素

根据太阳神鸟金饰镂空纹饰线条及边缘所残留的工艺痕迹和特征(图2、图3),认为古代工匠首先是在成形的金薄片表面刻划出整个图案,然后反复刻划切割,形成镂空。由于切割工具不十分锋利,实现纹饰图案的镂空要进行反复刻划,而且每次的刻划不可能与上次线条完全重合,所以,就留下了多次刻划的痕迹;由于反复地用力刻划,加之切割工具较钝,镂空处边缘褶皱和边缘线条不流畅。

图2 太阳神鸟金饰(编号:2001CQJC:477)
镂空纹饰局部加工痕迹(一)

图3 太阳神鸟金饰(编号:2001CQJC:477)
镂空纹饰局部加工痕迹(二)

测试人:肖嶙、杨军昌、韩汝玢

金沙遗址出土金面具分析测试报告

成都文物考古研究所
北京科技大学冶金与材料史研究所

1 文物简介

金面具（编号：2001CQJC:465）高3.74 cm，宽4.92 cm，厚0.01~0.04 cm。人像圆脸，下颌宽圆，耳朵外展，耳廓线清晰，耳垂上有孔，但孔未穿通。眉毛呈弧形向下弯曲，梭形双眼镂空，鼻梁高直，鼻翼与颧骨线相连，大嘴镂空为微张的形状，嘴形似乎略呈笑意（图1）。对器表做抛光处理，内壁则较为粗糙。

该件金面具人面造型风格与四川广汉三星堆器物坑中出土的金人面罩和贴金铜人头像有所区别，却与三星堆器物坑中出土的个别青铜人像和金沙村同时出土的铜立人像面部形态相像，在造型上却更为小巧精致。这件面具可能与三星堆金人罩一样，是包贴于青铜人面像上，但也不能排除它成形后尚未覆盖在铜人头像或其他材质（如木质头像）上的可能。

这类金面具在商周时期其他地区和其他文化中几乎不见，它应当是商周时期四川盆地青铜文化典型性的因素之一。

2 测试方法

表面合金成分的无损分析：在配有NORAN公司V4105能谱仪的日本电子株式会社JSE-5900LV扫描电子显微镜下进行测定。样品成分分析用无标样定量分析法进行，其方法是在能谱仪显示的X射线能谱曲线上，扣除本底，把某元素特征X射线峰值面积与

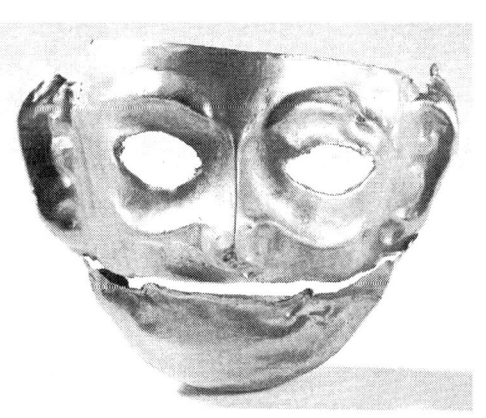

图1 金沙遗址出土金面具
（编号：2001CQJC:465）

显示的所有元素特征X射线峰值面积和的比值,定为该元素的含量,然后归一化处理。V4105能谱仪使用的是超薄窗口,可检测到原子序数大于5的元素。测量分析时的工作条件为激发电压20 kV,扫描时间80 s。考虑到样品成分的偏析,电子束应尽可能大,放大倍率尽可能小,使样品被扫描的面积尽可能大,在未腐蚀区进行面部扫描分析检测。

金器表面合金成分的无损分析,是把金器直接放在扫描电镜的样品台上,推进样品腔中进行分析,分析时应尽量避开器物表面的污染物。

金器表面及纹饰加工痕迹的观察是在光学显微镜和扫描电镜中分别进行,把观察到的有技术特征的痕迹进行照相记录。

3 测试结果

金面具(编号:2001CQJC:465)表面合金成分分析结果见表1。

表1 金面具(编号:**2001CQJC:465**)表面合金成分分析结果

合金元素成分/%			备注
Au	Ag	Cu	
94.0	5.4	0.6	器物表面有来自埋藏环境的污染物,含有Si、Al、Fe、K、Ca、Mg、Na等元素

小金面具(编号:2001CQJC:465)扫描电镜照片见图2、图3。

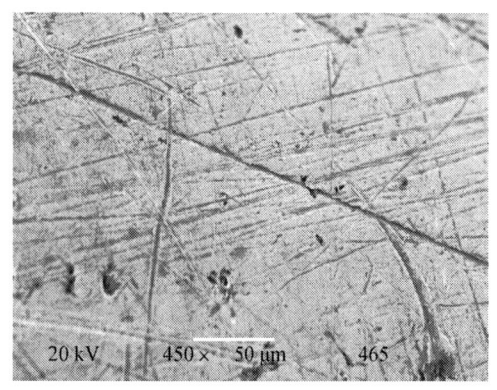

图2 小金面具(编号:2001CQJC:465)
扫描电镜
二次电子图像,外表面的抛光痕迹

图3 小金面具(编号:2001CQJC:465)
扫描电镜
二次电子图像,粗糙的内表面

测试人:肖嶙、杨军昌、韩汝玢

金沙遗址出土蛙形金饰分析测试报告

成都文物考古研究所
北京科技大学冶金与材料史研究所

1 文物简介

蛙形金饰（编号：2001CQJC:215）长6.96 cm，宽6 cm，厚0.004～0.16 cm。此类器物现已出土8件。其中2件完整，6件残破。其器物形制、大小、工艺基本相同，可能有相应的成型模具。整器经锤揲成型后，再以切割方式形成外形。器均呈片状，头部呈尖桃形，面部并列一对圆眼。身呈亚字形，蛙背部中间有一脊线，前后四肢相对向内弯曲，身体尾端呈尖状。脊两侧饰对称弦纹，由背脊处延伸至四肢，弦纹内饰一排连珠状乳丁纹（图1）。

从总体造型和细部特征看，金箔的外形很像是青蛙或蟾蜍。过去在三星堆遗址中曾发现一件写实的圆雕石蟾蜍。实际上，蛙纹图案在公元前3 000多年的仰韶文化彩陶上就已有大量发现，从东到河南，西至甘肃、青海的广大地区都有数量众多的蛙纹彩陶出土。

在中国远古神话传说中，蛙既是生殖崇拜的象征，也是月亮崇拜的代表，中国古代文献中有很多关于月中有蟾蜍的记载，如《淮南子·精神训》："日中有踆乌，而月中有蟾蜍。"类似的题材还广泛见于汉代的壁画及画像石上。同时祭蛙求雨也是一种较为古老的祭祀习俗。这类造型金器不见于其他地区，为金沙遗址所独有。有学者曾根据中国南方地区青铜时代经常发现的铜鼓组合纹饰特点推测，此类器物很有可能是与金沙太阳神鸟金饰组合贴附在漆器上使用。其构图为太阳神鸟金饰居于漆器的中央，周围等距放射状或旋转状的排列蛙形金饰，这种意见颇值得重视。

2 测试方法

表面合金成分的无损分析：在配有NORAN公司V4105能谱仪的日本电子株式会社JSE-5900LV扫描电子显微镜下进行测定。样品成分分析用无标样定量分析法进行，其

图 1 蛙形金饰（编号：2001CQJC:215）

方法是在能谱仪显示的X射线能谱曲线上，扣除本底，把某元素特征X射线峰值面积与显示的所有元素特征X射线峰值面积和的比值，定为该元素的含量，然后归一化处理。V4105能谱仪使用的是超薄窗口，可检测到原子序数大于5的元素。测量分析时的工作条件为激发电压20 kV，扫描时间80 s。考虑到样品成分的偏析，电子束应尽可能大，放大倍率尽可能小，使样品被扫描的面积尽可能大，在未腐蚀区进行面部扫描分析检测。

金器表面合金成分的无损分析，是把金器直接放在扫描电镜的样品台上，推进样品腔中进行分析，分析时应尽量避开器物表面的污染物。

3 测试结果

蛙形金饰（编号：2001CQJC:215）表面合金成分分析结果见表1。

表 1 蛙形金饰（编号：2001CQJC:215）表面合金成分分析结果

合金元素成分/%			备注
Au	Ag	Cu	
84.2	14.4	1.4	器物表面有来自埋藏环境的污染物，含有Si、Al、Fe、K、Ca、Mg、Na等元素

测试人：肖嶙、杨军昌、韩汝玢

金沙遗址出土金盒分析测试报告

成都文物考古研究所
北京科技大学冶金与材料史研究所

1 文物简介

盒形金器（编号：2001CQJC:591）高3.13 cm，长径9.43 cm，短径2.97 cm，厚0.03 cm。

2 测试方法

表面合金成分的无损分析：在配有NORAN公司V4105能谱仪的日本电子株式会社JSE-5900LV扫描电子显微镜下进行测定。样品成分分析用无标样定量分析法进行，其方法是在能谱仪显示的X射线能谱曲线上，扣除本底，把某元素特征X射线峰值面积与显示的所有元素特征X射线峰值面积和的比值，定为该元素的含量，然后归一化处理。V4105能谱仪使用的是超薄窗口，可检测到原子序数大于5的元素。测量分析时的工作条件为激发电压20 kV，扫描时间80 s。考虑到样品成分的偏析，电子束应尽可能大，放大倍率尽可能小，使样品被扫描的面积尽可能大，在未腐蚀区进行面部扫描分析检测。

金器表面合金成分的无损分析，是把金器直接放在扫描电镜的样品台上，推进样品腔中进行分析，分析时应尽量避开器物表面的污染物。

3 测试结果

盒形金器（编号：2001CQJC:591）表面合金成分分析结果见表1。

表 1　盒形金器（编号：2001CQJC:591）表面合金成分分析结果

合金元素成分/%			备注
Au	Ag	Cu	
91.0	8.6	0.4	器物表面有来自埋藏环境的污染物，含有Si、Al、Fe、K、Ca、Mg、Na等元素

测试人：肖嶙、杨军昌、韩汝玢

金沙遗址出土鱼形金箔饰分析测试报告

成都文物考古研究所
北京科技大学冶金与材料史研究所

1 文物简介

鱼形金箔饰（2001CQJC:1359）照片见图 1。器身呈柳叶形，头部有一圆形小穿孔，身上刻有鱼刺纹和点纹。

图 1　鱼形金箔饰（2001CQJC:1359）

2 测试方法

表面合金成分的无损分析：在配有NORAN公司V4105能谱仪的日本电子株式会社JSE-5900LV扫描电子显微镜下进行测定。样品成分分析用无标样定量分析法进行，其方法是在能谱仪显示的X射线能谱曲线上，扣除本底，把某元素特征X射线峰值面积与显示的所有元素特征X射线峰值面积和的比值，定为该元素的含量，然后归一化处理。V4105能谱仪使用的是超薄窗口，可检测到原子序数大于5的元素。测量分析时的工作条件为激发电压20 kV，扫描时间80 s。考虑到样品成分的偏析，电子束应尽可能大，放大倍率尽可能小，使样品被扫描的面积尽可能大，在未腐蚀区进行面部扫描分析检测。

金器表面合金成分的无损分析，是把金器直接放在扫描电镜的样品台上，推进样品腔中进行分析，分析时应尽量避开器物表面的污染物。

3 测试结果

鱼形金箔饰（2001CQJC:1359）表面合金成分分析结果见表1。

表1 鱼形金箔饰（2001CQJC:1359）表面合金成分分析结果

合金元素成分/%			备注
Au	Ag	Cu	
86.7	11.7	1.6	器物表面有来自埋藏环境的污染物，含有Si、Al、Fe、K、Ca、Mg、Na等元素

测试人：肖嶙、杨军昌、韩汝玢

金沙遗址出土金饰分析测试报告

成都文物考古研究所
北京科技大学冶金与材料史研究所

1 文物简介

金饰2件（编号：2001CQJC:1369）。

2 测试方法

表面合金成分的无损分析：在配有NORAN公司V4105能谱仪的日本电子株式会社JSE-5900LV扫描电子显微镜下进行测定。样品成分分析用无标样定量分析法进行，其方法是在能谱仪显示的X射线能谱曲线上，扣除本底，把某元素特征X射线峰值面积与显示的所有元素特征X射线峰值面积和的比值，定为该元素的含量，然后归一化处理。V4105能谱仪使用的是超薄窗口，可检测到原子序数大于5的元素。测量分析时的工作条件为激发电压20 kV，扫描时间80 s。考虑到样品成分的偏析，电子束应尽可能大，放大倍率尽可能小，使样品被扫描的面积尽可能大，在未腐蚀区进行面部扫描分析检测。

金器表面合金成分的无损分析，是把金器直接放在扫描电镜的样品台上，推进样品腔中进行分析，分析时应尽量避开器物表面的污染物。

3 测试结果

金饰2件（编号：2001CQJC:1369）表面合金成分分析结果见表1。

表1　金饰2件（编号：2001CQJC:1369）表面合金成分分析结果

	合金元素成分/%			备注
	Au	Ag	Cu	
a	93.6	5.7	0.7	器物表面有来自埋藏环境的污染物，
b	93.1	6.7	0.2	含有Si、Al、Fe、K、Ca、Mg、Na等元素

测试人：肖嶙、杨军昌、韩汝玢

金沙遗址出土射鱼纹金带分析测试报告

成都文物考古研究所
北京科技大学冶金与材料史研究所

1 文物简介

射鱼纹金带（编号：2001CQJC:688）直径19.6~19.9 cm，宽2.68~2.8 cm，厚0.02 cm。器呈圆环形，直径上大下小，出土时断裂为长条形。锤揲成型，金带表面纹饰主要以錾刻的技艺完成，在局部纹饰中采用了刻划工艺。纹饰由四组相同图案构成，每组图案分别有一鱼、一箭、一鸟和一圆圈。鱼体宽短，大头圆眼，嘴略下钩，嘴上有胡须，鱼身刻划鳞片，身上有较长的背鳍，身下有两道较短的腹鳍，鱼尾作丫形，两尾尖向前卷曲。箭头插入鱼头，箭杆较粗，带尾羽，鱼的胡须处采用刻划工艺。鸟位于箭杆后方，鸟头与鱼头朝箭羽方向，鸟为粗颈，长尾，大头，钩喙，头上有冠，翼展较小，腿爪前伸，鸟爪亦采用刻划工艺。圆圈纹位于每组图案之间，直径约2 cm，外轮廓由两道旋纹构成，中间有两个对称的小圆圈（仍由两道旋纹构成），每个小圆圈的上下各饰有一长方形框，组成一个图案（图1）。

图1 金带（编号：2001CQJC:688）

2 测试方法

金器表面及纹饰加工痕迹的观察是在光学显微镜和扫描电镜中分别进行,把观察到的有技术特征的痕迹进行照相记录。

3 测试结果

从射鱼纹金带(2001CQJC:688)表面纹饰中鱼纹的局部照片中可清楚看到纹饰的加工痕迹(图2)。纹饰线条刻槽的翻边,以及线条曲线的不流畅、走刀和缺笔等,如鱼鳞、腹部、背鳍、腹鳍、胡须、鱼眼和箭的端头等处。根据金器表面纹饰线条刻槽的加工痕迹和特征,判断金射鱼纹带表面纹饰应是刻划形成。经在放大的照片上实际测量和计算,纹饰线条宽度为0.3~0.4 mm。

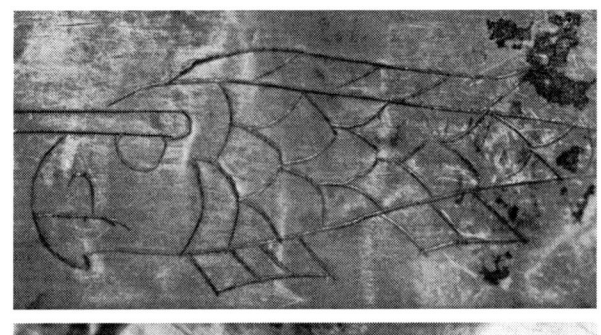

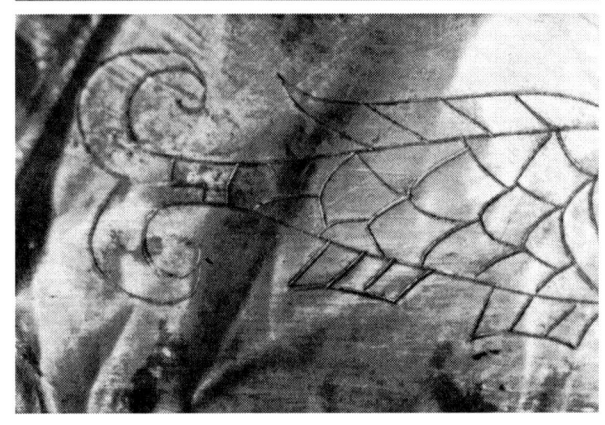

图2 金带中鱼纹局部的加工痕迹

测试人:肖嶙、杨军昌、韩汝玢

金沙遗址出土金箔残块分析测试报告

成都文物考古研究所
北京科技大学冶金与材料史研究所

1 文物简介

金箔残块（2001CQJC:1343）。

2 测试方法

表面合金成分的无损分析：在配有NORAN公司V4105能谱仪的日本电子株式会社JSE-5900LV扫描电子显微镜下进行测定。样品成分分析用无标样定量分析法进行，其方法是在能谱仪显示的X射线能谱曲线上，扣除本底，把某元素特征X射线峰值面积与显示的所有元素特征X射线峰值面积和的比值，定为该元素的含量，然后归一化处理。V4105能谱仪使用的是超薄窗口，可检测到原子序数大于5的元素。测量分析时的工作条件为激发电压20 kV，扫描时间80 s。考虑到样品成分的偏析，电子束应尽可能大，放大倍率尽可能小，使样品被扫描的面积尽可能大，在未腐蚀区进行面部扫描分析检测。

金器表面合金成分的无损分析，是把金器直接放在扫描电镜的样品台上，推进样品腔中进行分析，分析时应尽量避开器物表面的污染物。

3 测试结果

金箔残块（2001CQJC:1343）表面合金成分分析结果见表1。

表1 金箔残块（2001CQJC:1343）表面合金成分分析结果

合金元素成分/%			备注
Au	Ag	Cu	
88.2	11.4	0.4	器物表面有来自埋藏环境的污染物，含有Si、Al、Fe、K、Ca、Mg、Na等元素

测试人：肖嶙、杨军昌、韩汝玢

金沙遗址出土金箔残片分析测试报告

成都文物考古研究所
北京科技大学冶金与材料史研究所

1 文物简介

金相检验和合金成分分析见表1。

表1 金相检验和合金成分分析

金箔残片（参见图1）	2001CQJC:116	0.1~0.3	取样	
金箔残片	2001CQJC:223	0.08~0.1	取样	厚度数据为扫描电镜下实测
金箔残片	2001CQJC:225	0.08	取样	
金箔残片（参见图2）	2001CQJC:425	0.07~0.1	取样	

2 测试方法

取样分析的金器样品是选取出土的残样（图1、图2），在残样上剪切一小块，经

图1 金箔残片
（上：2001CQJC:116，下：2001CQJC:225）

图2 金箔残片
（编号2001CQJC:425）

镶嵌、磨光、抛光处理,用王水加铬酸酐溶液浸蚀,在金相显微镜下观察,配合使用扫描电镜进行微区组织观察和成分分析,并进行厚度测量。

3 测试结果

金箔残片表面合金成分分析结果见表2。

表2 金箔残片表面合金成分分析结果

编号	合金元素成分/%			备注
	Au	Ag	Cu	
116	85.5	14.3	0.2	器物表面有来自埋藏环境的污染物,含有Si、Al、Fe、K、Ca、Mg、Na等元素
223	84.5	15.3	0.3	
225	83.3	16.4	0.3	
425	89.7	10.1	0.2	

剪切的4件金箔残块样品,经镶嵌、磨光、抛光处理后,用王水加铬酸酐溶液浸蚀,在金相显微镜下观察,配合使用扫描电镜进行观察,图3、图4是在扫描电镜中观察的金箔样品金相组织的二次电子图像,其检验结果列入表2。

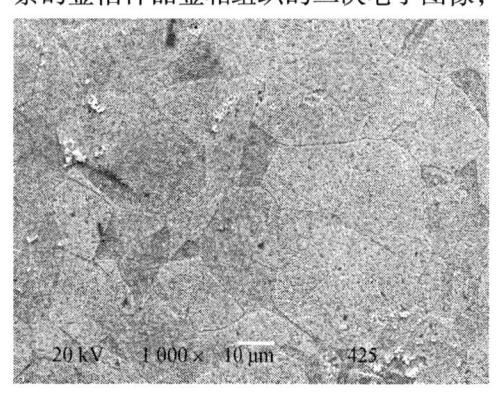

图3 浸蚀后金箔样品平面的金相组织
(2001CQJC:425,二次电子图像)

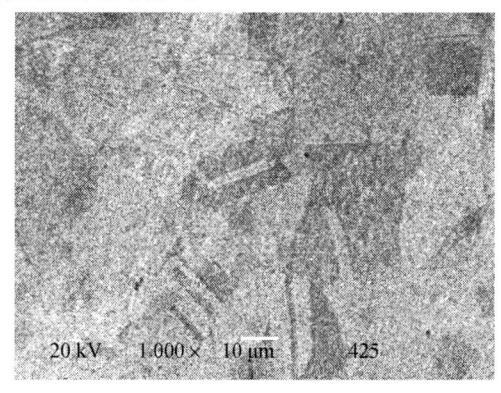

图4 浸蚀后金箔样品剖面的金相组织
(2001CQJC:425,二次电子图像)

金沙遗址出土部分金器样品的金相组织检验结果见表3。

表3 金沙遗址出土部分金器样品的金相组织检验结果

样品名称	材质	组织检验	加工工艺
金箔残片 2001CQJC:116	AuAg	浸蚀后,金相显微镜和扫描电镜下观察,基体组织为α等轴晶和孪晶; 金箔厚度大约100 μm,较厚处达300 μm	热锻成形
金箔残片 2001CQJC:223	AuAg	金相显微镜和扫描电镜下观察,基体为α等轴晶和孪晶组织; 测量金箔厚度约为90 μm	热锻成形

续表

样品名称	材质	组织检验	加工工艺
金箔残片 2001CQJC:225	AuAg	浸蚀后在显微镜和扫描电镜中观察，基体组织为等轴晶和孪晶；金箔厚度为80 μm左右	热锻成形
金箔残片 2001CQJC:425	AuAg	浸蚀后在扫描电镜中二次电子像观察，基体组织为等轴晶和孪晶，等轴晶晶粒大小相近；金箔厚度为70~100 μm	热锻成形

测试人：肖嶙、杨军昌、韩汝玢

金沙遗址出土牌形铜器分析测试报告

成都文物考古研究所
北京科技大学冶金与材料史研究所

1 文物简介

铜器样品及所分析检验的项目见表1。

表1 铜器样品及所分析检验的项目一览表

文物名称	文物编号	几何尺寸/mm	取样情况	检测项目
牌形铜器	2001CQJC:691	壁厚0.3~0.4	取样	金相检验、合金成分

牌形铜器（2001CQJC:691）见图1。

图1 牌形铜器（2001CQJC:691）
分析样品取自断碴处

2 测试方法

出土部分铜器样品经镶嵌、磨光、抛光处理,用三氯化铁盐酸酒精溶液浸蚀,进行金相组织检验和成分分析,并测量器壁厚度。金相组织检验可以确定铜器的加工工艺是铸造还是锻造等,以及缺陷、夹杂物的分布状况;成分分析可以明确铜器的合金配比和种类等。

铜器的成分是在配有NORAN公司V4105能谱仪的日本电子株式会社JSE-5900LV扫描电子显微镜下测定的。

3 测试结果

金沙遗址出土部分铜器成分分析结果见表2。

表2 金沙遗址出土部分铜器成分分析结果(单位:%)

器物名称	实验编号	Cu	Sn	Pb	Fe	S	As	合金种类	备注
牌形铜器	691	79.3	15.8	4.7	0.2	—		CuSnPb	热锻

注:—表明未检测到该元素。

所取样品,经镶嵌、磨光、抛光,制成金相样品,用三氯化铁盐酸酒精溶液浸蚀,在显微镜下观察,配合使用扫描电镜进行微区观察和成分分析,并进行厚度测量,其样品的金相组织检验结果列入表3,样品的金相组织见图2(二次电子像)。

表3 金沙遗址出土部分铜器的金相组织检验结果

器物名称	器物编号	金相检验	合金种类	加工工艺
牌形铜器	691	Pb分布不均匀,且沿加工方向变形;浸蚀后,可见α等轴晶和孪晶(图2);存在(Cu,Fe,S)夹杂	CuSnPb	热锻

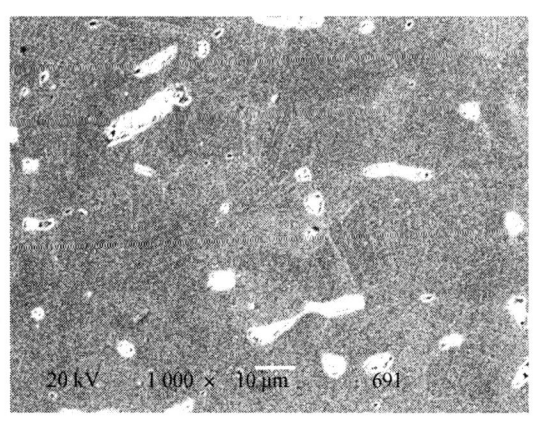

图2 牌形铜器(2001CQJC:691)样品浸蚀后的金相组织

测试人:肖嶙、杨军昌、韩汝玢

金沙遗址出土扁平铜片残块分析测试报告

成都文物考古研究所
北京科技大学冶金与材料史研究所

1 文物简介

铜器样品及所分析检验的项目见表1。

表1 铜器样品及所分析检验的项目

文物名称	文物编号	几何尺寸/mm	取样情况	检测项目
粘连在铜方孔锄形器表面的扁平铜片残块（参见图1）	2001CQJC:905	壁厚0.20~0.25	取样	金相检验、合金成分

扁平铜片残块（905）见图1。

图1 扁平铜片残块（905）
分析样品取自粘连在铜方孔锄形器（2001CQJC:905）表面的扁平铜片残块

2 测试方法

出土部分铜器样品经镶嵌、磨光、抛光处理,用三氯化铁盐酸酒精溶液浸蚀,进行金相组织检验和成分分析,并测量器壁厚度。金相组织检验可以确定铜器的加工工艺是铸造还是锻造等,以及缺陷、夹杂物的分布状况;成分分析可以明确铜器的合金配比和种类等。

铜器的成分是在配有NORAN公司V4105能谱仪的日本电子株式会社JSE-5900LV扫描电子显微镜下测定的。

3 测试结果

金沙遗址出土部分铜器成分分析结果见表2。

表2 金沙遗址出土部分铜器成分分析结果(单位:%)

器物名称	实验编号	Cu	Sn	Pb	Fe	S	As	合金种类	备注
粘连在铜方孔锄形器表面的扁平铜片残块	905	84.7	15.2	—	0.1	—		CuSn	热锻

注:—表明未检测到该元素。

所取样品,经镶嵌、磨光、抛光,制成金相样品,用三氯化铁盐酸酒精溶液浸蚀,在显微镜下观察,配合使用扫描电镜进行微区观察和成分分析,并进行厚度测量,其样品的金相组织检验结果列入表3,样品的金相组织见图2(二次电子像)。

表3 金沙遗址出土部分铜器的金相组织检验结果

器物名称	器物编号	金相检验	合金种类	加工工艺
铜方孔锄形器表面粘连的扁平铜残块(图2)	905	浸蚀后,可见α等轴晶和孪晶(图2),质地纯净,含极少量(Cu,Fe)夹杂	CuSn	热锻

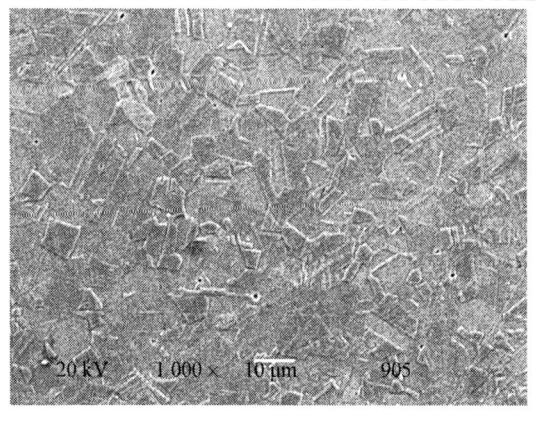

图2 铜方孔锄形器(2001CQJC:905)表面粘连的扁平铜残块浸蚀后的金相组织

测试人:肖嶙、杨军昌、韩汝玢

金沙遗址出土铜瑗分析测试报告

成都文物考古研究所
北京科技大学冶金与材料史研究所

1 文物简介

铜器样品及所分析检验的项目见表1。

表1 铜器样品及所分析检验的项目一览表

文物名称	文物编号	几何尺寸/mm	取样情况	检测项目
铜瑗	2001CQJC:924		取样	金相检验、合金成分

2 测试方法

出土部分铜器样品经镶嵌、磨光、抛光处理，用三氯化铁盐酸酒精溶液浸蚀，进行金相组织检验和成分分析，并测量器壁厚度。金相组织检验可以确定铜器的加工工艺是铸造还是锻造等，以及缺陷、夹杂物的分布状况；成分分析可以明确铜器的合金配比和种类等。铜瑗（2001CQJC:924）见图1。

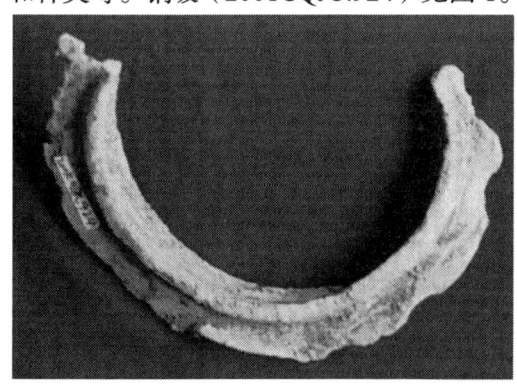 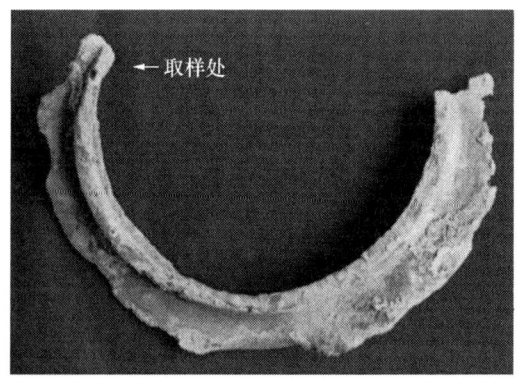

图1 铜瑗（2001CQJC:924）
分析样品取自断碴处

铜器的成分是在配有NORAN公司V4105能谱仪的日本电子株式会社JSE-5900LV扫描电子显微镜下测定的。

3 测试结果

金沙遗址出土部分铜器成分分析结果见表2。

表2 金沙遗址出土部分铜器成分分析结果（单位：%）

器物名称	实验编号	Cu	Sn	Pb	Fe	S	As	合金种类	备注
铜瑗	924	90.7	2.4	0.5	—	0.5	5.9	CuSnAs	铸造

注：—表明未检测到该元素。

所取样品，经镶嵌、磨光、抛光，制成金相样品，用三氯化铁盐酸酒精溶液浸蚀，在显微镜下观察，配合使用扫描电镜进行微区观察和成分分析，并进行厚度测量，其样品的金相组织检验结果列入表3，样品的金相组织见图2（二次电子像）。

表3 金沙遗址出土部分铜器的金相组织检验结果

器物名称	器物编号	金相检验	合金种类	加工工艺
铜瑗	924	晶内偏析明显，扫描电镜微区分析表明，二次电子图像中深色部分A含Sn、As较多，浅色部分B为CuSn相，黑色部分C是（Cu，S）夹杂（图2）	CuSnAs	铸造

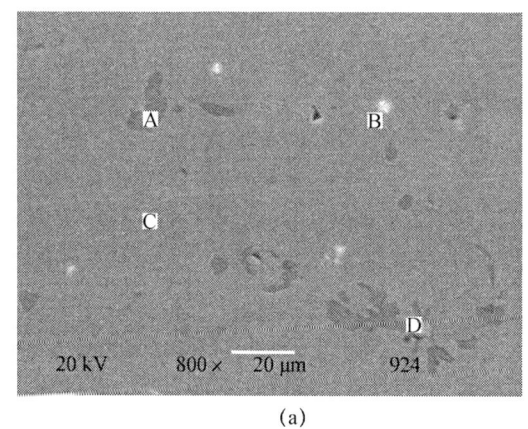
(a)

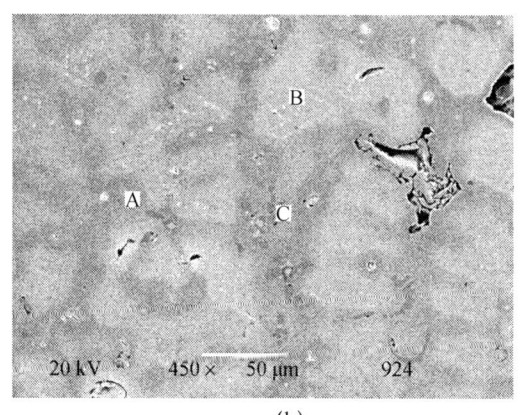
(b)

图2 铜瑗（2001CQJC:924）样品浸蚀前后的金相组织
（a）浸蚀前：A.（Cu，S）夹杂；B.铅；C.CuAs合金；D.CuSn相。
（b）浸蚀后：A.CuSnAs；B.CuAs；C.（Cu，S）夹杂

测试人：肖嶙、杨军昌、韩汝玢

金沙遗址出土铜器残块分析测试报告

成都文物考古研究所
北京科技大学冶金与材料史研究所

1 文物简介

铜器样品及所分析检验的项目见表1。

表1 铜器样品及所分析检验的项目一览表

文物名称	文物编号	几何尺寸/mm	取样情况	检测项目
扁平铜片残块	TC01	厚0.6~0.7，宽5.5	取样	金相检验、合金成分
扁平铜片残块	TC02	厚0.6~0.7，宽12.3	取样	金相检验、合金成分
扁平铜片残块	TC03	厚0.32，宽18.3	取样	金相检验、合金成分
眼形器残块	TC04	厚0.19，宽17.8	取样	金相检验、合金成分
扁平铜片残块	TC05	厚0.23，宽18.5	取样	金相检验、合金成分
扁平铜片残块	TC06	厚0.2	取样	金相检验、合金成分
扁平铜片残块	TC07	厚0.24，宽16.2	取样	金相检验、合金成分
扁平铜片残块	TC08	厚0.3~0.4，宽17.5	取样	金相检验、合金成分
眼形器残块	TC09	厚0.2~0.3	取样	金相检验、合金成分
薄壁铜器残块	TC10	厚0.25~0.3	取样	金相检验、合金成分

金沙遗址出土的部分扁平铜片残块见图1。

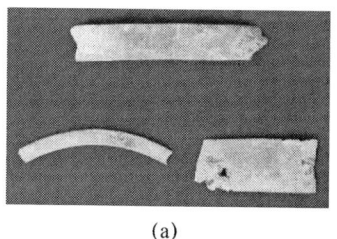

图 1　金沙遗址出土的部分扁平铜片残块
（a）TC01（上）、TC02（左）、TC03（右）；（b）TC10；（c）TC05（左）、TC06（右）

2　测试方法

出土部分铜器样品经镶嵌、磨光、抛光处理，用三氯化铁盐酸酒精溶液浸蚀，进行金相组织检验和成分分析，并测量器壁厚度。金相组织检验可以确定铜器的加工工艺是铸造还是锻造等，以及缺陷、夹杂物的分布状况；成分分析可以明确铜器的合金配比和种类等。

铜器的成分是在配有NORAN公司V4105能谱仪的日本电子株式会社JSE-5900LV扫描电子显微镜下测定的。

3　测试结果

金沙遗址出土部分铜器成分分析结果见表2。

表 2　金沙遗址出土部分铜器成分分析结果（单位：%）

器物名称	实验编号	Cu	Sn	Pb	Fe	S	As	合金种类	备注
扁平铜片残块	TC01	76.2	15.9	7.8	—	—		CuSnPb	铸造
扁平铜片残块	TC02	72.8	13.0	14.2	0.1	—		CuSnPb	热锻
扁平铜片残块	TC03	83.6	11.9	4.4	0.1	—		CuSnPb	热锻
眼形器残块	TC04	86.9	11.3	1.6	0.2	—		CuSn	热锻
扁平铜片残块	TC05	84.1	12.0	3.9	—	—		CuSnPb	热锻
扁平铜片残块	TC06	83.0	12.2	4.7	0.1	—		CuSnPb	热锻
扁平铜片残块	TC07	83.4	12.3	4.2	0.1	—		CuSnPb	热锻
扁平铜片残块	TC08	85.0	12.2	2.7	0.1	—		CusnPb	热锻
眼形器残块	TC09	73.8	18.6	7.2	0.3	—		CuSnPb	热锻
薄壁铜器残块	TC10	82.1	14.9	3.0	—	—		CuSnPb	热锻

注：—表明未检测到该元素。

所取样品，经镶嵌、磨光、抛光，制成金相样品，用三氯化铁盐酸酒精溶液浸蚀，在显微镜下观察，配合使用扫描电镜进行微区观察和成分分析，并进行厚度测量，其样品的金相组织检验结果列入表3，样品的金相组织见图2～图5（二次电子像）。

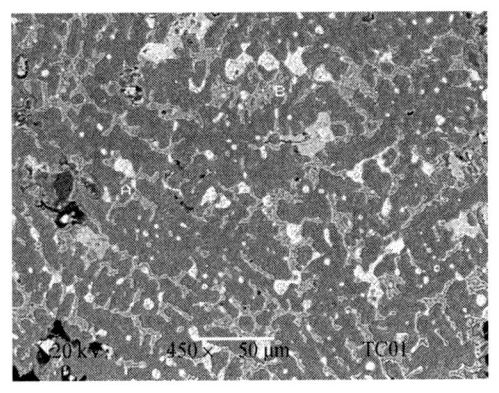 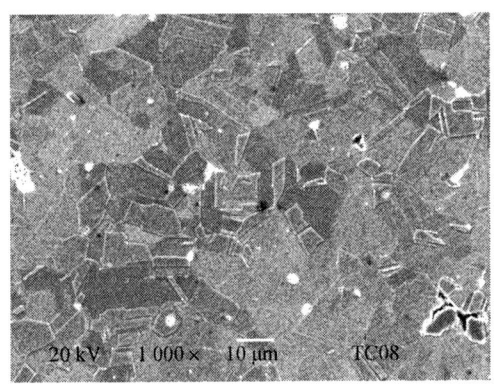

图 2 扁平铜片残块（TC01）样品的金相组织　　　图 3 扁平铜片残块（TC08）样品的金相组织

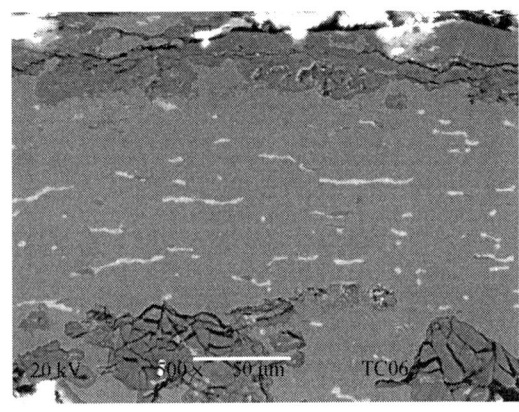 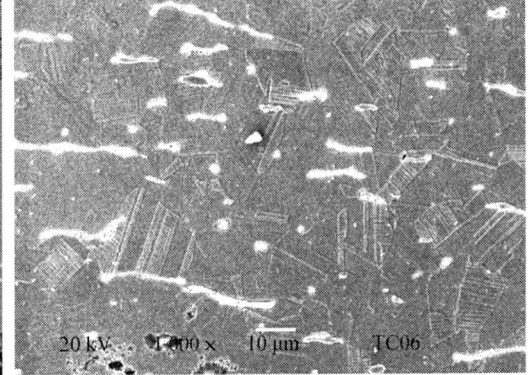

图 4 扁平铜片残块（TC06）样品浸蚀前后的金相组织

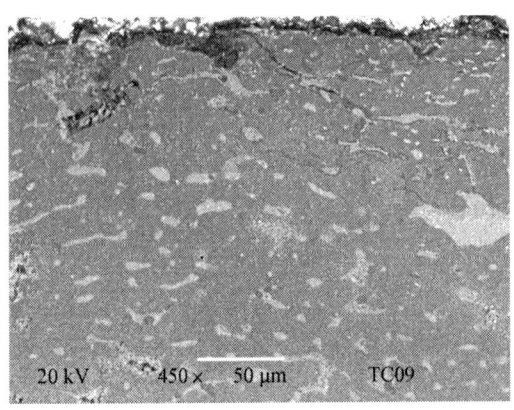 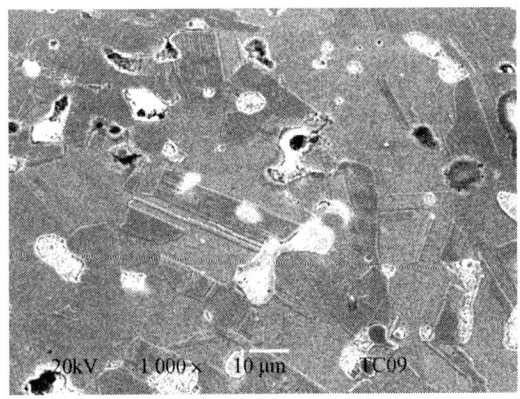

图 5 眼形器残块（TC09）样品浸蚀前后的金相组织

表3 金沙遗址出土部分铜器的金相组织检验结果

器物名称	器物编号	金 相 检 验	合金种类	加工工艺
扁平铜片残块	TC01	α固溶体树枝晶,有较多(α+δ)相析出,Pb分布不均匀,扫描电镜微区分析有(Cu,S)夹杂(图2)	CuSnPb	铸造
扁平铜片残块	TC02	α等轴晶和孪晶,Pb分布不均匀,且沿加工方向变形,存在(Cu,S)和(Cu,Fe,S)夹杂	CuSnPb	热锻
扁平铜片残块	TC03	α等轴晶和孪晶,Pb分布较均匀,且沿加工方向变形,(Cu,S)夹杂与Pb相伴;表面有约25 μm的锈蚀层	CuSnPb	热锻
眼形器残块	TC04	α等轴晶和孪晶,晶内存在滑移带,Pb分布不均匀,且沿加工方向变形,(Cu,S)夹杂与Pb相伴;表面约有20 μm的锈蚀层	CuSn	热锻
扁平铜片残块	TC05	α等轴晶和孪晶,晶内有滑移带,Pb分布较均匀,且沿加工方向变形,(Cu,S)夹杂与Pb相伴;表面有约40 μm锈蚀层	CuSnPb	热锻
扁平铜片残块	TC06	α等轴晶和孪晶,晶内有滑移带(图3);Pb分布较均匀,且沿加工方向变形,(Cu,S)和(Cu,Fe,S)夹杂与Pb相伴;表面约有50 μm的锈蚀层(图4)	CuSnPb	热锻
扁平铜片残块	TC07	α等轴晶和孪晶,Pb分布不均匀,且沿加工方向变形;表面约有45 μm的锈蚀层	CuSnPb	热锻
扁平铜片残块	TC08	α等轴晶和孪晶,Pb分布不均匀,且沿加工方向变形;有(Cu,S)和(Cu,Fe,S)夹杂;表面约有25 μm的锈蚀层(图3)	CusnPb	热锻
眼形器残块	TC09	α等轴晶和孪晶,Pb分布较均匀,且沿加工方向变形;存在与Pb相伴的夹杂;表面约有30 μm的锈蚀层(图5)	CuSnPb	热锻
薄壁铜器残块	TC10	α等轴晶和孪晶,Pb分布较均匀,且沿加工方向变形;存在与Pb相伴的夹杂;表面约有20 μm的锈蚀层	CuSnPb	热锻

测试人:肖嶙、杨军昌、韩汝玢

金沙遗址出土铜片分析测试报告

成都文物考古研究所
中国科学技术大学科技史与科技考古系

1 文物简介

本次实验所用样品为两个残铜片,编号分别为Jst-1和Jst-2,如图1、图2所示。两个残片表面均有一薄层淡绿色铜锈,轻磨后显示基体的颜色为淡黄色。样品Jst-1长度为45 mm,最大宽度10 mm,最小宽度9 mm,平均厚度为0.12 mm。该铜片上有树形纹饰,清晰可见。样品Jst-2长度为25 mm,最大宽度7 mm,最小宽度6 mm,平均厚度为0.09 mm。该铜片上无树形纹饰,右端有裂纹。

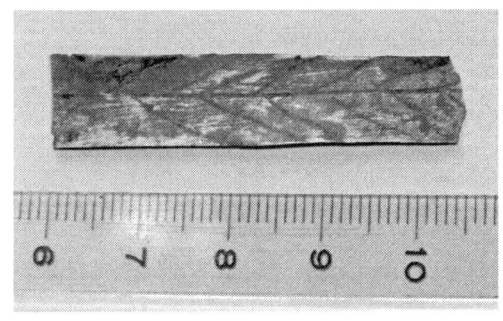 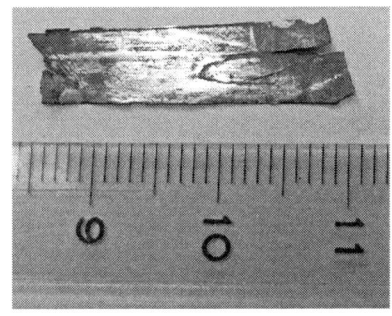

图1 样品Jst-1　　　　　　　　　图2 样品Jst-2

2 测试方法

将两个铜片的表面局部轻磨,去掉绿锈层,露出铜本体,以进行成分分析和物相分析。成分分析采用中国科学技术大学理化科学实验中心的XRF-1800型X射线荧光仪(日本岛津公司)。工作条件:该仪器配有4 kW端窗铑(Rh)靶X射线管,管口铍窗厚度为75 μm，并配以最大电流140 mA X射线电源及发生器，高精度的$\theta\sim2\theta$独立驱动系统，双向旋转的10位晶体交换系统，3种狭缝可交换，灵敏自动控制系统，为获取高可靠性的成分数据提供了保证。

物相分析采用中国科学技术大学理化科学实验中心的D/MAX－RA型旋转阳极X射线衍射仪（日本理学电机公司）。工作条件：Cu K_α辐射，电压、电流分别为40 kV、100 mA，DS、SS、RS依次为1°、1°、0.15 mm。衍射计量范围是25°～90°。

将两个样品各剪下一小块，经过镶样、磨光、抛光，制成金相试样以备用。金相检验采用中国科学技术大学力学与机械工程系材料力学行为与设计实验室的扫描电子显微镜和金相显微镜。扫描电镜由PHILIPS公司生产。型号：XL30ESEM。工作条件：加速电压15 kV，束斑直径5 nm，工作距离10 nm。金相显微镜为南京江南光学仪器厂制造，型号：XJL-03。

3 测试结果

X射线荧光分析的结果如表1所示。从表1可以看出，这两个铜片都为高锡青铜，含锡量高达22%，含铅量很低。由其成分看，这两个铜片应是用同一种合金材质制作而成。

表1 金沙铜片的X射线荧光分析结果（单位：%）

样品号	Cu	Sn	Pb	Fe	As	Cr	Ni	S	Zn
Jst-1	76.3075	22.5370	0.2261	0.3707	0.3323	0.0541	0.0140	0.1582	
Jst-2	76.9649	22.1271	0.1340	0.3980	0.0762	0.0571	0.0106	0.1610	0.0711

两件样品的X射线衍射结果表明其主要物相相同。图3为样品Jst-1的X射线衍射图。将衍射分析结果与JCPDS标准数据对照，可以确定铜片的主要组织为α固溶体。由于X射线衍射方法的灵敏性有一定的限制，并且一组衍射数据不可能包含所有相的

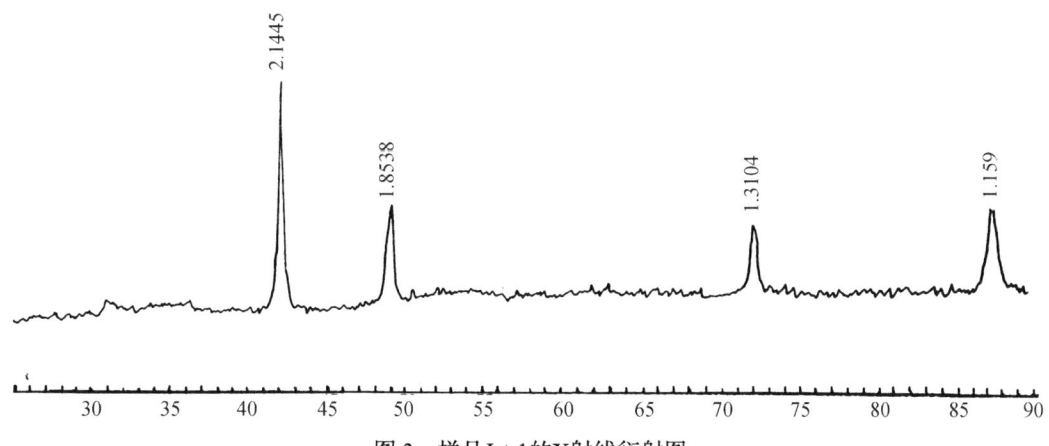

图3 样品Jst-1的X射线衍射图

图 4　样品 Jst-1 的金相组织（400×）

信息，所以常常把它所分析的数据与金相显微镜分析结果结合起来，才能更好地说明问题。

把准备的金相试样用5%的三氯化铁盐酸酒精溶液浸蚀后，在金相显微镜下观察其金相组织，配合使用扫描电镜进行微区组织观察，结果显示两个样品均为热冷加工组织。图 4 和图 5 分别是样品 Jst-1 的金相组织和扫描电镜照片。图 4 显示样品 Jst-1 的金相组织为再结晶的 α 等轴晶及孪晶，晶粒破碎，铜片的形变量很大，基体上白色内有斑纹的不规则块状为（α＋δ）共析体。同时，在 α 等轴晶粒内存在大量滑移线。扫描电镜的观察结果（图 5）与金相显微镜相一致，滑移线更为清楚。这些组织特征表明铜片在经过高温锻打后，又在再结晶温度以下进行了冷加工处理。

综上分析，可以确定这两个铜片的制作工艺如下：先用高锡合金铸成一定厚度的铜材，然后将其加热到 520~586℃ 或 586~798℃ 温度范围内进行锻打成形。此温度下，青铜处于 α＋γ 或 α＋β 相区，易于锻造。随着锻造过程的进行，温度下降，当温底下降到 520℃ 以下时，进入 α＋δ 相区，由于 δ 相的脆性，此时不能实行锻打，锻造即结束。在金沙遗址，就曾发现厚度为 0.6~0.7 mm 的扁平铜片，为铸造成形。如将其进一步锻打，完全有可能加工成厚 0.1 mm 左右的铜片的。样品 Jst-1 表面的树形纹饰应是用预先制作的树模，在铜片表面压印而成。古代工匠凭借经验判断加热及锻造温度范围，制定了 500~700℃ 工艺标准，符合该金属的塑形最佳区，避开了带有脆性的 δ 相，而使合金处于 α＋γ 或 α＋β 相区进行加工，是一项了不起的成就。

图 5　样品 Jst-1 的扫描电镜照片（800×）

测试人：魏国锋、毛振伟、秦颍、肖嶙

成都金沙遗址博物馆藏三件铜器分析测试报告

成都博物院

成都金沙遗址博物馆

成都文物考古研究所

2014年8月,依据成都金沙遗址博物馆展陈需要,对其馆藏的三件铜器进行相关保护处理。在具体保护护理前对铜器做了部分分析检测。检测内容主要包括铜器表面锈蚀形貌观察和锈蚀物物相分析。

三件铜器的基本信息见表1。

表1 三件铜器的基本信息

序号	文物名称	文物编号	时代	质地	尺寸/cm	重量/g	完残程度
1	方孔形铜器	51010004001471	晚商至西周	铜器	长11.7,宽8.4,高1.3	91.8	微缺损
2	方孔形铜器	51010004001457	晚商至西周	铜器	长7.9,宽6.2,高0.9	41.1	完整
3	铜铃	51010004000137	晚商至西周	铜器	长3.8,宽1.6,高4.1	37.32	完整

1 显微观察

采用日本基恩士 VHX-2000系列超景深三维视频显微系统对铜器表面锈蚀状况进行观察,在显微镜下可看到,方孔形铜器(51010004001471)表面局部的锈蚀物层较为紧密坚硬,其背面局部锈蚀粉化;方孔形铜器(51010004001457)的背面大面积锈蚀酥粉及矿化;铜铃(51010004000137)表面局部锈蚀粉化相当严重。具体见图1~图4。

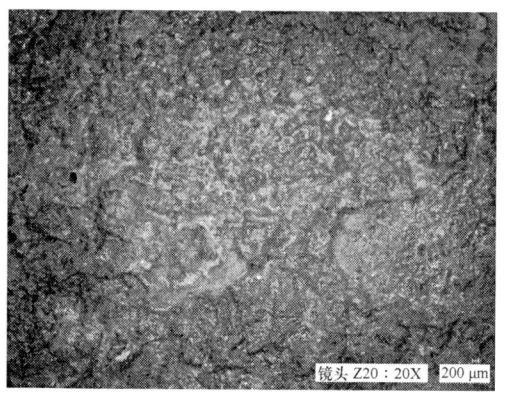

图1 方孔形铜器（51010004001471）正面表面锈蚀硬结物

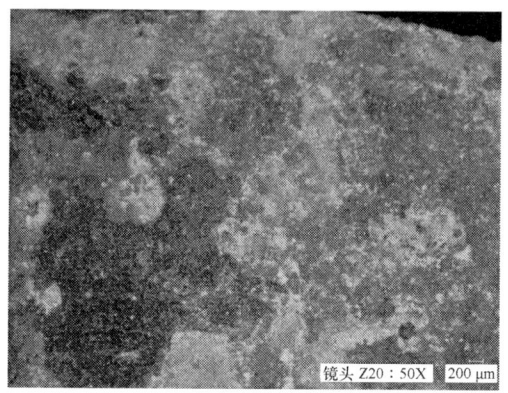

图2 方孔形铜器（51010004001471）背面局部锈蚀

图3 方孔形铜器（51010004001457）背面局部锈蚀

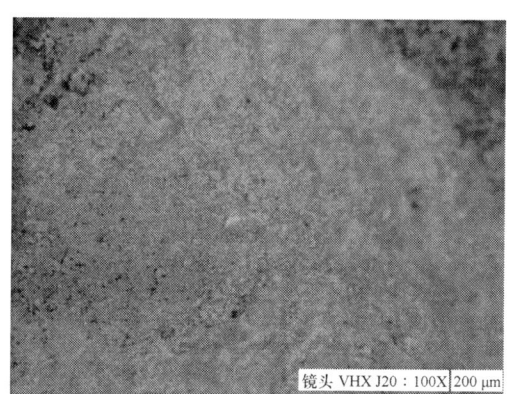

图4 铜铃（51010004000137）表面局部锈蚀酥粉

2 X射线衍射分析

针对肉眼所观察到铜器表面不同的锈蚀物结构和颜色，采集部分锈蚀物样品，利用四川大学DX-1000型X射线粉末衍射仪对其进行锈蚀产物分析。测试条件为：波长1.542 Å，管电压40 kV，管电流25 mA，起始—终止角度$2\theta=5°\sim80°$，Cu靶，扫描速度$0.08°/s$。

结果如图5～图10所示，这三件铜器表面的坚硬锈蚀物主要为碱式碳酸铜、碳酸铜及硫酸铜等，而锈蚀粉末化的主要是氧化锡、二氧化锡、氧化亚铜及氧化铜等。

通过超景深三维视频显微观察和X射线衍射分析，可见成都金沙遗址博物馆藏的这三件铜器整体腐蚀严重，尤其是其局部均出现矿化和粉末状锈蚀酥松，急需对其进行保护处理。

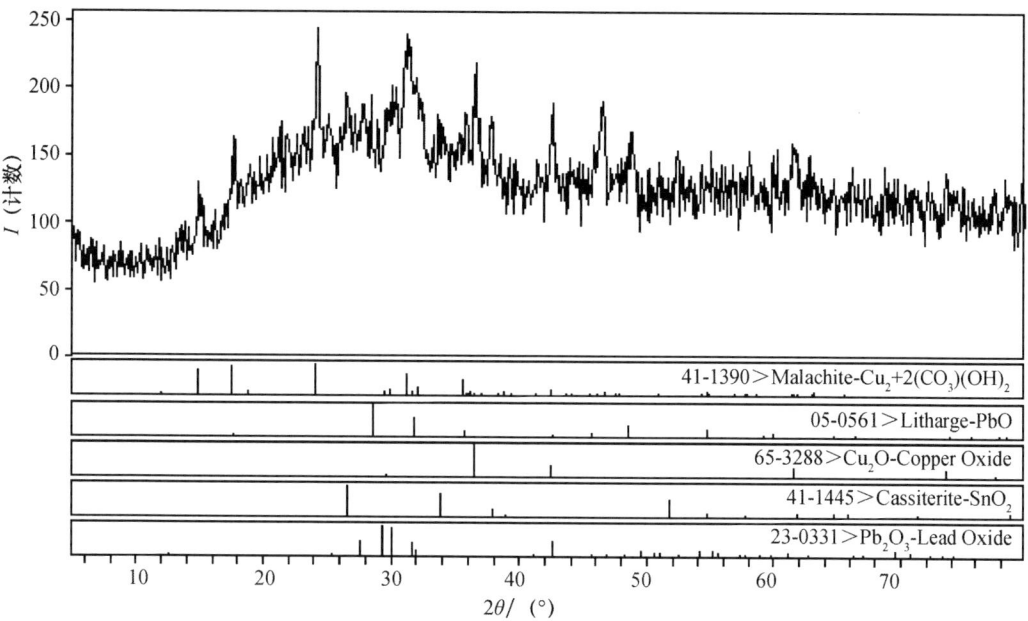

图 5　51010004001471方孔形铜器表面局部锈蚀酥粉样X射线衍射谱图

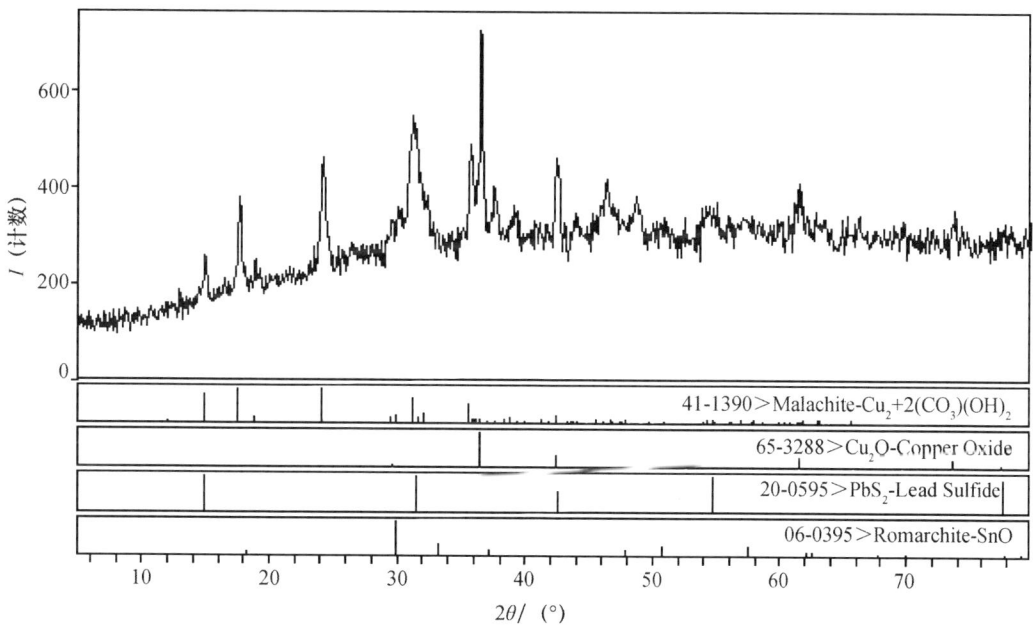

图 6　51010004001471方孔形铜器表面锈蚀硬结物样X射线衍射谱图

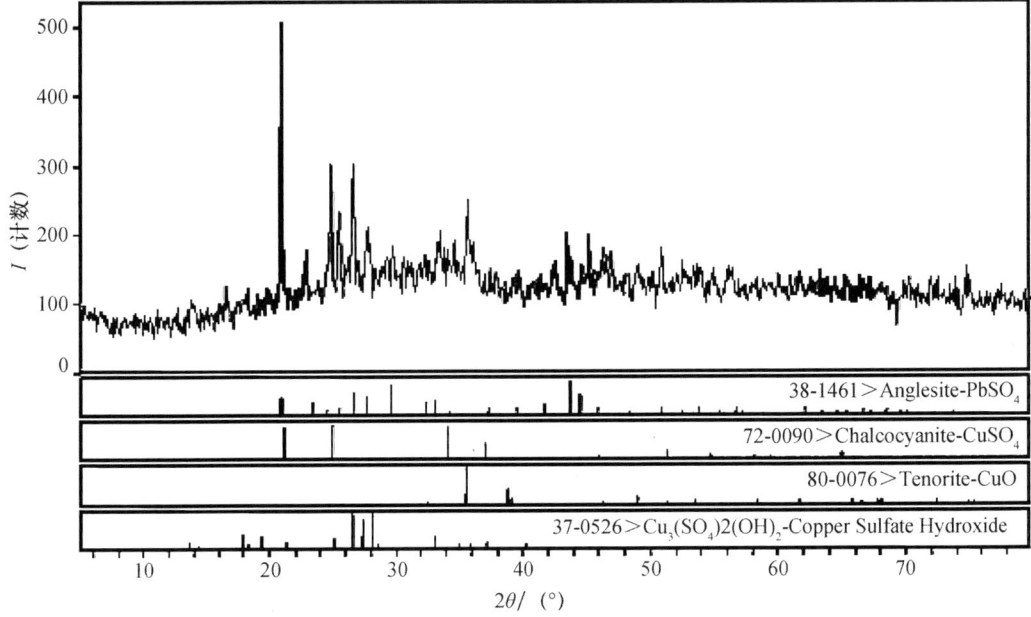

图 7 51010004001457方孔形铜器表面锈蚀硬壳下黑色粉末样X射线衍射谱图

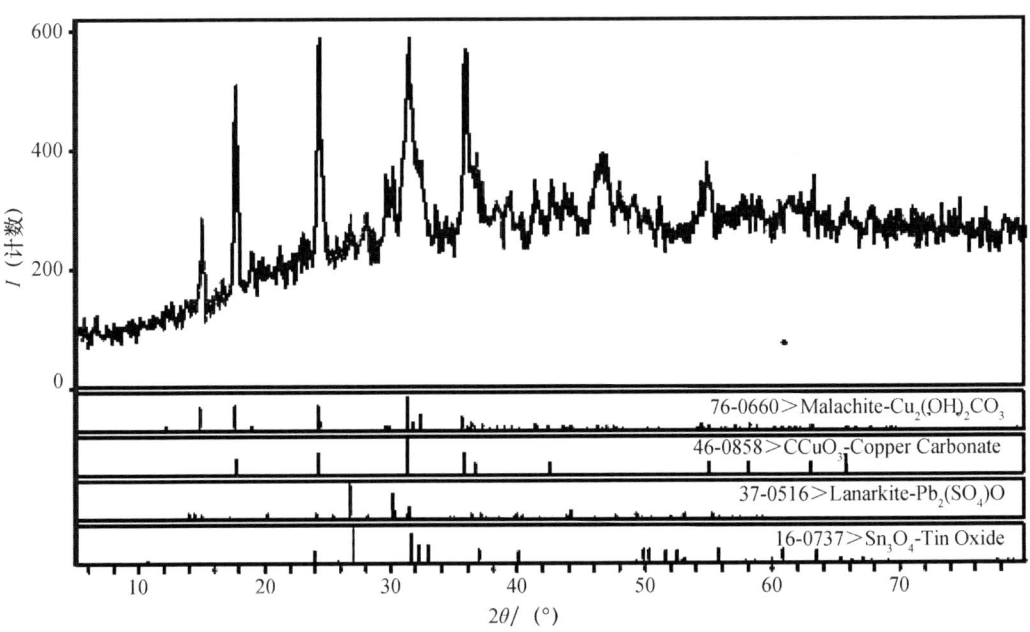

图 8 51010004001457方孔形铜器表面锈蚀壳样X射线衍射谱图

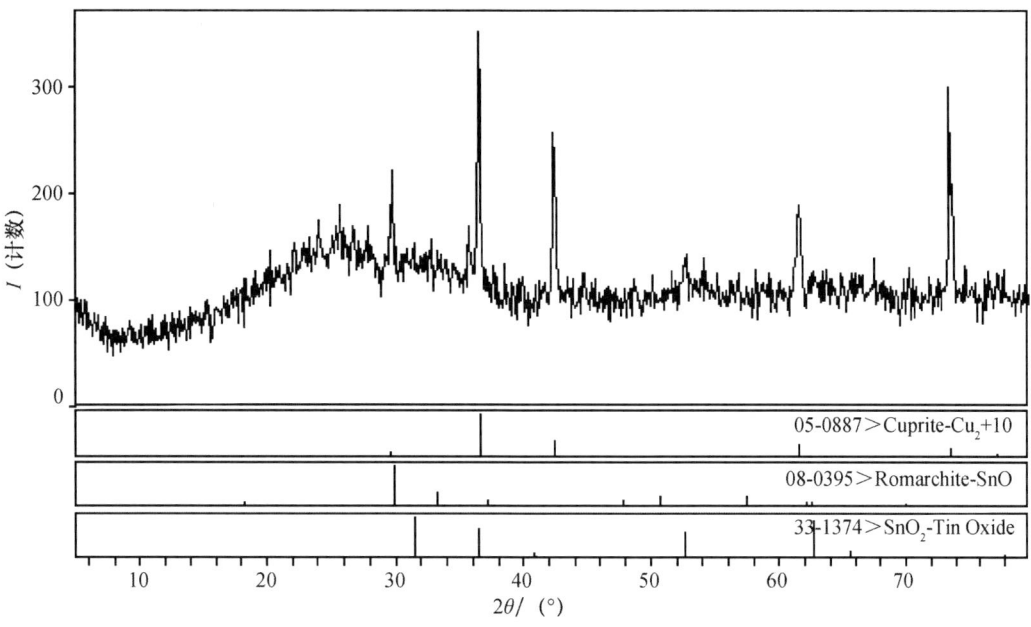

图9 51010004001457方孔形铜器背面局部锈蚀样X射线衍射谱图

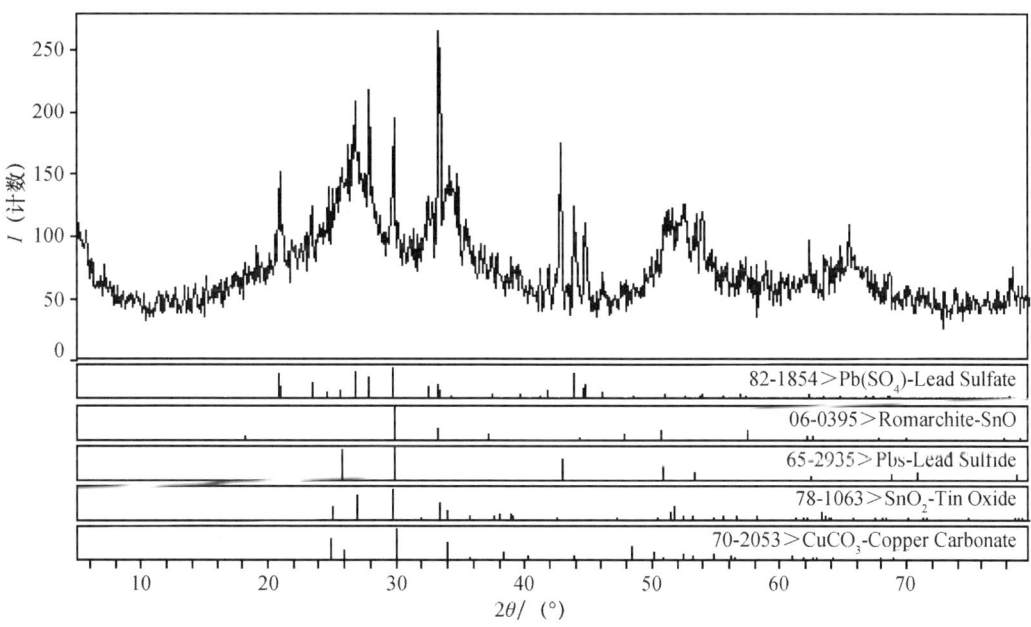

图10 51010004000137铜铃表面局部锈蚀酥粉样X射线衍射谱图

测试人：王宁、罗春晓、肖嶙

金沙遗址出土古象牙成分分析测试报告

成都文物考古研究所　晨光化工研究院

1　目　的

确认出土古象牙的主体成分；确认在长时间的地下掩埋过程中其中有机质是否已经被水分置换。

2　实验方法原理

使用红外光谱分析方法分析出土古象牙的成分，光谱与标准谱图对应，确定其主要成分。

利用红外光谱适宜于分析有机物的特点，检测出土古象牙的有机物存在。

3　实验设备及材料

设备　红外光谱仪：型号为PARAGON—1000
材料　古象牙碎片，包括内层和外层的碎片。

4　实验条件及准备

2001年12月和2002年1月先后2次委托化学工业部晨光化工研究院测试中心进行检测。成分分析样品说明见表1。

表1　成分分析样品说明

样品编码	测试时间	样品说明
O	2001年12月12日	一般样品带皮、带芯
A	2002年1月17日	象牙芯部，预烘干105℃，50 h
B	2002年1月17日	象牙外壳层，预烘干105℃，50 h

第一次样品含水量大,红外光谱分析方法对水分特别敏感,测试中心在第二次测试前对样品进行了烘干干燥处理,烘干条件为:恒温105℃±1℃,连续烘干50 h。

5 实验现象和数据及处理

测试中心提供3份检测谱图和1份相对应的标准谱图(牙齿)(图1~图4),以及1份分析测试结果报告单(表2),分析结果确认两次样品的化学成分一样,都是羟-碳酸-磷灰石,化学分子式是$Ca_5(F|(PO_4,CO_3OH)_3)$。

表2 晨光化工研究院分析测试结果报告单

编号:

样品名称	象牙		
送样人	/	报告日期	2002.3.25
送样单位	考古研究所		
分析结果: 去年12月份和今年1月份两次送样。第一次送样未烘,第二次送样105℃,50 h烘,两次送样(分别有内层和外层),其化学成分一样。 羟-碳-磷灰石:$Ca_5(F|(PO_4,CO_3OH)_3)$。			
备注:			

批准: 审核: 主检:

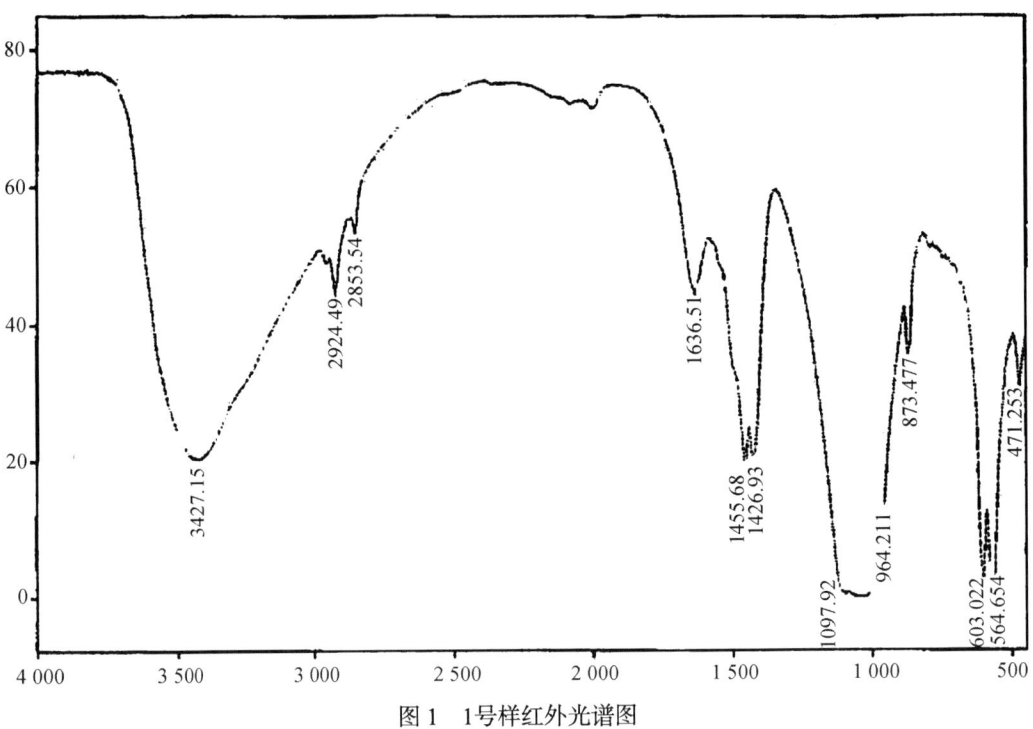

图1　1号样红外光谱图

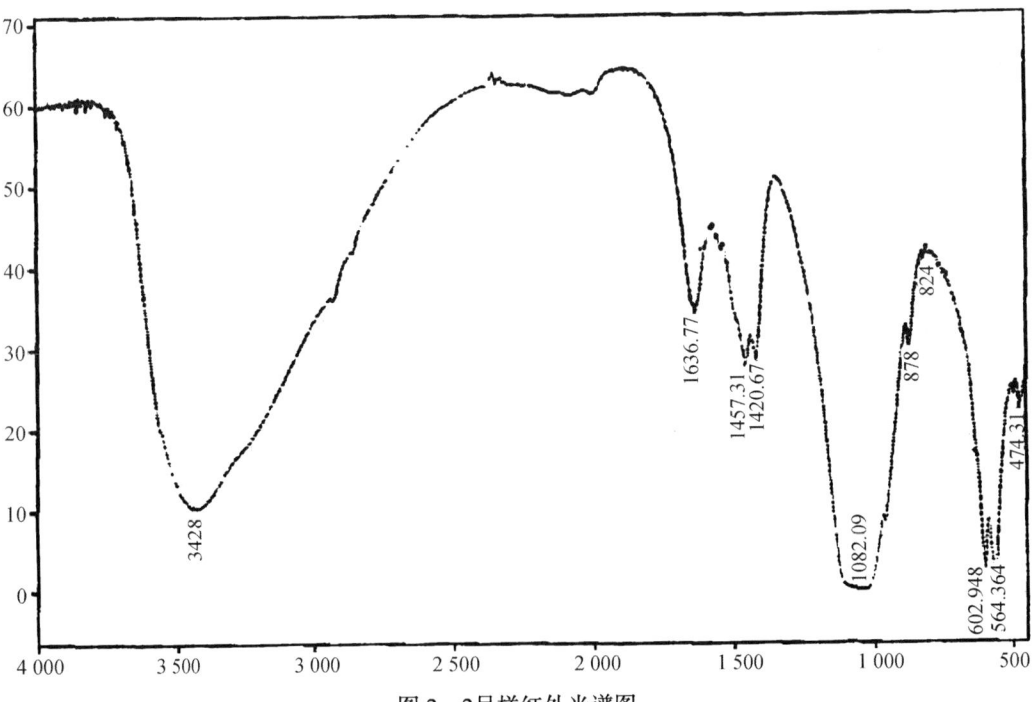

图2　2号样红外光谱图

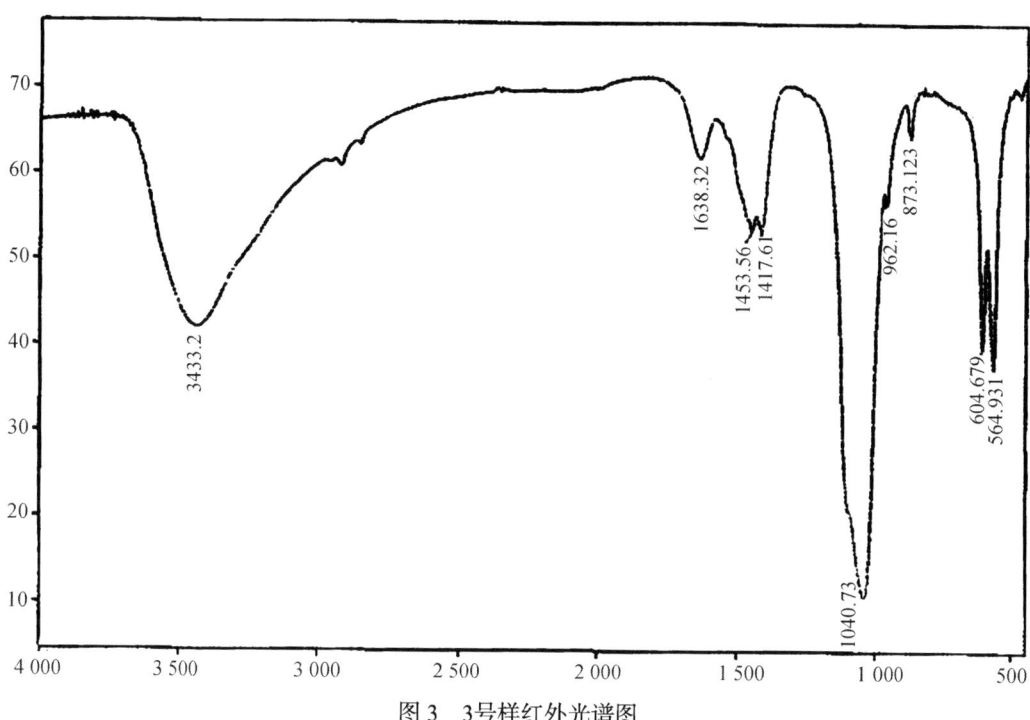

图3　3号样红外光谱图

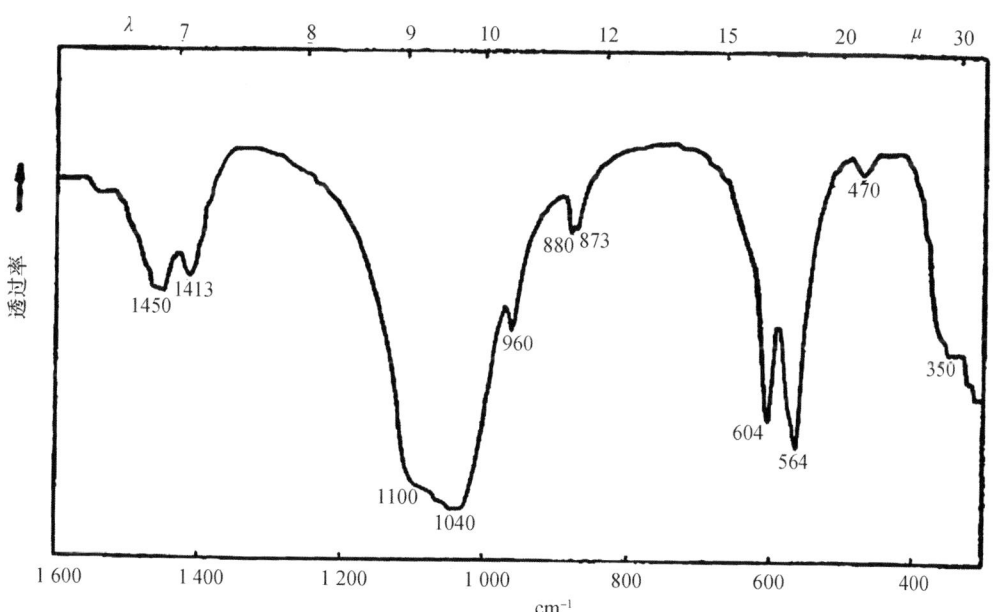

图4　牙齿标准红外光谱图

牙齿（羟-碳酸-磷灰石）（tooth（hydroxyl-carbonate-apatite））、$Ca_5（F|（PO_4,CO_3OH）_3）$

对照图 2 和图 3，可以发现A样（内芯）还存在微量有机物（存在C—H特征），而外壳基本没有。

对照实测谱图和标准谱图，发现实测样品中存在大量水分。

结　　论

通过红外分析确认，出土古象牙的主要成分是羟-碳酸-磷灰石，与牙齿的主要化学成分相同，化学分子式是$Ca_5(F|(PO_4,CO_3OH)_3)$。

出土古象牙的内芯部分还含有微量有机物，外壳没有。

出土古象牙内含有大量水分。

测试人：肖嶙、白玉龙、孙杰

研究论文

金沙遗址玉器、石器材料研究鉴定

杨永富　李　奎　常嗣和　蒋　成　王　方

金沙遗址地处成都市青羊区苏坡乡金沙村和金牛区黄忠村，现已探明分布面积3 km^2。这里曾是中房集团成都房地产开发总公司开发的区域，整个区域被划分为蜀风花园的梅苑（遗址东北部）和兰苑（位于梅苑的西侧，相距约30 m）、体育公园（南邻兰苑，东邻梅苑的北部）和黄忠村的三和花园。因此，考古发掘工作也就根据这些定名来划定发掘区域。

目前，金沙遗址共布探方667个，发掘面积达16587 m^2，发掘深度1.2～4.5 m。其中，在梅苑东北部区域共布探方145个，发掘面积3625 m^2。在文化堆积面积约8000 m^{2}的范围内出土了大量珍贵文物，有近万件金器、铜器、玉器、石器，以及11种脊椎动物的遗骨的残骸。在大约相当于西周时期第7层文化层的地层中发现了一个大型象牙堆积坑。祭祀区一期发掘现场见图1。

为探察金沙遗址玉器、石器原材料产地，2002年11月，笔者前往阿坝州汶川县进行野外地质考察。2004年5～12月，多次补充采集金沙遗址及其周围的围岩样品11件，以便进一步进行鉴定和比较（表1）。

表1　金沙遗址古环境研究野外调查工作量

时　间	地点	任务	相关工作
2002年11月	阿坝州汶川县 成都彭州	野外调查玉石器原材料产地	采集玉石器原材料 探寻金沙遗址玉器石器原材料产地
2004年5～12月	金沙遗址 成都彭州	野外调查玉石器原材料的产地；编写报告	补充采集围岩标本11件 采集玉石器原材料

1　取样和鉴定方法

考虑到对玉石器文物的保护，仅能作毫克量级取样。对微量样品作常规鉴定时，选用偏光显微镜下的碎屑样品油浸法光学鉴定是恰当的。取样在双目实体镜下进行。对整器物的表里、各部位作观察并对其变化有全面了解之后，再取下有代表性的样品（必

图 1　祭祀区一期发掘现场

要时须取多个）。最佳取样位选在器物的新鲜断口或陈旧断口上，随着器物的修复取样损伤将被掩盖。器物表面的孔眼沟槽内及抛光不良部也适宜取样，这在视觉上几乎察觉不出取样损伤。对于硬度低且疏松的材料用钢质小改刀刃口（宽约 1 mm）拨取微量碎屑，硬而坚韧的材料则用专用金刚石刃口工具刮取微粉。油浸法光学鉴定可获得晶体（或解理）的形态、透明程度、颜色及多色性、光学均质与非均质性、干涉色序、消光位置、延长符号、折射率等晶体光学参数。但由于被检测的晶粒太小，且难以定向，故不能得到一轴晶、二轴晶，光性正负及准确的主折射率数据。不过，被鉴定的玉、石器材料绝大多数为常见矿物或岩石，因此检测到的光学参数是能够对材料做出正确鉴定的。

尽管如此，仍开展了少量样品的扫描电镜微形貌和能谱元素分析，以验证光学鉴定结果的正确性。对于个别疑难矿物鉴定问题，需要做进一步的探讨。

2　玉、石器材料定名鉴定的依据及材料特征

2.1　透闪石（$Ca_2Mg_5(Si_4O_{11})_2(OH)_2$，斜方）

（光学片 1、2、3，电镜片 1、2、3、4、5、6）

金沙遗址绝大部分玉器材料为透闪石（即软玉），故予以较大的关注。

碎屑单晶在镜下为柱状、针状、纤维状的一向延长晶体（或解理）；集合体为平行或发射束状、交织毛毡状体。单晶透明无色。较厚的单晶或束状集合体（厚约30 μm）干涉色II级，小角度斜消光，正延性。多数材料的折射率N'_g<1.62，N'_p>1.60；少数N'_g可达1.63。

抽样多件作能谱分析，主要元素为Si、Mg、Ca、Fe、Al。其中，Fe/（Mg+Fe）原子数比均小于5%（>10%，为阳起石）。

块体材料内部多为白、灰、浅黄，极少为微绿的基本无色系列的颜色。但器物表面则呈现丰富多彩并构成天然的斑纹图案。除部分有领、无领玉璧，玉环、玉镯有较好的透明度（半透明）外，多数器物不透明。大多数材料疏松、多孔、多缝隙，表面硬度很低（系蚀变滑石引起）。光学和电镜片显示一向延长的单晶最粗可到50 μm，而绝大多数为1 μm以下，集合体主要为毡状交织结构。

除透闪石外，材料中几乎均出现滑石，也常见到方解石，此外几乎无别的矿物。透闪石器物表面被滑石覆盖，材料内部也有滑石零星分布。极少数器物材料甚至大部分都是滑石，但仍可见透闪石残余，考虑到该滑石为透闪石器物后期蚀变形成，在此仍定为透闪石。

透闪石与滑石的相变：

$$3Ca_2Mg_5(Si_4O_{11})_2(OH)_2+6CO_2+2H_2O = 5Mg_3(Si_4O_{10})(OH)_2+6Ca(CO_3)+4SiO_2$$
　　（透闪石）　　　　（滑石）　　　　（方解石）　　　　（石英）

透闪石在CO_2和H_2O的参与下，生成滑石、方解石和石英，这是在表生环境下（有CO_2、H_2O）的放热反应，为蚀变或次生作用。反之，滑石等生成透闪石则需热力作用（系吸热反应），称之为变质作用。结合金沙玉器3 000年地表埋藏条件，原透闪石材料部分蚀变为滑石的变化是合理的。

偶见材料中的脉状方解石穿插透闪石，应为原生方解石。更多的方解石生长在透闪石材料的空隙中呈复三方偏三角面体的自形晶，显然是蚀变生成滑石的同期产物。在对透闪石作元素分析时，往往出现Mg、Ca不足而Si过剩的情况，甚至有Si的富集区，但在电镜片中未观察到石英自形晶体，故蚀变的SiO_2生成物应主要为无定形态。

从透闪石材料的矿物组合单调和结构疏松强度低以及与之一并出土的大量板岩、千枚岩石器来看，它们都是由区域变质作用形成且变质程度较低。

金沙透闪石玉器表面丰富色彩构成的天然图案是奇特而罕见的。除个别玉器（及石器）表面人为地涂抹了辰砂红粉饰纹外，其他色纹均为自然形成。红褐色系、橙黄色系器物的表面元素与内部相比有较高的Fe，并在蚀变滑石之上浮生了针状晶体（应为针铁矿）。绿色器物表面则含有明显的Cu元素（材料内部不含Cu），也是在表面的片状滑石之上浮生了针状晶体（应为孔雀石）。黑色的器物表面则出现了材料本身绝不可能出现的Cl元素，该表生元素与植物及有机碳有关，果然，黑色表面物经灼烧后，退黑为白。于是可将红橙色系归于表面的针铁矿（FeO（OH）），另可能有赤铁矿（Fe_2O_3）；绿色归于孔雀石（$Cu_2(CO_3)(OH)_2$），可能尚有蓝铜矿（$Cu_3(CO_3)_2(OH)_2$）；而黑色主要是有机碳质物。形成红橙色的针铁矿（或赤铁矿）的Fe元素和呈黑色的碳元素应源于掩埋器物的土壤。一般土壤和绝大多数矿物是不含Cu的，Cu离子只能是与玉器一起掩埋的铜器被溶失而产生。

玉器表面的呈色物显然是表面物理和化学作用形成的。区域变质作用生成的透闪石玉与接触变质作用生成的和田玉相比质地疏松多孔缝，这意味着表面积和表面能增大。表面透闪石蚀变为滑石则使得活性基（羟基）数目增大了一倍，即表面化学活性也大大增强。因此，无论是物理吸附，还是化学反应，在器物表面上均强烈地发生，3000年的作用时间则十分充足。在漫长的作用过程中，掩埋器物的环境（如水、CO_2、温度）和器物表面生成物的物质供应源都会有变化，于是颜色更迭、纹线交替的天然图案就形成了。

值得特别关注的是最珍贵且品质最佳的玉琮（61号）与其他透闪石材料有显著的区别。其块度大、透明度高（半透明）、表里均为灰绿色（无表面色斑图案）、质地致密、有较高的强度和硬度（透闪石本身的硬度），虽然表面也有滑石生成，但蚀变十分轻微。金沙绝大多数透闪石原子数比（Fe/（Mg+Fe））为2%左右，而该透闪石达到5%（>10%为阳起石），相应的折射率也达到了1.63（本区高端值）。该器物材料仅此一件，耐人寻味。

2.2 斜长石（$Na(AlSi_3O_8)$-$Ca(AlSi_3O_8)_2$，三斜）

（光学片4，电镜片7、8）

本材料多用作打磨玉器的磨石，也有个别的制成玉器。

碎屑透明无色，多为短柱状解理块（可见三组解理）。晶粒较大（一般为数十微米以上），但其表面、边缘或内部裂隙均有次生混浊的黏土矿物，呈现通常长石矿物在镜下的"不干净"图像。干涉色I级，斜消光、消度角大，以正延性为主，偶见特征的聚片双晶纹。折射率多数约1.65，少数约1.57，应以斜长石系列中的拉长石为主。

磨石为河床卵石（大小10 cm左右），其中出现了一个人工打磨平面。从打磨面可见，材料内部为浅黄色或浅灰色，皮壳一般为橙红色。材料由中、细粒晶体紧密结合组成致密块体，虽然表面有黏土次生，硬度略有降低，但其强度和韧性仍很高。

除斜长石和黏土矿物外，未明显地见到其他矿物。能谱分析表明除斜长石的主要元素Si、Al、Na、Ca外，尚有Mg和Fe，黏土多以绿泥石为主。该斜长石组成的斜长岩不具岩浆岩（晶粒粗大）和沉积岩（多种碎屑矿物）特征，应为变质岩。

被加工的透闪石玉料与斜长石类磨石的硬度相近（6左右），斜长石稍高，故打磨加工效率是很低的。我们注意到，已出现石英类磨石（硬度7，有较好的打磨功能），因此斜长石应是用作细磨和抛光。

2.3 赤铁矿（Fe_2O_3，三方）

（光学片5，电镜片9）

此"磨石"材料仅个别出现，但意义重大。

能获得的光学数据很少：碎屑透明、深红色，光学非均质体，折射率远大于1.74（即能获得的高浸油折射率）。电镜形貌为鳞片状集合体，能谱分析最主要元素为Fe（不能检测O元素），以资鉴定。

卵石状，但一个面被人为地磨平，故是加工用磨石。暗红色致密块体，染手，密度较玉、石材明显增大。鳞片状而非鲕状、豆状等沉积特征表明为变质成因。赤铁矿的硬度稍低于透闪石，用于磨玉器材料是不恰当的。Fe_2O_3（赤铁矿的化学组成）是传统的且至今仍使用的玉器抛光料，因此该赤铁矿应为抛光石（至少在3 000年前古蜀人已懂得用Fe_2O_3抛光）。块状抛光石只适于对平面器物的抛光（即硬抛）；一些曲面器物（如玉琮内壁），尤其是曲率半径小的曲面器物（如玉环、玉镯）只能用Fe_2O_3粉料借助柔软物载体（如纤维、皮革）作抛光（软抛）。我们相信软抛工艺此时已出现。

2.4 蛇纹岩（蛇纹石$Mg_6(Si_4O_{11})(OH)_8$，单斜）

（光学片6，电镜片10、11）

纯净、高品质的蛇纹石材料称为岫玉。金沙出土的该材料含杂质矿物多、品质低，只能制成比玉器低档的石器，故称蛇纹岩。

蛇纹石鉴定依据：无色或淡绿色，有色者微显多色性，稍有弯曲的片状集合体。干涉色I级，平行消光，正延性。折射率不同方向为1.56～1.57。元素分析主要以Si、Mg为主，含少量Fe、Ca。

多数蛇纹石材料中含残余橄榄石，几乎全部材料中均含有磁铁矿。这是超基性岩（橄榄石及辉石为主组成）蚀变生成蛇纹石和磁铁矿的典型特征。此外，也常见到材料中穿插有方解石细脉，个别蛇纹岩中发现有碳镁铬矿（$Mg_6Cr_2(CO_3)(OH)_{16} \cdot 4H_2O$）。石料为不均一的暗绿色，多矿物组合造成了硬度相差大（蛇纹石硬度3，橄榄石6）、表面粗糙且强度较低的块体材料。

2.5 橄榄岩（橄榄石$(Mg,Fe)_2(SiO_4)$，斜方）

（电镜片12、13）

金沙石器材料中的橄榄石都不同程度地蚀变为蛇纹石。在此，轻度蚀变仍称橄榄岩；以橄榄石为主，有明显的蛇纹石时，称蛇纹石化橄榄岩；以蛇纹石为主，仅存橄榄石残余时，称蛇纹岩。

橄榄石鉴定依据：碎屑无色或淡绿色，无解理的粒状体，晶粒表面或边沿常附生有蚀变的蛇纹石。干涉色III级，折射率1.68～1.71。能谱分析主要元素为Si、Mg、Fe，其中Mg>Fe。

材料外观与蛇纹岩相近，为暗绿色。但由于橄榄石含量较高，故岩石硬度高于蛇纹岩。不过，蛇纹石分布于橄榄石晶粒之间，故岩石仍较松散，便于雕刻。

2.6 滑石岩（滑石$Mg_8(Si_4O_{10})(OH)_2$，单斜）

（光学片7，电镜片14）

仅指以滑石矿物为主的多矿物组成的岩石，原透闪石材料蚀变成滑石的玉料不列在其中。该材料主要制作石璧。

滑石鉴定依据：碎屑无色，常因铁锈物污染而为褐色，片状体。干涉色II级，平行消光，正延性。不同方向折射率为1.55～1.58。元素分析以Si、Mg为主，另含Fe和Ca。

滑石与蛇纹石在镜下很相似；主要以不同方向的折射率变化较大及干涉色较高有别于蛇纹石。

材料以滑石为主，伴生有蛇纹石、磁铁矿及方解石。该岩石为超基性岩（如橄榄岩）强蚀变而成，或蛇纹石再蚀变而成。材料为灰绿色，常夹有褐色锈斑。由于滑石是最软的矿物（硬度1），故石材很软。也有个别滑石及材料（如石璧723号）有不同的特征：它仅与菱镁矿共生，且岩石呈片状结构。为区域变质作用生成，称滑石菱镁矿片岩。

2.7 大理岩、蛇纹石化大理岩及石灰岩（方解石Ca（CO_3）三方）

（光学片8、9，电镜片15、16）

三种岩石都以方解石为主要矿物。其中石灰岩为化学沉积形成的方解石，晶粒度细小、隐晶甚至非晶质体，并常含有机质或动物夹壳。经过区域变质作用，石灰岩中的方解石重结晶为粗晶粒后，称大理岩。经蛇纹石化而含有定量的蛇纹石的大理岩称蛇纹石化大理岩。

方解石鉴定依据：碎屑呈粒状，多为菱面体解理块，无色。闪突起，高级干涉色或高级白，对称消光。折射率N_o=1.66（以资与其他碳酸盐矿物相区别）。

大理岩为白色，粒度粗或中等，在H_2O和CO_2表生作用下埋藏物的矿物颗粒变得疏松而易脱落。石灰岩为致密块状，灰色。含蛇纹石的大理岩一般呈淡黄绿色。

2.8 透辉石（CaMg（Si_2O_6），单斜）

（光学片10，电镜片17）

碎屑多为两组解理组成的短柱状体，无色。干涉色II级，大角度斜消光，不同方向折射率1.67～1.70差值较大。能谱分析主要元素为Si、Mg、Ca及少量Fe。

材料表面浅黄、内部白色，细粒（一般大于10 μm）的柱状和粒状集合体。晶体柱面多蚀缝，断面则多蚀坑，故材料块体较疏松。电镜中观察到少量1μm以下直径的纤维状体，元素分析几乎仅为Si和Ca，毫无疑问它是与透辉石同一成因并常常共生的硅灰石（Ca（SiO_3），三斜）。此岩石应为接触变质岩（即矽卡岩）。

2.9 角闪岩（角闪石（Ca, Na）$_{2-3}$（Mg, Fe, Al）$_5$（Si_6（Si, Al）$_2O_{22}$），单斜）

（光学片11，电镜片18）

角闪石碎屑由两组解理组成的长柱状体为主，多色性：无色—浅绿。干涉色II级，斜消光，正延性。不同方向折射率1.64～1.66。角闪石表面或边沿有次生绿泥石生成。器物材料表面绿黑色，内部灰绿色，粗粒柱状集合体。由于绿泥石次生，岩石强度较差。

2.10 直闪石岩（直闪石（Mg, Fe）$_7$（Si_4O_{11}）$_2$（OH）$_2$，斜方）

碎屑长柱状、纤维状，无色。干涉色I～II级，平行消光，正延性。折射率不同方向1.63～1.65。器物表面深灰色、内部材料灰色，细粒柱状集合体。

2.11 闪长岩

（光学片11，电镜片18、19）

主要由斜长石和角闪石二矿物组成（鉴定依据同2.2节、2.9节）。其中，斜长石折射率1.55左右，为该系列中的中长石，与中性的闪长岩性质相符。角闪石自形程度较高，中长石黏土化强烈。

2.12 绿松石（$CuAl_6(PO_4)_4(OH)_8 \cdot 4H_2O$，三斜）

（光学片12，电镜片20）

碎屑由微米以下球粒状微晶紧密集合而成。绿色，光学非均质体，折射率1.62左右。由于晶粒极细小，获取的光学数据有限，赖于元素分析主要有P、Al、Cu为特征可证实为绿松石。此外，电镜下局部区域出现高Si区及高Fe区，应属与绿松石共生的蛋白石（$SiO_2 \cdot nH_2O$）、褐铁矿（$FeO(OH)$）。

外观翠绿色，硬度、强度均较高，表皮和内部均有褐色铁锈斑。

2.13 叶腊石（$Al_2(Si_4O_{10})(OH)_2$，单斜）

（电镜片21）

镜下呈极细小的粒状和似微片状，无色，光学非均质和均质体。折射率1.59左右，由于晶粒过细，其他光学参数难以检测。能谱分析主要元素为Si和Al，可定名叶腊石；无Cu、P元素，故可否定原定名绿松石。

2.14 滑石菱镁矿片岩

菱镁矿鉴定依据：无色，菱面体解理，闪突起，高级干涉色，对称消光（均与方解石相同）。但折射率N_o为1.70（方解石$N_o=1.66$）以资与方解石相区别。另含有滑石，其特征见6项。

该菱镁矿与滑石共生，并显片理构造，为区域变质作用形成之片岩。

2.15 石英岩、硅质岩、石英砂岩、砂岩（石英SiO_2，三方）

（光学片13、14，电镜片22、23）

上述岩石均以石英为主要矿物，由于成因和矿物组合不同而成为不同的岩石。石英鉴定依据：碎屑无解理的玻璃渣状体，透明、无色、洁净。干涉色I级，折射率1.54～1.55。能谱元素分析几乎只有Si（不能检测O元素）。

变质作用生成的洁白、纯净而致密的石英岩是作为玉料（采：765）收集的。由于硬度高（7度），鉴于当时的条件是无法加工成器的，因此该材料只能是有"料"而无"器"。硅质岩材料亦难加工，只见一天然石球（采：520）。大量石英中夹杂分散的暗色矿物而呈灰色。其矿物晶粒小、结晶差，但极致密和坚韧。硅质岩仍为变质成因。砂岩和石英砂岩则是以石英为主的碎屑沉积岩。除石英外次为长石、角闪石、石榴石等，次生变化后又有黏土、绿泥石等。沉积的石英碎粒达90%以上为石英砂岩。器物中有两块磨石（采：523、采：595）为石英砂岩材料，这应是当时最佳的磨石。一方面，石英有较高硬度；另一方面，一颗石英砂粒就是一个切磨刃口，无穷多个石英粒组成的砂岩则有无穷多个刃口，可以大大提高切磨加工效率。而非粒状的致密石英岩或硅质岩只具有限的刃口，无法用作磨石。

2.16 板岩、千枚岩

（光学片15、16，电镜片24、25）

沉积岩（包括机械沉积的砂岩和粒度细小的页岩及化学沉积的石灰岩）在增厚的上覆岩石的重力、构造运动产生的动力以及随之升高的温度作用下会产生变化，称区域变质作用。变化程度较浅时形成板岩和千枚岩。板岩中残存了原砂岩中的粒状矿物，并有一定量的绢云母生成，一些原岩含镁质碳酸盐，故生成了透闪石。岩石被压缩使之致密且出现受压层理。千枚岩中则有大量绢云母生成，岩石出现波状层理，层面上呈现绢云母引起的丝绢光泽。

2.17 多矿物粉料

（光学片17，电镜片26、27、28）

以采：130、采：167为代表，4件器物都是细粒、结合不紧密的多矿物构成。采：130可查明的就包含了透闪石、阳起石、蛇纹石、滑石、石英、方解石、长石等矿物。在小于1 mm²面积的取样位置上天然共生或伴生如此多种矿物是不可能的。光学镜下各矿物粒度细小且相近，各矿物晶粒分布也较为均匀，故只能得出该材料是人为磨制并混合的粉料。采：167器物材料则更为细小，难辨其形状，以致在光学镜和电镜下很难对晶粒做矿物鉴定。

能谱元素分析结果（质量分数）：

P，26%；Cu，24%；Pb，21%；Cu，18%；Fe，5%；Al，3%；Si，3%。

P、Al、Cu为主的元素可表明绿松石（$CuAl_6(PO_4)_4(OH)_8 \cdot 4H_2O$，三斜）的存在；过量的Cu还应包括单独的孔雀石（$Cu_2(CO_3)(OH)_2$，单斜）；高含量的Ca无疑是方解石；高含量的Pb属首次出现，还说不清楚；此外，还会有别的矿物。

可以设想这种粉料器物有两种制作方式：

（1）磨细，混合均匀，加少量水润湿，捣实成块，干后雕刻；

（2）开雕花模，填模，脱模，直接得到成品。

2.18 辰砂（HgS，三方）

（光学片18，电镜片29）

在玉器199和石器211、684、717、719等的纹饰缝，人和动物的口、眼，以及埋藏坑的土壤中，均发现鲜红色料。它们是辰砂。

主要鉴定依据：红色，光学非均质体，很高的折射率。电镜下晶粒棱角虽被磨损，但仍可识别为菱面体的残形。能谱分析主要元素为Hg和S，微量元素Se、Sb、Cu、Te（辰砂常见杂质）。

3 鉴定结果

成都金沙遗址玉器、石器材料鉴定结果分别见表2、表3。

表2 成都金沙遗址玉器材料鉴定结果一览表

（出土地址：梅苑东北部。时代：商周）

临时编号	类别	器物名称	现状		玉材名称	备注
采：1	玉	玉琮	整		透闪石	
采：2	玉	玉有领璧		残	透闪石	
采：4	玉	玉璋		残	透闪石	
采：5	玉	玉璋	整		透闪石	
采：6	玉	玉璋	整		透闪石	
采：7	玉	玉圭	破		透闪石	
采：8	玉	玉凿	整		透闪石	
采：9	玉	凹刃玉凿	整		透闪石	
采：10	玉	凹刃玉凿	整		透闪石	
采：11	玉	玉有领璧		残	透闪石	
采：12	玉	凹刃玉凿	整		透闪石	
采：14	玉	凹刃玉凿	破		透闪石	
采：18	玉	玉矛	破		透闪石	
采：19	玉	玉牌形器	整		透闪石	
采：20	玉	玉料	整		透闪石	
采：24	玉	玉有领璧	破		透闪石	
采：27	玉	玉戈		残	透闪石	
采：28	玉	玉箍形器	整		透闪石	
采：29	玉	玉凿	整		透闪石	
采：30	玉	玉凿	整		透闪石	
采：32	玉	玉戈		残	透闪石	
采：37	玉	玉戈		残	透闪石	
采：40	玉	玉锛	整		透闪石	
采：42	玉	凹刃玉凿	整		透闪石	
采：45	玉	玉戈		残	透闪石	
采：46	玉	玉戈		残	透闪石	
采：47	玉	玉戈		残	透闪石	
采：48	玉	玉凿	整		透闪石	
采：49	玉	玉凿		残	透闪石	
采：50	玉	玉璋		残	透闪石	
采：51	玉	玉璋		残	透闪石	

续表

临时编号	类别	器物名称	现　状		玉材名称	备注
采：52	玉	玉璋		残	透闪石	
采：53	玉	玉戈		残	透闪石	
采：56	玉	玉凿		残	透闪石	
采：59	玉	凹刃玉凿	整		透闪石	
采：60	玉	玉戈		残	透闪石	
采：61	玉	玉琮	整		透闪石	
采：62	玉	凹刃玉凿		残	透闪石	
采：63	玉	凹刃玉凿	整		透闪石	
采：64	玉	玉锛	整		透闪石	
采：65	玉	凹刃玉凿	整		透闪石	
采：66	玉	玉璋		残	透闪石	
采：67	玉	玉凿	整		透闪石	
采：68	玉	玉凿	整		透闪石	
采：69	玉	玉凿	整		透闪石	
采：70	玉	玉凿	整		透闪石	
采：71	玉	玉璋	破		透闪石	
采：72	玉	玉凿	整		透闪石	
采：73	玉	凹刃玉凿	破		透闪石	
采：74	玉	玉凿	整		透闪石	
采：75	玉	玉凿	整		透闪石	
采：76	玉	凹刃玉凿	整		透闪石	
采：77	玉	玉凿	整		透闪石	
采：78	玉	玉凿	整		透闪石	
采：79	玉	玉凿	整		透闪石	
采：80	玉	玉凿	整		透闪石	
采：81	玉	玉凿	整		透闪石	
采：82	玉	玉璋		残	透闪石	
采：94	玉	玉磨石	整		斜长石	
采：95	玉	玉磨石	整		透闪石	
采：108	玉	玉磨石	整		斜长石	
采：109	玉	玉梯形器		残	透闪石	
采：110	玉	玉璋		残	透闪石	
采：111	玉	玉璋		残	透闪石	
采：112	玉	玉璋		残	透闪石	
采：113	玉	凹刃玉凿		残	透闪石	
采：114	玉	玉璋		残	透闪石	

续表

临时编号	类别	器物名称	现 状		玉材名称	备注
采：115	玉	玉戈		残	透闪石	
采：118	玉	玉刀		残	透闪石	
采：119	玉	玉锛		残	透闪石	
采：120	玉	玉戈		残	透闪石	
采：121	玉	凹刃玉凿	整		透闪石	
采：122	玉	玉璋	整		透闪石	
采：123	玉	玉璋	整		透闪石	
采：124	玉	玉凿	整		透闪石	
采：125	玉	玉凿	整		透闪石	
采：126	玉	玉凿	整		透闪石	
采：127	玉	玉锛	整		透闪石	
采：129	玉	玉饰件	整		透闪石	
采：130	玉	玉饰件	破		多矿物粉料	
采：131	玉	凹刃玉凿	整		透闪石	
采：132	玉	玉矛	破		透闪石	
采：133	玉	玉凿		残	透闪石	
采：134	玉	玉璋		残	透闪石	
采：135	玉	玉璋		残	透闪石	
采：136	玉	玉璋		残	透闪石	
采：137	玉	玉璋		残	透闪石	
采：141	玉	玉璋		残	透闪石	
采：142	玉	玉凿	整		透闪石	
采：143	玉	玉璋		残	透闪石	
采：144	玉	玉珠	整		叶腊石	
采：145	玉	玉环	整		透闪石	
采：146	玉	玉珠	整		绿松石	
采：148	玉	玉梯形器		残	透闪石	
采：149	玉	玉凿		残	透闪石	
采：150	玉	玉凿		残	透闪石	
采：151	玉	玉有领璧	破		透闪石	
采：152	玉	玉有领璧		残	透闪石	
采：153	玉	玉有领璧		残	透闪石	
采：154	玉	玉有领璧		残	透闪石	
采：155	玉	玉有领璧		残	透闪石	
采：156	玉	玉有领璧		残	透闪石	
采：157	玉	玉有领璧		残	透闪石	

续表

临时编号	类别	器物名称	现　状		玉材名称	备注
采：158	玉	玉有领璧		残	透闪石	
采：162	玉	玉璋	整		透闪石	
采：163	玉	凹刃玉凿		残	透闪石	
采：164	玉	玉凿		残	透闪石	
采：165	玉	玉刀		残	透闪石	
采：167	玉	玉人面饰		残	多矿物粉料	
采：168	玉	玉戈	整		透闪石	
采：170	玉	玉凿	整		透闪石	
采：171	玉	玉凿	整		透闪石	
采：172	玉	玉箍形器	整		透闪石	
采：173	玉	玉镯		残	透闪石	
采：174	玉	玉镯		残	透闪石	
采：175	玉	玉镯		残	透闪石	
采：176	玉	玉有领璧		残	透闪石	
采：177	玉	玉琮		残	透闪石	
采：178	玉	玉琮		残	透闪石	
采：179	玉	玉琮		残	透闪石	
采：180	玉	玉璋		残	透闪石	
采：196	玉	玉戈		残	透闪石	
采：197	玉	玉璋		残	透闪石	
采：199	玉	玉璋		残	透闪石	辰砂饰粉
采：200	玉	玉锛		残	透闪石	
采：204	玉	玉璋		残	透闪石	
采：208	玉	凹刃玉凿		残	透闪石	
采：209	玉	凹刃玉凿		残	透闪石	
采：213	玉	玉璋		残	透闪石	
采：214	玉	玉璋		残	透闪石	
采：226	玉	玉璋		残	透闪石	
采：227	玉	玉锛		残	透闪石	
采：240	玉	玉璋		残	透闪石	
采：241	玉	玉璋		残	透闪石	
采：242	玉	玉璋		残	透闪石	
采：243	玉	玉戈		残	透闪石	
采：247	玉	玉环		残	透闪石	
采：248	玉	玉有领璧		残	透闪石	
采：249	玉	玉剑		残	透闪石	

续表

临时编号	类别	器物名称	现 状		玉材名称	备注
采：250	玉	玉斧		残	透闪石	
采：253	玉	玉磨石	整		斜长石	
采：271	玉	玉斧	整		透闪石	
采：272	玉	玉凿	整		透闪石	
采：273	玉	玉凿		残	透闪石	
采：275	玉	蝶形饰件		残	多矿物粉料	
采：276	玉	玉磨石	整		透闪石	
采：277	玉	玉有领璧		残	透闪石	
采：278	玉	玉环		残	透闪石	
采：279	玉	玉环		残	透闪石	
采：280	玉	玉有领璧		残	透闪石	
采：281	玉	玉环		残	透闪石	
采：282	玉	玉箍形器		残	角闪石	
采：283	玉	玉箍形器		残	直闪石	
采：284	玉	玉璋		残	透闪石	
采：286	玉	绿松石珠	整		绿松石	
采：288	玉	带銎器		残	多矿物粉料	
采：289	玉	玉凿	整		透闪石	
采：291	玉	凹刃玉凿	整		透闪石	
采：292	玉	玉璋		残	透闪石	
采：293	玉	玉磨石	整		透闪石	
采：294	玉	玉磨石	整		透闪石	
采：295	玉	异形器		残	透闪石	
采：303	玉	玉璋		残	透闪石	
采：304	玉	玉戈		残	透闪石	
采：334	玉	玉凿	整		透闪石	
采：362	玉	绿松石珠		残	绿松石	
采：394	玉	玛瑙珠	整		玛瑙	
采：395	玉	玉凿		残	透闪石	
采：398	玉	玉矛		残	透闪石	
采：399	玉	玉戈		残	透闪石	
采：400	玉	玉戈		残	透闪石	
采：404	玉	玉锛		残	透闪石	
采：405	玉	玉凿		残	透闪石	
采：406	玉	玉有领璧		残	透闪石	
采：407	玉	玉镯		残	透闪石	

续表

临时编号	类别	器物名称	现状		玉材名称	备注
采：408	玉	凹刃玉凿		残	透闪石	
采：409	玉	玉璋		残	透闪石	
采：410	玉	玉璋		残	透闪石	
采：411	玉	玉璋		残	透闪石	
采：418	玉	凹刃玉凿	破		透闪石	
采：419	玉	玉戈		残	透闪石	
采：420	玉	玉璋		残	透闪石	
采：421	玉	玉戈		残	大理石	
采：422	玉	玉凿		残	透闪石	
采：427	玉	玉璋		残	透闪石	
采：428	玉	玉璋		残	透闪石	
采：437	玉	玉璋		残	透闪石	
采：439	玉	玉璋		残	透闪石	
采：440	玉	玉璋		残	透闪石	
采：441	玉	玉璋		残	透闪石	
采：442	玉	玉璋		残	透闪石	
采：443	玉	玉璋		残	透闪石	
采：444	玉	玉璋		残	透闪石	
采：445	玉	玉璋		残	透闪石	
采：446	玉	玉珠	整		透闪石	
采：447	玉	玉璋		残	透闪石	
采：448	玉	玉璋		残	透闪石	
采：449	玉	玉戈		残	透闪石	
采：450	玉	玉磨石	整		透闪石	
采：451	玉	玉璋		残	透闪石	
采：453	玉	玉璋		残	透闪石	
采：454	玉	玉璋		残	透闪石	
采：455	玉	玉璋		残	透闪石	
采：456	玉	玉璋		残	透闪石	
采：459	玉	凹刃玉凿		残	透闪石	
采：460	玉	玉戈		残	透闪石	
采：461	玉	玉璋		残	透闪石	
采：462	玉	玉磨石		残	透闪石	
采：463	玉	凹刃玉凿		残	透闪石	
采：466	玉	玉镯	整		透闪石	
采：474	玉	玉无领璧	整		透闪石	

续表

临时编号	类别	器物名称	现　状		玉材名称	备注
采:475	玉	玉镯	整		透闪石	
采:476	玉	玉镯	整		透闪石	
采:478	玉	玉戈	整		透闪石	
采:479	玉	玉璋	整		透闪石	
采:480	玉	玉璋	整		透闪石	
采:481	玉	玉璋		残	透闪石	
采:482	玉	凹刃玉凿	整		透闪石	
采:483	玉	玉凿		残	透闪石	
采:484	玉	玉凿		残	透闪石	
采:485	玉	玉凿	整		透闪石	
采:486	玉	玉凿	整		透闪石	
采:487	玉	玉环	整		透闪石	
采:488	玉	玉环		残	透闪石	
采:489	玉	玉环		残	透闪石	
采:490	玉	玉镯	破		透闪石	
采:491	玉	玉镯		残	透闪石	
采:492	玉	玉镯		残	透闪石	
采:493	玉	玉镯		残	透闪石	
采:507	玉	玉璋	整		透闪石	
采:509	玉	玉矛		残	透闪石	
采:510	玉	玉矛		残	透闪石	
采:512	玉	玉凿		残	透闪石	
采:513	玉	玉凿		残	透闪石	
采:514	玉	玉凿		残	透闪石	
采:515	玉	玉凿		残	透闪石	
采:516	玉	玉璋		残	透闪石	
采:521	玉	玉磨石	整		透闪石	
采:522	玉	玉磨石	整		透闪石	
采:523	玉	玉磨石	整		石英砂岩	
采:524	玉	玉磨石	整		斜长石	
采:525	玉	玉磨石	整		斜长石	
采:526	玉	玉磨石	整		斜长石	
采:527	玉	玉磨石	整		斜长石	
采:528	玉	玉磨石	整		斜长石	
采:529	玉	玉磨石	整		斜长石	
采:530	玉	玉磨石	整		透闪石	

续表

临时编号	类别	器物名称	现 状		玉材名称	备注
采：531	玉	玉磨石	整		斜长石	
采：532	玉	玉磨石	整		斜长石	
采：533	玉	玉磨石	整		斜长石	
采：534	玉	玉磨石	整		斜长石	
采：535	玉	玉磨石	整		透闪石	
采：536	玉	玉磨石	整		斜长石	
采：537	玉	玉磨石	整		斜长石	
采：538	玉	玉磨石	整		斜长石	
采：539	玉	玉磨石	整		斜长石	
采：540	玉	玉箍形器		残	透闪石	
采：546	玉	玉钺	整		透闪石	
采：547	玉	玉镯	整		透闪石	
采：548	玉	玉镯	整		透闪石	
采：549	玉	玉镯		残	透闪石	
采：550	玉	玉环	整		透闪石	
采：554	玉	玉璋		残	透闪石	
采：556	玉	玉琮	整		透闪石	
采：557	玉	玉锛	整		透闪石	
采：558	玉	玉锛	整		斜长石	
采：559	玉	玉锛	整		透闪石	
采：563	玉	玉斧	整		斜长石	
采：564	玉	玉凿	整		蛇纹石	
采：565	玉	玉凿	整		透闪石	
采：566	玉	玉凿	整		斜长石	
采：567	玉	玉无领璧	整		透闪石	
采：568	玉	玉环		残	透闪石	
采：569	玉	玉无领璧		残	透闪石	
采：570	玉	玉矛	整		硅质岩	
采：571	玉	玉斧	整		斜长石	
采：572	玉	玉锛	整		透闪石	
采：573	玉	玉锛	整		透闪石	
采：574	玉	玉锛	整		斜长石	
采：575	玉	玉锛	整		斜长石	
采：576	玉	玉锛	整		斜长石	
采：577	玉	玉锛	整		透闪石	
采：581	玉	玉凿		残	透闪石	

续表

临时编号	类别	器物名称	现 状		玉材名称	备注
采：582	玉	玉凿	整		透闪石	
采：583	玉	玉剑	整		透闪石	
采：584	玉	凹刃玉凿	整		透闪石	
采：590	玉	玉斧		残	透闪石	
采：592	玉	玉镯		残	透闪石	
采：593	玉	玉镯		残	透闪石	
采：594	玉	玉环		残	透闪石	
采：595	玉	玉磨石	整		石英砂岩	
采：596	玉	玉磨石	整		斜长石	
采：597	玉	玉磨石	整		斜长石	
采：601	玉	玉有领璧		残	透闪石	
采：602	玉	玉璋		残	透闪石	
采：609	玉	玉无领璧	整		透闪石	
采：610	玉	玉环	整		透闪石	
采：611	玉	玉环		残	透闪石	
采：612	玉	玉镯		残	透闪石	
采：613	玉	玉镯		残	透闪石	
采：614	玉	玉凿	整		透闪石	
采：616	玉	玉矛	破		透闪石	
采：619	玉	玉环	整		透闪石	
采：620	玉	玉环	整		透闪石	
采：621	玉	玉环	整		透闪石	
采：622	玉	玉环	整		透闪石	
采：623	玉	玉环	整		透闪石	
采：625	玉	玉环	整		透闪石	
采：626	玉	玉有领璧		残	透闪石	
采：628	玉	玉璋		残	透闪石	
采：632	玉	玉海贝形饰	整		透闪石	
采：633	玉	玉镯		残	透闪石	
采：634	玉	玉锛		残	斜长石	
采：635	玉	玉矛		残	斜长石	
采：637	玉	玉有领璧		残	透闪石	
采：638	玉	玉料	整		透闪石	
采：640	玉	玉斧	整		透闪石	
采：643	玉	玉凿	整		透闪石	
采：644	玉	玉珠	整		透闪石	

续表

临时编号	类别	器物名称	现　状		玉材名称	备注
采：645	玉	玉璋	整		透闪石	
采：648	玉	玉有领璧		破	透闪石	
采：649	玉	玉璋	整		透闪石	
采：651	玉	玉琮	整		透闪石	
采：653	玉	玉有领璧		残	透闪石	
采：655	玉	玉磨石	整			
采：656	玉	凹刃玉凿	整		透闪石	
采：657	玉	凹刃玉凿	整		透闪石	
采：658	玉	凹刃玉凿		残	透闪石	
采：659	玉	玉璋		残	透闪石	
采：660	玉	玉凿	整		透闪石	
采：661	玉	玉璋		残	透闪石	
采：662	玉	玉凿	整		透闪石	
采：663	玉	玉凿		残	透闪石	
采：664	玉	玉凿		残	透闪石	
采：665	玉	玉料	整		斜长石	
采：666	玉	玉璋		残	透闪石	
采：667	玉	玉镯		残	透闪石	
采：668	玉	玉璋		残	透闪石	
采：669	玉	玉无领璧		残	透闪石	
采：671	玉	玉磨石	整		斜长石	
采：672	玉	玉矛		残	透闪石	
采：680	玉	玉磨石	整		斜长石	
采：681	玉	玉磨石	整		斜长石	
采：683	玉	玉戈	整		透闪石	
采：712	玉	玉琮	整		透闪石	
采：728	玉	玉璋		残	透闪石	
采：734	玉	绿松石珠		残	绿松石	
采：735	玉	玉璋	整		透闪石	
采：737	玉	玉戈		残	透闪石	
采：738	玉	玉矛		残	透闪石	木炭饰料
采：739	玉	凹刃玉凿		残	透闪石	
采：740	玉	玉斧	整		透闪石	
采：746	玉	玉镯		残	透闪石	
采：754	玉	玉珠			绿松石	
采：755	玉	玉锛			透闪石	

续表

临时编号	类别	器物名称	现 状			玉材名称	备注
采：757	玉	玉磨石				透闪石	
采：758	玉	玉凿			残	透闪石	
采：761	玉	玉无领璧			残	透闪石	
采：762	玉	玉凿	整			透闪石	
采：763	玉	玉料	整			斜长石	
采：764	玉	玉料	整			斜长石	
采：765	玉	玉料	整			石英岩	
采：766	玉	玉料	整			石英岩	
采：767	玉	玉料	整			斜长石	
采：768	玉	玉料	整			透闪石	
采：769	玉	玉料			残	透闪石	
采：775	玉	玉钺		破		透闪石	
采：776	玉	玉剑			残	透闪石	
采：777	玉	玉璋			残	透闪石	
采：778	玉	玉环			残	透闪石	
采：779	玉	玉料	整			透闪石	
采：780	玉	玉无领璧			残	透闪石	
采：791	玉	玉凿			残	透闪石	
采：792	玉	玉有领璧			残	透闪石	
采：793	玉	玉箍形器		破		透闪石	
采：794	玉	玉无领璧	整			绿松石	
采：795	玉	玉凿	整			透闪石	
采：796	玉	玉珠	整			绿松石	
采：797	玉	玉凿	整			透闪石	
采：799	玉	玉有领璧			残	透闪石	
采：800	玉	玉锛	整			透闪石	
采：804	玉	玉锛	整			斜长石	
采：825	玉	玉磨石	整			斜长石	
采：826	玉	玉有领璧			残	透闪石	
采：827	玉	玉琮			残	透闪石	
采：828	玉	玉琮			残	透闪石	
采：829	玉	玉磨石	整			斜长石	
采：830	玉	冲积卵石	整			砂岩	
采：831	玉	玉磨石	整			斜长石	
采：835	玉	凹刃玉凿	整			透闪石	
采：843	玉	抛光石	整			赤铁矿	

续表

临时编号	类别	器物名称	现　状		玉材名称	备注
采：845	玉	玉磨石	整			
采：846	玉	玉珠	整		透闪石	
采：859	玉	玉璋		残	透闪石	
采：860	玉	玉璋		残	大理石	
采：935	玉	凹刃玉凿		残	透闪石	
采：936	玉	凹刃玉凿		残	大理石	
采：946	玉	玉箍形器		残	透闪石	
采：947	玉	玉凿		残	透闪石	
采：953	玉	玉无领璧		残	透闪石	
采：954	玉	玉无领璧		残	透闪石	
采：955	玉	玉璋		残	透闪石	
采：956	玉	玉璋		残	透闪石	
采：958	玉	玉璋		残	透闪石	
采：959	玉	玉戈		残	透闪石	
采：960	玉	玉磨石	整		斜长石	
采：961	玉	玉磨石	整		斜长石	
采：962	玉	玉磨石	整		斜长石	
采：976	玉	玉镯		残	透闪石	
采：977	玉	玉镯		残	透闪石	
采：978	玉	玉珠	整		绿松石	
采：979	玉	玉锛		残	透闪石	
采：980	玉	玉磨石		残	透闪石	
采：981	玉	玉锛		残	斜长石	
采：982	玉	玉凿		残	滑石	
采：984	玉	玉磨石		残	斜长石	
采：998	玉	玉磨石	整		斜长石	
采：999	玉	玉磨石	整		斜长石	
采：1007	玉	玉磨石	整		斜长石	
采：1008	玉	玉磨石		残	斜长石	
采：1009	玉	玉磨石	整		斜长石	
采：1016	玉	玉磨石	整		斜长石	
采：1018	玉	玉环	整		透闪石	
采：1091	玉	玉有领璧		残	透闪石	
采：1092	玉	玉有领璧		残	透闪石	
采：1093	玉	玉有领璧		残	透闪石	
采：1094	玉	玉有领璧		残	透闪石	

续表

临时编号	类别	器物名称	现 状	玉材名称	备注
采:1095	玉	玉有领璧	残	透闪石	
采:1096	玉	玉有领璧	残	透闪石	
采:1097	玉	玉有领璧	残	透闪石	
采:1098	玉	玉有领璧	残	透闪石	
采:1099	玉	玉有领璧	残	透闪石	
采:1100	玉	玉无领璧	残	透闪石	
采:1101	玉	玉无领璧	残	透闪石	
采:1102	玉	玉无领璧	残	透闪石	
采:1103	玉	玉无领璧	残	透闪石	
采:1104	玉	玉无领璧	残	透闪石	
采:1105	玉	玉无领璧	残	透闪石	
采:1106	玉	玉箍形器	残	透闪石	
采:1107	玉	玉戈	残	透闪石	
采:1108	玉	玉戈	残	透闪石	
采:1109	玉	玉戈	残	透闪石	
采:1110	玉	玉戈	残	透闪石	
采:1111	玉	玉矛	残	透闪石	
采:1112	玉	玉璋	残	透闪石	
采:1113	玉	玉璋	残	透闪石	
采:1114	玉	玉璋	残	透闪石	
采:1115	玉	玉璋	残	透闪石	
采:1116	玉	玉璋	残	透闪石	
采:1117	玉	玉璋	残	透闪石	
采:1118	玉	玉箍形器	残	透闪石	
采:1119	玉	玉有领璧	残	透闪石	
采:1120	玉	玉无领璧	残	透闪石	
采:1121	玉	玉有领璧	残	透闪石	
采:1122	玉	玉有领璧	残	透闪石	
采:1123	玉	玉有领璧	残	透闪石	
采:1124	玉	玉有领璧	残	透闪石	
采:1125	玉	玉有领璧	残	透闪石	
采:1126	玉	玉有领璧	残	透闪石	
采:1127	玉	玉有领璧	残	透闪石	
采:1128	玉	玉环	残	透闪石	
采:1130	玉	玉环	残	透闪石	
采:1131	玉	玉环	残	透闪石	

续表

临时编号	类别	器物名称	现　状		玉材名称	备注
采：1132	玉	玉环		残	透闪石	
采：1133	玉	玉镯		残	透闪石	
采：1134	玉	玉镯		残	透闪石	
采：1135	玉	玉镯		残	透闪石	
采：1136	玉	玉环		残	透闪石	
采：1137	玉	玉璋		残	透闪石	
采：1138	玉	玉璋		残	透闪石	
采：1139	玉	玉璋		残	透闪石	
采：1140	玉	玉璋		残	透辉石	
采：1141	玉	玉璋		残	透闪石	
采：1142	玉	玉戈		残	透闪石	
采：1143	玉	玉戈		残	透闪石	
采：1144	玉	玉料		残	透闪石	
采：1145	玉	玉料		残	透闪石	
采：1146	玉	玉料		残	透闪石	
采：1147	玉	玉料		残	透闪石	
采：1148	玉	玉料		残	透闪石	
采：1171	玉	玉璋		残	透闪石	
采：1172	玉	玉璋		残	透闪石	
采：1173	玉	玉璋	整		透闪石	
采：1174	玉	玉璋		残	透闪石	
采：1176	玉	玉料		残	透闪石	
采：1177	玉	玉料		残	闪长岩	
采：1178	玉	玉料		残	闪长岩	
采：1240	玉	玉磨石		残	石英砂岩	
采：1241	玉	玉料		残	透闪石	
采：1242	玉	玉料		残	透闪石	
采：1243	玉	玉料		残	千枚岩	
采：1244	玉	玉磨石		残	斜长石	
采：1256	玉	玉料	整		斜长石	
采：1257	玉	玉料	整		斜长石	
采：1258	玉	玉磨石	整		斜长石	
采：1259	玉	玉料	整		斜长石	
采：1260	玉	玉磨石	整		斜长石	
采：1261	玉	玉磨石	整		斜长石	
采：1262	玉	玉璋		残	透闪石	

续表

临时编号	类别	器物名称	现状		玉材名称	备注
采：1263	玉	玉璋		残	透辉石	
采：1264	玉	玉璋		残	透闪石	
采：1265	玉	玉璋		残	透闪石	
采：1266	玉	玉璋		残	透闪石	
采：1267	玉	玉璋		残	透闪石	
采：1297	玉	玉料	整		透闪石	
采：1299	玉	玉环		残	透闪石	
采：1301	玉	玉镯		残	透闪石	
采：1302	玉	玉器残片		残	透闪石	
采：1303	玉	绿松石珠	整		绿松石	
采：1304	玉	绿松石珠		残	绿松石	
采：1305	玉	绿松石珠		残	绿松石	
采：1307	玉	玉璋		残	透闪石	
采：1308	玉	绿松石珠	整		绿松石	
采：1310	玉	玉磨石		残	斜长石	
采：1311	玉	玉磨石	整		斜长石	
采：1315	玉	玉凿	整		透闪石	
采：1316	玉	玉戈		残	透闪石	
采：1317	玉	玉璋		残	透闪石	
采：1318	玉	玉环		残	透闪石	
采：1319	玉	玉磨石	整		斜长石	
采：1321	玉	玉斧		残		
采：1322	玉	玉斧		残	闪长岩	
采：1328	玉	玉料	整		透闪石	
采：1330	玉	玉磨石	整		板岩	
采：1331	玉	凹刃玉凿	整		透闪石	
采：1332	玉	玉磨石	整		斜长石	
采：1334	玉	玉器残片	整			
采：1335	玉	玉磨石	整		斜长石	
采：1337	玉	玉有领璧		残	透闪石	
采：1339	玉	玉料	整		斜长石	
采：1340	玉	玉磨石	整			
采：1341	玉	凹刃玉凿		破	透闪石	
采：1345	玉	玉镯	整		透闪石	
采：1346	玉	玉镯	整		透闪石	
采：1347	玉	玉环	整		透闪石	

续表

临时编号	类别	器物名称	现状		玉材名称	备注
采：1348	玉	绿松石珠	整		绿松石	
采：1349	玉	玉镯		破	透闪石	
采：1350	玉	玉镯		残	透闪石	
采：1351	玉	玉有领璧		残	透闪石	
采：1352	玉	玉无领璧		残	透闪石	
采：1353	玉	玉凿	整		透闪石	
采：1356	玉	玉环	整		透闪石	
采：1357	玉	玉凿	整		透闪石	
采：1360	玉	玉凿		破	透闪石	
采：1366	玉	玉刀		破	透闪石	
采：1367	玉	玉琮		残	透闪石	
采：1368	玉	玉琮		残	透闪石	
采：1375	玉	玉料	整		斜长石	
采：1380	玉	玉料	整		斜长石	
采：1381	玉	玉器残片		残	透闪石	
采：1382	玉	玉料	整		透闪石	
采：1383	玉	玉料	整		透闪石	
采：1385	玉	玉料	整		透闪石	
采：1395	玉	玉环		残	透闪石	
采：1396	玉	玉器残片		残	透闪石	
采：1397	玉	玉磨石	整		砂岩	

表3 成都金沙遗址石器材料鉴定结果一览表

（出土地址：梅苑东北部。时代：商周）

临时编号	类别	器物名称	现状		石材名称	备注
采：3	石	石虎	整		大理岩	
采：13	石	石跪坐人像		残	蛇纹石化大理岩	
采：15	石	石斧	整		板岩	
采：25	石	石矛	整		板岩	
采：38	石	石璧	整		蛇纹岩	
采：39	石	石璧	整		板岩	
采：96	石	石璧	整		滑石岩	
采：97	石	石璧	整		蛇纹岩	
采：98	石	石璧	整		蛇纹岩	
采：99	石	石璧	整		蛇纹岩	
采：100	石	石璧	整		蛇纹石化大理岩	

续表

临时编号	类别	器物名称	现状		石材名称	备注
采：102	石	石矛	整		板岩	
采：103	石	石璧	整		蛇纹岩	
采：104	石	石璧	整		蛇纹岩	
采：105	石	石璧	整		蛇纹岩	
采：106	石	石璧	整		透闪石	
采：107	石	石璧	整		滑石岩	
采：128	石	石矛	破		板岩	
采：159	石	石跪坐人像		残	蛇纹岩	
采：160	石	石跪坐人像		残	蛇纹岩	
采：161	石	石虎		残	蛇纹岩	
采：166	石	石跪坐人像	破		蛇纹石化大理岩	含碳镁铬矿
采：187	石	石虎	整		蛇纹石化大理岩	
采：188	石	石跪坐人像	整		蛇纹岩	
采：205	石	石斧		残	板岩	
采：211	石	石虎	整		蛇纹岩	辰砂饰粉
采：212	石	石跪坐人像	整		蛇纹岩	
采：251	石	石斧		残	板岩	
采：252	石	石斧		残	板岩	
采：254	石	石璧		残	板岩	
采：255	石	石璧		残	滑石岩	
采：256	石	石璧		残	板岩	
采：257	石	石璧		残	板岩	
采：258	石	石璋		残	板岩	
采：259	石	石璋		残	板岩	
采：260	石	石璋		残	含透闪石的板岩	
采：261	石	石璋		残	板岩	
采：262	石	石璋		残	板岩	
采：263	石	石璋		残	板岩	
采：264	石	石璋		残	板岩	
采：265	石	石璋		残	板岩	
采：266	石	石璋		残	含透闪石的板岩	
采：267	石	石璋		残	板岩	
采：268	石	石斧	整		板岩	
采：269	石	石璧		残	大理岩	
采：270	石	石蛇		残	蛇纹石化大理岩	
采：285	石	石璋		残	板岩	

续表

临时编号	类别	器物名称	现　状		石材名称	备注
采：296	石	石斧	整		板岩	
采：297	石	石璧		残	石灰岩	
采：298	石	石璧		残	石灰岩	
采：299	石	石璧	破		蛇纹岩	
采：300	石	石璧	破		蛇纹岩	
采：301	石	石璧	破		蛇纹岩	
采：357	石	石跪坐人像		残	蛇纹岩	
采：358	石	石虎		残	蛇纹岩	
采：359	石	石璧		残	蛇纹岩	
采：360	石	石斧	整		砂岩	
采：361	石	石斧	整		板岩	
采：396	石	石矛		残	板岩	
采：397	石	石锛	整		斜长石	
采：401	石	石矛	破		板岩	
采：412	石	石璧		残	滑石岩	
采：413	石	石璧		残	滑石岩	
采：414	石	石璧		残	滑石岩	
采：415	石	石璋		残	板岩	
采：416	石	石璋		残	板岩	
采：423	石	石斧		残	板岩	
采：424	石	石璧		残	蛇纹石化大理岩	
采：429	石	石璧		残	蛇纹岩	
采：430	石	石璧		残	蛇纹石化大理岩	
采：431	石	石璧		残	滑石岩	
采：432	石	石璧		残	蛇纹岩	
采：433	石	石璧		残	蛇纹岩	
采：434	石	石璧		残	蛇纹石化大理岩	
采：435	石	石璧		残	蛇纹岩	
采：436	石	石璧		残	板岩	
采：438	石	石斧		残	斜长石	
采：457	石	石蛇		残	蛇纹岩	
采：458	石	石蛇		残	蛇纹石化大理岩	
采：464	石	石蛇		残	蛇纹石化大理岩	
采：520	石	石球	整		硅质岩	
采：560	石	玉锛	整		板岩	
采：561	石	玉锛	整		板岩	

续表

临时编号	类别	器物名称	现 状		石材名称	备注
采：562	石	石矛	整		板岩	
采：578	石	石斧		残	斜长石	
采：579	石	石矛	整		板岩	
采：580	石	石矛	整		板岩	
采：587	石	石钺	整		砂岩	
采：598	石	石璧	整		蛇纹岩	
采：603	石	石跪坐人像		残	滑石岩	
采：624	石	石矛	整		板岩	
采：627	石	獠牙形石料		残	蛇纹石	
采：629	石	石蛇		残	蛇纹石化橄榄岩	
采：630	石	石璧		残	蛇纹岩	
采：631	石	石器残件		残		
采：636	石	石锛	整		板岩	
采：642	石	石龟		残	石英砂岩	
采：652	石	石璧	整		透闪石	
采：654	石	石斧		残		
采：670	石	石斧	整		角闪岩	
采：684	石	石虎		残	蛇纹石化橄榄岩	辰砂饰粉
采：716	石	石跪坐人像	整		蛇纹石化橄榄岩	
采：717	石	石跪坐人像	整		蛇纹石化橄榄岩	辰砂饰粉
采：719	石	石蛇	整		蛇纹岩	辰砂饰粉
采：720	石	石蛇		残	大理岩	
采：721	石	石璧	整		蛇纹岩	
采：722	石	石璧		残	蛇纹岩	
采：723	石	石璧		残	滑石菱镁矿片岩	
采：724	石	石璋		残	板岩	
采：725	石	石璧		残	蛇纹岩	
采：726	石	石璧	整		透闪石	
采：727	石	石璧	整		灰岩	
采：736	石	石锛		残	板岩	
采：751	石	石锛	破		透闪石	
采：756	石	石矛		残	橄榄岩	
采：759	石	石锛		残	砂岩	
采：770	石	石矛		残	板岩	
采：774	石	石璧		残	滑石岩	
采：790	石	石斧	整		长英岩	

续表

临时编号	类别	器物名称	现状		石材名称	备注
采：798	石	石斧	整		砂岩	
采：801	石	石斧		残	板岩	
采：803	石	石半月形器	整		砂岩	
采：805	石	石璧		残	蛇纹岩	
采：806	石	石璧		残	滑石岩	
采：807	石	石璧		残	蛇纹岩	
采：808	石	石璧		残	蛇纹岩	
采：809	石	石璧	整		蛇纹岩	
采：810	石	石璧	整		蛇纹石化橄榄岩	
采：811	石	石璧	整		蛇纹石化大理岩	
采：812	石	石璧	整		滑石岩	
采：813	石	石璧	整		蛇纹岩	
采：814	石	石璧	整		蛇纹石化橄榄岩	
采：815	石	石斧		残	板岩	
采：816	石	石璧		残	蛇纹岩	
采：817	石	石璧		残	蛇纹岩	
采：818	石	石璧		残	蛇纹石化大理岩	
采：819	石	石璧		残	蛇纹岩	
采：820	石	石璧		残	蛇纹岩	
采：821	石	石璧		残	大理岩	
采：822	石	石璧		残	蛇纹岩	
采：823	石	石璧	整		蛇纹岩	
采：824	石	石璧		残	蛇纹岩	
采：948	石	石斧		残	滑石岩	
采：975	石	石锛		残	滑石岩	
采：989	石	石璧	整		滑石岩	
采：990	石	石斧	整		闪长岩	
采：994	石	石锛	整		斜长石	
采：1001	石	石饼形器	整		板岩	
采：1002	石	石饼形器	整		板岩	
采：1003	石	石饼形器	整		板岩	
采：1004	石	石饼形器	整		板岩	
采：1005	石	石饼形器	整		滑石岩	
采：1010	石	石饼形器	整		板岩	
采：1011	石	石饼形器	整		板岩	
采：1012	石	石饼形器	整		板岩	

续表

临时编号	类别	器物名称	现状		石材名称	备注
采：1013	石	石饼形器	整		板岩	
采：1014	石	石饼形器	整		板岩	
采：1015	石	石饼形器		残	板岩	
采：1019	石	石饼形器	整		板岩	
采：1020	石	石环		残	千枚岩	
采：1149	石	石斧	整		板岩	
采：1175	石	石璋		残	板岩	
采：1179	石	石料		残	千枚岩	
采：1180	石	石料		残	千枚岩	
采：1181	石	石料		残	千枚岩	
采：1182	石	石料		残	千枚岩	
采：1183	石	石料		残	千枚岩	
采：1184	石	石料		残	千枚岩	
采：1185	石	石料		残	千枚岩	
采：1186	石	石料		残	千枚岩	
采：1187	石	石料		残	千枚岩	
采：1188	石	石料		残	千枚岩	
采：1189	石	石料		残	千枚岩	
采：1190	石	石料		残	千枚岩	
采：1191	石	石料		残	千枚岩	
采：1192	石	石料		残	千枚岩	
采：1193	石	石料		残	千枚岩	
采：1194	石	石饼形器		残	千枚岩	
采：1195	石	石饼形器	整		千枚岩	
采：1196	石	石饼形器		残	千枚岩	
采：1197	石	石饼形器	整		千枚岩	
采：1198	石	石饼形器	整		千枚岩	
采：1199	石	石饼形器	整		千枚岩	
采：1200	石	石饼形器	整		千枚岩	
采：1201	石	石饼形器	整		千枚岩	
采：1220	石	石异形器	整		砂岩	
采：1221	石	石饼形器	整		千枚岩	
采：1222	石	石饼形器	整		千枚岩	
采：1223	石	石饼形器	整		千枚岩	
采：1224	石	石饼形器	整		千枚岩	
采：1225	石	石饼形器	整		千枚岩	

续表

临时编号	类别	器物名称	现状		石材名称	备注
采：1226	石	石饼形器	整		千枚岩	
采：1227	石	石饼形器	整		千枚岩	
采：1228	石	石饼形器		残	千枚岩	
采：1229	石	石饼形器		残	千枚岩	
采：1230	石	石饼形器		残	千枚岩	
采：1231	石	石饼形器		残	千枚岩	
采：1232	石	石饼形器		残	千枚岩	
采：1233	石	石饼形器		残	千枚岩	
采：1234	石	石饼形器		残	千枚岩	
采：1235	石	石饼形器		残	千枚岩	
采：1236	石	石斧		残	砂岩	
采：1237	石	石璧		残	板岩	
采：1238	石	石璋		残	板岩	
采：1245	石	石饼形器		残	滑石岩	
采：1246	石	石饼形器		残	千枚岩	
采：1247	石	石饼形器		残	千枚岩	
采：1248	石	石饼形器		残	千枚岩	
采：1249	石	石饼形器		残	千枚岩	
采：1250	石	石饼形器		残	千枚岩	
采：1251	石	石饼形器		残	千枚岩	
采：1252	石	石饼形器		残	千枚岩	
采：1253	石	石饼形器		残	千枚岩	
采：1254	石	石虎		残	蛇纹岩	
采：1295	石	石斧	整			
采：1296	石	石料	整		斜长石	
采：1298	石	石料	整		花岗岩	
采：1320	石	石斧		残	板岩	
采：1329	石	石虎		残	蛇纹岩	
采：1336	石	石片		残	千枚岩	
采：1338	石	石料	整		高岭石	
采：1361	石	石璧	整		蛇纹岩	
采：1364	石	石璧		残	斜长石	
采：1365	石	石饼形器	整		板岩	
采：1384	石	石蛇		残	大理石	
采：1386	石	石料		残	滑石	
采：1387	石	石蛇		残	蛇纹石化大理岩	

续表

临时编号	类别	器物名称	现状		石材名称	备注
采：1388	石	獠牙形石料	整		闪长岩	
采：1389	石	石璧		残	橄榄岩	
采：1390	石	石璧		残	大理岩	
采：1391	石	石璧	破		透闪石	
采：1392	石	石璧		残	滑石岩	
采：1393	石	石璧		残	滑石岩	
采：1394	石	石璧	整			
采：1417	石	石璧	整		透闪石	
采：1418	石	石璧	整		透闪石	
采：1419	石	石璧	整		透闪石	
采：1420	石	石璧	整		透闪石	
采：1421	石	石璧	整		透闪石	
采：1422	石	石璧	整		透闪石	
采：1423	石	石璧	整		透闪石	
采：1424	石	石璧	整		透闪石	
采：1425	石	石璧	整		透闪石	
采：1426	石	石璧		残	透闪石	
采：1427	石	石璧		残	透闪石	
采：1428	石	石璧		残	透闪石	
采：1429	石	石璧		残	透闪石	
采：1430	石	石璧		残	透闪石	

4 金沙遗址玉器、石器材料的成因、产地、加工等问题的初步探讨

根据矿物鉴定结果和野外地质调查分析对金沙遗址玉器、石器材料的成因、产地、加工等问题予以初步探讨。

4.1 关于金沙村透闪石玉的成因和产地

除个别器物（61号玉琮）外，金沙村玉器材料几乎都是透闪石，特征相似，可归于同源产出的材料。其石质疏松易风化、矿物组合简单（未发现深变质矿物），表明变质程度较低。在出土的大量板岩（区域浅变质岩）石器材料中常常可见到零星分散的透闪石，有理由将透闪石玉和板岩两种材料做成因、产地联系。可初步认为，透闪石与板岩一样都是区域浅变质作用生成：原大面积的砂岩、泥岩生成板岩，而其中含Si、Mg的不纯灰岩生成了透闪石。有别于品质较高的新疆和田玉的接触变质成因。

成都金沙遗址和广汉三星堆遗址（均位于成都平原）都出土了大量的这种透闪石

玉器，平原西北部山区则广泛地分布着区域变质岩。根据年代愈久的玉器就地（或近源）取材的可能性愈大的原则，成都平原西北部山区应是透闪石玉器（也包括板岩石器）的索源地，该区汶川县龙溪（曾产出透闪石玉）当列其首。

在不少透闪石晶体中常出现更细小的角闪石内含物（包体）残晶（仅当浸油折射率与透闪石相近时才能清晰地展现）。由于该矿物难以从透闪石中分离出露，不便检测，仅初步定为角闪石（$N_{角闪石}>N_{透闪石}$，浅绿色并多色性（$N_g>N_p$），消光角20°~25°，正延性）。虽然该内含矿物的分析工作尚需深入，但这一矿物学特征应当作为索源产地的重要标志。

4.2 关于蛇绿岩

金沙村出土的石跪人像、石虎、石盘蛇多为橄榄岩、蛇纹岩，属于统称为蛇绿岩的超基性岩浆岩及蚀变岩石（其中蛇纹石化大理岩也与其相关）。该岩系的最近产地是成都平原西北边沿的彭州市山区，由于在蛇纹石器中发现了重要的特征标志矿物，这一产地的假设几乎可以锁定。

在一件石虎（161）蛇纹岩材料的新断口上搜寻到一星半点紫红色矿物，疑为碳镁铬矿（$Mg_6Cr_2(CO_3)(OH)_{16}\cdot 4H_2O$，三方）。为保留物证只做了极微的取样，直接作能谱元素分析。除主要元素Mg外，Cr_2O_3含量高达23%（扣除混入的杂质矿物还应增高），定为碳镁铬矿已无大疑。该矿物是近几十年才发现的稀少新矿物，首次发现地（尚未查到其后的发现地资料）正是成都平原西北的彭州市白水河。

4.3 关于辰砂（俗称朱砂）

辰砂（HgS，三方）因其化学性质稳定、鲜艳的红色经久不变，且硬度低（2~2.5），易研磨成细粉，成为古人崇敬的天然色料（包含药物功能和宗教色彩）。金沙村出土的石跪人像面部、石斧形器的刻纹中以及发掘现场的泥土中均出现了红粉饰料。经鉴定为辰砂（镜下为高折射率、透明、红色、光学非均质晶，扫描电镜形貌为棱角磨损的菱面体，能谱元素分析主要为Hg和S）。

对于辰砂这一使用久远而产地有限的矿物，不妨在考古中作为研究对象。为此仅用能谱（该手段检测灵敏度和精度较低）初步检测了辰砂中常混入的微量元素Se、Sb、Cu、Te。其中，Te出现频率和含量均较高，前三元素无显示（<0.1%），而Te显示出相对高的微含量。这可暂列为金沙村出土辰砂的特征，备作近地或他地进一步检测对比寻源的项目。

4.4 关于金沙村玉器的表皮色

金沙村透闪石玉器表面呈现出丰富的色彩（内部材料基本无色）。在器物（一般用碎片）表面颜色饱和度（或彩度）高的部位采取不同色彩的颗粒样本（它能明确地表明材料的表里），做表里材料的能谱元素分析和对比。结果表明：红色和深褐色表皮的Fe高于内部；黑色表皮含Cl，内部没有；艳绿色表皮含Cu，内部没有。这表明表皮色与器物表面对外来离子的吸附有关。

金沙村玉器显著的表皮色也有其内在的原因：质地疏松、多孔缝隙的材料比致密石质有更大的表面积和随之产生的高表面能；表层透闪石（属链状硅酸盐矿物）基本次生变化成滑石（属层状硅酸盐矿物），层状比链状硅酸盐矿物有更强的表面化学活性，这将加速表面吸附和表面化学反应。埋藏于潮湿偏酸性土壤中长达数千年的玉器：一方面自身材料中的活跃元素（主要为Ca，包括杂质矿物方解石和透闪石次生成滑石后的剩余Ca）会溶失，另一方面土壤中的元素及有机物也会吸附于器物表面。

表面较内部的Fe含量增高并呈红褐色者，应为表面吸附了Fe并生成赤铁矿（Fe_2O_3）和针铁矿（FeO（OH））所致。透闪石玉器有红褐色表皮。在次生的粉片状滑石之上浮生的针状晶体应为针铁矿（不是透闪石，滑石之上的透闪石早已变成滑石）。赤铁矿微晶呈片状，与滑石难以区分。虽然黑色表皮的Fe较内部稍高，但更为重要的是出现了内部不出现的Cl，而Cl这一表生作用中常出现的元素往往与有机物相关。初步确定黑色的表皮应该是腐殖质类的有机碳（能谱不能检测出C）引起的，将黑皮样本在酒精灯上灼烧变成了白色得以证实。一些玉器的表面附生有可明显察觉的孔雀石和自然铜，并成艳绿色表面。这是铜器和玉器同时埋藏形成的。另一些表面呈艳绿色的玉器在高倍光学镜下也观察不到孔雀石，它们往往有较高透明度，呈现表里颜色一致的整体绿，令人费解。因为还没有发现这种呈艳绿色的天然透闪石。表面元素分析有Cu内部不含Cu，这否定了透闪石内在的Cu呈色（本色），应仍为与Cu相关的皮色。在艳绿色器物的含Cu表面上，滑石粉片晶之上浮上了针、柱状晶体，应该是绿色的孔雀石（$Cu_2(CO_3)(OH)_2$）。因其晶体细小散布，视觉上颜色是均匀的。因其材料的透明度较高，表色可透映到内部，易被误认为是体色。

4.5 关于磨石、抛光石及奇石

金沙村出土的零星品种的玉、石器材料颇多，尚值一谈的是磨石、抛光石和奇石。它们均为河床卵石。一些带有人为打磨平面的石头是磨石或抛光石，天然造型或色纹奇特者为奇石或观赏石。

磨石材料基本为中、细粒致密的中、基性斜长石，此器件甚多。斜长石硬度（6～6.5）较被加工的透闪石硬度（5～6）稍大或相近，显然用作粗磨并不恰当（磨耗比太低，过于费时费力），更像是在粗磨平整后作细磨的工具材料。对长石加水研磨，将有黏土矿物生成。细磨透闪石玉器件时，一方面，稍硬的磨石将加工件表面的微凸部磨掉；另一方面在打磨过程水热作用下，黏土矿物可促成加工件表面微凹部再生，以达到抛光的目的（抛光基本理论，现在使用的抛光料中也常附加黏土）。有理由相信，用长石类磨石加工透闪石器件时，细磨与抛光是一次操作进行的。在仅仅依靠天然材料的情况下，用长石加工透闪石器件是最佳的选择。

赤铁矿（Fe_2O_3，三方）抛光石仅出土3块，为鳞片状微晶的致密集合体。其硬度与透闪石相近且易脱粒，作磨石不当，应为专用抛光石。至今，玉器的抛光主料仍常用赤铁矿（或试剂Fe_2O_3，Cr_2O_3是另一抛光主料），由此看来Fe_2O_3抛光料并非现代人的新创而是数千年的世袭。

无论是成都金沙遗址还是广汉三星堆遗址，都出土了现代人称之为奇石或观赏石的天工作品。虽然在河床卵石中不难找到它们，但它们毕竟是在远离河床的考古发掘现场与其他器物一起发现出土，而且绝大多数质地都较细，色彩较鲜艳，这说明不是自然漂散的石头，而是古人专门采集、喜爱并珍藏的天然艺术品。

随着研究工作的深入开展，我们将提供更多、更准确的关于金沙村玉器、石器材料的信息。

致　　谢

本项目的完成得到了成都文物考古研究所和成都理工大学的大力支持和帮助。

感谢成都文物考古研究所所长王毅先生、副所长江章华先生的大力支持和帮助。感谢成都理工大学科技处和博物馆领导和同事们的支持和帮助。

除项目组主要成员外，先后参与野外和室内工作的还有刘兴诗教授、李巨初教授、蔡开基教授、陈剑助理研究员、王正新工程师和付顺博士。标本照相和标本素描工作由陆远工程师和郑薇薇技师二位同志完成。在此一并致以衷心的感谢！

金沙遗址高精度磁法考古探测研究*

李 军 王绪本 李才明 张 擎 朱章义

1 遗址地球物理特征

在金沙遗址进行地面高精度磁法无损探测时，磁异常因素可以归结到以下三种来源：①埋藏在地下古代陶器、烧窑址、炉灶等主要表现热剩磁的物体；②沉积盆地化学沉淀作用以及沉淀物质不同时代成分差异；③有机物质腐化诱导作用。这三种因素在对确定遗址的部分文物如陶片、象牙、动物骨骼遗骸位置以及对遗址小区域背景场差异分析有着指导作用。

（1）文化层标本磁性特征：为了具体分析和研究文物与异常、文物与文化沉积层三者间的联系，我们在大棚内探坑中15个文化层中随机采取了24块样，进行了样品的磁化率和剩磁强度测试，测试结果表明剩磁要比感磁大。

（2）磁异常陶片区特征：为保证客观，提高对磁异常解释推断的可靠程度，我们在工地选取有代表性的陶瓷碎片堆积区做了3条剖面进行试验研究。测试结果表明三条剖面异常一般为30~70 nT，进而确立了磁法测量在考古应用中对于陶瓷异常的地球物理特征。

（3）遗址大棚内背景场南高北低大异常特征：在第二期的第七工作区中的探测过程中，发现遗址局部背景场南高北低大异常特征，而且有一个明显的异常过渡带，且各条剖面的特征有着明显的一致性。

2 试验效果分析

（1）面积性磁异常效果分析：根据前后三期面积性大棚内高精度磁法测试情况，我们注意到在整个测量区内都存在南北背景场大差异的情况，这在某种程度上影响测区

---

* 原载《中国地球物理》，四川科学技术出版社，2006年。国家"十五"科技攻关计划项目"高新技术在古文化遗存无损探测与成像中的应用研究"（2004BA810B01）资助。

与文物相关的弱异常的分辨率,同时,由于大棚内存在多处铁质管网、螺钉、在测区四周分布的铁架观光台以及房顶钢架,后期改造等多种因素,导致数据存在多处严重干扰。但即使如此,还是在发现多处与文物异常相似的弱异常,其中证实为动物遗骸、陶瓷堆积区、古河沟。

(2)文化层磁异常效果分析:根据不同文化层的600多条剖面的测量,发现在地面某点观测的异常和该点不同文化层有一致性,即沿北方向磁异常由高到低,沿文化层新老方向在某一点多处都表现同向变化,但在同一文化层整个探坑区里的磁异常有平面位置上的变化。整体上背景异常在各文化层上依然存在,可以排除是"异土"因素引起南北背景场的差别。

(3)标本磁性分析:根据各文化沉积层的磁参数测试结果分析得出:磁化率K和剩磁J_r在整个文化层中大致出现四个变化期,即A0层至A6层呈升高趋势,A7层至A9层呈降低趋势,A10层至A12层呈升高趋势,A12层以后呈降低趋势。另外,在A5层至A10层间磁化率表现出相对较高较稳定,值得说明的是发掘出来的大量文物也集中在这些层位。

剩磁J_r在A5层至A10层间也有着相对稳定和较高的值,这可能与这些文化层位存在着大量的铁质颗粒有关,表现出较强的热剩磁、化学剩磁和沉积剩磁。在A5层至A10层中,剩磁还大致表现出上升的趋势,在A6层、A7层表现出极大值,这为在地面探测时产生数百纳特的异常提供了合理的解释。

结　　论

(1)高精度磁法对于大面积堆积的古陶片探测和对于大面积堆积的动物遗骸、腐化象牙、古河沟有机质的淤积物质探测是有效的。

(2)南北背景场差别是非"异土"因素,差异可能原因是南北古环境因素造成的土质差异。

(3)各文化层异常分布不支持文化层与文物对应解释关系。同时,某些文化层的缺失会造成地面相应的场值变化。

探地雷达在金沙遗址考古探测中的应用研究*

王 亮　王绪本　李正文

探地雷达采用宽频带、短脉冲和高采样技术,其探测分辨率高于其他地球物理探测方法,加之采用可控程序高次叠加(多达4000次)和多波形处理等信号恢复技术,因此,大大改善了信噪比和图像显示性能。20世纪70年代初期,我国开始从事探地雷达仪器研制工作。从20世纪90年代开始,探地雷达技术的应用突飞猛进,广泛应用到各类探测中。

2001年初,成都市境内发现了金沙遗址,出土文物主要有金器、陶器、玉器、象牙、铜器和石器等。金沙遗址的发现是在四川地区继三星堆之后又一重大发现,也是21世纪开始中国考古最重大的发现。它的发现又一次揭开了川西平原古蜀国的面纱,填补了中国考古学上的诸多空白,也为长江流域的文明提供了许多科学证据。

由于探地雷达工作效率高、分辨率高、异常明显,因此,在金沙遗址考古无损探测中,应用了探地雷达技术,采用了美国生产的SIR雷达和400MHz、100MHz天线。这里主要介绍探地雷达探测金沙遗址地下孤立文物体和文物文化层的研究成果。

1 探测原理

探地雷达利用一个天线发射高频电磁波,另一个天线接收来自地下目标体界面反射的电磁波。电磁波在介质中传播时,其路径、电磁场强度和波形随所通过的介质的电性质及几何形态变化。当探地雷达采用自激自收的天线和地层倾角不大时,反射波的全部路径几乎是垂直地面的。因此,在测线不同位置上法线反射时间的变化就反映了地下地层的构造形态。

通过天线T将电磁波送入地下,经过地下地层或目标体(如象牙、陶器等)反射后返回地面,被接收天线R接收。R接收到的反射电磁波的旅行时间为 $t = \sqrt{4h^2 + x^2}/v$ 。

---

* 原载《物探与化探》2008年第4期。国家"十五"科技攻关计划项目(2004BA810B01)资助。

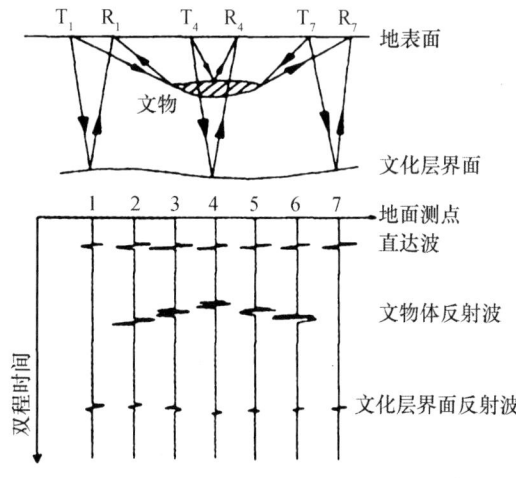

图 1　探地雷达探测文物雷达图像示意

其中，x表示R和T之间的距离，h表示目标体的埋深，v表示电磁波在地下介质中的传播速度。当采用自激自收天线或者当h比x大得多时，$x\to 0$，则t可近似表示为$t=2h/v$，即$h=vt/2$。由此可知，当已知电磁波在地下介质的v和t时，就可确定该目标体的埋深。

可以将地下文物目标体模拟为球状体异常，以球状体异常为例研究其雷达图像特征。如图1所示，设在介电常数为ε_1的均匀半空间内有1个介电常数为ε_2的目标体（如铜器等），目标体顶部埋深为h，半径为r，发射天线与接收天线间的距离为d，发射天线与接收天线间的中点（记录点）到目标体反射点的距离为y，目标体在地表面的投影点到记录点的距离为x，根据电磁波直线传播原理，利用几何关系可导出$(y+r)^2=x^2+(h+r)^2$，整理得

$$-\frac{x^2}{(h+r)^2}+\frac{(y+r)^2}{(h+r)^2}=1$$

上式为虚实轴相等的双曲线方程，即地下文物体异常的雷达图像特征方程。

对于文物文化层（文中主要指地下文物埋藏的深度范围）界面异常，即$r=0$，$x\to 0$，可推导出$y=h$。由此可见，文化层界面异常是1条与界面深度相关的直线方程，进一步研究可知它是与电磁波在介质中的传播速度和旅行时间有关的直线方程，该方程描述了文化层界面深度变化规律。

2　地层地质特征

测区位于四川盆地西部的成都平原，西靠青藏高原东缘的龙门山与邛崃山，东部以龙泉山与川中丘陵相隔。岷江和沱江两大流域冲积扇砾石构成了第四纪沉积主体，位于冲积扇前缘的成都地区在全新世的沉积以下部砾石层为主，而中上部则主要为泥质沉积。金沙古文化遗址位于成都市内，正属于这套地层。

金沙古文化遗址地层从上至下分为3层：上部褐黄色土壤层（<2 m）；中部暗色（含炭）泥质层（2~4 m）；下部砾石层，偶夹中层粗砂（>4 m）。

3　探测成果解释与验证

在金沙遗址考古探测中，探地雷达共完成了54个祭祀区探坑的探测。在每个探坑

的雷达探测中，均布置网状测线，各测线之间的距离均为0.5 m。

在探测前做了大量试验，主要包括天线的探测深度、分辨率和测区相对介电常数试验。通过大量试验研究和统计，得出金沙遗址测区砂黏土相对介电常数值ε_r大约为11，电磁波传播速度0.076～0.112 m/ns，平均值为0.09 m/ns左右。

3.1 地下金属性器皿文物

在金沙遗址考古探测中，出土的地下金属性器皿文物较多，主要有金器、铜器等。电磁波在这类文物体上反射能量较强，往往呈双曲线特征。图2是金沙遗址一探坑某条测线的探地雷达图像，雷达图像中有1个明显双曲线异常，物探解释为地下金属性器皿文物，其顶部埋深0.4 m，后来考古验证了这一异常与物探解释吻合。

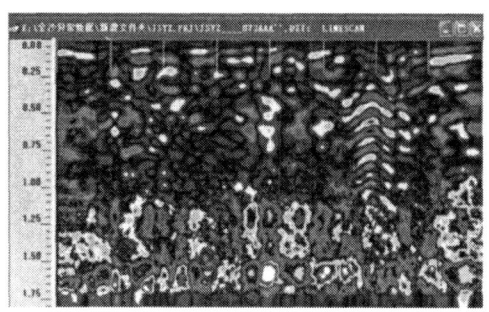

图2 金沙遗址金属性器皿文物雷达图像

3.2 地下石器、玉器、陶器文物

从金沙遗址出土的文物中，石饼、石器数量较多，且加工工艺各异。图3是金沙遗址某条测线的探地雷达图像，雷达剖面图中有明显的强能量反射信号团块，物探解释其地下可能有一石器、玉器或陶器之类文物，后开挖验证为石饼。

在金沙遗址雷达探测资料处理方面，我们对一些测区的雷达数据进行了三维成像技术处理，这有利于显示和研究某区域的地下文物在同一深度分布特征，对不同深度进行切片显示，可研究地下文物随深度变化规律。图4是金沙遗址某探坑探地雷达在0.8 m深度的三维成像切片，该图上半部位有3处明显的异常，这3处异常既相近又分离，物探解释其地下可能有石器、玉器或陶器之类文物，经验证为玉器和陶器。

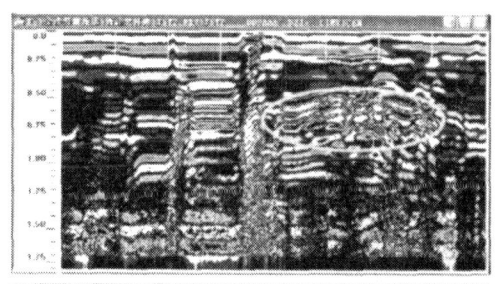

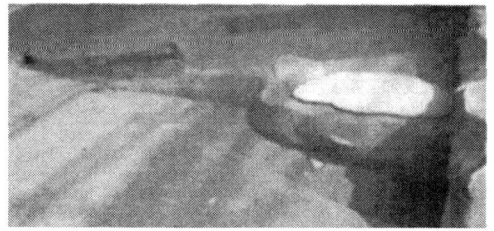

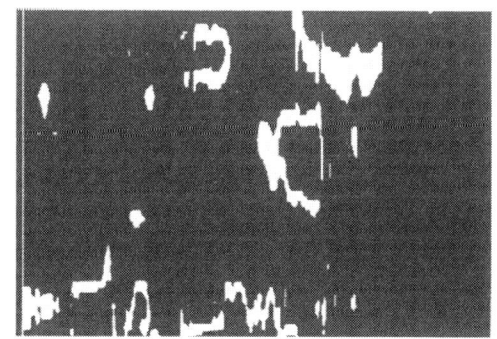

图3 金沙遗址石器文物雷达图像和照片　　　　图4 金沙遗址玉器、陶器文物雷达切片

3.3 地下文物文化层

从遗址地下文物分布情况来看，除了有孤立文物体外，还埋藏有较密集的陶片、象牙、鹿骨和玉器堆，这些文物具有成层分布特点。探测出地下文物文化层对考古挖掘工作具有指导作用。图 5 是金沙遗址某测线的雷达图像和层状分布文物照片。雷达图像明显反映了3个层位，中间一个层位正是对地下文物文化层的反映，其顶界面深度0.4~0.5 m，底界面深度0.9~1.1 m，与实际验证相吻合。

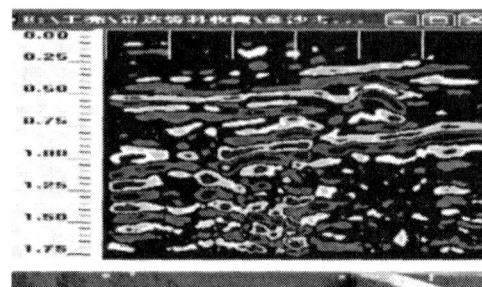

图 5　层状分布文物雷达图像和照片

结　　论

在金沙遗址考古探测中应用探地雷达技术效果显著，能有效地探测出一定深度范围内的地下文物体和文物文化层，为进一步科学考古探测、挖掘和研究提供了重要依据。由于探地雷达的探测深度受地层电阻率的影响较大，随着地层电阻率的降低，电磁波能量衰减较快，因此，该方法对地下埋藏较深的文物探测能力减弱，在金沙遗址测区，400 MHz天线探测深度大约在3 m内，100 MHz天线探测深度大约在8 m内。

虽然地下文物和文物文化层在探地雷达剖面上的图像直观，对异常定位、定深也比较准确，但难于对地下文物类别进行判定，因此，还须结合其他探测方法和已经出土的文物判定地下文物类别，这值得今后进一步研究总结。

参考文献

[1]　苏茂鑫，田钢，曾昭发，等. 频率补偿技术在提高探地雷达分辨率中的应用. 吉林大学学报，2007，37（1）：164.

[2]　曾昭发，刘四新，王者江，等. 探地雷达方法原理及应用. 北京：科学出版社，2006.

[3]　袁明德. 浅析探地雷达的分辨率. 物探与化探，2003，27（1）：28.

[4]　胡广书. 数字信号处理. 北京：清华大学出版社，1997.

[5]　李大心. 探地雷达方法与应用. 北京：地质出版社，1994.

[6]　王惠濂. 探地雷达概论. 地球科学，1993，18（3）：249.

[7]　朱介寿. 地震学中的计算方法. 北京：地质出版社，1988.

模糊聚类磁异常分析在金沙遗址文物识别中的应用研究*

李 军 王绪本 李才明 张 擎

传统的聚类分析是一种硬划分,它把每个待辨识的对象严格地划分到某个类中,具有非此即彼的性质,因此这种分类的类别界限是分明的。而在对文物信息进行考古探测时,由于每个文化层实际测得的离散物理点反映的是该文化层连续空间磁性质的变化,所以不同文化层每个测点并不是孤立反映该局部点的性质,而是多种因素与地质体的综合地表反映。因而在进行磁异常识别技术分析时,不能简单地将单个点作为待分类的样本进行划分,特别是文物磁异常体具有一定的空间展布,导致所测量的磁异常没有严格的属性,它们在性态和类属方面存在着中介性,通常该情况下只适合软划分[1]。Zadeh提出的模糊理论为这种软划分提供了有力的分析工具,人们开始用模糊的方法来处理聚类问题,并称之为模糊聚类分析。由于模糊聚类得到了磁异常属于各个类别的不确定性程度,表达了磁异常类属的中介性[2],即建立磁异常对于类别的不确定性的描述和客观情况真实反映,所以能准确地对所探测信息进行文物识别和特征描述[3-7]。

1 磁异常的模糊聚类算法

1.1 方法原理

对不同文化层的磁异常作聚类分析时,首先将已知发掘文物区的每个磁异常 u(设有 n 个),都选 x(设有 m 个)描述其特征的数量化指标,构成向量矩阵

$$U = (u_1, u_2, \cdots, u_n)$$
$$u = (x_1, x_2, \cdots, x_m)$$

根据异常特征及文物情况选定分类数,利用模糊聚类分析方法,求出已知区样本

---

* 原载《成都理工大学学报》(自然科学版)2009年第1期。国家"十五"科技攻关计划项目(2004BA810B01)资助。

向量。U为x（矢量）类的聚类中心$U(u, x)$，将其作为已知模式；然后，将未知区的磁异常（设为v），每一个也都选择x描述其特征的数量化指标，构成待判别向量矩阵$V(v, x)$；再利用择近原则，将V中每一个异常指标构成的模糊集与V中的每一类比较，计算出贴近度矩阵$T(v, x)$；最后，求出矩阵各行中最大的数（贴近程度最高），就将该行所对应的异常归为此最大数所对应的那一类。

1.2 参量选择

磁异常的复杂性及其反问题多解性是导致解释困难的根本原因。在文物考古探测磁性结构研究中，文物的大小、形态、磁性横向和纵向变化特征、磁化强度以及埋深（文化层属性）等不确定因素是导致磁异常解释难度的主要因素，尤其是在测量中存在的磁性干扰，更增加了磁异常解释的复杂性。因此，将磁异常进行模糊聚类分析，建立其参数数量化特征的模糊相似关系，无疑在对磁异常的解释，特别是准确进行文物识别和异常结构分析提供了科学依据[3]。为了比较清楚、正确地反映异常的结构和基本特征，应根据实际情况选择合适的变量参数，并利用所获资料的一些物性特征量和几何特征量组合成综合参数标志。本文根据已发掘文物异常特征和观测磁异常选用以下6个参量：

（1）反映异常体变化程度差别来区别异常的参量ZQD（该特征量可根据异常纵向求导得到）。

（2）反映场源体规模沿水平面内的变化来区别异常的参量HQD（该特征量可根据异常横向求导得到）。

（3）反映不同文化层异常值衰减特征来区别异常的参量YT（该特征量可根据向上延拓得到）。

（4）反映各异常值的相对离散程度，有助于区分磁异常结构特点和文物特征的均方差变异系数参数δ。

（5）反映各异常值的相对离散程度，有助于区分磁异常结构特点和文物特征的平均差变异系数参数σ。

（6）样品剩磁强度J。

（7）反映文物埋深的文化层系数（$N=1\sim12$）。

1.3 模糊聚类

1.3.1 数据规格化

在模糊聚类分析中，设$U=\{u_1, u_2, \cdots, u_n\}$为待分类的数据对象全体，其中每一个分类对象由一组属性表示如下：$u=(x_1, x_2, \cdots, x_m)$。本文取$m=7$。则可得$n$个磁异常属性矩阵为：$(x_{ij})_{n\times m}$。由于实际中的关系数据表存在不同属性，需要对原始数据进行规格化处理，排除原始数据中变量之间的不同度量对分类的影响，并使原始数据分布在相同的区间[0，1]内，以相同的量级参与分类。

1.3.2 相似度计算

为了确定各个磁异常间的关系，通常采用两种度量来表示磁异常的贴近程度。基于距离的磁异常间关系的度量，是统计学中通常采用的做法。这里为了进一步构造模糊关系矩阵，采用相似度来刻画磁异常间关系，即根据各个分类对象的不同属性因素的标准化数据来计算各个磁异常间的贴近程度r_{ij}。本文采用夹角余弦法来计算磁异常间的相似度：

设两个向量$U^{(1)}=(u_1^{(1)}, u_2^{(1)}, \cdots, u_n^{(1)})$，$U^{(2)}=(u_1^{(2)}, u_2^{(2)}, \cdots, u_n^{(2)})$，则由两个向量的夹角余弦求得的相似度为

$$r_{ij}=\frac{\sum_{k=1}^{n}u_{ik}^{(1)}\cdot u_{jk}^{(2)}}{\sqrt{\left(\sum_{k=1}^{n}u_{ik}^{(1)2}\right)\left(\sum_{k=1}^{n}u_{ik}^{(2)2}\right)}}$$

1.3.3 聚类

在上一步得到的各个磁异常间关系的矩阵$\mathbf{R}=(r_{ij})_{n\times m}$，一般只满足自反性和对称性。自反性保证任一磁异常不能同时属于不同的类；对称性保证磁异常A与磁异常B同类时，磁异常B与磁异常A也一定同类。但此时的矩阵只是相似矩阵，通常需要进一步求矩阵$\mathbf{R}$的传递闭包$t(\mathbf{R})$，使矩阵满足传递性，将其改造为等价模糊矩阵。因为传递性保证磁异常间的间接关系，即磁异常A与磁异常B同类，磁异常B与磁异常C同类，则可以得出磁异常A与磁异常C同类。本文依据上述原理设计程序计算流程：程序首先由用户从文本文件导入聚类对象的模糊相似矩阵$\mathbf{R}_{n\times n}$，程序将模糊相似矩阵$\mathbf{R}$保存到后台数据库并在程序界面上显示。同时，程序计算模糊相似矩阵$\mathbf{R}$的乘积$\mathbf{R}\otimes\mathbf{R}$，并循环这个过程（采用平方法求传递闭包），直到满足$\mathbf{R}^{2k}=\mathbf{R}^k\otimes\mathbf{R}^k$，或者$m$满足$2^m>n$。可以证明，当$m$满足上述条件时，一定可以得到矩阵$\mathbf{R}$的传递闭包$t(\mathbf{R})$。得到模糊相似矩阵的传递闭包，

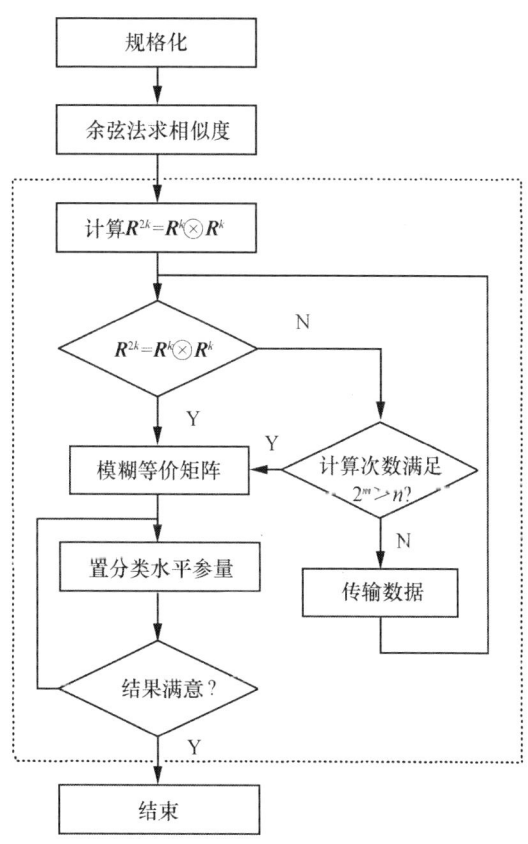

图1 模糊聚类程序流程图

也就找到了模糊等价矩阵。然后,程序按照0~1逐渐增大的分类水平λ,求得模糊等价矩阵的截矩阵,因而得到聚类对象,这些聚类结果存储在数据库中。用户输入某个分类水平λ,就可以输出相应的聚类结果。程序运行的流程如图1。

2 遗址文物磁性特征

古遗址的地球物理特性与其结构、保存状况存在特定的遗传性关系。保存完好的烧制陶质品、夯土基底、生物有机物质等都曾经过不同物理作用,如高温烘烧,在热运动和地磁场的共同作用下,物质磁畴的体积和排列方向都发生了变化,因此产生了热剩余磁性(也称温差顽磁性)。与此同时,黏土和有机质中含有的简单盐类、三氧化物类和次生铝硅酸盐类等成分,在温度、压力变化过程中经过化学反应(如氧化-还原反应),生成新的矿物(如$Fe(OH)_3$还原为Fe_2O_3),使其又伴生了化学剩余磁性。尽管它们杂乱无章地垒砌成墓室后,其"矢量和"仍表现出与周围介质的磁性差异。表1为金沙遗址发掘文物磁性参数测定值。

表1 金沙遗址样品磁性参数表

	样品数量	剩余磁化强度$J/10^{-5}$SI		磁化率$\kappa/10^{-5}$SI		变异系数	
		变化范围	平均值	变化范围	平均值	δ	σ
陶器	11	1371~1606	1443	114~206	155	0.37	0.39
象牙	5	596~703	623	57~87	61	0.43	0.47
动物遗骸	6	515~732	556	43~74	53	0.66	0.61

3 文物识别与磁结构的效果分析

利用模糊聚类分析方法,对金沙遗址祭祀区发掘程度较高、物性特征和几何特征反映明显的烧制陶器区、象牙区、动物遗骸区3个已知异常进行了特征参量的提取,并在祭祀区高精度磁测数据中分离出的5个异常(图2)进行模糊聚类分析,选用提取的7参量作为变量参数,构成待分类样本向量矩阵如表2所示。由已知祭祀区外围磁异常特征及考古资料分析,祭祀区这5个异常同样应由3类因素引起:

第一类:由大量堆积烧制陶瓷片热剩磁引起。
第二类:由大量堆积动物遗骸化学剩磁引起。
第三类:由大量堆积腐化象牙化学剩磁引起。

用前文所述模糊聚类方法,将表2给出的向量矩阵做正规化处理后,求得聚类中心矩阵,如表3所示;求得软划分矩阵,如表4所示。

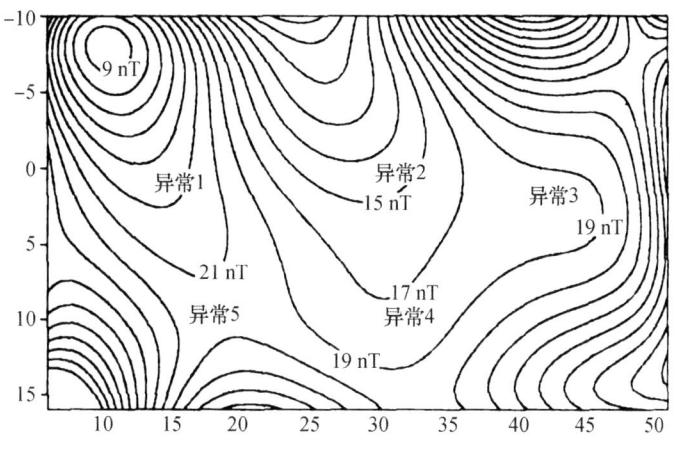

图 2 金沙遗址祭祀区平面异常分布图

表 2 待分类样本向量矩阵

异常	ZQD	HQD	YT	δ	σ	J	N
1	4.1	1.4	5.5	0.4	0.5	11.3	3~9
2	9.9	4.7	9.7	0.5	0.6	12.2	4~9
3	3.4	1.2	3.2	0.1	0.2	8.8	3~9
4	3.2	2.1	4.1	0.4	0.3	15.2	2~9
5	4.4	2.8	5.3	0.3	0.3	15.2	2~9

表 3 聚类中心矩阵

	ZQD	HQD	YT	δ	σ	J	N
烧制陶器	0.41	0.87	0.72	0.63	0.84	0.89	0.51
动物遗骸	0.85	0.81	0.33	0.72	0.82	0.77	0.91
象牙	0.52	0.46	0.21	0.41	0.54	0.39	0.84

表 4 软划分矩阵

	异常1	异常2	异常3	异常4	异常5
烧制陶器	0.876	0.675	0.211	0.846	0.914
动物遗骸	0.214	0.896	0.895	0.464	0.327
象牙	0.113	0.442	0.773	0.811	0.168

从表4中可看出，异常1的聚类特征比较明显，显示出与烧制陶器异常贴近度较高；异常2和异常3都显示出与动物遗骸异常特征贴近，且异常2的烧制陶器贴近度也较高，表明该异常可能由两类文物引起；异常4和异常5都显示与烧制陶器贴近，且异常4还与象牙也高度贴近，动物遗骸区分也不是特别明显，表征异常4的异常也有一定的复杂性；在异常1和异常3中分别体现象牙和烧制陶器贴近度差。

另外，根据聚类结果的几何参数和物性特征参量进行正演计算，并拼接探坑部分实际测量资料建立祭祀区文物的磁模型结构$T(x, y, z, \Delta T)$图（图3），分析得出：可将异常1、异常5看作一个属性区，异常2应属另一个属性区，将异常3、异常4看成一个属性特征的异常区。文化层的磁结构由于插值导致其纵向分辨率不高，但根据实际观测资料表明文化层（文物埋深）磁性特征属性总体比较突出，即部分发掘探坑第七、八、九文化层异常明显。

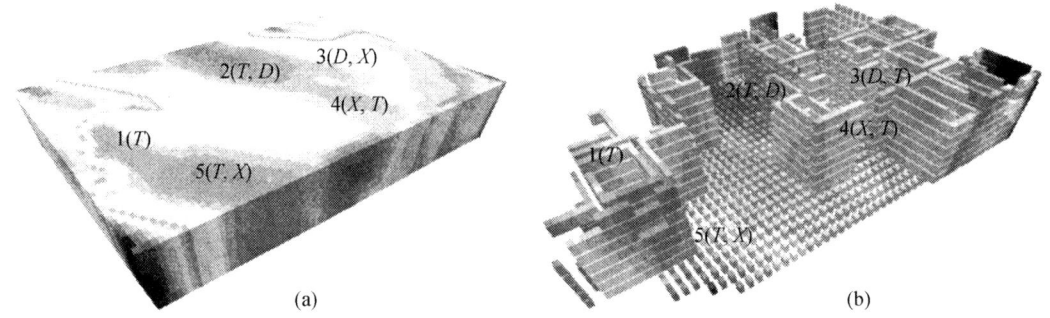

图3　磁性结构$T(x, y, z, \Delta T)$与文物识别图

（a）遗址区磁性正演结构与文物识别图；（b）发掘后磁性结构与文物识别图

T为烧制陶器，D为动物遗骸，X为象牙。图中模型三维空间是由不完全发掘探坑平面坐标和文化层（深度）白化而成

根据2004～2005年金沙遗址祭祀区完全发掘后证实了上述聚类与划分的正确性:在异常1区第七文化层发掘了大量的烧制陶器，在异常2区第七、八文化层发掘了大量的烧制陶器和少量的动物遗骸，在异常3区发掘了大量的动物遗骸和少量的象牙，在异常4区第七、八、九文化层发现了大量的象牙和烧制陶器及其他非磁性文物。

结　　论

本文在使用模糊聚类磁异常分析进行文物识别时，根据邻区实际发掘文物，综合考虑异常数据所蕴含特征，克服了利用单一特征进行硬划分处理的局限性和不准确性；同时应用聚类文物的几何物性参数特征进行磁异常正演计算，并拼接实测资料，分析了研究区文物磁特征，为文物发掘和文物保护提供了重要指导。

参考文献

[1]　李才明, 万新南. 物探异常的间接模式识别. 成都理工学院学报, 1996, 23（1）: 91-99.

[2]　王妙月. 应用句法识别实现地球物理磁异常的自动划分. 地球物理学进展, 1998, 13（2）: 103-114.

[3]　刘洪林, 朱秋影. 模糊聚类分析及其在测井识别油气层中的应用. 勘探地球物理进展, 2005, 28（6）: 425-427.

[4]　单缅. 数据挖掘中模糊聚类分析的研究. 长春: 吉林大学, 2004.

[5] 冯德益，楼世博.模糊数学方法与应用.北京：地震出版社，1985.
[6] 韩金炎.数学地质.北京：煤炭工业出版社，1987.
[7] 叶水盛，周东岱，孙丰月.基于GIS的区域重磁空间信息集成研究.地球物理学进展，2006，21（1）：84-92.

激发极化法在金沙遗址青铜器文物探测中的应用研究*

胡清龙　王绪本　江玉乐

引　言

考古探测[1-2]引入物探技术已有半个多世纪的历史，目前已经发展到拥有遥感[3]、电法[4]、重力[5]、磁法[6]、探地雷达[7]和浅层地震勘探等多种探测手段，实现了考古界"无损探测地下文物"的愿望，为现代考古勘探开辟了一条新途径。

金沙遗址[8]位于成都市西郊苏坡乡金沙村，是在开挖蜀风花园大街工地时首先发现的。遗址所清理出的珍贵文物多达千余件，其中包括金器、玉器、青铜器、石器、象牙，还有大量的陶器。从文物时代看，绝大部分约为商代晚期和西周早期，少部分为春秋时期。而且，随着发掘的进展，不排除还有重大发现的可能性。因此，利用物探技术对金沙遗址进行考古无损探测具有十分重要的意义。

激发极化法（简称激电法）[9]一直是金属矿电法勘探的主要手段[10]，在油气勘探[11]上的应用也很广，而且最近利用该方法找地下水[12]的实例也越来越多，但把该方法应用于考古无损探测的先例还不是很多，尤其是调查青铜器等金属文物的分布情况[13]。根据激电原理，若地下埋藏着一定数量青铜器等金属文物，是能产生一定强度激电效应的。基于此，笔者利用激电法在金沙遗址做了大量的研究工作，取得了具有一定科学价值和实际指导意义的结果。

1　激发极化法简述

激电法是以电化学过程为基础的一种物探方法。该方法是由A、B两个电极供电，M、N两个电极接收。当由A、B电极向地下供电时，即使在供电电流保持恒定的情况

---

* 原载《工程地球物理学报》2008年第2期。国家"十五"科技攻关计划项目（2004BA810B01）资助。

下，也能观测到接收电极 M、N 之间的电位差是随时间而变化（一般是变大）的，并且经一定时间趋于某一稳定的饱和值。在断开供电电流后，测量电极之间的电位差在最初瞬间很快降到一定数值后，便随时间而相对缓慢地下降，并在相当长时间后衰减接近于零。这种在充电和放电过程中，产生随时间缓慢变化的附加电场的现象称为激电效应。激电效应是岩（矿）石及其中所含水溶液在外电场激发下，产生电化学极化的结果。

与常规电法相比，激发极化法可以提供不同时段的二次场，获得的参数除视电阻率（ρ_s）外，还有视极化率（η_s）、衰减度（D）、极化比（J）、半衰时（S_t）等。本次研究测量的参数为视极化率（η_s）和视电阻率（ρ_s）。

2 在金沙遗址青铜器探测中的应用

2.1 测区地质概况与物探环境

成都金沙遗址祭祀区内有两条古河道横穿其中，所以该区沉积了大量河流沉积物，主要是黑色淤泥层、灰绿色黏土层、褐黄色黏土层和泥砂卵石层。根据激电实测测量结果，以上几种沉积物的极化率均低于1%（表1）。而已发掘的探坑资料显示，先前古蜀人在此祭祀的活动地点主要集中在河漫滩上，即调查的对象（青铜器等金属文物）主要集中在古河道范围内。青铜器文物的含铜成分很高，而铜的极化率[14]可达15%以上，应属强极化物。因此，这些强极化物分布于弱极化环境中，具备了较好的物探环境。

表1 测区内土层极化率参数统计

样品编号	岩性	实测极化率 η/%	测点层位
1	黑色淤泥层	0.68	H2313
2	含腐质黄色粉砂层	0.68	H2313
3	灰绿色黏土	0.62	38
4	灰绿色黏土	0.76	39A
5	灰绿色黏土	0.78	39A-B
6	灰绿色黏土	0.62	H2313
7	褐黄色黏土	0.63	35~37
8	褐黄色黏土	0.64	35~37
9	泥砂卵石层	0.91	河床表面
10	泥砂卵石层	0.91	河床表面

2.2 野外施工方案与数据处理

本次激发极化法的探测地点全部位于金沙遗址祭祀区内，通过大量的探坑发掘统计，大多数文物均分布于离地面4.0 m范围内。为了达到探查的最佳效果，根据激电场的理论，通过调整供电极距 $AB/2$ 来控制其勘探深度。根据实地试验，选定 $AB/2=7.5$ m来实现勘探深度为2.5~3.0 m的目的。

本次工作使用的仪器是重庆地质仪器厂生产的DZD-6A多功能直流电法仪（激电仪），测量装置为对称四极装置。其中，测量电极MN为不极化电极。供电时间为30 s，测量参数为视极化率（η_s）和视电阻率（ρ_s）。

野外采集的数据被记录后，在室内用计算机成图，绘图软件为Grapher和Surfer。成图后再圈定异常范围，并对异常进行解译。

2.3 应用效果

2.3.1 1号异常

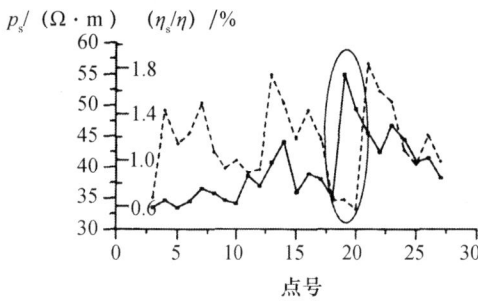

图1 L825测线视电阻率（虚线）、视极化率（实线）

该异常位于金沙遗址祭祀区内IT8002探坑南壁中部，由L825、L8200、L8201、L8202四条测线控制此异常的分布范围。其中，L825与L8202之间线距为0.8 m，L8200与L8201之间线距以及L8201与L8202之间线距均为1 m，测线中的测点点距约为0.5 m。这四条测线中L825线异常反映最为明显，在18~20测点处（图1椭圆区域内），视极化率约为1.8%，属较明显异常，异常宽度约2.0 m；而对应此处的视电阻率也显示低异常值（约33 Ω·m）。异常曲线如图1所示。

图2为1号异常的激电异常平面分布图，测线上的数值为该点的极化率值，异常分布范围以视极化率为1.2%等值线勾画。根据异常平面分布特征可知，该异常可能向南—南东方向有一定的延伸范围。通过发掘验证，在上述平面异常范围内出土了大量的金器、铜器和玉器。

值得注意的是，在IT8002坑的南部有很多祭祀区展棚的入地钢架，而且在L8201与L8202测线之间还有一废弃的自来水管，这些不利因素都会对数据采集产生很大的影响，L8200与L8201测线所采集的数据也普遍为高极化值。

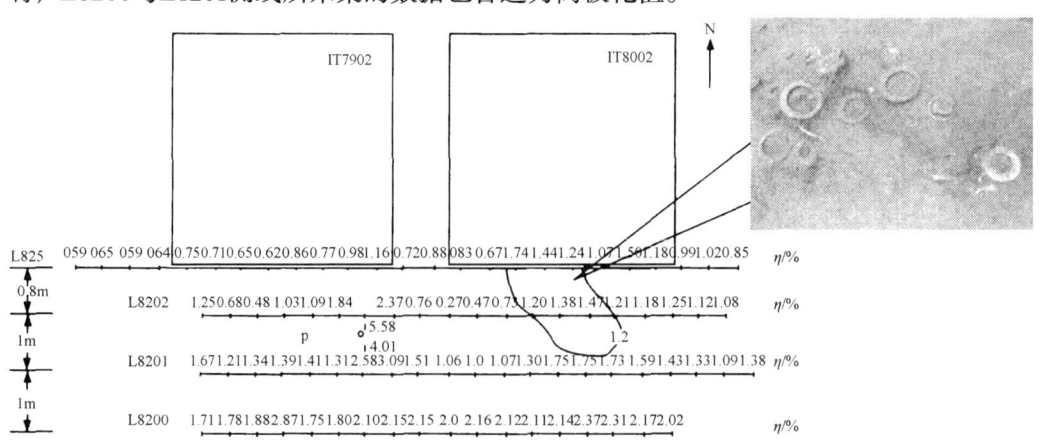

图2 1号异常激电平面分布

2.3.2 2号异常

2号异常横跨IT7902和IT8002两个探坑，大部分位于IT7902坑的东北部（约占IT7902坑面积的1/2以上），少部分位于IT8002西侧。由L400、L406、L410和L416四条测线控制此异常的分布范围。测线之间的线距为2 m，测线中测点点距约为0.5 m（图3），测线上的数值为该点的极化率值。

该异常根据视极化率为2.0%的等值线来圈定异常分布范围（图3、图4）。该异常分布面积较大，等值线封闭形态为近似东西向椭圆形，其长轴约为4 m，短轴长约为2 m。而对应该范围的电阻率呈低、高阻混合分布特征（图5）。由于该异常受干扰较少，其可信度较高，因此推测，该异常可能为青铜器等低阻金属文物与玉器、陶器等高阻文物混合埋藏。根据发掘验证，在该处出土文物有玉器、象牙、一定数量的陶器和少量青铜器。

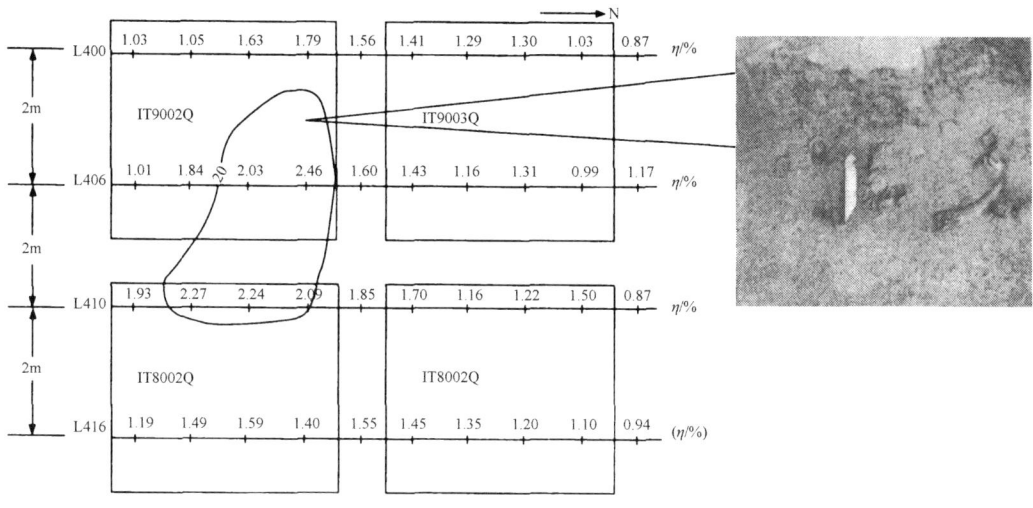

图3　2号异常激电平面分布

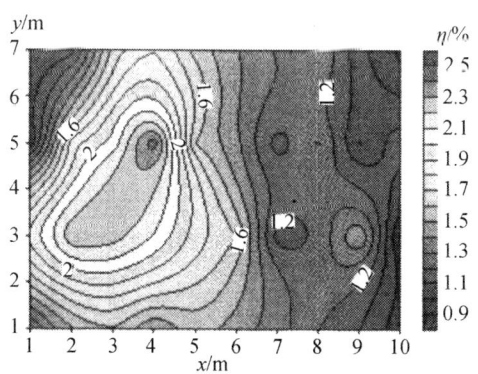

图4　2号异常激电平面等值线图

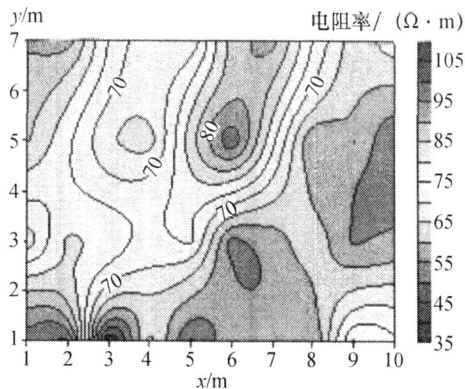

图5　2号异常电阻率平面等值线图

结 论

本次利用激发极化法在金沙遗址祭祀区内调查青铜器文物的分布情况时，正是祭祀区展棚的施工时期，物探测区上空有大量的金属钢架、地下分布有多处自来水管，以及周围也有祭祀区展棚本身的入地金属架等，物探环境较差，造成了严重的干扰，没有最大限度发挥其方法的优势。但尽管如此，我们还是成功地圈定了几个有价值的异常，并且通过考古工作人员的发掘验证，都基本吻合了所圈定的物探异常区域。因此，得出以下两点认识：

（1）激发极化法对金属物的分布有较强的探查能力。通过对1号、2号异常的发掘验证，说明激发极化法探测青铜器具有一定的效果。

（2）如果以青铜器为代表的金属文物的体积较小，且分布零散（金沙遗址祭祀区内的金属文物多为此特点），则产生的激电异常较微弱，勘探难度也比较大。

本次激发极化法在金沙遗址调查青铜器等金属文物的分布情况，虽然取得了一定有指导意义的成果，但该方法应用于文物无损探测例子还不多。要想取得更好的效果，还有待于今后大量的试验与研究。

参考文献

[1] 苏永军，王绪本，罗建群. 高密度电阻率法在三星堆壕沟考古勘探中应用研究. 地球物理学进展，2007，22（1）：268-272.

[2] 闫永利，底青云，高立兵，等. 高密度电阻率法在考古勘探中的应用. 物探与化探，1998，22（6）：452-457.

[3] 尹林，王长林. 遥感技术在考古中的应用. 遥感技术与应用，2003，18（4）：258-262.

[4] 宋洪柱，李守春，张素梅. 高密度电阻率法在古墓探测中的应用. 工程地球物理学报，2007，4（2）：123-126.

[5] 王谦身，周文虎，武传真，等. 微重力方法在考古工程中的应用——明茂陵地下陵殿探查. 地球物理学进展，1995，10（2）：85-94.

[6] 刘士毅，袁炳强，吕国印，等. 综合地球物理方法在探测秦始皇陵地宫中的应用. 工程地球物理学报，2004，1（3）：213-219.

[7] 刘敦文，徐国元，黄仁东. 探地雷达技术在古墓完整性探测中的应用. 地球物理学进展，2002，17（1）：96-101.

[8] 朱章义，张擎，王方. 成都金沙遗址的发现、发掘与意义. 四川文物，2002，（2）：3-10.

[9] 李金铭，罗延钟. 电法勘探新进展. 北京：地质出版社，1996.

[10] 曾歌明，张胜业，陈长敬，等. 激发极化法在某铅锌矿勘探中的应用. 工程地球物理学报，2007，4（5）：466-469.

[11] 张赛珍，石昆法，周季平. 激发极化法勘查油气藏的应用基础和应用实例. 物探与化探，1989，13（5）：392-400.

[12] 李金铭,程学栋,高杰.激电找水应用基础研究.物探与化探,1990,14(4):266-274.
[13] 简兴祥,王绪本,刘蕾,等.用高密度电阻率法研究恐龙化石群的分布.勘察科学技术,2003,(2):25-28.
[14] 李金铭.激发极化法方法技术指南.北京:地质出版社,2004.

金沙遗址考古文化沉积层磁参数特征研究[*]

李 军 王绪本 张 擎 朱章义 许东郎 苏永军

引 言

在过去的20年里，岩石磁学和环境磁学方法主要应用于一种大的时空尺度的区分——地层（或沉积物）的划分和对比、物源分析、搬运机制以及沉积环境分析方面研究。中国黄土研究就是一个典型的例子。早期主要使用磁参数来区分黄土和古土壤，后来越来越多的磁学参数揭示了黄土和古土壤中不同的磁性矿物类型，而磁性矿物的成因又受控于气候变化，而正是这些气候变化与磁化率之间的机理关系，使得磁参数应用于地层的划分和对比有了理论依据。

我们知道，野外考古勘探的对象通常是地下古窑址、古冶炼遗址、古墓葬和古建筑遗址等古代遗存，它们通过多种方式获得一定的磁性。但其磁性都不会超过数百纳特单位，一般引起磁场的强弱主要取决各类古代遗存或文物结构材料中磁性矿物的磁性、组分、颗粒大小和分布状态等。特别是在文物分布相对零散，基本不成大的规模，由零散文物引起数百纳特磁异常确实不大可能，在对金沙遗址进行高精度磁法无损探侧时，我们在遗址发掘区西北地方曾选取发掘出的一个较大（约9 m²）的陶片堆积区，在做陶片磁性强度特征剖面线实脸分析，发现其磁异常强度也不超过100 nT（图1）。但是在对遗址进行高精度磁法地面探测时，发现在遗址区经常会出现在很小范围（小于30 m）内磁背景场发生数百纳特的变化（图2），相应的梯度测量变化也十分明显，显然引起这些强异常应该埋藏较浅，有一定的平面范围。另外，在实地勘测时也注意到各探坑所划分的古文化沉积层分布并不完全是一种序列规律，即在某些地方存在一些古文化沉积层分布的缺失。这些缺失的文化沉积层和地面磁异常是否真有对应关系，各文化沉积层磁性参数如何，这些参数与各文化沉积环境、沉积物质成分有什么关系？本文将就这些问题做一些分析和研究[1-3]。

---

[*] 原载《第二届环境与工程地球物理国际会议论文集》，2006年。

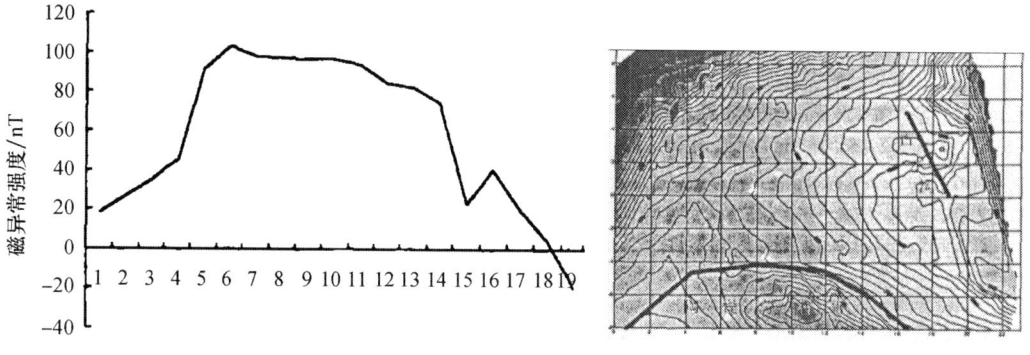

图1 陶片试验异常特征剖面　　图2 遗址局部探坑高精度磁法地面测量异常

1 遗址地质地貌与考古文化沉积地层特征

1.1 遗址地质地貌特征

金沙遗址位于成都平原东南部。成都平原发育在成都地堑的基础上，由多个冲积扇所组成。另外，成都平原地势具有西北高东南低的特点，出自龙门山及其西北高原的岷江、沱江等多条河流的散流水系形成了宽广的成都平原。平原内部一般仅存I级、II级阶地，III级、IV级、V级阶地主要分布在东西两侧边缘地带，形成高地或台地。其中，I级阶地在平原区的拔河高度一般为2~3 m，两侧为4~6 m，根据^{14}C年龄测定为距今2 500~6 700年，显然属全新世。II级阶地拔河高度8~10 m，主要地层为成都黏土及广汉层，覆盖成都平原的主要为成都黏土，^{14}C年龄为1.2万~2.5万年，为晚更新世晚期。盆地内部老于II级阶地的沉积物由于沉降作用被埋于地下。

1.2 遗址考古文化沉积地层剖面特征

根据较有代表性的探坑IT7908和探坑IT8204的系统取样分析，按由上而下的顺序将剖面的地层特征描述如下：

（1）IT7903-1浅灰黑色黏土，为耕作层（A0层），见新鲜的植物根系，土质疏松。厚0~18 cm。

（2）IT7903-2棕黄色黏土，为淋滤层（A1层），见0.1 cm小孔。厚度18~27 cm，约9 cm厚度，较薄。

（3）IT7903-3棕黄色黏土，为A2层，见淡黄色铁质条带。厚度27~44 cm，约17 cm。

（4）IT7903-4浅灰黑色黏土，为A3层，见0.1~0.3 cm空管状纵横交错结构，充填有铁质结核，大小约0.5 cm，厚度44~62 cm。

（5）IT7903-5深棕黄色亚黏土，可见纵横交错管状结构，为淀基层（A4层），见揭色铁质结核。此层发现陶片。厚度78~154 cm，约76 cm。

（6）IT7903-6浅棕黄色粉沙质黏土，上部粒度渐细，泥质粉砂砂粒中含软云母片。此层为腐殖层（A5层），土层新鲜面为棕黄色。厚度154~180 cm。

（7）IT7903-7为褐色黏土，为古土镶层（A6层），新鲜面为浅褐色，虫孔发育，固结紧实，虫孔壁覆深灰色泥膜，虫孔直径0.5~2 mm。本层厚度180~215 cm。

（8）IT7903-8灰黄色古土壤（A7层），含许多直径1~2 mm的椭圆形铁锈色铁质新生体，发现陶片和动物骨骸。

（9）IT8204-9灰黄色粉砂质黏土，为A8层，本层厚度20~50 cm。有零散的陶片和象牙。

（10）IT8204-10灰黄色砂-粉砂质黏土，为A9层，中间以砂粉质黏土透镜分隔。本层厚度10~20 cm。

（11）IT8204-11灰黄色砂-粉砂质黏土，为A10层，层有少量褐色铁质斑点。本层厚度40~50 cm。

（12）IT8204-12深灰黑色黏土质砂，为A11层，有少量褐色铁质斑点在，有零散象牙。本层厚度20~40 cm。

（13）IT8204-13灰黄色粉砂质黏土，有少量褐色铁质斑点。本层厚度10~30 cm。

（14）IT8204-14深黄色含粉砂黏土含黄棕色斑块。本层厚度20~50 cm。

2　不同文化层的磁参数分析

在金沙遗址进行地面高精度磁法无损探测时，磁异常因素可以归结到以下三种来源：①埋藏在地下古代陶器、烧窑址、炉灶等主要表现热剩磁的物体；②沉积盆地化学沉沈作用以及沉淀物质不同时代成分差异；③有机物质腐化诱导作用。这三种因素在对确定遗址的部分文物如陶片、象牙、动物骨骸遗骸位置有着指导作用。但对于具体确定文物与异常对应关系和文物与文化沉积层之间的关系，则需要进一步进行文化沉积层磁参数分析研究。

表1是根据上述采样对各文化沉积层的磁参数测试结果。磁化率K和剩磁J_r在整个文化层中大致出现四个变化期，即A0层至A6层呈升高趋势，A7层至A9层呈降低趋势，A10层至A12层呈升高趋势，A12层以后呈降低趋势。另外，在A5层至A10层间磁化率表现出相对较高较稳定，值得说明的是发掘出来的大量文物也集中在这些层位，我们知道，磁化率的高低与古气候古环境有着内在的机理，而古气候古环境也决定着人类生存和人类文明。诚然，对磁化率的研究对遗址发掘有着更深远的意义。

表1　金沙遗址文化沉积层磁性参数表

磁参数 \ 层位	A0	A1	A2	A3	A4	A5	A6	A7	A8	A9	A10	A11	A12	A13	A14
磁化率（10-SI）	21	30	39	55	62	89	108	73	56	86	92	83	58	40	37
剩磁J_r（10-SI）	31	24	65	75	99	112	332	255	169	117	233	139	76	78	42

在表1中我们还注意到剩磁J_r在A5层至A10层间也有着相对稳定和较高的值，这可能与这些文化层位存在着大量的铁质颗粒有关，表现出较强的热剩磁、化学剩磁和沉积

剩磁。铁质颗粒在不同的文化沉积层期氧化性质也不一样，表现出来的磁化强度也不一样，这可能和各时期的气候环境以及沉积类型有关。另外，在A5层至A10层中，剩磁还大致表现出上升的趋势，在A6层、A7层表现出极大值，这为在地面探测时产生数百纳特的异常提供了合理的解释（在图1中右侧出现的负异常是因为缺失A6层、A7层）。在地面进行测量时，我们还发现在A7层由有机质腐化古沟诱导的化学剩磁表现出强正异常，而在A10层陶瓷堆积区发现的热剩磁表现出弱正异常，这种主要由剩磁差异引起的异常特征对研究地磁强度数近数千年变化规律和虚地磁极移规律也有着积极意义。

结　　论

本文在通过分析研究金沙遗址各文化沉积层的磁化率和剩磁两参数变化规律，探究遗址高精度磁法无损探测时地面局部强异常产生的原因，同时分析文化沉积层磁参数变化规律可能反映一定的古环境、古气候变化规律，这对金沙遗址文明的溯源、遗址的发掘以及人类文明的与环境可持续发展研究都有重要的意义。

致　　谢

感谢国家十五科技攻关项目"高新技术在古文化遗存无损探侧与成像中的应用研究"（2004BA81QB01）的资助。同时，对成都文物考古研究所金沙考古站全体工作人员提供的帮助表示感谢!

参考文献

[1] 刘建.成都金沙遗址脊椎动物及古环境研究.成都：成都理工大学硕士学位论文,2004.
[2] 张世红.地磁学、古地磁学和环境磁学的研究新进展.现代地质,2004,18（4）：415-421.
[3] 张寅生.磁法考古探测应用机制及其应用效果.物探与化探,1999,23（2）：138-142.

金沙遗址雍锦湾墓地人骨鉴定报告[*]

魏 东 朱 泓

金沙遗址位于成都平原东南边缘，地理位置为北纬30°41′、东经104°，地处成都市区西部，东距市中心约5 km，分布范围约5 km²。2005年8月至2006年4月，为配合蓝光合骏公司"雍锦湾"项目的建设，成都文物考古研究所对该地点进行了文物勘探，并进行了抢救性考古发掘。

金沙遗址雍锦湾地点位于金沙遗址中部摸底河南岸一级台地上，东部与金沙遗址"黄河"地点仅一墙之隔，南与金沙遗址"人防"地点相邻，为金沙遗址墓地的重要组成部分。该地点遗迹现象丰富，共发现墓葬380余座，灰坑713个，窑址29个，井5个，房址9座，文化面貌与金沙遗址"黄河"地点相同、"人防"地点相近，其文化性质属成都十二桥文化，年代当在商周之际。

2005年11月、2006年4月，吉林大学边疆考古中心人类学实验室对该墓地出土的人骨标本进行了性别、年龄鉴定和葬式分析，现将鉴定结果报告如下。

1 性别和年龄

本墓地可供鉴定的个体共363例。

性别鉴定采用了以骨盆形态为主、结合颅骨及体骨形态的综合鉴定法，结果为男性132例，女性91例，由于保存状况不佳或未成年难以鉴定性别的个体共140例，可鉴定率为61.43%。

已知性别个体的男女两性比R值为1.45:1，男性的比例偏高。通常，在没有大规模战争的常规情况下，由人类正常生理机制决定的男女两性比应接近于1。本墓地由于可鉴定标本率较低，尚不能就已知性别的标本来判定这是否是当时该地古代居民的真实性比。但这种墓葬中成年人骨性比异常的现象在我国新石器时代是比较常见的[1]。

可供鉴定年龄的个体共361个，采用方法为耻骨联合面的形态变化与牙齿磨耗等级相结合。由于保存情况的影响，一些个体仅能判定是否成年。墓地中未见明显的殉人或

---

[*] 原载《四川文物》2008年第2期。

其他类型的非正常死亡现象,所以本文的年龄分析以全部个体正常死亡为前提。

根据鉴定的结果,笔者编制了该墓地的简略生命表,以便分析各年龄段与死亡率之间的联系。

生命表是人口学研究中将同时出生的一群人随着年龄增长陆续死亡的人数按死亡年龄编制的一种表格,也称为死亡表、寿命表。生命表的编制通常以1岁为一组。若将若干岁合并为一个年龄组,即为简略生命表[2]。

生命表虽然是考察和分析死亡和年龄关系的有利工具,但编制时需要追踪观察一个人群自出生到死亡的全过程,这是很难做到的。所以,通常将生存在同一时间内的不同年龄的人群作为标本来编制,前提是假设这些个体是同时出生的。

本墓地简略生命表的编制依据以下原则:①除0~1岁、2~4岁、55岁~ 外,其余均以5岁为一个年龄组。②将未成年个体编入15~19岁组,成年个体编入45~49岁组。

全部个体的简略生命表见表1。

表1 雍锦湾墓地男女两性合计简略生命表

年龄组 (x)	死亡概率 (nqx)/%	尚存人数 (lx)	各年龄组 死亡人数 (ndx)	各年龄组内 生存人年数 (nLx)	未来生存人 年数累计 (Tx)	平均 预期寿命 (ex)
0~1岁	0.28	361	1	360.5	12227	33.87
2~4岁	5.00	360	18	1404	11866.5	32.96
5~9岁	3.22	342	11	1755	10462.5	30.59
10~14岁	1.51	331	5	1682.5	8707.5	26.31
15~19岁	4.60	326	15	1642.5	7025	21.55
20~24岁	11.58	311	36	1465	5382.5	17.31
25~29岁	23.27	275	64	1215	3917.5	14.25
30~34岁	11.37	211	24	995	2702.5	12.81
35~39岁	29.95	187	56	795	1707.5	9.13
40~44岁	19.08	131	25	592.5	912.5	6.97
45~49岁	92.45	106	98	285	320	3.02
50~54岁	62.50	8	5	27.5	35	4.38
55岁~	100	3	3	7.5	7.5	2.50

通过对表1的分析可知:①该墓地0~1岁居民的平均预期寿命为33.87岁。②死亡率较高的几个年龄段按死亡率由高到低排列:45~49岁(92.45%)、50~54岁(62.50%)、35~39岁(29.95%)、25~29岁(23.27%)。

图1是根据各年龄段死亡率绘制的柱状图,可以直观地反映出各年龄段死亡率的对比情况。

为进一步分析该墓地居民死亡率是否存在两性差异,笔者又将可确定性别的个体分别编制了简略生命表(表2、表3)。

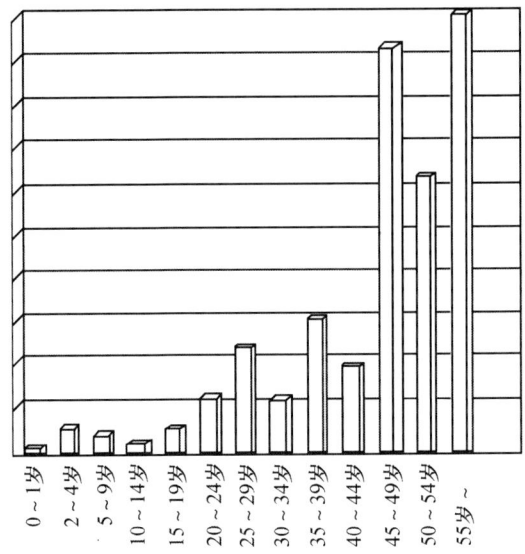

图 1 雍锦湾墓地死亡年龄分布

表 2 雍锦湾墓地男性简略生命表

年龄组 （x）	死亡概率 （nqx）/%	尚存人数 （lx）	各年龄组 死亡人数 （ndx）	各年龄组内 生存人年数 （nLx）	未来生存人 年数累计 （Tx）	平均 预期寿命 （ex）
0~1岁	0	130	0	130	4704	36.18
2~4岁	0	130	0	520	4574	35.18
5~9岁	0	130	0	650	4054	31.18
10~14岁	0	130	0	650	3404	26.18
15~19岁	0	130	0	650	2754	21.18
20~24岁	12.31	130	16	610	2104	16.18
25~29岁	25.44	114	29	497	1494	13.11
30~34岁	15.29	85	13	392	997	11.73
35~39岁	33.33	72	24	300	605	8.40
40~44岁	25.00	48	12	210	305	6.35
45~49岁	97.22	36	35	92.5	95	2.64
50岁~	100.00	1	1	2.5	2.5	2.50

表 3 雍锦湾墓地女性简略生命表

年龄组（x）	死亡概率（nqx）/%	尚存人数（lx）	各年龄组死亡人数（ndx）	各年龄组内生存人年数（nLx）	未来生存人年数累计（Tx）	平均预期寿命（ex）
0~1岁	0	91	0	91	3147.5	34.59
2~4岁	0	91	0	364	3056.5	33.59
5~9岁	0	91	0	455	2692.5	29.59
10~14岁	0	91	0	455	2237.5	24.59
15~19岁	3.30	91	3	447.5	1782.5	19.59
20~24岁	14.77	88	13	407.5	1335	15.17
25~29岁	25.33	75	19	327.5	927.5	12.37
30~34岁	14.29	56	8	260	600	10.71
35~39岁	50.00	48	24	180	340	7.08
40~44岁	29.17	24	7	102.5	160	6.67
45~49岁	88.24	17	15	47.5	57.5	3.38
50~54岁	50.00	2	1	7.5	10	5.00
55岁~	100.00	1	1	2.5	2.5	2.50

通过对表2、表3的分析可知：①该墓地男性居民的平均预期寿命为36.18岁，女性平均预期寿命为34.59岁。男性略高于女性。②男性死亡率较高的年龄段为45~49岁（97.22%）、25~29岁（25.44%）、40~44岁（25%），女性死亡率偏高的年龄段为45~49岁（88.24%）、50~54岁（50%）、35~39岁（50%）、25~29岁（25.33%）。

通过对以上结果的初步分析，笔者得出了以下的结论：

（1）从全部个体的死亡年龄和预期寿命统计结果看，该墓地居民的平均预期寿命在当时是比较高的，进入老年期的个体也比较多。这可以从侧面说明金沙遗址当时的生活环境相对比较优越。

（2）婴儿、幼儿个体在墓地中发现较少，这有两种可能性，其一是这些个体没有被埋葬在该墓地，其二是由于卫生医疗条件较好，婴儿、幼儿的死亡率低，绝大多数顺利成年。

（3）从分性别编制的简略生命表分析，男性的死亡高峰没有集中在青壮年期，笔者推测这与当时该地没有发生大规模的战争有关。女性的死亡高峰没有集中的育龄（15~35岁），结合婴幼儿死亡率低的情况，表明当时的医疗卫生条件已经达到了一定的水平。

2 关于埋葬形式的初步分析

该墓地葬式复杂多样，为了便于描述，笔者按照骨架是否有扰乱的痕迹将其分为未经过扰乱的和经过扰乱的两个大类，分类的标准是全身骨骼是否处于正常的解剖学位置。

2.1 未经过扰乱的埋葬

这类墓葬多数很小,墓穴仅供容身,绝大部分为仰身葬,少见随葬品。

死者上臂多紧贴躯干,可能是狭小的墓穴或葬具使其固定于此位置。下臂的摆放形式有一定规律可循,可以明显区分为四种不同形式:①两下臂在胸前交叉。②两下臂平行叠放于腹部。③两手交叉放于下腹部。④两手交叉放于胸前(图2)。

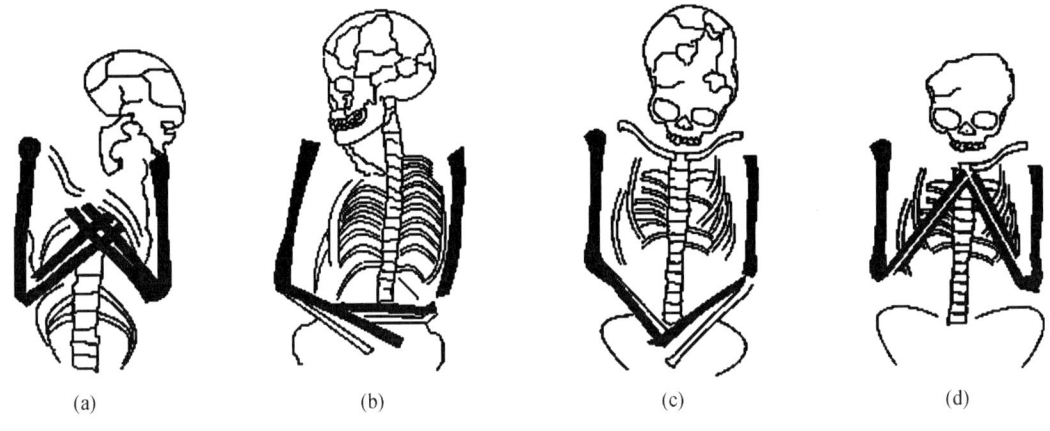

图 2　未经扰乱墓葬葬式

(a)两下臂在胸前交叉; (b)两下臂平行叠放于腹部; (c)两手交叉放于下腹部; (d)两手交叉放于胸前

两下臂交叉于胸前的个体共有40例。按叠放顺序又可以分为左臂在上和右臂在上两种。左臂在上的有20例个体,右臂在上的有7例个体,因保存不佳难以判断两臂叠放顺序的有13例个体。结合个体性别分析,这种差异与性别没有直接联系。

两下臂平行叠放于腹部的个体共38例,其中女性6例,男性14例,其余性别难以判断。两手交叉放于下腹部的个体共29例,其中女性7例,男性8例,其他性别不明。两手交叉放于胸前的个体共12例,其中男性3例,女性4例,性别不明的5例。

每种形制中只有个别的个体有随葬品。

从摆放的形制有一定规律、每种形制有一定数量的个体来分析,这种现象并不是偶然发生的,在每种同形制中的个体应有一定的联系。但这种联系是家族间的,还是与某种信仰或其他因素有关,从目前掌握的资料还难以判断。

2.2 经过扰乱的埋葬

本文提到的"经过扰乱",包括了全身骨骼散落在墓穴各处或成堆摆放,以及部分骨骼被扰乱但仍有骨骼在正常的解剖学位置这两种情况。由于没有发现明显的迁葬证据,笔者暂将这两种情况都归入扰乱葬的范围。

(1)骨骼散落在墓穴各处或成堆摆放的情况不多见,仅有10例。其中散落各处的3例。

（2）部分骨骼被扰乱，但仍有骨骼在正常的解剖学位置的情况在本墓地中共发现了149例。其中仅扰乱下半身的有12例，仅扰乱上半身的有30例，其余的上下半身都有扰乱。结合性别鉴定的结果分析，这种差异与性别没有直接联系。

扰乱的方式存在一定的规律。其中比较明显的是对下肢的扰乱形式通常是将两股骨翻转，使股骨头朝向外侧，将胫骨合并在一起。对上半身扰乱最常见的是对尺骨、桡骨和肋骨胸骨的扰动。

从锁骨、椎骨、胸骨、肋骨等这些在移动过程中容易错位的骨骼位置分析，这些被扰乱的墓葬中的骨骼并没有被整体搬动过。笔者在被扰乱的骨骼上没有发现切割的痕迹，这表明扰乱应该是在尸骨完全腐烂以后进行的。结合墓葬内填土并没有被二次扰动的痕迹，笔者推测墓内的填土应该是等待尸体完全腐烂，扰乱后一次填入。

2.3 其他形式的埋葬

有个别墓葬的葬式特殊，不能简单归入以上的分类。

（1）M1386、M1146墓主和合葬墓M1058中的女性个体，上臂与下臂完全重叠，这种情况应是由捆绑造成的，并不是死者的正常状态。

（2）M1392、M1404、M1405墓主葬式均为侧身，有比较明显的捆绑痕迹。

对以上墓葬墓主身体其他部位进行分析，没有发现明显的挣扎痕迹，所以这种捆绑在死后进行的可能性较大。目的可能是将死者固定成某一姿态。

结 论

本文对成都金沙遗址雍锦湾墓地出土的人骨资料进行了性别、年龄和葬式的分析，主要结论如下：

（1）对性别和年龄的分析表明：该墓地居民的性比R值为1.45:1，男性偏高，这可能反映了当时真实的男女比例，也可能与可鉴定率低有关。该墓地居民总体的平均预期寿命为33.87岁。按性别统计的男性平均预期寿命为36.18岁，女性平均预期寿命为34.59岁，男性略高于女性。死亡的高峰期无论男女都在中老年期，进入老年期的个体较多，表明当时的生活条件相对优越。婴儿的死亡率和育龄妇女的死亡率低表明当时的医疗卫生条件相对较好。

（2）对葬式的初步分析表明：该墓地以单人葬为主，多为仰身直肢，葬俗比较特殊。未经扰乱的墓葬下臂的摆放形式有很明显的区别，经扰乱的墓葬也是按照一定的规律进行的。这种有规律的埋葬反映了什么层面上的差异，仅凭目前的材料很难有结论。产生这种特殊葬俗的原因，还有待于结合考古学、民族学的资料进一步分析。

致　　谢

感谢成都文物考古研究所朱章义先生、陈云洪先生对本文材料的采集和成文提供的极大帮助。

参考文献

[1] 　陈铁梅.中国新石器墓葬成年人骨性比异常的问题.考古学报，1990，（4）：511-522.
[2] 　刘铮，邬沧萍，查瑞传.人口统计学.北京：中国人民大学出版社，1981.

金沙遗址古人类与古动物牙齿的FTIR与XRD分析[*]

黄成敏　张　擎　柏　松　王成善

引　言

古人类和古动物牙齿是揭示古人类食物、古环境与古气候、古人类起源的重要材料。然而，因长时期埋藏地下，受成岩作用的影响，古牙易受污染[1-2]。因此，判别古人类和古动物牙齿是否受污染，是利用古代牙齿进行环境考古研究的前提条件。

牙齿主要由生物成因的羟基磷灰石构成。新鲜生物牙中羟基磷灰石一般为弱结晶状态，在生物被埋藏后，经成岩作用，部分非晶态羟基磷灰石，会转变为具晶体结构，导致结晶度增加；同时，羟基磷灰石中含有一定量的CO_3^{2-}，可以取代羟基（OH^-）的位置（A型取代）和PO_4^{3-}的位置（B型取代），且一般以B型取代为主。受埋藏作用影响和被污染后，磷灰石中的CO_3^{2-}/PO_4^{3-}较小，CO_3^{2-}含量降低[2-3]。上述埋藏和成岩过程中的磷灰石结构与成分的变化是判别牙齿和骨骼是否受污染、可否作为进一步研究的材料的重要特征。目前，X射线衍射（XRD）和傅里叶变换红外光谱（FTIR）是鉴别羟基磷灰石受成岩作用影响或埋藏环境污染最有效方法[2-5]。

成都金沙古人类遗址是近年来我国考古的重大发现之一[6]。金沙遗址发现有商代晚期至西周时期古人群墓葬，还发掘出土大量的象牙、野猪等牙齿与骨骼，为研究古蜀文明的演化、古环境与古气候演变提供了重要的研究材料。由于牙釉质和牙本质中存在的羟基磷灰石稳定能力有差异，同时也可以分别反映动物的不同年龄时期的食物结构[7]。为此，我们采用XRD和FTIR对金沙古遗址中的古人牙齿和古野猪獠牙、象牙的牙釉质和牙本质的晶体结构和成岩作用的影响均进行了探讨。

---

[*] 原载《光谱学与光谱分析》2007年第12期。国家"十五"科技攻关计划项目（2004BA810B05）资助。

1 材料与方法

1.1 材料

取保存相对完好、不同个体的古人之牙齿4枚以及古象牙1枚和野猪獠牙牙齿2枚。

所有牙齿采用机械方法清洗后，在去离子水中浸泡。使用手术刀手工剥离牙釉质和牙本质，获4枚古人牙的牙釉质（1139E，1138E，1070E，1052E）和牙本质（1139B，1138B，1070B，1052B）、2枚野猪牙齿的牙釉质（6811E，C27E）和牙本质（6811B，C27B）以及1枚象牙的牙釉质（7513E）和牙本质（7513B）等共计14个牙釉质和牙本质样品。

样品经研磨，过100目筛。采用Lee-Thorp[8]等的预处理方法，取30 mg样品首先用1.5%～2.0%次氯酸钠浸泡30 min，清除外源性的有机污染物，然后用去离子水清洗3次。离心后，余下的无机粉末浸泡于0.1 mol/L醋酸溶液15 min，去除埋藏过程中可能沉淀的碳酸盐物质，然后用去离子水反复清洗，最后在60 ℃下干燥，备用。

1.2 方法

1.2.1 XRD

采用X-Pert Pro型（Philips，荷兰）X射线衍射仪分析，Cu K_α 辐射，工作电压为40 kV，电流40 mA，以连续方式分别对牙釉质和牙本质进行扫描（15°～60°）。

1.2.2 FTIR

利用傅里叶变换红外光谱仪（170SX Nicolet，美国）分析。采用KBr压片法，取3 mg样品，与300 mg KBr混合进样，检测范围4 000～400 cm^{-1}，分辨率4 cm^{-1}。

1.3 FTIR指数

基于FTIR中的CO_3^{2-}和PO_4^{3-}的多个特征性吸收峰及其强度的定性及半定量分析，可构成多种指数，来指示羟基磷灰石结晶度和有序程度以及成分的变化，由此推断受成岩作用的影响程度。其中常用指数为PCI（或CI）和BPI[3-4]。PCI指数为Shemesh于1990年提出，指PO_4^{3-}在565 cm^{-1}和605 cm^{-1}吸收峰强之和与两峰之间590 cm^{-1}峰强之比值[2-3, 9-11]。

BPI指数用于反映B型取代的CO_3^{2-}与PO_4^{3-}的比例，目前常采用为CO_3^{2-}在1 415或1 465 cm^{-1}与PO_4^{3-}在605 cm^{-1}处的吸收峰强之比。鉴于1 465 cm^{-1}与反映A型取代的CO_3^{2-}在1 450 cm^{-1}吸收峰部分重叠，另外1 465 cm^{-1}峰所反映CO_3^{2-}相对含量还有其他不明CO_3^{2-}来源[3, 9]，为此本文采用1 415 cm^{-1}的吸收峰与605 cm^{-1}处的吸收峰强之比构成BPI指数。

高的PCI和低的BPI常表明样品受成岩作用影响强[2-3]。

2 结果与讨论

2.1 XRD

所有牙釉质和牙本质14个样品中羟基磷灰石主要特征衍射峰明显,但晶面(211)、(112)和(300)的衍射峰部分重叠在一起,部分样品中晶面(202)也与前3个衍射峰部分重叠(图1,部分图谱略)。与现代人牙和生物磷灰石的结晶度差、31°~35°的3或4个衍射峰的重叠程度不一的特征相同[12-13]。XRD图谱中并未发现石英、钠长石、钾长石等杂质矿物。XRD结果表明金沙遗址的牙釉质和牙本质保存均较好。

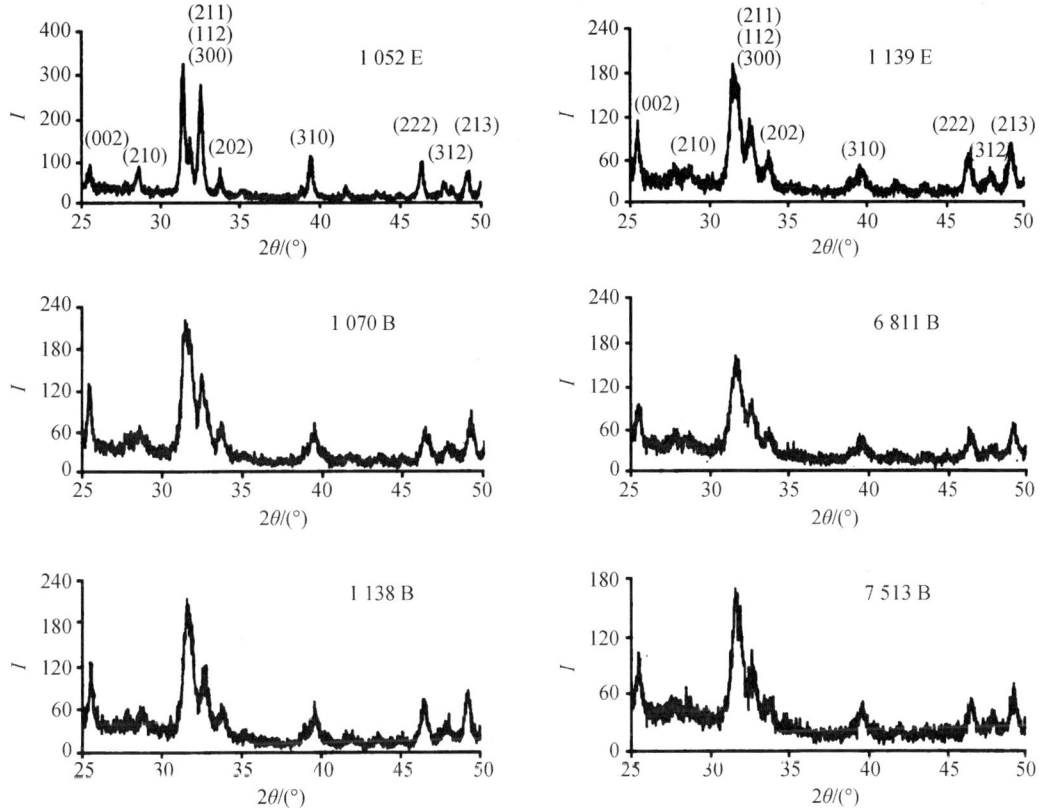

图1 金沙遗址牙齿化石遗存牙釉质和牙本质的X射线衍射图

2.2 FTIR

H_2O和OH^-:所有样品的H_2O的伸缩振动带(3 300~3 430 cm^{-1})非常明显,生物磷灰石此带极强,非KBr吸水所致,且大大高于非生物成因磷灰石,不少学者认为生物磷灰石本身含有分子水[12]。1 630~1 650 cm^{-1} H_2O有机质弯曲振动带也显著(图2、图3,部分图谱略)。近似现代生物磷灰石的H_2O的伸缩振动带和弯曲振动带[4]。所有

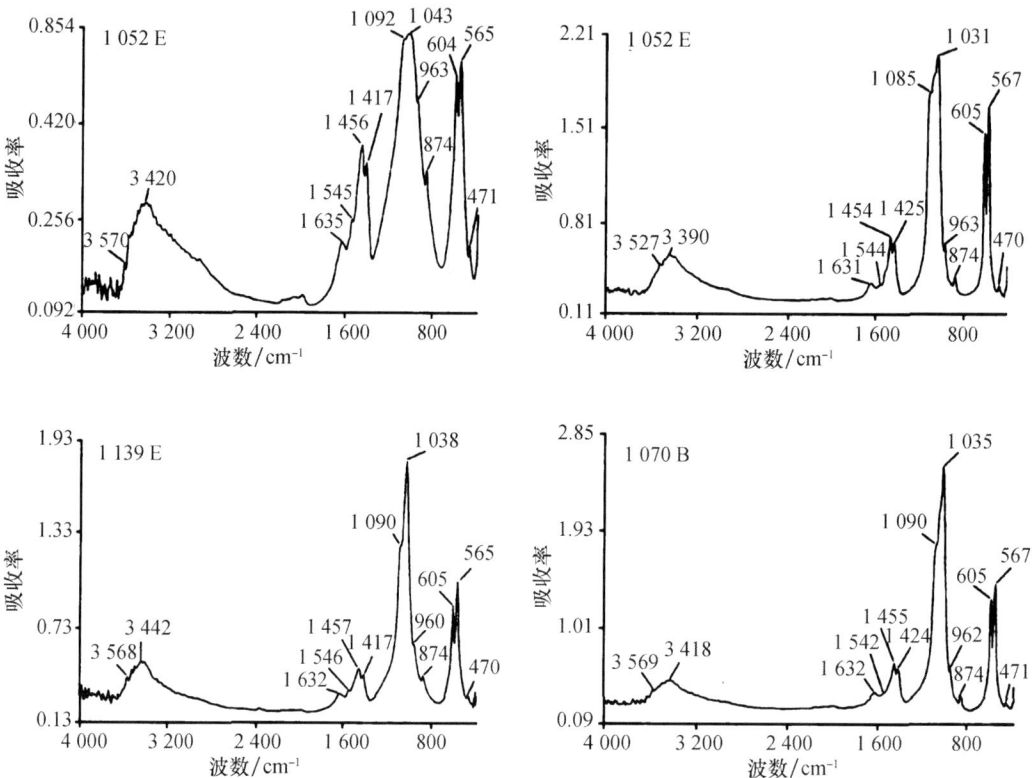

图 2　金沙遗址古人类牙釉质和牙本质的FTIR光谱

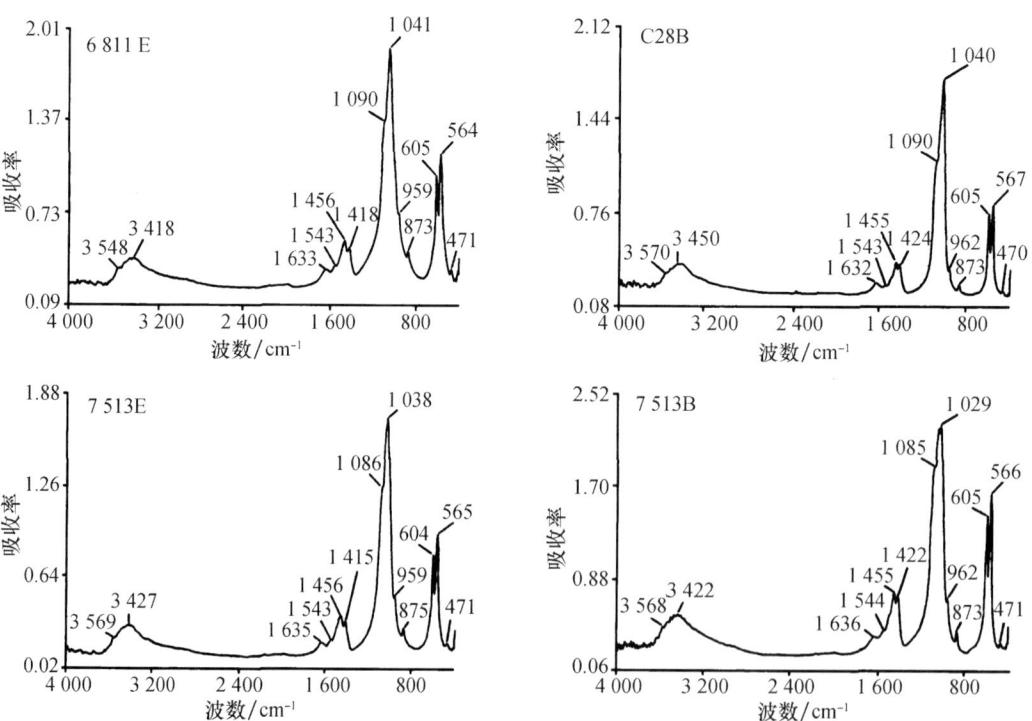

图 3　金沙遗址古动物牙釉质和牙本质的FTIR光谱

样品均出现OH⁻伸缩振动带（3 520~3 572 cm⁻¹）。然而，约630 cm⁻¹ OH⁻受阻转动带都没有明显，即使是现代新鲜的牙齿样品常难以出现[4, 12]。

PO_4^{3-}：反对称伸缩振动v_3为磷灰石最强带，1 025~1 041 cm⁻¹峰一般尖锐，也都出现约1 090 cm⁻¹峰。反对称弯曲振动v_4也为强带，605和565 cm⁻¹峰分裂深度较大。对称伸缩振动v_1是弱带（约961 cm⁻¹），所有样品都出现，部分样品以吸收肩形式重叠于$PO_4^{3-} v_3$之上。另外，v_2振动带（约470 cm⁻¹）在古牙样品FTIR图中均明显出现。

CO_3^{2-}：v_3和v_2带出现于所有样品中。v_2带（约874 cm⁻¹）强度较高。v_3振动频率因CO_3^{2-}在晶格中位置不同而变化。现代生物磷灰石主要为1 541~1 548 cm⁻¹、1 455 cm⁻¹、1 417 cm⁻¹等3个峰，表明CO_3^{2-}同时交代OH⁻和PO_4^{3-}，A型和B型取代均存在[12]。在金沙牙齿样品中，也都出现这3个峰，反映这些样品受成岩作用影响小，近似现代生物磷灰石。

2.3 FTIR结晶指数

Shemesh对沉积磷灰石中研究得出的PCI值超过4.0以上为显著变化，对现代牙和古牙齿研究结果的PCI值为2.6~3.8（图4）[1, 2, 9, 14]。在墨西哥古人类的骨骼磷灰石PCI值主要为3~4.8[10]。虽然不同的古人或古动物的材料、年代选取各异，但PCI值可以供判别羟基磷灰石是否污染的大致范围。金沙遗址古人类与古动物的PCI值为2.4~4.0，而经醋酸处理的现代和古代人与动物骨骼的PCI指数还有最高约0.5的增加，因此，金沙遗址样品在未受污染的范围内[9]。

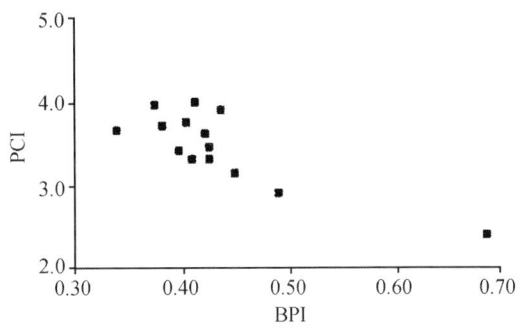

图4 牙釉质和牙本质中羟基磷灰石的PCI值和BPI值

利用BPI指数可以估算羟基磷灰石CO_3^{2-}的含量[3]。金沙遗址中，除其中一个古人牙釉质样品CO_3^{2-}含量高至7.6%外，其余值为4.1%~5.6%，与现代、古哺乳动物牙齿样品的CO_3^{2-}含量大致相当或略高，如现代和古鹿牙釉质CO_3^{2-}含量为4.13%~4.93%[4]，2.9%~4.2%[3]，非洲现代河马牙釉质3.2%~4.6%[15]，11个哺乳动物现代和古骨骼磷灰石中的CO_3^{2-}含量为4.5%~5.1%[11]。

另外，金沙遗址牙样品高PCI值一般对应低的BPI，BPI与PCI呈极显著负相关，$r=-0.8108$（$p<0.001$，$n=14$）与Wright[9]等以及Greene[2]的研究结果具相同趋势。

可见，金沙遗址古牙羟基磷灰石相对较低的PCI值，高BPI，高的CO_3^{2-}含量也反映牙齿样品受污染程度低。

结　论

利用XRD和FTIR方法以及由FTIR等参数构成的结晶指数判断金沙遗址古人与古动物牙齿釉质和本质特征近似现代生物羟基磷灰石，表明所取的金沙牙齿样品无论牙釉质和牙本质受埋藏和成岩作用的污染小，样品可以用于古环境与古气候等方面的进一步研究。

参考文献

[1] Dupras T L, Schwarcz H P. Journal of Archaeological Science, 2001, 28: 1199.
[2] Greene E F, Tauch S, Webb E, et al. Microchemical Journal, 2004, 76: 141.
[3] Sponheimer M, Lee-Thorp J A. Journal of Archaeological Science, 1999, 26: 143.
[4] Michel V, Ildefonse P, Morin G. Applied Geochemistry, 1995, 10: 145.
[5] 杨群，王怡林，李朝真，等. 原子光谱和X射线衍射研究禄丰恐龙化石与围岩特征. 光谱学与光谱分析，2005，25（2）：299.
[6] 张擎，周志清，朱章义. 成都金沙遗址的发现与发掘. 考古，2002，（7）：9.
[7] Van der Merwe N J, Williamson R F, Pfeiffer S, et al. Journal of Anthropological Archaeology, 2003, 22: 245.
[8] Van der Merwea N J, Thackerayc J F, Lee-Thorp J A, et al. Journal of Human Evolution, 2003, 44: 581.
[9] Wright L E, Schwarcz H P. Journal of Archaeological Science, 1996, 23: 933.
[10] Stuart Williams H L Q, Schwarcz H P, White C D, et al. Palaeogeography, Palaeoclimatology, Palaeoecology, 1996, 126: 1.
[11] Rink W J, Schwarcz H P. Journal of Archaeological Science, 1995, 22: 251.
[12] 周玲棣，刘永康，周国富. 现代生物磷灰石及化石磷灰石研究. 矿物学报，1999，19（1）：41.
[13] 胡耀武，王昌燧，左健，等. 古人类骨中羟磷灰石的XRD和拉曼光谱分析. 生物物理学报，2001，17（4）：621.
[14] White C, Longstaffe F J, Law K R. Journal of Archaeological Science, 2004, 31: 233.
[15] Zazzo A, Lécuyer C, Sheppard S M F, et al. Geochimica et Cosmochimica Acta, 2004, 68（10）: 2245.

四川成都城乡一体化工程金牛区5号
C地点考古出土植物遗存分析报告*

姜　铭　赵德云　黄　伟　赵志军

引　言

　　金沙遗址是位于成都市区的一处大型古代聚落，历年的发掘结果表明，金沙遗址年代始于公元前28世纪，终于公元前7世纪，其主体文化遗存年代大体相当于中原地区的商晚周初。金沙遗址是古蜀国的第二个都城遗址，遗址内功能分区明显，包括有宫殿区、祭祀区、墓葬区和一般生活区。

　　2007～2008年，在成都文物考古研究所的支持配合下，四川大学历史文化学院考古学系在金沙遗址开展田野考古实习，与成都文物考古研究所合作发掘了金牛区5号C地点，发掘面积2500 m²。

　　金牛区5号C地点是指成都市城乡一体化工程在金沙遗址范围内的一个施工标段，该地点位于成都市区西北部，北距位于三和花园地点的宫殿建筑区约100 m，南距位于梅苑地点的祭祀区约400 m。除此之外，金牛区5号C地点周围还有其他一些重要的发掘地点。在整个金沙遗址考古规划中，金牛区5号C地点位于Ⅸ区，处在整个金沙遗址较为核心的位置。

　　通过发掘，在金牛区5号C地点出土了十分丰富的遗迹现象，包括房址、窑址、灰坑、灰沟、墓葬等。发掘者认为，该地点的文化堆积可划分为五期六段：第一期为商末周初；第二期为西周早期；第三期可分为早晚两段，早段为西周中期，晚段为西周晚期；第四期为春秋时期；第五期为战国时期[1]。

　　在发掘过程中采用了浮选法获取植物遗存。浮选样品采自14个灰坑，每个灰坑采集了1份土样，而其中一个灰坑（H6836）的文化堆积较厚，分为上下两个文化层，因此分别采集了土样，最后合计共采集并浮选了土样15份，平均每份样品的土量约为18 L。根据采样背景分析，这15份浮选样品分别采自三个不同时期的文化堆积，其中属于第一期

---

* 原载《南方文物》2011年第3期。

商末周初的有7份，第二期西周早期的有5份，第三期西周中晚期的有3份（表1）。

表1 浮选样品炭化木屑含量统计表

	样品数量	总土量/L	炭屑总量/g	平均含量/（g/10L）
商末周初	7	120	10.497	0.875
西周早期	5	75	11.037	1.472
西周中晚期	3	80	1.618	0.202
合计	15	275	23.152	

浮选工作在发掘现场进行，所用浮选设备是水波浮选仪，配备的分样筛规格为80目（筛网孔径0.2 mm）。

浮选结果在当地阴干后，被送至中国社会科学院考古研究所植物考古实验室进行分类、植物种属鉴定和分析。

1 浮选结果

经过实验室的观察和分类，金牛区5号C地点浮选出土的炭化植物遗存在类别上相对比较简单，主要有炭化木屑和植物种子两大类，另外，还发现有少量的稻谷基盘和小穗轴。

1.1 炭化木屑

炭化木屑是指经过燃烧的木头的残存，其主要来源应该是未燃尽的燃料或遭到焚烧的建筑木材和其他用途的木料等。金牛区5号C地点出土的炭化木屑大多比较细碎，但通过显微镜观察，出土木屑的细胞结构如导管、筛管和植物纤维等清晰可见，很容易识别。然而更进一步的植物种属鉴定则需要比较专业的植物解剖学知识和技术，这部分工作留给专业人员鉴定和研究。我们所做的是将所有炭化木屑作为一个统一的类别进行量化分析。

具体做法是：使用18目（网孔径1 mm）的分样筛，将每份样品浮选出土的大于1 mm的炭化木屑筛分出来，然后使用电子天平进行称重。结果显示，如果每份浮选土样按10 L的土量计算，金牛区5号C地点浮选样品所含炭化木屑的重量是0.848 g/10 L。

1.2 植物种子

在金牛区5号C地点的浮选样品中，共发现各种炭化植物种子298粒。在这些出土的炭化植物种子中，以水稻（*Oryza sativa*）和粟（*Setaria italica*）两种农作物的炭化谷粒为多，合计259粒，占所有出土植物种子总数的86.9%。其他可鉴定的植物种子有属于禾本科的黍属（*Panicum*）、稗属（*Echinochloa*）和狗尾草属（*Setaria*），以及野大豆（*Glycine soja*）和紫苏（*Perilla frutescens*）等。另外，还有一些特征不明显、或者由于炭化过甚而失去了特征部位的未知种属的植物种子（表2）。

表2 出土植物种子统计表

	商末周初	西周早期	西周中晚期	合计
农作物				
水稻（Oryza sativa）	115	69	17	201
粟（Setaria italica）	21	34	3	58
杂草类				
黍属（Panicun）		3		3
稗属（Echinochloa）	1	2		3
狗尾草属（Setaria）	1	3		4
黍亚科（Panicoideae）	4		1	5
其他				
紫苏（Perilla frutescens）	2	1		3
野大豆（Glyeine soja）	1			1
未知	2	8		10

在浮选出土的两种农作物遗存中，水稻的数量具有绝对优势，共计201粒炭化稻米，占出土农作物总数的77.6%，占所有出土植物种子总数的67.5%。这些出土的炭化稻米大多比较破碎，完整的仅有49粒（图1）。选取其中37粒进行测量，测得数据为：平均粒长4.34 mm，平均粒宽2.20 mm，平均粒厚1.60 mm，长宽比平均值为2.01（表3）。

表3 出土稻米测量数据

时代	粒长/mm	粒宽/mm	粒厚/mm	长宽比
商末周初	3.91	1.64	0.76	2.38
	5.08	2.48	1.71	2.05
	5.14	2.30	1.68	2.23
	4.78	2.56	1.66	1.87
	4.65	2.60	1.96	1.79
	4.18	2.57	1.86	1.63
	3.89	2.23	1.51	1.74
	4.35	2.14	1.39	2.03
	4.08	2.17	1.12	1.88
	3.76	1.51	1.08	2.49
	4.22	1.91	1.26	2.21
	4.60	2.22	1.26	2.07
	5.68	2.04	1.56	2.78
	4.34	1.65	1.11	2.63
	3.82	2.23	1.66	1.71
	3.50	1.86	1.32	1.88
	3.57	1.31	1.01	2.73

续表

时代	粒长/mm	粒宽/mm	粒厚/mm	长宽比
西周早期	4.62	2.48	1.67	1.86
	4.61	2.49	2.03	1.85
	3.93	2.13	1.74	1.85
	4.00	1.87	1.74	2.14
	5.17	2.26	1.63	2.29
	4.62	2.66	1.90	1.74
	4.58	2.20	1.66	2.08
	4.54	2.31	1.84	1.97
	4.14	2.34		1.77
	4.07	1.93	1.53	2.11
	4.13	1.89	1.54	2.19
	4.04	2.71	1.99	1.49
	4.09	2.64	1.94	1.55
	3.79	2.05	1.38	1.85
	4.13	1.97	1.63	2.10
	5.06	2.54	1.91	1.99
西周中晚期	4.44	2.76	1.61	1.61
	4.31	2.34	1.81	1.84
	4.95	2.01	1.87	2.46
	3.96	2.20	2.05	1.71
平均值	4.34	2.20	1.60	2.01

相比水稻而言，炭化粟粒的出土数量比较少，仅为58粒，占出土农作物总数的22.4%，占所有出土植物种子总数的32.5%。这些出土的炭化粟粒均呈近球状，表面较光滑，胚部较长，因烧烤爆裂而呈沟状，粒长0.83~1.67 mm，粒宽0.80~1.21 mm，平均粒长1.18 mm，平均粒宽1.05 mm，长宽比平均值为1.12（图2）。

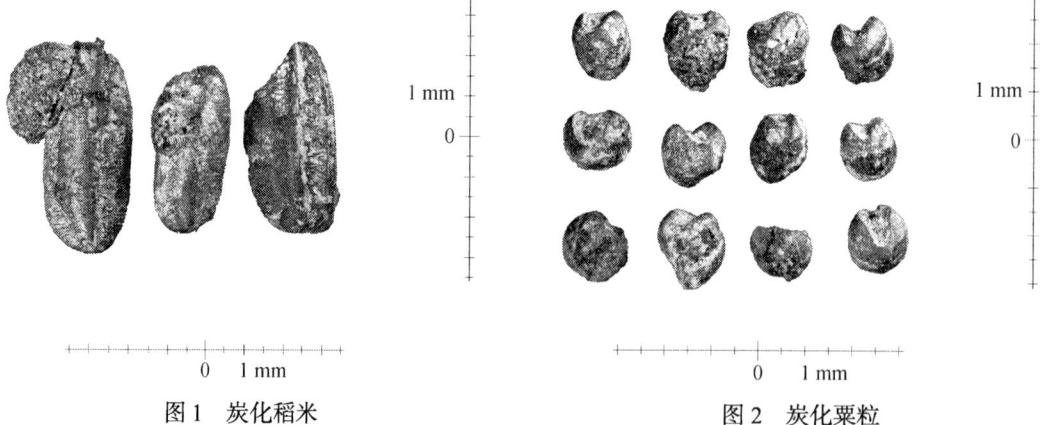

图1　炭化稻米　　　　　　　　　图2　炭化粟粒

金牛区5号C地点出土的其他可鉴定植物种子主要属于禾本科，共计15粒，从中进一步鉴定出了黍属、稗属和狗尾草属等属一级的植物种子。这些禾本科植物都包含有田间杂草类品种，其所反映的应该是当时的农耕生产情况，但由于出土数量太少，无法深入探讨。

在金牛区5号C地点浮选结果中发现的比较重要的其他植物种子是紫苏，共计3粒。紫苏是一年生草本植物，属于唇形科（Labiatae）的紫苏属。紫苏种子特征十分明显，呈卵圆形，外皮有六边形的褶皱纹（图3）。紫苏的叶、梗和籽均能食用，在古代可能被作为食物，在现代是一种常见的中草药。

另外，在浮选结果中还发现了一粒野大豆的炭化豆粒，虽然由于破碎较甚，无法准确测量，但从形态尺寸上看，明显小于栽培大豆。

1.3 稻谷基盘和小穗轴

在金牛区5号C地点浮选结果中比较重要的发现还有稻谷的基盘和小穗轴，共计32个，其中的绝大部分即31个都出土于商末周初的样品中，另一例出土于西周早期样品中（图4）。水稻在生长过程中，每一粒稻谷都是通过一个小穗与稻穗相连的。稻谷与小穗的连接部位，在小穗上的那部分被称为小穗轴，在稻谷上的那部分被称为稻谷基盘。考古遗址出土的稻谷基盘和小穗轴虽然不能归类于植物种子，但也是水稻遗存。因此，金牛区5号C地点浮选出土的水稻遗存的总数实际应该是233例。

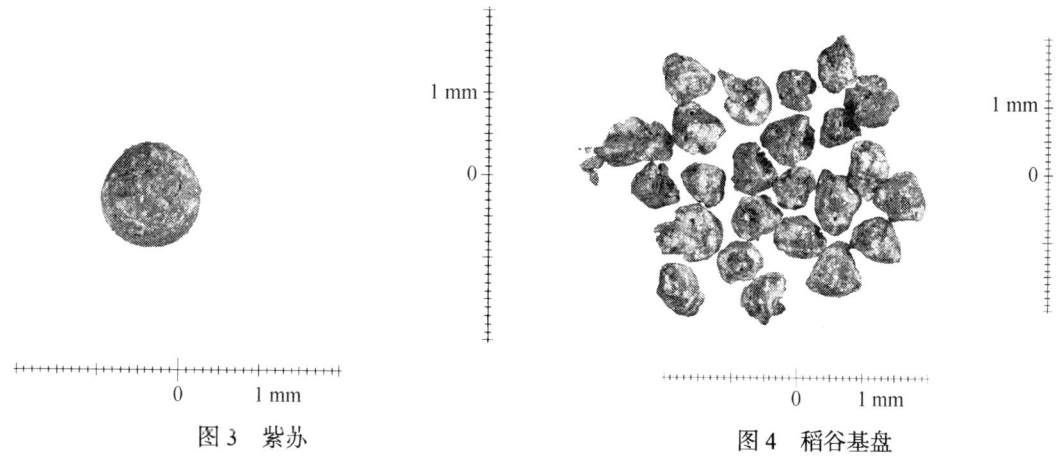

图3　紫苏　　　　　　　　图4　稻谷基盘

2　炭化植物遗存的分析

金牛区5号C地点的浮选样品在年代上分为三个不同的时期，即商末周初、西周早期和西周中晚期。但是，由于本次采集的浮选土样的份数偏少，仅有15份样品；而分属于各时期的样品在份数上也不均匀，多者7份，少者3份，在这种情况下，很难在各期之间展开有意义的对比分析，因此，我们将这15份样品综合成一个整体，加以讨论（表4）。

表4 5号C地点植物遗存出土情况明细表

单位	层位	时代	土量/L	木炭屑/g	稻米(Oryza sativa)(整)	稻米(Oryza sativa)(碎)	基盘/穗轴	粟(Setaria italica)	黍属(Panicum)	稗属(Echinochloa)	狗尾草属(Setaria)	黍亚科(Panicoideae)	野大豆(Glycine soja)	紫苏(Perilla frutescens)	未知
H6414	⑦下	商末周初	13	0.482	16	40	25								
H6443	⑦下	商末周初	11	0.457	1	2				1					
H6448	⑦下	商末周初	45	6.941	1	14	4	20			1				
H6795	⑦下	商末周初	19	0.088	1	1		1							
H6828	⑦下	商末周初	11	1.4		2							1	1	2
H6836①	⑦下	商末周初	9	0.401		24	1					1			
H6836②	⑦下	商末周初	10	0.728		10	1					1		1	
H6688	⑥下	西周早期	9	7.009	3	27		28	3						
H6718	⑥下	西周早期	19	1.979	7	11		5		2	1			1	8
H6819	⑥下	西周早期	19	0.672	1	5									

续表

单位	层位	时代	土量/L	木炭屑/g	稻米(Oryza sativa)(整)	稻米(Oryza sativa)(碎)	基盘/穗轴	粟(Setaria italica)	黍属(Panicum)	稗属(Echinochloa)	狗尾草属(Setaria)	黍亚科(Panicoideae)	野大豆(Glycine soja)	紫苏(Perilla frutescens)	未知
H6829	⑥下	西周早期	19	1.137	3	2	1								
H6840	⑥下	西周早期	9	0.24	1	2		1							
H6652	⑥下	西周中晚期	30	0.147	1	4					2				
H6670	⑥下	西周中晚期	24	0.114		5						1			
H6711	⑥下	西周中晚期	26	1.357	4	3		3							

在金牛区5号C地点浮选出土了水稻和粟这两种谷物,二者合计出土数量达259粒,占所有出土植物种子总数的87%,这说明,在商周时期,该地应该已经处于农业生产阶段。进一步对比发现,在出土的绝对数量上,稻米无疑占绝对优势,计201粒,炭化粟粒仅为58粒。水稻是南方的代表性农作物,粟是北方的主要农作物,两者同时出现在金牛区5号C地点,说明此地包含两种作物传统,但以种植水稻为主。需要指出的是,在成都平原的新津宝墩遗址中,存在着类似的情况:在该遗址2009年度的浮选结果中,从距今4500~3700年的宝墩文化时期的12份样品里,发现了稻米643粒,粟23粒。由此观之,至迟从新石器时代晚期开始,成都平原就已经有了以种植水稻为主、兼种粟的农业形态[2]。

在金牛区5号C地点浮选出土的植物种子中,除了水稻和粟两种谷物外,还发现了黍属、稗属、狗尾草属、黍亚科等属于禾本科的植物种子。这些禾本科的植物种子中有许多品种是非常典型的田间杂草,一般是伴随着农作物出现的,它们的存在,再次表明了金牛区5号C地点出土的谷物应该是在本地被栽培的。

在金牛区5号C地点浮选出土的植物遗存中,比较重要的发现还有稻谷的基盘和小穗轴。稻谷基盘和小穗轴是连接稻谷籽粒和稻穗的关键部位,基盘和小穗轴之间的疤痕的平滑程度,可以作为区分自然脱落和人工强行脱粒的重要标准。自然脱落的稻谷,由于没有经过人工的强行脱粒,在基盘和小穗轴之间形成的疤痕较小而光滑;经过人工收割的稻谷,由于人工强行脱粒,基盘和小穗轴之间的疤痕粗糙内凹[3]。经过观察,金牛区5号C地点出土的这批基盘和小穗轴的疤痕粗糙内凹,具有受力折断脱落的痕迹,当是由人工强行脱粒造成的。当然,它们有可能是野生的稻谷在尚未达到自然脱落时,被人们采集回来后进行了加工,也有可能是栽培的稻谷在收获季节,被人们收割后进行了人工强行脱粒。虽然基盘和小穗轴的疤痕的情况并不能完全表明这批稻谷就一定是人工栽培的,但至少能为判断稻谷收割后加工脱粒的场地提供线索,即在目前没有发现本地与外界存在谷物交换行为的证据的情况下,这批稻谷当是在本地被收割后,在当地进行了人工脱粒。

由于植物是易腐朽的有机物质,不是任何植物或任何植物组织在任何条件下都可以长期地保存在考古遗址中,除了孢粉和植硅石等结构特殊的微小植物遗存外,一般情况下,只有那些在埋藏前经过炭化的植物遗骸才有可能长期保存在文化堆积中,这必然造成各种植物被埋藏在遗址中的机会不均等。再则,炭化的植物遗骸的质地非常脆弱,体积一般又较小,因此,在埋藏过程中很容易受到各种因素的扰动和破坏。基于这些原因,采用浮选法虽然能够帮我们获取植物遗存,但所获得的植物遗存在种类上或数量上同实际情况往往存在着一定的差距,这种现象被称为"浮选结果的误差"。如果对这些误差缺乏认识和了解,就有可能对我们的研究造成误导,由此得出不正确的结论。因此,在对浮选结果进行分析的过程中,应该就可能存在的误差以及造成这些误差的原因有所估计和判断[4]。由于本批次的样品数量较少,并且全部取自灰坑中,浮选结果有可能和实际情况存在较大出入,所以希望在金沙遗址其他地点以后的浮选工作中,能对上述的初步结论进行检验。

结　　论

　　金牛区5号C地点是金沙遗址中的一个考古发掘地点，其主体文化堆积的年代早至商末周初、晚至战国时期。在2007~2008年发掘过程中，为开展多学科研究采集了土样。我们从中选择了15份土样进行了浮选，从中获取到了较为丰富的炭化植物遗存。

　　通过对出土植物遗存的鉴定和分析，从商末周初到西周中晚期，成都平原的农业形态有可能是稻作和旱作并存的局面。但在这一时期，水稻一直是成都平原最重要的农作物，旱地作物粟的比重很低。

　　由于成都平原地区的植物考古工作起步较晚，本地区内尚未有同类的材料可资对比，在通过古代植物种子遗存来探讨本地区农业面貌的时候，仅能做一些粗线条的勾勒，再加上本工地当初提取土样之时，并未想到本批次的样品最终会用于植物大遗存的浮选，在土样提取的分量上稍显不够，所以尚不能就浮选结果做更深入的探讨。

　　好在成都平原地区的浮选工作已经展开，浮选结果的数据将陆续公布，这对今后探讨成都平原地区的农业起源及其形态等问题将起到促进作用。

参考文献

［1］　成都文物考古研究所，四川大学历史文化学院考古学系. 金沙遗址金牛国土局城乡一体化工程5号地块C标段考古发掘简报.

［2］　姜铭，玳玉，何锟宇，等. 新津宝墩遗址2009年度考古试掘浮选结果分析简报. 成都文物考古研究所. 成都考古发现（2009）. 北京：科学出版社，2011.

［3］　秦岭，傅稻镰. 河姆渡遗址的生计模式——兼谈稻作农业研究中的若干问题//山东大学东方考古研究中心编. 东方考古（第3集）. 北京：科学出版社，2006：307-350.

［4］　赵志军. 考古出土植物遗存中存在的误差. 文物科技研究（第一辑）. 北京：科学出版社，2004.

金沙遗址"阳光地带二期"地点浮选结果及初步分析[*]

成都文物考古研究所

1 遗址简介

"阳光地带二期"地点位于成都市金牛区营门口乡黄忠村六组,地处摸底河北岸。地理坐标为东经104°00′31.3″,北纬30°41′38.4″,海拔488 m(VT3530西北角)。"阳光地带二期"地点是金沙遗址的重要组成部分,地处金沙遗址的西北部。该地点北接"金都花园"地点;东接"芙蓉苑"地点,距离黄忠村宫殿区约500 m;西南临"博雅庭韵"地点、"春雨花间"地点;南部隔龙嘴小区地点。

2003年12月底至2004年5月初,成都文物考古研究所对该地点进行了发掘,布探方158个,共计发掘面积15 800 m²,实际发掘面积14 200 m²。该地点遗迹丰富,共清理窑址49座、灰坑102个、墓葬290座,以及少量建筑遗迹。初步推测该地点时代为西周早期、中期[1]。

2 采样与浮选

本次发掘仅对部分灰坑、窑址进行针对性采样,其中灰坑18份,窑址2份,单位不清1份,共计21份。

浮选土样在成都文物考古研究所北湖基地采用小水桶法进行浮选,并用0.2 mm网筛收样。轻浮标本阴干后实验室进行分类和植物种属鉴定。

---

[*] 原载《成都考古发现》(2012),科学出版社,2014年。闫雪、周志清、姜铭执笔。

3 浮选结果

通过实验室整理，我们将浮选出的植物遗存分为炭化木屑与植物种子两大类。从表1可以看出，该地点21份土样炭屑密度0.095 g/L，植物种子密度0.012 g/L。

表1 炭化木屑、植物种子概况表

遗迹单位	土量/L	毛重/g	>1mm炭屑重/g	炭化木屑平均分布密度/（g/L）	植物种子总量/g	植物种子平均分布密度/（g/L）
H1156	2	0.425	0.080	0.040	0.014	0.007
H1163	6	0.398	0.066	0.011	0.001	0.000
H1169	1	1.199	0.422	0.422	0.152	0.152
H1325	3	0.404	0.159	0.053	0.007	0.002
H1332	1	0.095	0.014	0.014		
H1336	2	0.042	0.001	0.001		
H1336	0.5	0.007				
H1336	3	0.12	0.004	0.001	0.001	0.000
H1354	2	0.262	0.126	0.063	0.012	0.006
H1354	2	0.156				
H1354	2	0.325	0.109	0.055	0.015	0.008
H1362	4	3.073	1.379	0.345	0.249	0.062
H1364	2	0.881	0.417	0.209	0.001	0.001
H1369	1	0.081	0.042	0.042		
H1370	2	0.151	0.007	0.004		
H1372	2	0.473	0.290	0.145	0.001	0.001
H1382	0.5	0.12	0.034	0.068		
H1384	1	0.517	0.249	0.249	0.012	0.012
Y29	1	0.792	0.335	0.335	0.012	0.012
Y55	1	0.039	0.009	0.009	0.001	0.001
无号	2	0.527	0.168	0.084	0.018	0.009
合计	41	10.087	3.911	0.095	0.496	0.012

3.1 炭化木屑

实验室仅对"阳光地带二期"发现的大于1 mm炭化木屑进行了称重和记录，希望可以交送相关专家进行鉴定。

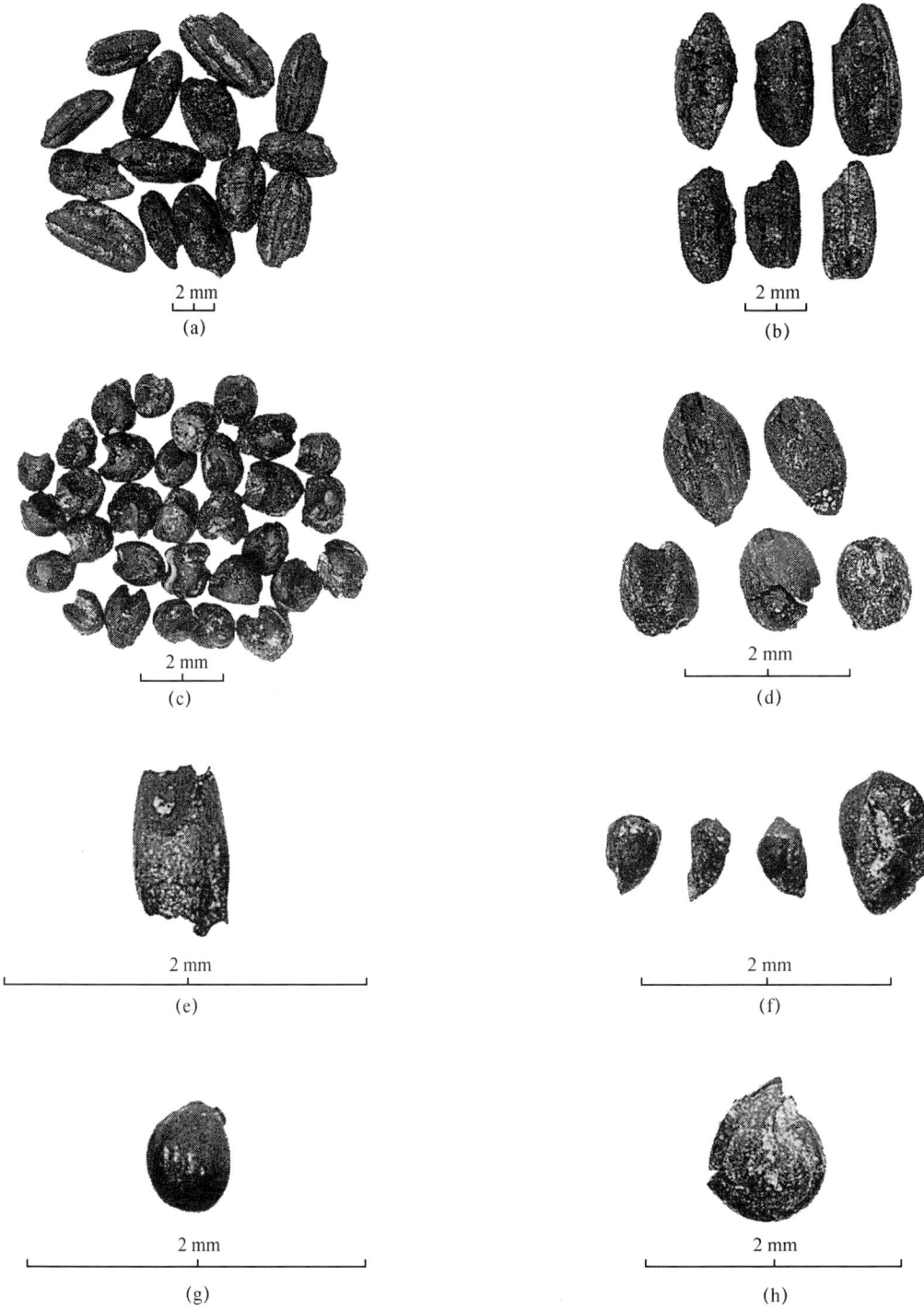

图 1　成都市金沙遗址"阳光地带二期"地点出土植物遗存

（a）稻（H1362）；（b）稻（H1169）；（c）粟（H1362）；（d）狗尾草属（H1362）；（e）马唐属（H1384）；（f）莎草科（1-3，H1384；4，H1362）；（g）唇形科（H1169）；（h）藜科（H1163）

3.2 植物种子

21份样品共计土量41L。轻浮样品中14份发现炭化种子，共计218粒（包括未知，不包括小于1/2稻谷、稻谷基盘、碎种），平均密度为5.31粒/L。与四川地区其他遗址种子密度相比，"阳光地带二期"地点种子密度较高[2]。

"阳光地带二期"地点可鉴定炭化种子共7个种属。有稻（*Oryza sativa* L.）、粟（*Setaria italica* （L.）Beauv）、狗尾草属（*Setaria*）、马唐属（*Digitaria*）、酸模属（*Rumex*）、唇形科（*Labiatae*）、莎草科（*Cyperaceae*）。

出土种子可以分为农作物与杂草两类。其中，农作物种子有157粒，占种子总数的72.02%，出土概率为52.38%。杂草种子有61粒，占种子总数的27.98%，出土概率为52.38%。

3.2.1 农作物

157粒农作物包括53粒稻（*Oryza sativa* L.）、104粒粟（*Setaria italica* （L.）Beauv）。

稻共有53粒，占农作物总数的33.76%。稻粒表面有两条明显的纵棱，长3.51～5.1 mm，宽1.46～2.65 mm。侧生胚区明显（图1（a）（b））。

粟共104粒，占农作物总数的66.24%。粟粒小且圆鼓，长0.84～1.53 mm，宽0.85～1.33 mm，胚区呈U形，占种子长度的2/3（图1（c））。

3.2.2 杂草类

杂草种子共61粒（图1（d）～（h））。其中，黍亚科的狗尾草属和马唐属共21粒，占杂草总数的34.43%。鉴定到属的有狗尾草属（*Setaria*）、马唐属（*Digitaria*）（表2）。

表2 杂草种子数量统计表

单位号	禾本科 黍亚科 狗尾草属	马唐属	莎草科	藜科	唇形科	未知
H1156	3					2
H1163			1	1		
H1169	6				1	4
H1325						
H1332						
H1336						
						1
H1354	1		1			1
						7

单位号	禾本科		莎草科	藜科	唇形科	未知
	黍亚科					
	狗尾草属	马唐属				
H1362	6		1			10
H1364	1					
H1369						
H1370						
H1372						
H1382						
H1384	1	1	3			6
Y29						1
Y55						
无号	2					
合计	20	1	5	2	1	32

此外，有莎草科（Cyperaceae）种子5粒，藜科（Chenopodiaceae）种子2粒，唇形科（Labiatae）种子1粒。这三种杂草数量较少。

讨 论

遗迹性质分析

H1169和H1362出土种子171粒，占21份样品总数量218粒的78.44%。其中，H1169采样1L，出土种子54粒，平均密度54粒/L，H1362采样4L，出土种子117粒，平均密度29.25粒/L。

H1169和H1362出土炭化种子数量和平均密度均占明显优势。这是否与遗迹的性质有关还需要结合发掘报告进行进一步的分析。

农作物结构分析

"阳光地带二期"地点出土的157粒农作物包括53粒稻和104粒粟。从数量来看，粟数量约为稻的2倍。需要指出，53粒稻指颗粒完整或大于1/2的稻，而116粒颗粒小于1/2的稻未算入稻谷总数量。再考虑到稻属于大粒作物，粟属于小粒作物，用千粒重换算后才能正确反映两者在居民食物中的地位。根据千粒重1:7的比例换算后，粟的比例优势不见。据上述两点，虽粟在统计数量上占优势，但我们不能确定粟是否是该地点西周早中期的主要粮食作物。

农作物籽粒尺寸分析

成都市"阳光地带二期"地点共出土完整稻30粒,我们将其中保存较好的21粒进行了数据测量。统计数据显示,稻粒平均长4.258 mm,宽2.139 mm,厚1.612 mm,长宽比2.022(表3)。

表3 稻粒测量数据统计表

遗迹单位	长/mm	宽/mm	厚/mm	长宽比
H1169	4.853	2.25	1.919	2.157
	3.999	1.863	1.611	2.147
	4.376	2.073	1.917	2.111
H1362	3.936	1.457	1.116	2.701
	3.513	1.682	1.435	2.089
	5.104	2.426	1.584	2.104
	4.486	2.083	1.497	2.154
	4.214	2.376	1.914	1.774
	4.157	2.097	1.473	1.982
	5.011	2.423	1.593	2.068
	3.625	2.028	1.513	1.787
	4.231	2.018	1.803	2.097
	4.334	2.34	1.654	1.852
	3.899	2.38	1.928	1.638
	3.662	1.621	1.236	2.259
H1354	3.734	1.776	1.082	2.102
	4.296	2.458	1.878	1.748
H1156	4.917	2.651	1.911	1.855
H1325	3.725	2.576	1.389	1.446
无号	4.727	2.466	1.6	1.917
	4.628	1.869	1.801	2.476
平均值	4.258	2.139	1.612	2.022

"阳光地带二期"地点稻粒平均长宽比小于2.3。仅从粒形判断,按传统观点,19粒稻,约占90%,长宽比在2.3以下,属于粳稻;仅2粒稻,约占10%,长宽比为2.48和2.7,属于籼稻。但考虑到长宽比能否作为判断粳稻、籼稻两品种的标准尚无准论,我们仅按形态将稻粒分为纤长型和圆短型进行下一步分析。

21粒稻长宽比为1.4~2.8,我们取2作为区分纤长型和圆短型的标准。有12粒长宽比在2以上,9粒在2以下,比例相差不大。

"阳光地带二期"地点共出土炭化粟104粒,其中保存完整可测量长宽的有39粒。统计数据显示,平均长1.176,宽1.064 mm,长宽比1.109(表4)。

表 4　粟粒测量数据统计表

遗迹单位	长/mm	宽/mm	长宽比	遗迹单位	长/mm	宽/mm	长宽比
H1169	1.275	1.064	1.198	H1362	1.219	1.225	0.995
	1.011	0.959	1.054		1.197	0.952	1.257
	1.235	1.114	1.109		1.102	1.199	0.919
	1.165	1.098	1.061		0.839	0.896	0.936
	1.102	0.951	1.159		0.865	0.848	1.020
	1.167	1.109	1.052		1.053	1.147	0.918
H1362	1.310	1.133	1.156		0.859	0.834	1.030
	1.274	1.325	0.962		1.220	0.982	1.242
	1.216	1.154	1.054		0.900	0.898	1.002
	1.136	1.065	1.067	H1354	1.145	1.152	0.994
	1.233	1.047	1.178		1.339	1.154	1.160
	1.036	0.980	1.057	H1156	1.188	0.977	1.216
	1.377	1.026	1.342	H1364	1.525	1.098	1.389
	1.328	1.162	1.143	H1372	1.002	1.029	0.974
	1.243	1.126	1.104	Y29	1.349	1.061	1.271
	1.109	1.031	1.076		1.353	1.069	1.266
	1.235	0.99	1.247	H1384	1.360	1.326	1.026
	1.190	1.023	1.163		1.186	1.081	1.097
	1.203	0.911	1.321	无号	1.278	1.285	0.995
	1.042	1.005	1.037	平均值	1.176	1.064	1.109

目前成都平原地区可供参考的植物籽粒尺寸数据有限，我们只能将基础数据进行简单分析，进一步地深入探讨还有待于实验室基础工作的积累。

聚落加工方式分析

"阳光地带二期"地点出土农作物种子有157粒，占种子总数的72.02%，出土概率为52.38%；杂草种子有61粒，占种子总数的27.98%，出土概率为52.38%。

从农作物和杂草种子比例来看，农作物种子数量明显占优势。这种炭化植物组合可能说明农作物在储藏前已经进行了加工。在可鉴定种属的炭化种子中，以形态大小和比重均比较接近粟的狗尾草属为主，这可能说明在谷物储藏前已经进行过脱粒、扬场加工。此外，该地点仅在H1169发现3粒稻谷基盘。稻谷基盘是脱壳环节产生的，遗址内发现的基盘数量极少，应该说明谷物储藏前已进行过脱壳。

综上所述，"阳光地带二期"地点谷物储藏前进行过作物的加工，需要集中劳动力，这可能体现了一种相对较大规模的劳力组织方式。

结　　论

　　"阳光地带二期"西周早中期地点采样单位较多，但取土样量偏少，出土炭化种子数量有限，难以对其作物结构进行断定。通过对农作物和杂草种子比例分析，该地先民可能采用较大规模组织农业生产的方式。H1169和H1362出土炭化种子数量明显多于其他单位，这是否与遗迹的性质相关还需要结合发掘报告进行进一步的分析。

参考文献

［1］　"阳光地带二期"地点资料现存成都文物考古研究所.
［2］　闫雪，郭富，王育茜，等.四川阆中市郑家坝遗址浮选结果及分析——兼谈四川地区先秦时期炭化植物遗存.四川文物，2013，（4）.

成都中海国际社区遗址浮选结果及初步分析[*]

成都文物考古研究所

1 遗址简介

中海国际社区遗址位于成都市金牛区禾家村，北临羊西线，东临土龙公路，南接摸底河与两河城市森林公园相望，西隔金牛支渠与高新西区相邻。2004年8~10月，成都文物考古研究所配合中海兴业（成都）发展有限公司成都国际社区的建设进行文物考古勘探时发现该遗址，并于2004年12月至2005年10月对其进行了抢救性发掘。该区域共发现4处新石器时代至商周时期的遗址和1处晋代墓地[1]。

2 采样与浮选

本次发掘仅对重要遗迹进行了针对性采样。采样单位有H30、H34、H26。H30和H34均位于1号地点，属于宝墩文化晚期遗迹。H30坑口平面形状呈不规则状，锅状底，坑壁较直。坑口直径4~5.8 m，深0.14~0.5 m。填土为灰褐色黏土，黏性大，结构紧密，斜坡状堆积，内含草木灰、砾石、炭屑及大量红烧土颗粒。H34坑口平面形状呈圆形，平底，坑壁斜弧。坑口直径3.3~3.5 m，深0.2 m。填土为黑褐色黏土，黏性大，结构紧密，水平状堆积，内含大量的砾石和少量红烧土颗粒。H30取样10份，H34取样2份。

H26位于2号地点，属于商代中期遗迹。该灰坑两粒种子测年结果为1510BC~1425BC和1520BC~1425BC。H26坑口平面形状呈圆形，弧壁，锅状底。长径约9.8 m，短径9.2 m，底径8.8 m，深0.3~1.2 m。填土为灰褐色沙土，内含大量炭屑、植物颗粒和小型动物骨骼，质地疏松，包含大量的夹砂陶片。H26取样13份。

浮选土样在成都文物考古研究所北湖基地采用小水桶法进行浮选，并用0.2 mm网筛收样。轻浮标本阴干后，在实验室进行分类，鉴定植物种属。

---

[*] 原载《成都考古发现》（2012），科学出版社，2014年。闫雪、周志清、姜铭执笔。

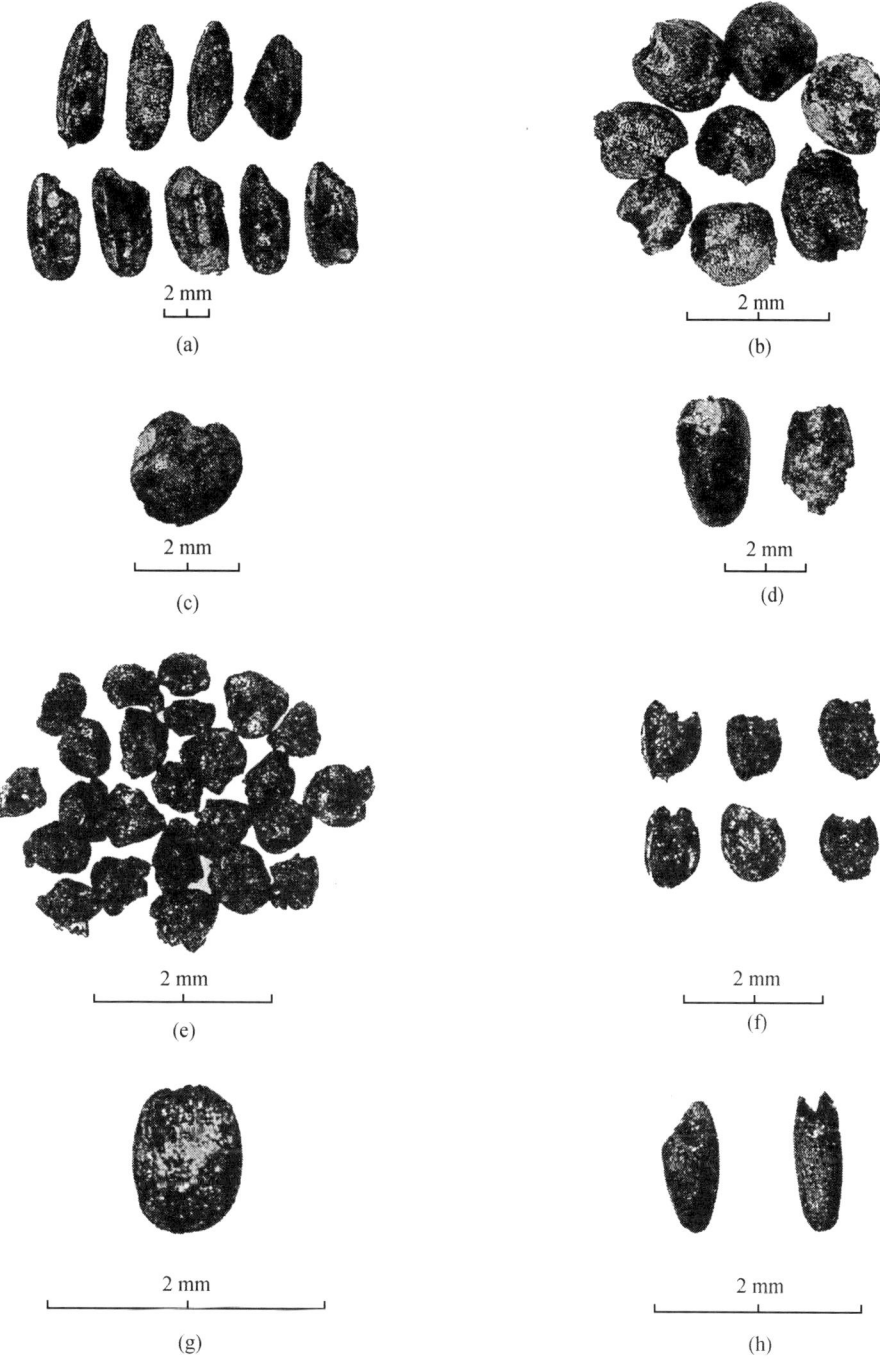

图 1　成都中海国际社区遗址出土植物遗存（一）
（a）稻（H26）；（b）粟（H26）；（c）黍（H30）；（d）小麦（H26）；（e）稻谷基盘（H30）；
（f）狗尾草属（1-4.H30；5-6.H26）；（g）稗属（H30）；（h）马唐属（H30）

136　金沙遗址考古资料集（三）

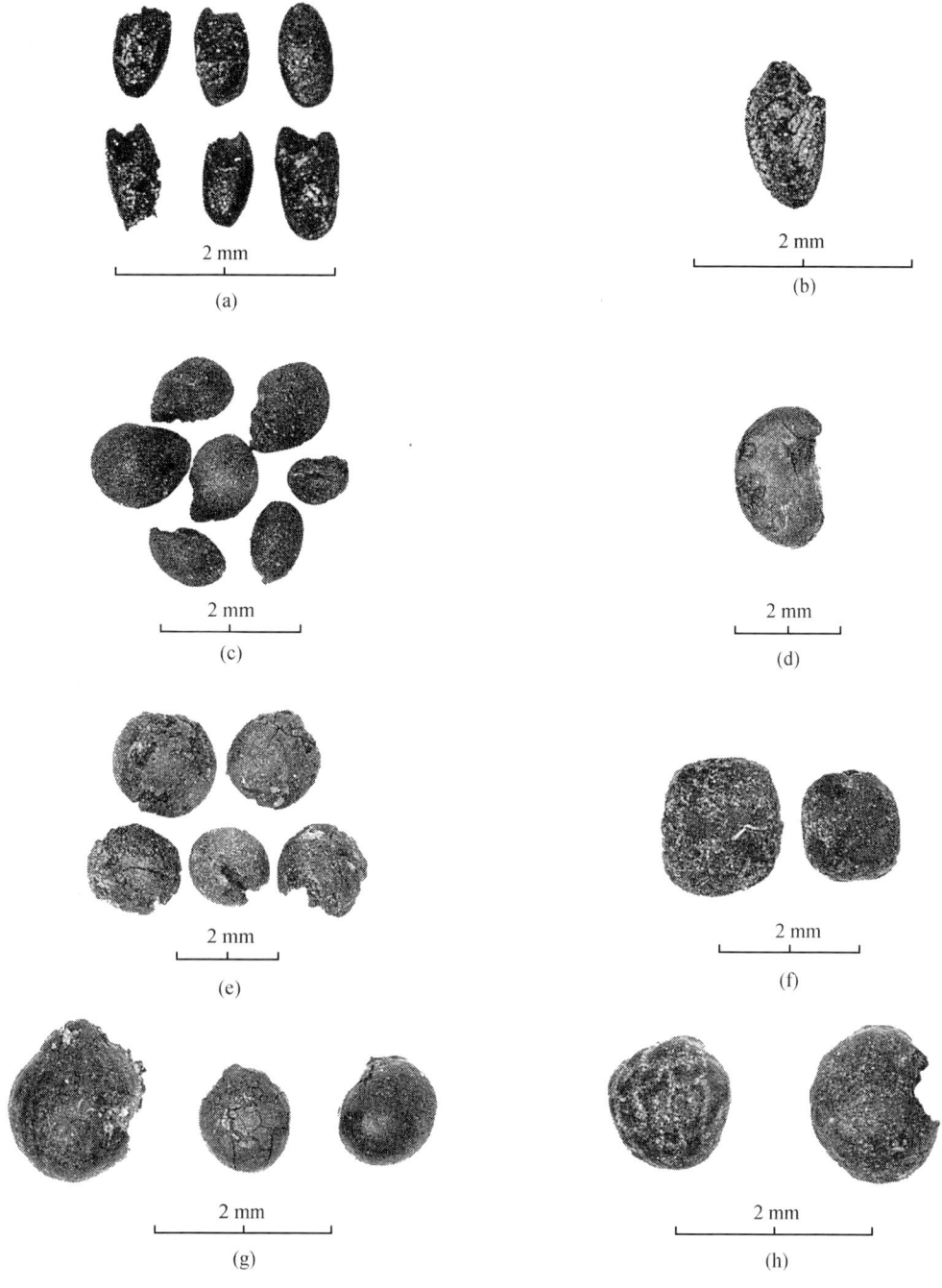

图 2　成都中海国际社区遗址出土植物遗存（二）
（a）虮子草（1-3. H30；4-6. H34）；（b）牛筋草（H30）；（c）茄科（H30）；（d）豆科（H30）；
（e）豌豆属（H30）；（f）豇豆属（1. H26；2. H30）；（g）唇形科（H30）；（h）紫苏（H29）

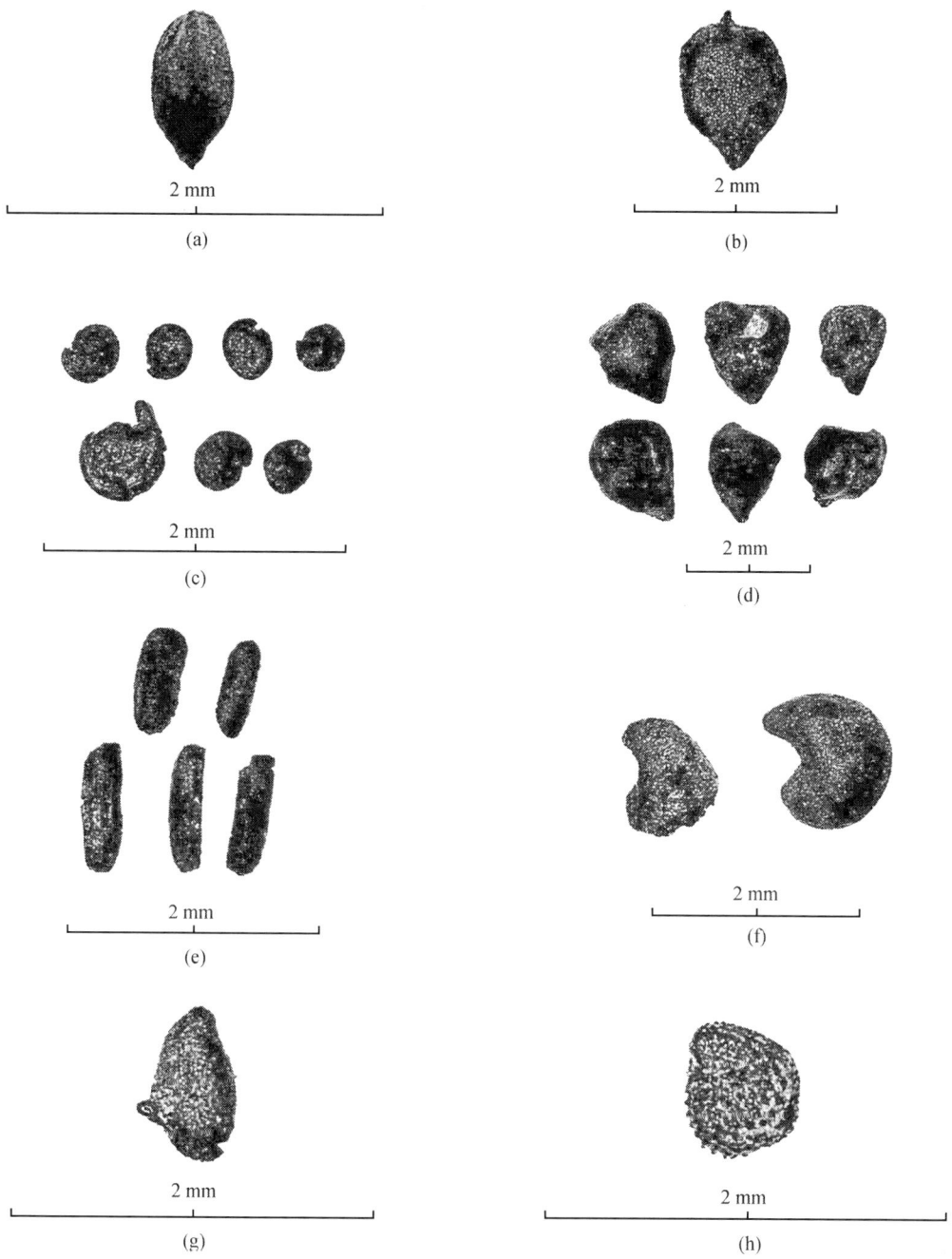

图 3　成都中海国际社区遗址出土植物遗存（三）

（a）莎草属（H34）；（b）藨草属（H34）；（c）藜科（1-4. H30；5-7. H34）；（d）蓼科（1-3. H30；4-6. H34）；（e）马鞭草（H30）；（f）锦葵科（H26）；（g）野亚麻（H30）；（h）马齿苋科（H30）

图 4　成都中海国际社区遗址出土植物遗存（四）

（a）拉拉藤属（H34）；（b）接骨木（H30）；（c）桃核（H30）；（d）未知（H30）；（e）未知（H30）；
（f）未知（H34）；（g）未知（H30）；（h）未知（H30）

3 浮选结果

通过实验室整理，我们将浮选出的植物遗存分为炭化木屑与炭化植物果实、种子两大类（图1~图4）。从表1可以看出，H30、H34和H26炭化木屑分布密度和植物果实、种子分布密度均差别不大。

表1 炭化木屑与炭化植物果实、种子概况表

遗迹单位	土量/L	毛重/g	>1mm炭化木屑重/g	炭化木屑平均分布密度/（g/L）	植物果实、种子总重/g	植物果实、种子平均分布密度/（g/L）
H30	188	55.059	23.680	0.13	2.490	0.013
H34	38	10.670	5.237	0.14	0.547	0.014
H26	325.5	152.015	45.867	0.14	3.387	0.010

3.1 炭化木屑

实验室仅对中海国际社区遗址发现的大于1 mm炭化木屑进行了称重和记录。鉴于该遗址发现较多4 mm以上炭块，希望可以交送相关专家进一步鉴定。

3.2 植物种子

25份样品共计土量551.5 L。全部样品均发现炭化种子，共计1226粒（未统计稻谷基盘、碎种、秸秆、果核，包括未知），平均密度为2.22粒/L。与四川地区其他遗址种子密度相比，中海国际社区遗址种子密度不高[2]。

中海国际社区遗址可鉴定炭化种子共29个种属。有稻（*Oryzasativa* L.）、粟（*Setaria italica*（L.）Beauv）、黍（*Panicum miliaceum* L.）、小麦（*Triticum aestivum*）、禾本科（Gramineae）、豆科（Leguminosae）、唇形科（Labiatae）、藜科（Chenopodiaceae）、蓼科（Polygonaceae）、莎草科（Cyperaceae）、茄科（Solanaceae）等。

出土种子可以分为农作物与杂草两类。其中农作物种子有534粒，占种子总数的43.56%，出土概率为100%。杂草种子有692粒，占种子总数的56.44%，出土概率为100%。

3.2.1 农作物

534粒农作物包括434粒稻（*Oryza sativa* L.）、93粒粟（*Setaria italica*（L.）Beauv）、3粒黍（*Panicum miliaceum* L.）、4粒小麦（*Triticum aestivum*）。可见稻数量占绝对优势，其次为少量粟，偶见黍和小麦（表2）。

表2　农作物种子数量统计表

遗迹单位	稻	粟	黍	小麦
H30	141	34	2	
H34	23	4		
H26	270	55	1	4
合计	434	93	3	4

稻是中海国际社区遗址出土数量最多的农作物，完整和籽粒大于1/2的共有434粒，占农作物总数的81.27%。稻粒表面有两条明显的纵棱，侧生胚区明显，长3.15～5.51 mm，宽1.42～3.07 mm，长宽比1.35～2.64。

粟共93粒，占农作物总数的17.42%。粟粒小且圆鼓，长0.9～1.5 mm，宽0.75～1.36 mm，长宽比0.86～1.47，胚区呈U形，占种子长度的2/3。

黍共3粒，占农作物总数的0.56%。黍粒较圆鼓，末端较尖，长1.02～2.02 mm，宽0.69～2.11 mm，长宽比0.96～1.48，胚区呈V形，占种子长度的1/3。

小麦共4粒，占农作物总数的0.75%。小麦粒呈上宽下窄的圆柱形，背部隆起，腹沟明显。其中，仅一粒完整的，长3.045 mm，宽1.794 mm，厚1.683 mm。

3.2.2　杂草类

杂草种子共692粒，其中禾本科（Gramineae）种子共107粒，占杂草总数的15.46%。其中可鉴定到亚科的有黍亚科、画眉草亚科，鉴定到属的有狗尾草属（Setaria）、黍属（Panicum）、马唐属（Digitaria）、稗属（Echinochloa），鉴定到种的有虮子草（Leptochloa panicea）、牛筋草（Eleusine indica）。

豆科（Leguminosae）种子共195粒，占杂草总数的28.18%。豆科种子中豌豆属有189粒。豌豆属种子大多种子已裂成两瓣。通过观察几粒完整种子看到，种子呈圆球形，种脐呈椭圆形，位于腹部中间位置。

蓼科（Polygonaceae）种子共83粒，占杂草种子总数的11.99%。藜科（Chenopodiaceae）种子共46粒，占杂草种子总数的6.65%。茄科（Solanaceae）种子共51粒，占杂草种子总数的7.37%。

遗址中发现的其他类杂草数量较少，在此不做详细介绍。

3.3　植物果实

果实类种子发现数量较少且种类单一，仅在3份土样中发现5块碎桃核。

讨 论

农作物结构分析

从中海国际社区遗址浮选结果来看，宝墩文化晚期阶段和商代中期发现稻谷数量均占到农作物总量的80%以上，粟分别占19%、17%，说明当地先民可能均以稻谷为主要粮食作物，其次为粟，兼食少量黍。商代中期也食用少量小麦。

在此值得提出的是，宝墩文化早期阶段，宝墩遗址以稻作农业为主，兼植少量粟、黍[3]。宝墩文化晚期阶段则出现稻作为主和粟作为主两种情况。青白江区三星村遗址、新津县花源遗址、温江区永福村遗址宝墩文化晚期阶段的浮选结果是粟约占农作物总量的53%，稻占约44%，两者相差不大，粟稍占优势。中海国际遗址则显示宝墩文化晚期阶段农作物可能以稻为主。

我们首先从浮选土样的来源分析这种差异。宝墩文化晚期阶段以粟为主的农作物结构是永福村遗址3份样品、花源遗址15份样品、三星村遗址2份样品合计得出的结论。分开来看，永福村遗址H23、H24、H30出土稻（大于1/2）13粒，粟2粒；三星村遗址第5层、H37出土稻（大于1/2）12粒，粟3粒；花源遗址的H1、H2、H4、H5、H7、H8、H9、H19、H21、H25、Y1、TN01T01⑥、TN02T01⑥、TN02T02⑥、TN02T03⑥出土稻106粒（大于1/2），粟304粒，此外，出土黍127粒。由此可知，永福村、三星村遗址宝墩文化晚期阶段出土稻数量多于粟，而花源遗址粟占明显优势。此外，黍仅在花源遗址有发现，且数量比例与稻基本持平。

从目前浮选结果来看，宝墩文化晚期阶段不同遗址间存在农作物结构差异。但鉴于永福村遗址、三星村遗址和中海国际社区遗址浮选单位太少，未必具有统计学意义。这种差异可能是由于聚落农作物组合差异所致，也不排除是集中倾倒某一时期垃圾造成的偶然现象。接下来我们将对进行过系统浮选的宝墩文化晚期阶段轻浮样品进行实验室分类、鉴定，在此基础上才能确定这一时期不同聚落是否存在农作物结构差异，进而探讨农作物结构差异与自然环境和社会环境之间的关系。

此外，成都平原地区在宝墩文化时期尚未出现植麦类作物，到商代中期则已出现。

农作物籽粒尺寸分析

农作物尺寸与人类的栽培和作物的生长环境均有重要关系。我们希望通过对中海国际社区遗址不同时期典型农作物的测量，分析农作物形态的变化，由此探讨人和环境对农作物的影响。

中海国际社区遗址共出土完整稻95粒，我们将其中保存较好的71粒进行了数据测量。统计数据显示，稻粒平均长4.424 mm，宽2.317 mm，厚1.824 mm，长宽比1.945。H30、H34出土21粒稻平均长3.874 mm，宽2.242 mm，厚1.802 mm，长宽比1.779；H26出土50粒稻平均长4.655 mm，宽2.349 mm，厚1.833 mm，长宽比2.014（表3）。

表3 稻粒测量数据统计表

遗迹单位	长/mm	宽/mm	厚/mm	长宽比	遗迹单位	长/mm	宽/mm	厚/mm	长宽比
H26	5.505	2.384	1.796	2.309	H26	4.832	2.499	1.698	1.934
	5.104	2.450	1.714	2.083		4.696	2.576	1.782	1.823
	4.206	1.942	1.798	2.166		4.810	2.287	1.822	2.103
	4.525	2.451	1.916	1.846		4.677	2.365	1.665	1.978
	4.204	2.593	1.849	1.621		4.469	2.375	1.652	1.882
	4.829	2.360	2.080	2.046		4.204	2.583	1.736	1.628
	4.699	2.599	1.892	1.808		5.238	2.115	2.009	2.477
	4.521	2.366	1.961	1.911		4.846	1.934	1.812	2.506
	4.614	2.316	1.590	1.992		4.711	2.127	1.845	2.215
	4.901	2.715	1.795	1.805		4.607	2.323	1.937	1.983
	4.683	1.864	1.715	2.512		4.774	2.777	2.001	1.719
	5.201	2.459	2.249	2.115		3.916	2.785	2.304	1.406
	4.619	2.294	2.205	2.014		4.567	2.640	1.923	1.730
	5.027	2.160	2.000	2.327	平均值	4.655	2.349	1.833	2.014
	4.789	2.179	2.073	2.198	H34	4.118	1.940	1.787	2.123
	4.489	2.094	1.679	2.144		3.233	2.150	1.999	1.504
	4.222	1.893	1.886	2.230		3.248	1.682	1.180	1.931
	4.285	2.328	1.696	1.841		3.170	1.416	0.927	2.239
	3.934	2.509	1.834	1.568		4.684	2.738	1.996	1.711
	3.632	1.945	1.424	1.867		4.734	1.943	1.690	2.436
	4.309	1.656	1.571	2.602		3.852	2.553	1.993	1.509
	3.492	1.518	1.205	2.300		3.152	2.328	1.848	1.354
	5.219	2.829	1.934	1.845		4.105	2.583	2.175	1.589
	4.382	2.618	2.210	1.674		3.438	2.165	1.919	1.588
	4.712	2.350	1.934	2.005		4.246	2.852	2.318	1.489
	5.495	3.068	1.916	1.791	H30	4.358	2.803	2.043	1.555
	5.334	2.388	1.718	2.234		3.690	1.501	1.145	2.458
	5.263	2.616	1.747	2.012		4.134	2.669	1.955	1.549
	3.947	2.293	1.543	1.721		3.604	1.923	1.498	1.874
	4.495	2.248	1.720	2.000		3.291	2.301	1.956	1.430
	4.764	2.286	1.849	2.084		4.112	2.891	2.473	1.422
	4.320	2.907	1.825	1.486		4.160	2.227	1.591	1.868
	4.140	2.862	2.130	1.447		4.553	1.971	1.643	2.310
	5.275	2.152	1.781	2.451		3.629	2.454	2.021	1.479
	5.382	2.042	1.608	2.636		3.862	2.000	1.689	1.931
	5.188	1.983	1.907	2.616	平均值	3.874	2.242	1.802	1.779
	4.701	2.322	1.699	2.025					

宝墩文化晚期和商代中期稻粒平均粒宽、厚相近，商代中期比宝墩文化晚期平均粒长长约0.8 mm。统计发现，H30、H34仅3粒，H26有33粒粒长在4.5 mm以上，分别约占同期的14%、66%。可见，商代中期稻粒粒长有明显增长。

中海国际社区遗址稻粒平均长宽比小于2.3。仅从粒形判断，按传统观点，58粒稻，约占82%，长宽比在2.3以下，属于粳稻；有13粒稻，约占18%，长宽比在2.3～2.7，属于籼稻。考虑到长宽比能否作为判断粳稻、籼稻两品种的标准尚无准论，但稻粒粒型存在明显差异，我们仅按形态将稻粒分为纤长型和圆短型进行下一步分析。

71粒稻长宽比在1.3～2.7，我们取大于、小于等于中间值2作为区分纤长型和圆短型的标准。H30、H34有5粒，H26有25粒，长宽比在2以上，分别占同期的约24%、50%。可见，宝墩文化晚期阶段和商代中期均有两种粒型稻，宝墩文化晚期阶段纤长型稻比例较小，圆短型占绝对优势；而商代中期纤长型比例增长至两者持平（图5）。

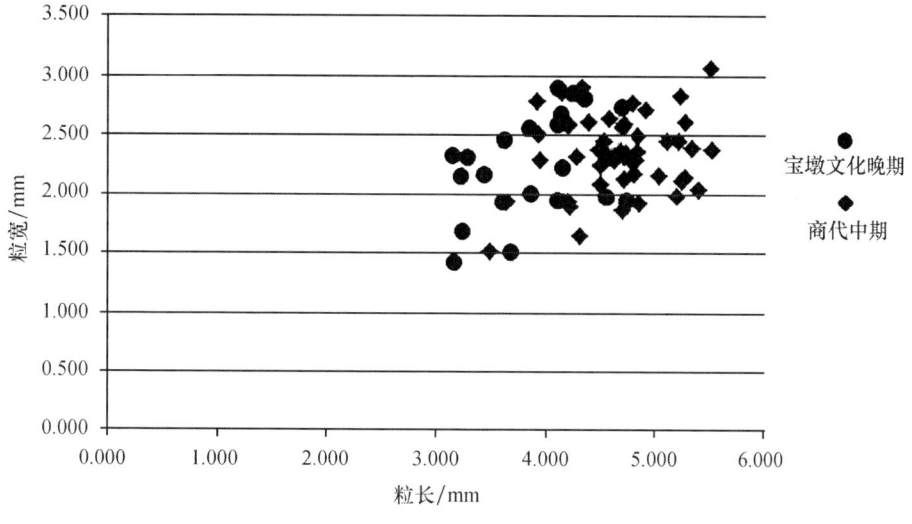

图5　稻粒长、宽散点分布图

中海国际社区遗址共出土炭化粟93粒。其中，保存完整、可测量长宽的有42粒。统计数据显示，平均长1.195，宽1.106 mm，长宽比1.09。其中，H30、H34出土23粒炭化粟，平均长1.23 mm，宽1.109 mm，长宽比1.125；H26出土19粒炭化粟，平均长1.151 mm，宽1.103 mm，长宽比1.047（表4）。

宝墩文化晚期和商代中期粟粒相比，平均粒宽相近，平均粒长稍长。统计发现，H30、H34有14粒，H26有7粒，粒长在1.2 mm以上，分别占同期的约61%、37%。可见，宝墩文化晚期阶段粟粒粒长较商代中期长，但从粟粒长、粒宽散点图观察，粟粒形态变化不大（图6）。

通过以上分析可知，商代中期相比于宝墩文化时期，成都平原地区稻粒尺寸明显增长，但是粒宽变化不大。此外，成都平原地区粟的尺寸较其他地区普遍偏小。鉴于未对其他地区有详细测量数据的粟进行系统的梳理，只能推测这可能与环境或人类对其疏于管理有关，具体原因还有待于以后的研究。此外，黍和小麦发现数量少，不宜做数据分析，进一步的研究有待于以后新的发现。

表 4　粟粒测量数据统计表

遗迹单位	长/mm	宽/mm	长宽比	遗迹单位	长/mm	宽/mm	长宽比
H26	1.148	1.206	0.952	H34	1.116	0.964	1.158
	1.039	1.140	0.911		1.102	0.752	1.465
	0.897	1.016	0.883		1.202	1.146	1.049
	1.285	1.124	1.143		1.124	0.963	1.167
	1.181	1.133	1.042		1.065	1.024	1.040
	1.136	1.086	1.046		1.213	0.982	1.235
	1.080	1.257	0.859		1.350	1.139	1.185
	1.221	1.199	1.018		1.145	1.131	1.012
	1.119	1.043	1.073		1.329	1.236	1.075
	1.379	1.205	1.144		1.152	1.343	0.858
	1.236	1.201	1.029	H30	1.243	1.210	1.027
	0.943	1.010	0.934		1.209	1.360	0.889
	1.236	1.172	1.055		1.406	1.065	1.320
	1.273	0.995	1.279		1.333	1.125	1.185
	1.272	1.166	1.091		1.498	1.043	1.436
	1.103	1.039	1.062		1.125	1.195	0.941
	1.058	0.913	1.159		1.230	1.168	1.053
	1.164	1.060	1.098		1.259	1.261	0.998
	1.107	0.989	1.119		1.270	1.111	1.143
平均值	1.151	1.103	1.047		1.157	1.137	1.018
H34	1.254	1.203	1.042		1.389	1.123	1.237
	1.126	0.834	1.350	平均值	1.230	1.109	1.125

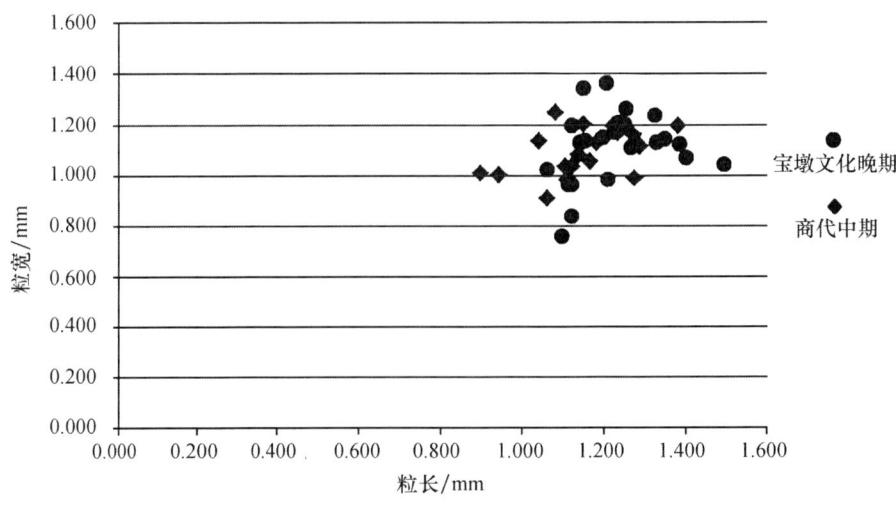

图 6　粟粒长、宽散点分布图

应该提出的是,作物籽粒在植株上的生长位置可能影响其尺寸,以上探讨忽略了这一因素。鉴于目前没有相关数据比对,今后我们会开展这一实验室工作,记录不同生长位置的作物籽粒尺寸,这将有利于我们更科学准确地探讨作物籽粒形态差异产生的原因。

农作物遗存体现的聚落加工方式差异

农作物加工通常包括收获、脱粒、扬场、筛选、储藏、脱壳、拣选、炊煮等步骤。作物加工的每个步骤通常会产生不同的植物遗存组合,一般认为在打谷脱粒阶段副产品中会有较多带壳和未成熟的谷粒;脱壳和扬场阶段则有较多不带壳和成熟的谷粒。作物加工早期阶段的副产品中一般多小且轻的杂草种子,且杂草比例高,而后期阶段则较多大且重的种子,杂草比例低。此外,不同的聚落在储藏前的加工阶段采用的加工步骤也往往不同,有的收获晾干后直接储藏,食用时再取出进行各个阶段的深加工;有的则经过脱粒、扬场后再储藏,这样反映在日常生活的堆积中,前者往往有较多的谷壳、茎秆和杂草粒,后者则相对比较干净[4]。

不同加工阶段产生的植物遗存通常反映了聚落日常生活模式的普遍规律。我们将考古遗存中的某种组合与一段时间内发生的人类行为模式联系在一起,不同遗址、不同遗址群或不同时间段内出现的不同组合可以看做不同人类行为模式的证据。进而,这些不同又可能反映了农业生产模式的差异,或反映了与作物加工和食物准备方式相关的社会组织结构的差异[5]。

H30出土农作物种子177粒,占H30炭化种子总量的25.95%;H34出土农作物种子27粒,占H34炭化种子总量的21.43%。H26出土农作物种子330粒,占H26炭化种子总量的78.95%。可见,H30、H34出土炭化种子均以杂草类为主,占70%以上。H26出土炭化种子以农作物为主,约占80%。此外,H30、H34可鉴定杂草有25种,明显多于H26(表5)。

农作物中,H30、H34出土未成熟稻谷19粒,占稻谷总量的11.59%;未成熟粟6粒,占粟总量的15.79%。H26出土未成熟稻谷16粒,占稻谷总量的5.93%;未成熟粟5粒,占粟总量的9.09%。可见,H30、H34出土未成熟谷物比例高于H26。

表5 农作物、果实、可鉴定杂草数量和种类统计表

遗迹单位	农作物数量	农作物种类	可鉴定杂草数量	可鉴定杂草种类	果核
H30	177	3	505	21	桃核4
H34	27	2	99	13	
合计	204	3	604	25	
H26	330	4	88	14	桃核1

具体到3个灰坑各类杂草的出土数量比例(表6),我们可以看到,H30禾本科杂草数量仅占13.07%,H34占13.13%,H26则占到31.82%。此外,三个灰坑豆科种子出土数量比例均比较高,H30、H34占到约30%,H26占到23.86%,且其中均以豌豆属为主。

从出土概率来看,H30、H34狗尾草属、虮子草、豌豆属、藜科、蓼科出土概率较高,均在70%以上。H26所有杂草种类出土概率均偏低,相对而言,狗尾草属、豌豆属、马鞭草较高,但仍不及40%。

表 6 杂草类种子出土数量及数量百分比统计表

植物种属			出土种子数量			数量百分比/%			出土种子土样数量			出土概率/%		
			H30	H34	H26	H30 (n=505)	H34 (n=99)	H26 (n=88)	H30	H34	H26	H30 (n=10)	H34 (n=2)	H26 (n=13)
禾本科	黍亚科	狗尾草属	18		13	3.56		14.77	8		5	80.00		38.46
		黍属	2		5	0.4		5.58	1		3	10.00		23.08
		马唐属	9			1.78			6			60.00		
		黍亚科其他	11	2	8	2.18	2.02	9.09	4	1	5	40.00	50.00	37.46
	画眉草亚科	稗属	1			0.2			1			10.00		
		虮子草	24	11	2	4.75	11.11	2.27	7	2	1	70.00	100.00	7.69
		牛筋草	1			0.2			1			10.00		
豆科		豌豆属	142	28	19	28.12	28.28	21.59	9	2	4	90.00	100.00	30.77
		豇豆属	1		2	0.2		2.27	1		2	10.00		7.69
		豆科其他	3			0.59			2			20.00		
唇形科		紫苏		1	2		1.01	2.27		1	2		50.00	15.38
		唇形科其他	11	1	3	2.18	1.01	3.41	6	1	3	60.00	50.00	23.08
莎草科		莎草属	1	1	1	0.2	1.01	1.14	1	1	1	10.00	50.00	7.69
		莎草科其他		1			1.01			1			50.00	
茄科			5		2	1		2.27	5		2	50.00		15.38
藜科			42	5	4	8.32	5.05	4.55	6	2	1	60.00	100.00	7.69
蓼科			36	8	2	7.13	8.08	2.27	9	2	1	90.00	100.00	7.69
亚麻科		野亚麻	68	9	6	13.47	9.09	6.82	9	2	3	90.00	100.00	23.08
锦葵科			1			0.2			1		1	10.00		7.69
菊科			2	1	4	0.4	1.01	4.55	1	1	2	10.00	50.00	15.38
茜草科		拉拉藤属		1			1.01			1			50.00	
马齿苋科			1						1				50.00	
忍冬科		接骨木	4			0.79			2			20.00		
马鞭草科		马鞭草属	10	2	5	1.98	2.02	5.58	3	1	5	30.00	50.00	38.46
未知			112	28	12	22.18	28.28	13.64	10	2	5	100.00	100.00	38.46

除农作物、杂草、果实外，植物遗存还包括稻谷基盘和碎种（表7）。H30稻谷碎种1.66块/L，稻谷基盘66.73粒/L，碎种5.76块/L；H34稻谷碎种1.13块/L，稻谷基盘93.8粒/L，碎种8.53块/L；H26稻谷碎种1.31块/L，稻谷基盘17.63粒/L，碎种3.01块/L。

表7 稻谷基盘、碎种出土数量统计表

遗迹单位	土量/L	稻谷碎种（<1/2）	稻谷基盘	碎种
H30	188	313	12546	1083
H34	38	43	3565	324
合计	226	356	16111	1407
H26	325.5	428	5740	980

H30和H34稻谷碎种、稻谷基盘和碎种密度比较接近。相比于H26，稻谷碎种密度相近，稻谷基盘密度高4倍以上，碎种密度也偏高。

从3个灰坑出土的植物种类来看，宝墩文化晚期和商代中期该地区与人类关系比较密切的植物种类是大致相同的。区别在于不同种类植物遗存所占比例存在较大差异，且以农作物与杂草比例分配差异为主。这可能与不同时代先民对作物的加工方式和加工步骤有关。

H30和H34位于中海国际社区遗址1号地点，同期遗迹有15个灰坑、1座房址、若干无规律柱洞。H26位于中海国际社区遗址2号地点，同期遗迹有H25。H30、H34和H26同期遗迹现象均以灰坑为主，无法判断当时的聚落布局。

1号地点宝墩文化时期聚落布局情况不明，但从发现遗迹数量和种类来看，H30和H34应处于聚落内部。从出土炭化植物情况来看，H30和H34出土炭化植物种类相近，两个灰坑出土粮食作物数量比例远低于杂草，体现了作物加工早期阶段的植物遗存特征。植物遗存中，未成熟谷物占一定比例，稻谷基盘数量可观。这可能分别产生于脱粒和脱壳阶段。

H26同期遗迹仅有一个灰坑，难以判断其所处聚落位置。值得注意的是，H26规模较大，且出土大量可修复器物。发掘者推测H26可能为有某种特殊用途的祭祀坑。但从H26出土植物种类和数量的丰富程度来看，并未发现可推测该功能的证据。或者可以说，该坑进行的祭祀活动不需要农作物和特殊植物作为祭品。

H26出土农作物种子数量占植物种子总量约80%，且发现的杂草以黍业科和豌豆属这些形态大小和比重与其比较接近的种类为主。相比H30和H34，H26出土未成熟谷物的比例降低。这两种情况都体现出作物加工晚期阶段的植物组合特征。此外，H26出土了大量可能产生于脱壳阶段的稻谷基盘。

中海国际社区遗址宝墩文化晚期阶段和商代中期的植物组合体现出不同时期聚落内进行的加工环节不同，这可能反映了劳动力组织模式的差异。宝墩文化晚期阶段聚落内较多作物加工早期阶段的副产品，说明谷物从收获到进入储藏所投入的劳动力较少，谷物收获后直接进入储藏，食用前才进行加工。这可能反映了小规模的核心家庭式的劳动力组织方式。商代中期聚落内较多作物加工后期阶段的副产品，说明谷物储藏前已集中劳动力进行了作物的加工。这种劳动力组织方式的改变是否意味着当时社会组织结构发生变化值得进一步探讨。

结　　论

成都市中海国际社区遗址宝墩文化晚期阶段和商代中期浮选结果显示了该地区以稻作为主的农业结构。商代中期相比宝墩文化时期，稻粒尺寸有所增大，这可能与人类的栽培有关。此外，农作物与杂草组合体现了不同时代聚落对农作物储藏和加工方式的差异，这可能反映了不同的生产组织模式。由于样品数量的局限性，我们仅就现有资料做了相关方面的初步推测，结论尚待以后新材料的检验。

致　　谢

本文在写作过程中得到成都文物考古研究所江章华老师的指导，修改过程中得到四川大学考古学系宋吉香老师的指正，在此致以衷心的感谢！

参考文献

［1］　成都文物考古研究所. 成都市中海国际社区古遗址发掘简报. 成都考古发现（2005）. 北京：科学出版社，2007；成都文物考古研究所. 成都市中海国际社区商周遗址发掘简报. 成都考古发现（2005）. 北京：科学出版社，2007；成都市文物考古研究所. 成都中海国际社区2号地点商周遗址发掘报告. 成都考古发现（2010）. 北京：科学出版社，2012.

［2］　营盘山遗址灰坑中植物种子出土密度为184.5粒/L，郑家坝遗址1.8粒/L，宝墩遗址6.98粒/L，金沙遗址金牛区5号C地点1.08粒/L，龙王庙遗址4.48粒/L。

［3］　姜铭. 新津宝墩遗址2009年度考古试掘浮选结果分析简报. 成都考古发现（2009）. 北京：科学出版社，2011；石涛. 成都平原先秦时期植物遗存研究. 北京：北京大学硕士研究生学位论文，2012.

［4］　傅稻镰. 颖河中上游谷地植物考古调查的初步报告//北京大学考古文博学院，河南省文物考古研究所编著. 登封王城岗考古发现与研究（2002～2005）（下）. 郑州：大象出版社，2007；傅稻镰，张海. 再谈植物遗存与作物加工方式. 中国文物报，2010-1-8: 7；王海玉. 北阡遗址史前生业经济的植物考古学研究，济南：山东大学硕士学位论文，2012.

［5］　傅稻镰. 颖河中上游谷地植物考古调查的初步报告//北京大学考古文博学院，河南省文物考古研究所编著. 登封王城岗考古发现与研究（2002～2005）（下）. 郑州：大象出版社，2007.

金沙遗址出土金属器的实验分析与研究*

肖　嶙　杨军昌　韩汝玢

成都金沙遗址位于成都市西郊的金沙村、黄忠村一带，距成都市中心约5 km，是近年来发现的一处古蜀文化中心遗址。其中祭祀区位于摸底河南岸，已出土金器、铜器、玉器、石器等珍贵文物3 000余件。金沙遗址的时代在商代晚期至春秋（公元前12～前10世纪）。由于宫殿区、祭祀区的发现，加之出土器物中有许多与三星堆遗址一、二号器物坑的器物相似，因此，初步认定金沙遗址是继广汉三星堆之后古蜀国的都邑所在[1]。

本次实验样品全部选自金沙遗址祭祀区2001年机械施工时挖出的器物，其样品的详细情况及所分析检验的项目见表1、表2；部分选取的金器、铜器标本见图1～图8。

1　金器的分析检验及结果

根据出土器物的实际情况，或进行无损检测，明确其表面合金成分；或显微镜下观察纹饰的工艺痕迹，推断其形成方法；或取样进行金相检验和成分分析，确定其合金化学成分和加工工艺。金器表面合金成分的无损分析，是把金器直接放在扫描电镜的样品台上，推进样品腔中进行分析，分析时应尽量避开器物表面的污染物；金器表面及纹饰加工痕迹的观察是在光学显微镜和扫描电镜中分别进行，把观察到的有技术特征的痕迹进行拍照记录；取样分析的金器样品是选取出土的残样（图7、图8），在残样上剪切一小块，经镶嵌、磨光、抛光处理，用王水加铬酸酐溶液浸蚀，在金相显微镜下观察，配合使用扫描电镜进行微区组织观察和成分分析，并进行厚度测量。

1.1　样品的成分分析

样品的成分分析是在配有NORAN公司V4105能谱仪的日本电子株式会社JSE-5900LV扫描电子显微镜下测定的。样品成分分析用无标样定量分析法进行，其方法是在能谱仪显示的X射线能谱曲线上，扣除本底，把某元素特征X射线峰值面积与显示的

---

* 原载《文物》2014年第4期。

所有元素特征X射线峰值面积和的比值，定为该元素的含量，然后归一化处理。V4105能谱仪使用的是超薄窗口，可检测到原子序数大于5的元素。测量分析时的工作条件为激发电压20 kV，扫描时间80 s。考虑到样品成分的偏析，电子束应尽可能大，放大倍率尽可能小，使样品被扫描的面积尽可能大，在未腐蚀区进行面部扫描分析检测。样品成分检测结果见表3。

表1 金器样品和所分析检验的项目一览表

器物名称	器物编号	厚度/mm	取样情况	检测项目	数据来源
面具	2001CQJC:465	0.1～0.4	未取样	表面合金成分分析	厚度数据见[1]
四鸟绕日饰	2001CQJC:477	0.2	未取样	表面合金成分分析	
蛙形饰	2001CQJC:215	0.12～1	未取样	表面合金成分分析	
盒	2001CQJC:591		未取样	表面合金成分分析	
鱼形饰	2001CQJC:1359		未取样	表面合金成分分析	
残片2件	2001CQJC:1369		未取样	表面合金成分分析	
残片	2001CQJC:1343		未取样	表面合金成分分析	
四鸟绕日饰	2001CQJC:477	0.2	未取样	显微镜下观察纹饰工艺	厚度数据见[1]
射鱼纹带	2001CQJC:688	0.2	未取样	显微镜下观察纹饰工艺	
残片	2001CQJC:116	0.1～0.3	取样	金相检验、合金成分	厚度为扫描电镜下实测（图7、图8）
残片	2001CQJC:223	0.08～0.1	取样	金相检验、合金成分	
残片	2001CQJC:225	～0.08	取样	金相检验、合金成分	
残片	2001CQJC:425	0.07～0.1	取样	金相检验、合金成分	

表2 铜器样品及所分析检验的项目一览表

器物名称	器物编号	厚度/mm	取样情况	检测项目	备注
圆角长方形板状器	2001CQJC:691	壁厚0.3～0.4	取样	金相检验、合金成分	图1
圆角方孔形器表面粘连的铜器残片	2001CQJC:905	壁厚0.2～0.25	取样	金相检验、合金成分	图2
壁环形器	2001CQJC:924		取样	金相检验、合金成分	图3
残片	2001CQJ标本：1	厚0.6～0.7，宽5.5	取样	金相检验、合金成分	图4（下）
残片	2001CQJ标本：2	厚0.6～0.7，宽12.3	取样	金相检验、合金成分	图4（上右）
残片	2001CQJ标本：3	厚0.32，宽18.3	取样	金相检验、合金成分	图4（上左）
眼形器残片	2001CQJ标本：4	厚0.19，宽17.8	取样	金相检验、合金成分	
残片	2001CQJ标本：5	厚0.23，宽18.5	取样	金相检验、合金成分	图5（右）
残片	2001CQJ标本：6	厚0.2	取样	金相检验、合金成分	图5（左）
残片	2001CQJ标本：7	厚0.24，宽16.2	取样	金相检验、合金成分	
残片	2001CQJ标本：8	厚0.3～0.4，宽17.5	取样	金相检验、合金成分	
眼形器残片	2001CQJ标本：9	厚0.2～0.3	取样	金相检验、合金成分	
残片	2001CQJ标本：10	厚0.25～0.3	取样	金相检验、合金成分	图6

图 1 铜圆角长方形板状器（2001CQJC:691）
分析样品取自断碴处

图 2 铜圆角方孔形器（2001CQJC:905）及表面粘连的铜器残片
分析样品取自粘连铜器残片

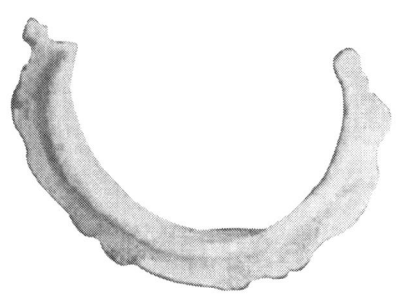

图 3 铜璧环形器（2001CQJC:924）
分析样品取自断碴处

图 4 铜残片（上左：2001CQJ标本：3。上右：2001CQJ标本：2。下：2001CQJ标本：1）

图 5 铜残片（左：2001CQJ标本：6。右：2001CQJ标本：5）

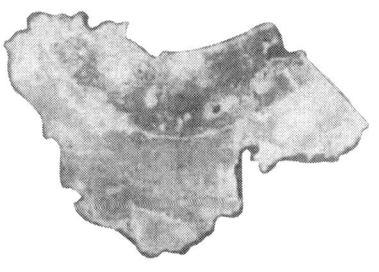

图 6 铜残片（200CQJ标本：10）

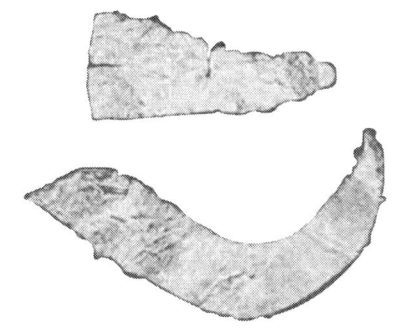

图 7　金箔残片（上：2001CQJC:116，下：2001CQJC:225）　　　图 8　金箔残片（2001CQJC:425）

表 3　金沙遗址出土部分金器成分分析结果

器物名称	实验编号	合金元素成分/%			备注
		Au	Ag	Cu	
面具	465	94.0	5.4	0.6	
四鸟绕日饰	477	94.2	5.1	0.7	
蛙形饰	215	84.2	14.4	1.4	
盒	591	91.0	8.6	0.4	器物表面均有来自埋藏环境的污染物，含有 Si、Al、Fe、K、Ca、Mg、Na等元素
鱼形饰	1359	86.7	11.7	1.6	
残片2件	1369	93.6	5.7	0.7	
	1369a	93.1	6.7	0.2	
残片	1343	88.2	11.4	0.4	
残片	116	85.5	14.3	0.2	金相检验均为热加工组织
残片	223	84.5	15.3	0.3	
残片	225	83.3	16.4	0.3	
残片	425	89.7	10.1	0.2	

1.2　样品的组织检验

剪切的4件金箔残样样品，经镶嵌、磨光、抛光处理后，用王水加铬酸酐溶液浸蚀，在金相显微镜下观察，配合使用扫描电镜进行观察，图9、图10分别是在扫描电镜中观察的金箔样品金相组织的二次电子图像，其检验结果见表4。

表 4　金沙遗址出土部分金器样品的金相组织检验结果

样品名称	材质	组织检查	加工工艺
残片 2001CQJC:116	AuAg	基体组织为等轴晶和孪晶；金箔厚度100 μm，较厚处达300 μm	热锻成形

续表

样品名称	材质	组织检查	加工工艺
残片 2001CQJC:223	AuAg	基体组织为等轴晶和孪晶组织；测量金箔厚度约为90 μm	热锻成形
残片 2001CQJC:225	AuAg	基体组织为等轴晶和孪晶；金箔厚度约为80 μm	热锻成形
残片 2001CQJC:425	AuAg	基体组织为等轴晶和孪晶，晶粒大小相近；金箔厚度为70～100 μm	热锻成形

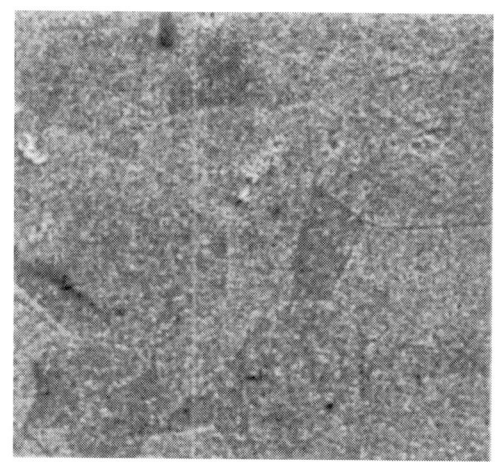

图9 浸蚀后金箔样品剖面金相组织的二次电子像（2001CQJC:425）（1000×）

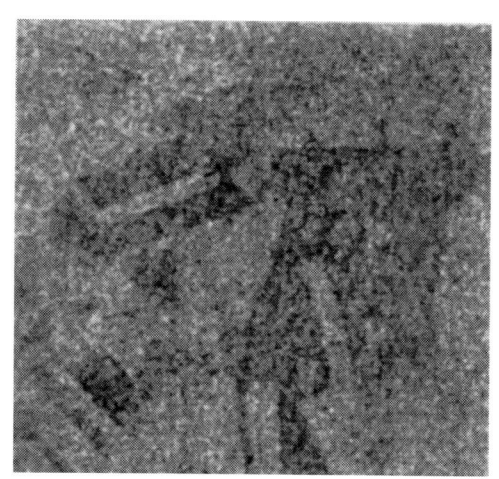

图10 浸蚀后金箔样品剖面金相组织的二次电子像（2001CQJC:425）（1000×）

1.3 金器表面纹饰的加工工艺

金沙遗址出土金器均为薄金片和金箔，部分器物表面饰有纹饰，如射鱼纹带（2001CQJC:688）表面饰有四组图案（每组图案包括一鱼、一箭、一鸟和一圆圈），鱼纹带（2001CQJC:687·1、2）表面饰怪鱼纹等。本实验对射鱼纹带（2001CQJC:688）和四鸟绕日饰（2001CQJC:477）的表面纹饰进行了观察，通过对纹饰加工痕迹特征的细致观察分析，以明确其形成的工艺方法。

图11、图12是射鱼纹带（2001CQJC:688）表面纹饰中鱼纹的局部照片，从中可清楚看到纹饰的加工痕迹。纹饰线条刻槽有翻边和线条曲线不流畅、走刀、缺笔等，如图中鱼鳞、腹部、背鳍、腹鳍、胡须、鱼眼和箭的端头等处。根据上述纹饰线条刻槽的加工痕迹和特征，判断射鱼纹带表面纹饰应是刻划形成。经在放大的照片上实际测量和计算，纹饰线条宽度为0.3～0.4 mm。

四鸟绕日饰（2001CQJC:477）的纹饰为镂空，内层是12条齿状芒，外层是4只逆时针飞行的鸟。可以看到靠近镂空边缘所残留下的刻划线条（图中齿状芒处）和飞鸟翅

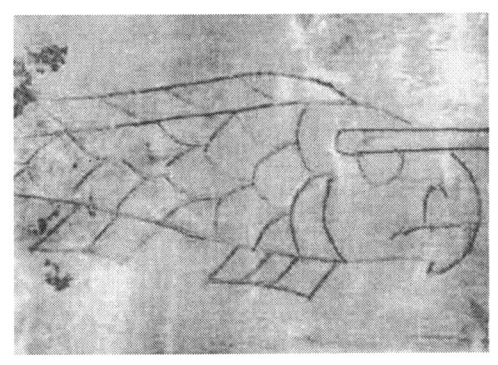

图 11　金射鱼纹带（2001CQJC:688）纹饰（局部）之一

图 12　金射鱼纹带（2001CQJC:688）纹饰（局部）之二

膀边缘处的褶皱（图13、图14）。根据四鸟绕日饰镂空纹饰线条及边缘所残留的工艺痕迹和特征，应首先是在成形的金薄片表面刻划出整个图案，然后反复刻划切割形成镂空。由于切割工具不十分锋利，实现纹饰图案的镂空要进行反复刻划，而且每次的刻划不可能与上次线条完全重合，以至留下多次刻划的痕迹；也由于反复地用力刻划，造成镂空处边缘的褶皱和边缘线条的不流畅。

图 13　金四鸟绕日饰（2001CQJC:477）纹饰（局部）之一

图 14　金四鸟绕日饰（2001CQJC:477）纹饰（局部）之二

另外，在对金器做无损检测的同时，对其中部分金器的表面进行了观察，如面具（2001CQJC:465）、四鸟绕日饰（2001CQJC:477）、盒（2001CQJC:591）、射鱼纹带（2001CQJC:688）等，发现其中的大部分在加工成形后，表面未进行抛光处理，在观察的10件金器中仅有2件（面具和盒）作过表面抛光处理，而且仅抛光了外表面。面具光亮外表面残留的抛光痕迹见图15，内表面未做抛光的粗糙面见图16。

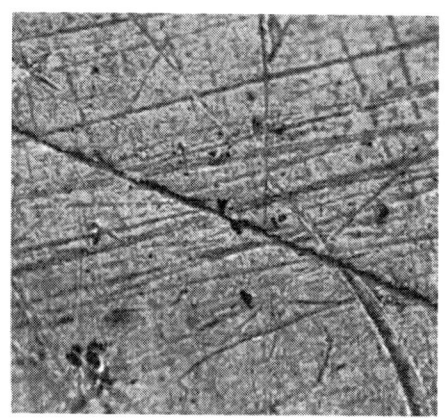

图 15 金面具（2001CQJC:465）外表面的抛光痕迹（450×）

图 16 金面具（2001CQJC:465）内表面（450×）

2 铜器的分析检验及结果

对金沙遗址出土部分铜器样品进行金相组织检验，可以确定铜器的加工工艺是铸造还是锻造等，以及缺陷、夹杂物的分布状况；成分分析可以明确铜器的合金配比和种类等。

2.1 样品的成分分析

铜器的成分分析所用仪器、方法与金器样品相同，是在配有NORAN公司V4105能谱仪的日本电子株式会社JSE-5900LV扫描电子显微镜下测定的，其样品成分检测结果见表5。

表 5 金沙遗址出土部分铜器成分分析结果（单位：%）

器物名称	实验编号	Ca	Sa	Pb	Fe	S	As	合金种类	备注
圆角长方形板状器	691	79.3	15.8	4.7	0.2	—		CuSnPb	热锻
圆角方孔形器表面粘连的铜器残片	905	84.7	15.2	—	0.1	—		CuSn	热锻
璧环形器	924	90.7	2.4	0.5	—	0.5	5.9	CuSnAs	热锻
残片	TC01	76.2	15.9	7.8	—			CuSnPb	热锻
残片	TC02	72.8	13.0	14.2	0.1			CuSnPb	热锻
残片	TC03	83.6	11.9	4.4	0.1			CuSnPb	热锻
眼形器残片	TC04	86.9	11.3	1.6	0.2			CuSn	热锻
残片	TC05	84.1	12.0	3.9	—			CuSnPb	热锻
残片	TC06	83.0	12.2	4.7	0.1			CuSnPb	热锻
残片	TC07	83.4	12.3	4.2	0.1			CuSnPb	热锻
残片	TC08	85.0	12.2	2.7	0.1			CuSnPb	热锻
眼形器残片	TC09	73.8	18.6	7.2	0.3			CuSnPb	热锻
薄壁器残片	TC010	82.1	14.9	3.0	—			CuSnPb	热锻

注：—表明未检测到该元素。

2.2 样品的组织检验

所取的13个样品，经镶嵌、磨光、抛光，制成金相样品，用三氯化铁盐酸酒精溶液浸蚀，在显微镜下观察，配合使用扫描电镜进行微区观察和成分分析，并进行厚度测量，其样品的金相组织检验结果见表6，典型样品的金相组织的二次电子像见图17~图26。

表6 金沙遗址出土部分铜器的金相组织检验结果

器物名称	实验编号	金相检验	合金种类	加工工艺
圆角长方形板状器	691	Pb分布不均匀，且沿加工方向变形；浸蚀后，可见α等轴晶和孪晶（图17）；存在（Cu, Fe, S）夹杂	CuSnPb	热锻
圆角方孔形器表面粘连的铜器残片	905	浸蚀后，可见α等轴晶和孪晶（图18），质地纯净，含极少量（Cu, Fe, S）夹杂	CuSn	热锻
璧环形器	924	晶内偏析明显，扫描电镜微区分析表明，二次电子图像中深色部分A含Sn、As较多，浅色部分B为CuSn相，黑色部分C是（Cu, S）夹杂（图19、图20）	CuSnAs	铸造
残片	TC01	α固溶体树枝晶，有较多（α+δ）相析出，Pb分布不均匀，扫描电镜微区分析有（Cu, S）夹杂（图21）	CuSnPb	铸造
残片	TC02	α等轴晶和孪晶，Pb分布不均匀，且沿加工方向变形，存在（Cu, S）和（Cu, Fe, S）夹杂	CuSnPb	热锻
残片	TC03	α等轴晶和孪晶，Pb分布较均匀，且沿加工方向变形，（Cu, S）夹杂与Pb相伴；表面有约25 μm锈蚀层	CuSnPb	热锻
眼形器残片	TC04	α等轴晶和孪晶，晶内存在滑移带，Pb分布不均匀，且沿加工方向变形，（Cu, S）夹杂与Pb相伴；表面约有20 μm锈蚀层	CuSn	热锻
残片	TC05	α等轴晶和孪晶，晶内有滑移带，Pb分布较均匀，且沿加工方向变形，（Cu, S）夹杂与Pb相伴；表面约有40 μm锈蚀层	CuSnPb	热锻
残片	TC06	α等轴晶和孪晶，晶内有滑移带（图22~23）；Pb分布较均匀，且沿加工方向变形，（Cu, S）和（Cu, Fe, S）夹杂与Pb相伴；表面约有50 μm锈蚀层	CuSnPb	热锻
残片	TC07	α等轴晶和孪晶，Pb分布不均匀，且沿加工方向变形（图24）；表面约有45 μm锈蚀层	CuSnPb	热锻
残片	TC08	α等轴晶和孪晶，Pb分布不均匀，且沿加工方向变形；有（Cu, S）和（Cu, Fe, S）夹杂；表面约有25 μm锈蚀层	CuSnPb	热锻
眼形器残片	TC09	α等轴晶和孪晶，Pb分布较均匀，且沿加工方向变形；存在与Pb相伴的夹杂（图25~26）；表面约有30 μm锈蚀层	CuSnPb	热锻
薄壁器残片	TC010	α等轴晶和孪晶，Pb分布较均匀，且沿加工方向变形；存在与Pb相伴的夹杂；表面约有20 μm锈蚀层	CuSnPb	热锻

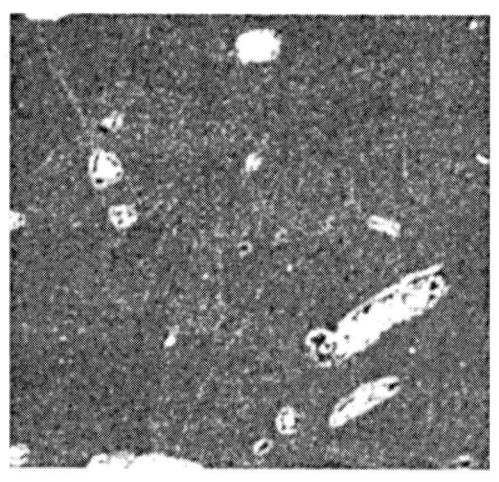

图17 铜圆角长方形板状器（2001CQJC:691）样品浸蚀后二次电子像金相组织（1000×）

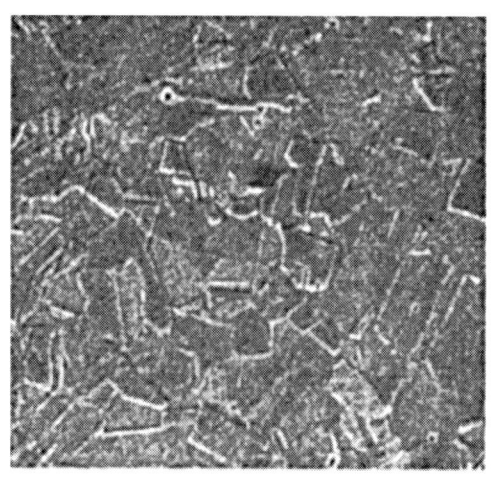

图18 铜圆角方孔形器（2001CQJC:905）表面粘连的铜器残片未浸蚀的二次电子像（1000×）

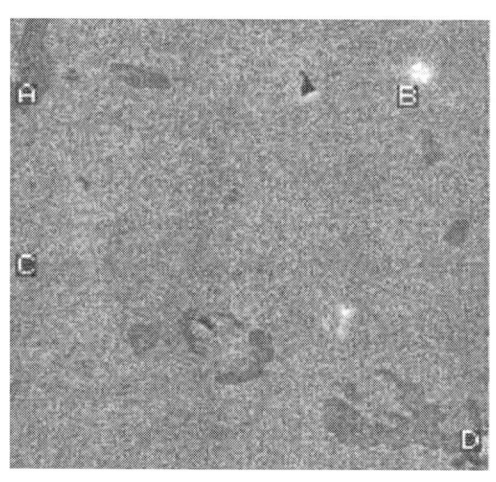

图19 铜璧环形器（2001CQJC:924）样品未浸蚀的二次电子像（800×）。A.（Cu，S）夹杂；B. 铅；C. CuAs合金；D. CuSn相

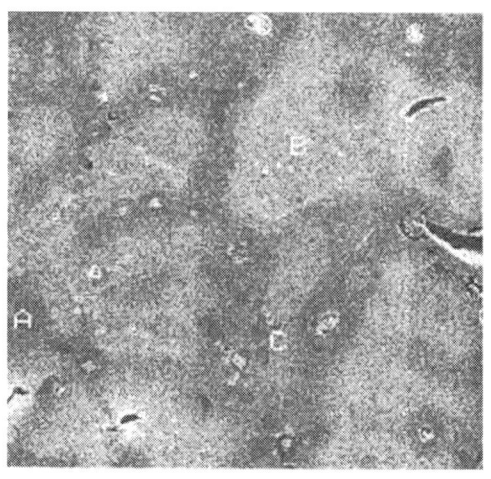

图20 铜璧环形器（2001CQJC:924）样品浸蚀后金相组织的二次电子像（450×）。A. CuSnAs；B. CuAs；C.（Cu，S）夹杂

讨　论

（1）关于金器　根据样品观察与分析检测结果，对金沙遗址出土金器的相关问题进行讨论。

①金沙遗址出土金器均为金薄片或金箔，经实际测量，一般厚度0.1～0.2 mm，厚度最大0.4 mm左右。对其中4件残样的金相检验，其组织为等轴晶和孪晶，表明金薄片和金箔为热锻成形。

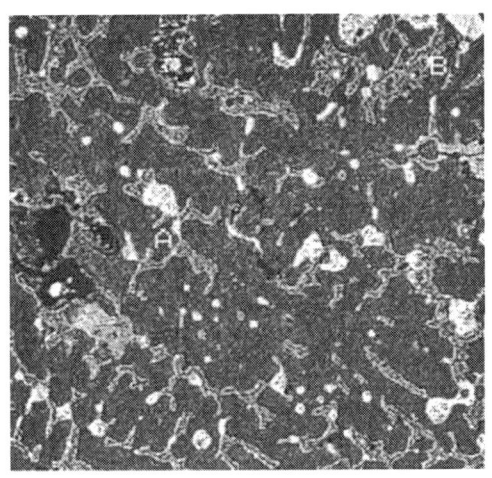

图 21　铜残片（TC01）样品金相组织的二次电子像（450×）

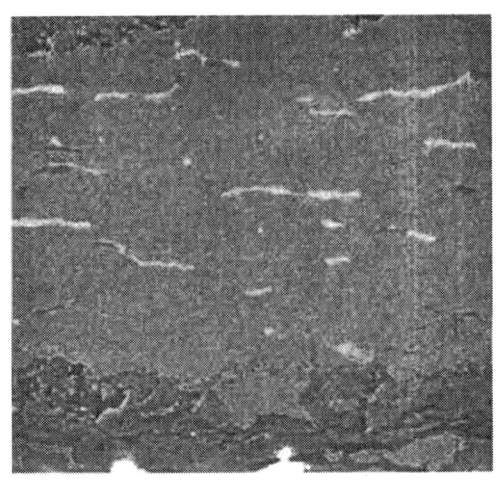

图 22　铜残片（TC06）样品未浸蚀的二次电子像（500×）

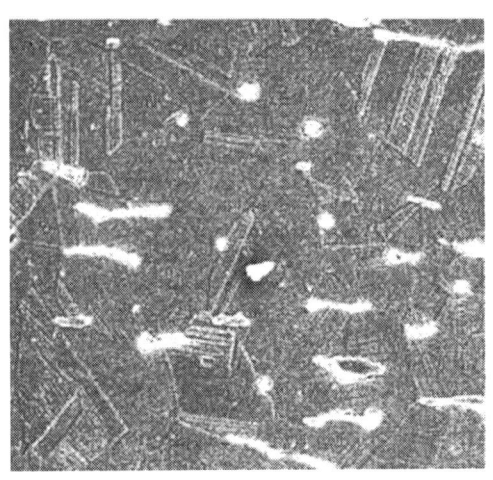

图 23　铜残片（TC06）样品浸蚀后金相组织的二次电子像（1000×）

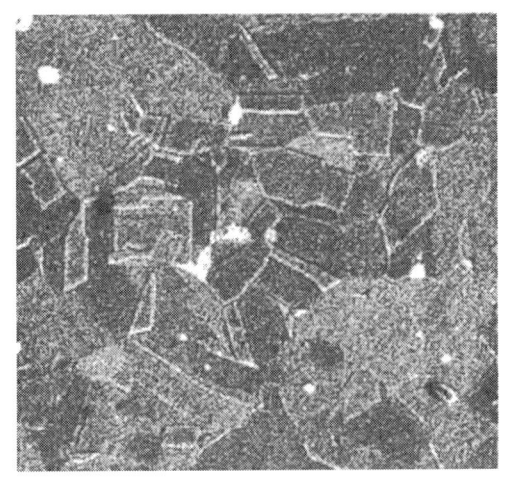

图 24　铜残片（TC07）样品浸蚀后金相组织的二次电子像（1000×）

②对8件金器的无损分析和4件金残样品的制样分析，表明含Au量最高为94.2%，最低为83.3%；含Ag量最高为16.4%，最低为5.1%；分析的样品中含Cu0～0.2%，图27是样品中合金元素的变化情况，可见Au、Ag元素的波动比较大。金沙遗址出土金器可能为所采的自然金加工而成。

③对部分金器表面、表面纹饰线条的加工痕迹及特征的显微观察分析，认为其纹饰为刻划形成，而镂空纹饰是用某种工具反复刻划形成的；大部分金器在加工成形后，未对其表面进行抛光处理，而是根据需要有选择地对个别器物的表面进行抛光，以使其光亮。

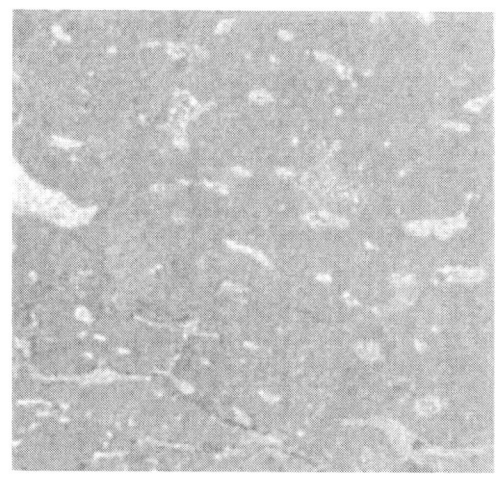 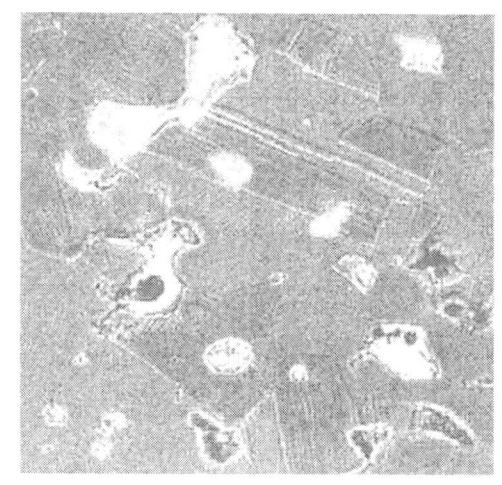

图 25　铜残片（TC09）未浸蚀的二次电子像（450×）　　图 26　铜残片（TC09）样品浸蚀后金相组织的二次电子像（1000×）

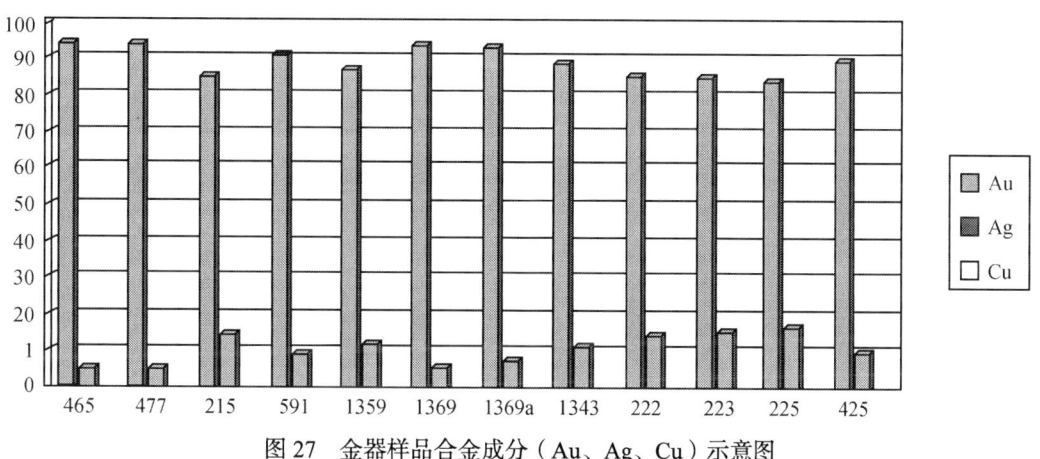

图 27　金器样品合金成分（Au、Ag、Cu）示意图

④关于金沙遗址出土金器热加工工艺内涵，金器表面纹饰刻划所用工具，抛光金器表面所用的材料，以及金原料的来源，尚需考古新材料的发现和深入的分析研究。

（2）关于铜器本实验取样分析检验了13件铜器样品，其中大多为器物残片。经实际测量，扁平铜片厚度一般在0.2～0.4 mm，仅2001CQJ标本：1和2001CQJ标本：2样品较厚，达0.6～0.7 mm。金相检验表明，除壁环形铜器和残样2001CQJ标本：1为铸造成形外，余下11件样品均为热锻成形。成分分析显示，13件样品中10件为CuSnPb三元合金，2件为CuSn二元合金，1件为CuSnAs砷青铜合金。根据样品的分析检验结果，就相关金沙遗址出土铜器的技术问题讨论。

①在分析的13件样品中10件为CuSnPb三元合金，10件CuSnPb合金样品均为薄壁，其中仅2001CQJ标本：1为铸造，余为热锻成形。从成分看，这10件样品Cu、Sn、Pb含量波动较大（图28），Cu含量从73.8%～85%，Sn含量从11.9%～18.6%，Pb含量从

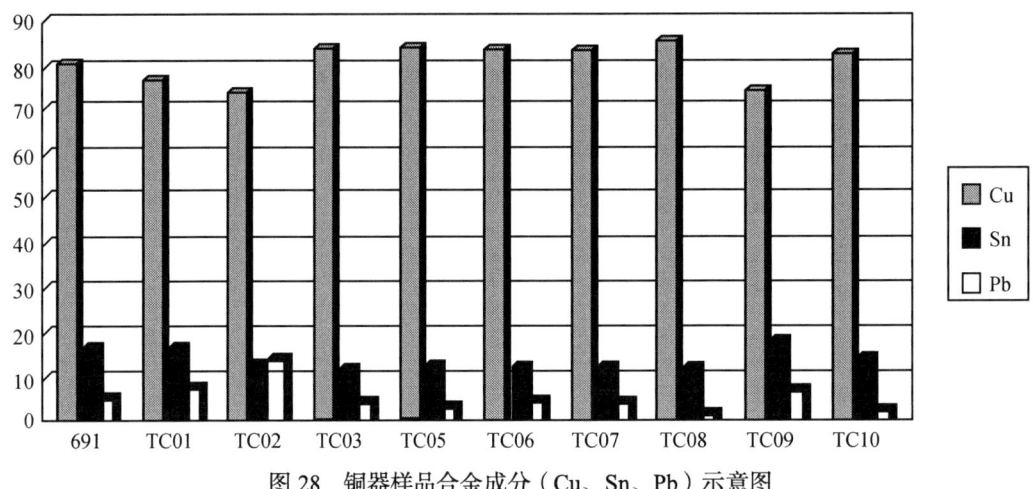

图 28 铜器样品合金成分（Cu、Sn、Pb）示意图

2.7%～14.2%，但其金相组织相同，为等轴晶和孪晶，而且晶内存在滑移带，反映出加工工艺比较成熟稳定。

②关于扁平铜片的加工工艺问题。13件样品中，铜器残片样品为12件，其中11件样品为扁平残片。金相检验结果表明，12件铜器残片样品中仅2001CQJ标本：1为铸造成形（其样品厚度为0.6～0.7 mm），余下11件扁平样品均为热锻成形。金沙遗址出土铜器残片，可能是先铸造成较厚的薄片，然后根据实际需要再加热锻打成不同的形状和尺寸。目前在金沙遗址还未出土薄壁容器，而出土的大都是残片，除像圆角长方形板状器、眼睛形器、菱形器等少量经热锻加工成扁平状器物有出土外，大多铜器残片为残块，有的残样品壁厚仅0.2 mm左右，大多不知其完整的形状，用途也不明确。所以，这类薄壁铜器的相关技术问题有待于考古的新发现和深入研究。

③关于砷青铜问题。发现1件砷青铜，含2.4%Sn，5.9%As。关于砷铜合金问题已有专文讨论[2]，最早的砷铜合金发现于伊朗Susa遗址（公元前4100～前3900），其后在以色列Timna的古代矿区，在近东，特别是美索不达米亚，在黑海地区，以及印度的Ganges山谷等地，都发现有砷铜制品。在中国，甘肃河西走廊的四坝文化（公元前1900～前1600），如民乐东灰山墓葬、酒泉丰乐干骨崖墓葬、玉门火烧沟墓葬等都出土有砷铜[3]；新疆哈密地区天山北路、南湾、五堡、焉不拉克等地的墓葬中也发现有大量砷铜制品，其墓葬年代为公元前1500～前600[4]；内蒙古朱开沟早商遗址出土1件含砷铜残戈[5]；河南偃师二里头二期遗址出土的1件铜锥也为砷铜[6]等。

目前，在检测的13件金沙遗址出土的样品中，仅发现1件璧环形器是砷青铜（铸造制品），10件CuSnPb三元素合金，CuSnPb合金占绝对优势。那么，金沙遗址铜器中砷是作为一种合金元素存在，还是偶然所见；假如砷铜合金在金沙存在，砷铜从何而来；是当地所生产，还是古代交流的制品。这些还需进一步深入研究。

致　　谢

金沙遗址出土金器和铜器的研究工作得到了成都市文物考古研究所领导及考古队的大力支持；本实验是在四川大学分析测试中心进行，得到钟琉茂、李祝两位先生的帮助；在实验研究前期，北京科技大学冶金与材料史研究所博士生梁宏刚、郭宏两位先生曾给予极大帮助；在实验过程中，成都市文物考古研究所白玉龙、胡晓蓉、冉静、党国松等给予协助，特致衷心感谢。

参考文献

[1] 成都市文物考古研究所，北京大学考古文博院.金沙淘珍——成都市金沙遗址出土文物.北京：文物出版社，2002；朱章义，张擎，王方.成都金沙遗址的发现、发掘与意义.四川文物，2002，（2）.

[2] 潜伟，孙淑云，韩汝玢.古代砷铜研究综述.文物保护与考古科学，2000，（2）.

[3] 孙淑云，韩汝玢.甘肃早期铜器的发现与冶炼、制造技术的研究.文物，1997，（7）.

[4] 北京科技大学冶金与材料史研究所，新疆文物考古研究所，哈密地区文物管理所.新疆哈密天山北路墓地出土铜器的初步研究.文物，2001，（6）.

[5] 李秀辉，韩汝玢.朱开沟遗址早商铜器的成分及金相分析.文物，1996，（8）.李秀辉，韩汝玢.朱开沟遗址出土铜器的金相学研究//内蒙古文物考古研究所.朱开沟.北京：文物出版社，2000.

[6] 金正耀.二里头青铜器的自然科学研究与夏文明探索.文物，2000，（1）.

金沙遗址铜器研究[*]

金正耀 朱炳泉 常向阳 许之咏 张 擎 唐 飞

金沙遗址是成都平原继三星堆遗址之后又一重大考古发现，出土铜器470件以上[1]。三星堆遗址是目前已知四川盆地年代最早的青铜文化遗址[2]，金沙遗址晚于它，年代大体上在商末周初。三星堆铜器的研究，特别是通过铅同位素分析发现在地质与地球化学上十分罕见的高放射成因铅，并进而确认黄河和长江流域各个商代遗址之间存在的物流关系，发现商代相当长一个历史时期有过一条联结西南以及长江中游地区矿产资源与华北平原商王都铜器生产的"青铜之路"[3]。金沙遗址出土铜器的研究，对上述成果在某种意义上将是一种检验，同时也必将深化我们对成都平原上古时代青铜文明发展脉络的认识。

本文报告金沙遗址部分铜器的合金成分和铅同位素组成的分析结果。

1 金沙遗址铜器的化学成分和合金技术

金沙遗址出土铜器种类相当丰富，已有的研究将其按照器物形态学分为几何形、像生形几大类[1]。本文在其基础上划分为戈斧形器类、容器类、璧瑗器类、像生和装饰器类、杂器类共五大类。这样分类是适当考虑了器物形态和铜器工艺两个方面的因素。像铜箔状的小戈形器，如果归入戈斧形器类，对理解整个器类的金属材质和铜器工艺并不妥当，所以将其暂归入杂器类。金沙遗址铜仿玉石璧瑗类器物，发掘者称之为璧形器或锄形器，这里归于璧瑗形器一类。

合金成分分析采用等离子体发射光谱分析方法，仪器设备为Leeman Labs PS Series ICP/Echelle Spectrometer。表1按器物类别列出22件金沙铜器的化学成分分析结果。

表1中关于合金类型的划分参照金属史文献通行的做法。但结合铅同位素考古研究的实际，本文将含锡量和含铅量为1.5%～3.5%的铜器分别划分为"低锡"和"低铅"材质类。全部54件铜器中只有1件璧环形器（2001CQJC:193）按照这一标准可以归于低铅-锡青铜材质。1件戈形器（2001CQJC:245）和1件圆角方孔形器（2001CQJC:496）则

---

[*] 原载《文物》2004年第7期。

可以归于低锡-铅青铜材质。

表1 金沙遗址22件铜器的ICP分析结果（单位：%）

分类	实验号	器物	出土编号	铅质量分数	锡质量分数	铜质量分数	金属材质
戈斧形器	ZY-0892	钺	CQJC:498	0.45	0.43	82.49	红铜
	ZY-0878	戈形器	CQJC:967	0.63	0.84	84.8	红铜
	ZY-0879	戈形器	CQJC:964	11.95	0.39	68.92	铅青铜
	ZY-0877	戈形器	CQJC:245	15.68	3.13	78.01	低锡-铅青铜
容器	ZY-0859	容器残片	CQJC:840	0.46	8.45	71.77	锡青铜
	ZY-0860	容器扉棱残片	CQJC:210	26.46	0.22	55.56	铅青铜
	ZY-0862	容器圆足残片	CQJC:417	24.05	0.45	52.83	铅青铜
	ZY-0863	容器提梁残片	CQJIT8406⑥:2	10.10	10.02	69.09	铅锡青铜
璧瑗类	ZY-0881	璧	CQJC:714	17.85	1.34	63.92	铅青铜
	ZY-0872	璧环形器	CQJC:193	2.02	9.88	73.51	低铅-锡青铜
	ZY-0871	璧环形器	CQJC:675	3.72	10.36	68.39	铅青铜
	ZY-0874	圆角方孔形器	CQJC:496	26.38	2.13	64.24	低锡-铅青铜
像生和装饰类	ZY-0889	牛首	CQJC:274	6.85	9.92	62.42	铅锡青铜
	ZY-0858	人像腿部残件	CQJC:586	7.42	9.15	68.06	铅锡青铜
	ZY-0886	眼泡	CQJC:330	0.30	6.78	55.41	锡青铜
	ZY-0870	眼形器	CQJC:1161	15.56	6.10	55.87	铅锡青铜
	ZY-0894	眼形器	CQJC:693	4.22	8.04	67.30	铅锡青铜
	ZY-0880	圆角方孔挂器	CQJC:345	5.28	7.71	67.13	铅锡青铜
	ZY-0868	牌饰	CQJC:319	6.24	6.24	78.09	铅锡青铜
	ZY-0869	牌饰	CQJC:320	12.82	4.43	65.96	铅锡青铜
杂器	ZY-0884	箔状形器	CQJC:191附1	0.68	7.31	74.94	锡青铜
	ZY-0882	条形饰	CQJC:1286	6.19	7.27	74.98	铅锡青铜

注：① 实验工作完成于：Institute of Materials Processing, Michigan Technological University.
② 所有器物编号均省略"2001"。

由分析数据可见，4件戈斧形器类器物分别属于红铜、铅青铜、低锡-铅青铜三种材质。按照发掘者的意见，其中3件戈斧形器属于仪仗用器。另1件钺是否属于实用器，有待进一步研究。三星堆出土戈斧形器经过分析的2件分别为锡青铜和红铜材质[4]。看来，从三星堆到金沙时期，戈斧形器的铸造在合金配料上并没有形成严格的合金技术规范。4件容器类器物中，有3件含铅量超过10%。容器器形较复杂，高铅含量的合金配比可以增加金属溶液的流动性，从而容易浇注出完整器形。4件璧瑗类器物中，2件属于高铅含量器物，2件属于高锡含量器物。8件像生和装饰类器物中，除1件为锡青铜外，其他7件属于铅锡青铜材质。这类器物在铅锡配比上似相对较为均衡。2件杂器类器物中，条形饰为宽23 cm的片状长条，厚度大致与部分眼形饰、牌饰等相同。因锈蚀严重或者样品量过小，表1中部分样品成分总量偏低，其分析结果只有定性的意义。

以上22件器物中，铅锡青铜材质的器物约占一半，主要集中在像生和装饰类器物。可见，铅锡青铜是金沙铜器中的主要材质类型。全部器物中含铅量在10%以上的9件，占已测器物总数的41%；含锡量在10%以上和接近10%的共4件。总地说来，金沙遗址铜器中铅作为主要合金成分使用较多。

2 金沙遗址铜器的铅同位素实验结果

54件金沙遗址铜器的铅同位素实验分析工作全部完成于中国科学院地质与地球物理研究所固体同位素地球化学实验室，所用仪器为MAT262。测定数据用相同条件下测定的NBS-SRM-981标准铅数据进行校正。表2中所列各组比值的分析误差均小于0.6‰。

表2　金沙遗址54件铜器的铅同位素分析结果

分类	实验号	出土编号	器物	铅质量分数/%	锡质量分数/%	$^{207}Pb/^{206}Pb$	$^{208}Pb/^{206}Pb$	$^{206}Pb/^{204}Pb$	$^{207}Pb/^{204}Pb$	$^{208}Pb/^{204}Pb$
戈斧形器	ZY-892	CQJC:498	钺	0.45	0.43	0.7417	7.9575	21.602	16.022	42.286
	ZY-850	CQJC:169	曲刃戈形器			0.7037	1.8951	23.134	16.279	43.841
	ZY-897	CQJC:1309	戈形器			0.8968	2.1847	17.407	15.612	38.030
	ZY-895	CQJC:944	戈形器			0.8750	2.1502	17.868	15.635	38.419
	ZY-861	CQJC:646	戈			0.7527	1.9741	21.204	15.961	41.859
	ZY-877	CQJC:245	戈形器	15.68	3.13	0.7092	1.8974	23.023	16.327	43.684
	ZY-878	CQJC:967	戈形器	0.63	0.83	0.6995	1.8834	23.411	16.375	44.091
	ZY-879	CQJC:964	戈形器	11.95	0.39	0.7096	1.9088	23.460	16.646	44.780
	ZY-896	CQJC:1294	戈形器			0.8354	2.1176	18.880	15.772	39.980
容器	ZY-862	CQJC:417	容器圈足残片	24.05	0.45	0.8891	2.1675	17.466	15.528	37.858
	ZY-860	CQJC:210	容器扉棱残片	26.46	0.22	0.8899	2.1701	17.484	15.560	37.943
	ZY-859	CQJC:840	容器残片	0.46	8.45	0.8199	2.0503	19.117	15.674	39.195
	ZY-863	CQJC18406⑥:2	容器提梁残片	10.10	10.02	0.8878	2.1641	17.514	15.549	37.901

续表

分类	实验号	出土编号	器物	铅质量分数/%	锡质量分数/%	$^{207}Pb/^{206}Pb$	$^{208}Pb/^{206}Pb$	$^{206}Pb/^{204}Pb$	$^{207}Pb/^{204}Pb$	$^{208}Pb/^{204}Pb$
像生和装饰类	ZY-848	CQJC:506	兽面			0.7533	1.9693	21.058	15.864	41.471
	ZY-899	CQJIVT8201⑤:1	虎			0.8512	2.0967	18.447	15.702	38.676
	ZY-847	CQJC:553	尖喙鸟			0.8350	2.0796	18.784	15.686	39.064
	ZY-849	CQJC:198	牛首			0.8842	2.1570	17.545	15.513	37.846
	ZY-889	CQJC:274	牛首	6.85	9.92	0.8984	2.1502	17.747	15.590	38.160
	ZY-846	CQJC:17	立人			0.9090	2.1895	16.811	15.281	36.808
	ZY-858	CQJC:586	人像腿部残件	7.42	9.15	0.7170	1.8986	22.775	16.330	43.241
	ZY-867	CQJC:1162	眼形器			0.7467	1.9711	21.566	16.103	42.509
	ZY-894	CQJC:693	眼形器	4.22	8.04	0.7271	1.9452	22.294	16.209	43.365
	ZY-857	CQJC:393	眼形器			0.7062	1.8897	22.820	16.115	43.123
	ZY-870	CQJC:1161	眼形器	15.56	6.10	0.7132	1.9310	22.970	16.382	44.354
	ZY-886	CQJC:330	眼泡	0.30	6.78	0.8032	2.0294	19.678	15.804	39.935
	ZY-886	CQJC:875	眼泡饰			0.7441	1.9709	21.891	16.289	43.146
	ZY-883	CQJC:888	圆角方形挂器			08189	2.0644	19.340	15.837	39.926
	ZY-880	CQJC:345	圆角方形挂器	5.28	7.71	0.7096	1.9116	22.874	16.231	43.727
	ZY-864	CQJC:500	圆角方形挂器			0.8996	2.1788	17.001	15.293	37.041
	ZY-868	CQJC:319	牌饰	6.24	6.24	0.7665	2.0070	20.933	16.046	42.012
	ZY-869	CQJC:320	牌饰	12.82	4.43	0.7068	1.8859	23.183	16.385	43.720
	ZY-856	CQJC:541	圆锥形器			0.8092	2.0415	19.500	15.780	39.809
	ZY-891	CQJC:542	喇叭形器			0.8519	2.1266	18.398	15.674	39.126
	ZY-855	CQJC:555	喇叭形器			0.7594	1.9863	20.986	15.937	41.685
	ZY-888	CQJC:600	菱形构件			0.8512	2.1032	18.318	15.593	38.526
	ZY-885	CQJC:615	镂空饰			0.8913	2.1799	17.281	15.403	37.671

续表

分类	实验号	出土编号	器物	铅质量分数/%	锡质量分数/%	$^{207}Pb/^{206}Pb$	$^{208}Pb/^{206}Pb$	$^{206}Pb/^{204}Pb$	$^{207}Pb/^{204}Pb$	$^{208}Pb/^{204}Pb$
璧瑗类	ZY-875	CQJC:191	圆形方孔形器			0.8125	2.0488	19.413	15.772	39.773
	ZY-876	CQJC:877	圆形方孔形器			0.7270	1.9559	22.576	16.412	44.156
	ZY-851	CQJC:378	圆形方孔形器			0.7259	1.9114	22.099	16.042	42.241
	ZY-874	CQJC:496	圆形方孔形器	26.38	2.13	0.7045	1.8869	23.262	16.387	43.892
	ZY-873	CQJC:469	璧环形器			0.7146	1.9062	23.323	16.666	44.459
	ZY-872	CQJC:193	璧环形器	2.02	9.88	0.7267	1.9089	22.023	16.005	42.040
	ZY-871	CQJC:675	璧环形器	3.72	10.36	0.7253	1.9100	22.149	16.064	42.304
	ZY-881	CQJC:714	璧	17.85	1.34	0.7136	1.9194	22.624	16.144	43.426
	ZY-890	CQJC:641	璧			0.7064	1.9121	23.131	16.339	44.229
	ZY-853	CQJC:305	璧环形器			0.8700	2.1428	17.781	15.470	38.102
	ZY-854	CQJC:678	璧环形器			0.7170	1.9215	22.438	16.088	43.114
	ZY-852	CQJC:588	璧环形器			0.6907	1.8488	23.699	16.369	43.815
杂器	ZY-884	CQJC:191-1	箔状戈形器	0.68	7.31	0.8091	2.0425	19.504	15.780	39.836
	ZY-898	CQJC:704	箔状戈形器			0.8967	2.1773	17.125	15.357	37.287
	ZY-882	CQJC:1286	条形饰	6.19	7.27	0.8718	2.1384	18.129	15.805	38.767
	ZY-887	CQJC:41	簪			0.8486	2.0961	18.536	15.729	38.852
	ZY-893	CQJC:1283	环形器			0.8457	2.0979	18.610	15.738	39.041
	ZY-865	CQJC:941	铃			0.7270	1.9069	22.337	16.240	42.594

注：所有器物编号均省略"2001"。

表2所列数据，可大致分为异常铅和普通铅两大部分。异常铅有几个亚类，其中密西西比型异常铅属于地球化学上十分罕见的高放射成因铅，本文称之为密西西比型异常铅，以与一般异常铅相区别[5]。

按照这一分类，金沙各类器物中密西西比型异常铅、异常铅和普通铅器物的件数及其^{207}Pb/^{206}Pb和^{206}Pb/^{204}Pb两组比值的变化范围参见表3。

表3 金沙遗址铜器铅同位素组成分类及其数值变化范围

	密西西北型异常铅	异常铅	普通铅
戈斧形器	6件		3件
璧瑗类器	10件	1件	1件
像生和装饰类器	11件	3件	9件
容器		1件	3件
杂器	1件	1件	4件
^{207}Pb/^{208}Pb	0.690 7 ~ 0.766 5	0.803 2 ~ 0.819 9	0.835 0 ~ 0.909 0
^{206}Pb/^{204}Pb	23.699 ~ 20.933	19.678 ~ 19.117	18.880 ~ 16.881

全部已测铜器中，属于密西西比型异常铅的高放射成因铅器物和一般异常铅器物共34件，所占比例约为63%。但同时也有约37%总共20件含普通铅的器物。就器物类型而言，除容器外，这些普通铅器物主要集中在像生和装饰类、杂器类及戈斧形器类。璧瑗类器物绝大多数属于密西西比型异常铅，颇堪注意。

3 铅同位素组成数据结果分析

3.1 金沙铜器铅同位素组成的基本面貌

图1为金沙铜器数据总分布图。其中，X轴为^{207}Pb/^{206}Pb，Y轴为^{208}Pb/^{206}Pb。图中全部铜器数据分为实线范围的A区和B区两大部分。A区为密西西比型异常铅亦即高放射成因铅数据区域。B区主要为普通铅区域，在接近A区的一端有部分异常铅。

与图1不同，图2的X轴为^{206}Pb/^{204}Pb，Y轴为^{207}Pb/^{204}Pb。图3、图4同此。地球化学上称为铀铅关系图，因为其数值关系中的^{206}Pb和^{207}Pb分别是^{238}U和^{235}U经过一系列放射性衰变的最终产物。在铀铅关系图中，金沙遗址A区和B区的具体位置与图1刚好是倒过来的。即A区在图2的右上方，B区在左下方。这是因为，密西西比型异常铅的同位素组成中，^{206}Pb、^{207}Pb、^{208}Pb三种放射成因的铅同位素含量特别高，所以，在铀铅关系图中A区是在^{206}Pb/^{204}Pb对^{207}Pb/^{204}Pb数值较大的方向。同时，因为这种高放射成因铅中^{206}Pb的增长幅度大于^{207}Pb和^{208}Pb的增长幅度，所以，越是高放射成因铅，其^{207}Pb/^{206}Pb、^{208}Pb/^{206}Pb数值越小。密西西比型异常铅是在全球范围都十分罕见的高放射成因铅类型，与普通铅比较，其^{206}Pb/^{204}Pb、^{207}Pb/^{204}Pb、^{208}Pb/^{204}Pb显著大，而^{207}Pb/^{206}Pb、^{208}Pb/^{206}Pb显著小。表3所列可以看出高放射成因铅的^{206}Pb/^{204}Pb、^{207}Pb/^{206}Pb之间存在的这种负相关的关系。高放射成因铅的这种数据特征是由矿石铅体系中铅同位素的演化规律所决定的。

图1、图2中，金沙遗址A区与虚线区域标示的三星堆铜器数据主要分布区域基本

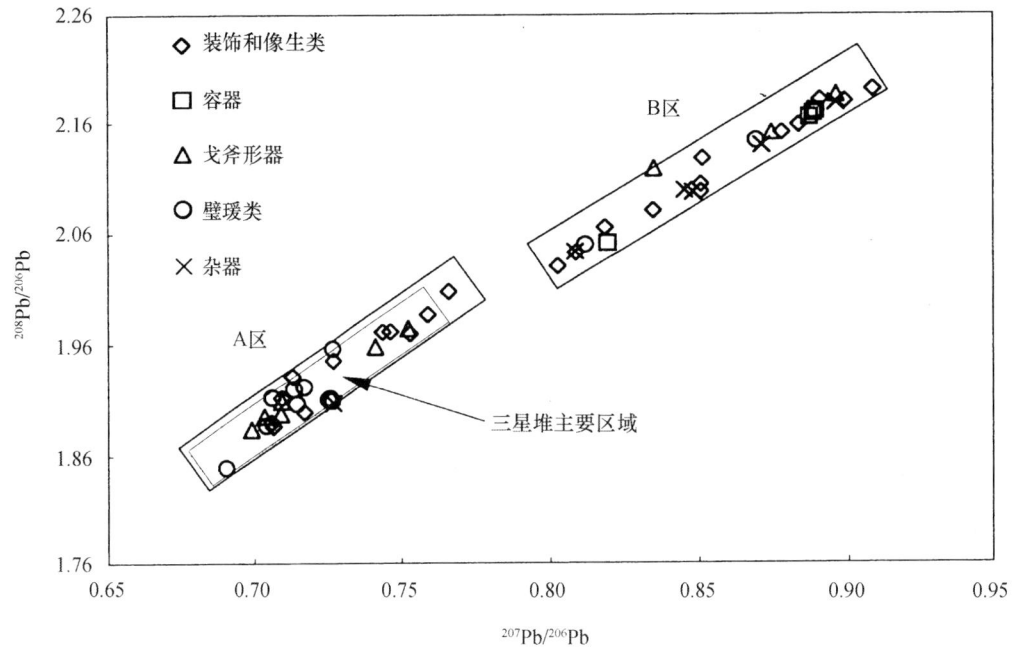

图 1 金沙铜器铅同位素数据全图

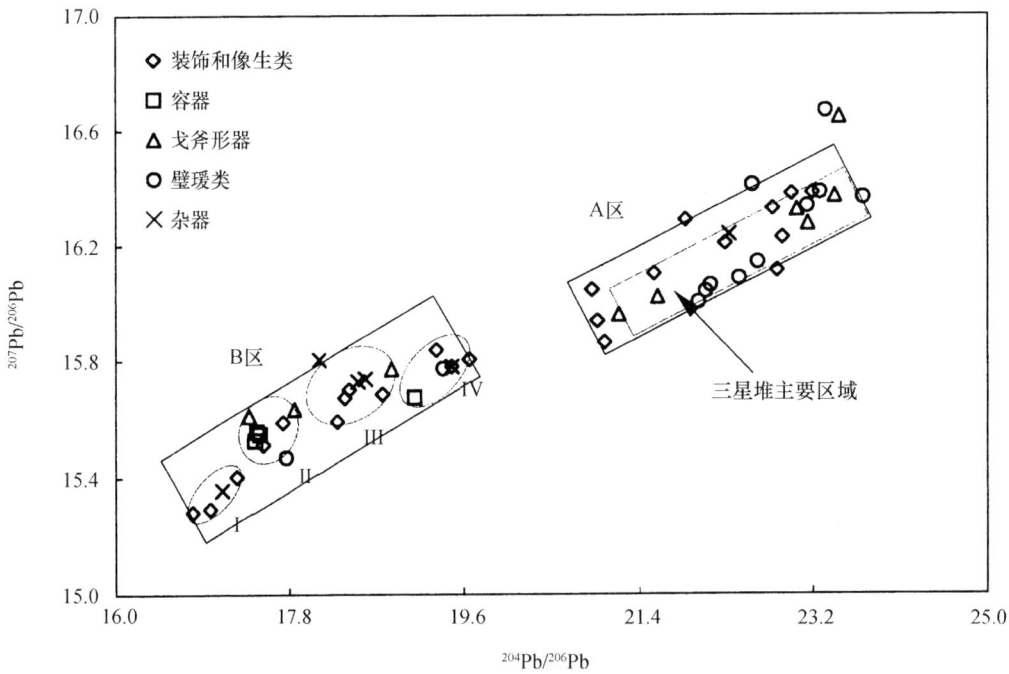

图 2 金沙铜器铅同位素数据全图（铀铅关系图）

重合一致。三星堆铜器数据分布的主要区域，在最初报告中是分别用A、B标示数值变化区间两端的[6]。可见，因为图1没有含量很小的^{204}Pb的影响，二者几乎完全重合。密西西比型铅锌矿的铅同位素组成变化范围通常都很大，像著名的Buick矿山，变化范围在5%左右[7]。但没有单独矿山有如三星堆和金沙铜器A区数据这样大的变化范围的。所以我们相信，A区可能属于一个大矿区范围内多个矿山数据的集合。

金沙铜器B区大部为普通铅区域，其数据变化范围已经涵盖中国内地大多数矿石铅数据，所以情形更加复杂。根据中国矿石铅体系领域关于"铅同位素省"的研究成果[5]，结合金沙铜器数据的实际分布，在图2中将整个B区初步划分为四个组，分别以I、II、III、IV标示，以便进一步讨论。

3.2 金沙遗址B区铜器

整个B区26件铜器数据的分布如图3所示。除了IV组外，金沙遗址B区铜器其他三组都属于普通铅。

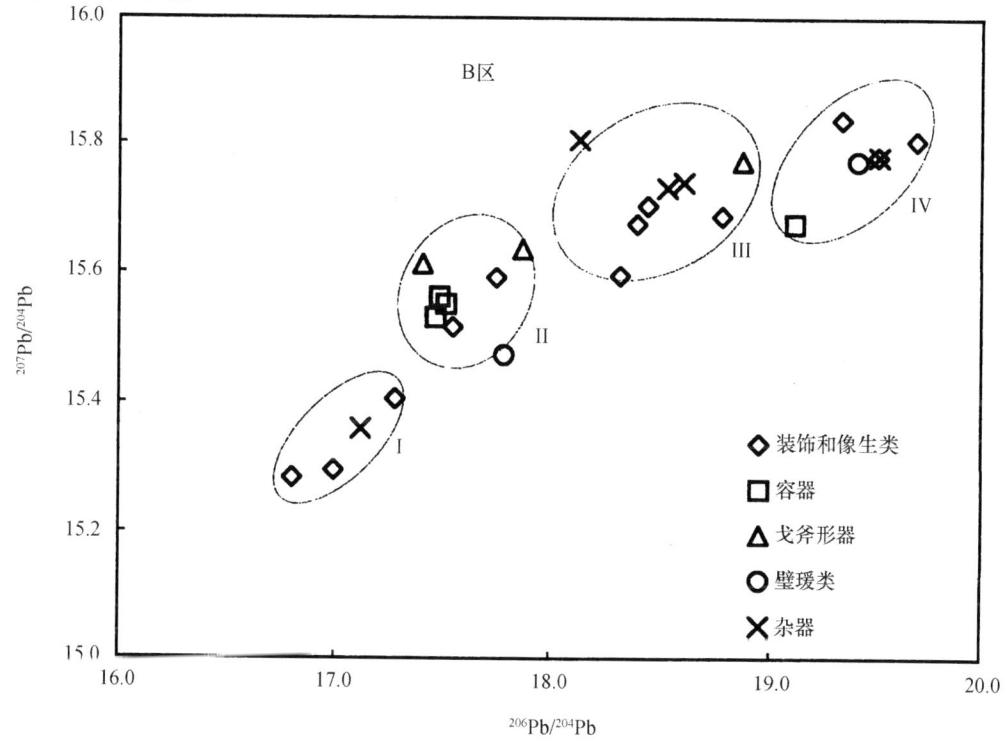

图3 金沙遗址B区铜器器形分类铅同位素数据分布图

相对于密西西比型异常铅铅矿床而言，普通铅的铅矿床，特别是铅同位素组成比较均一、变化范围较小的普通铅铅锌矿，其铅同位素组成变化范围通常要小得多。所以，B区四组中的任何一组都可能涵盖很多铅矿床源区的数据分布范围。因而，要互相区分它们必须在更小尺度范围内进行讨论。

图4表示的是B区铜器中已经测定化学成分的器物数据分布情形。由之可见，金沙

遗址B区铜器没有红铜材质和低铅锡青铜类材质器物。

结合图3、图4，I组内有铜器4件，包括ZY-846立人、ZY-864圆角方形挂器、ZY-885镂空件等3件像生和装饰类器物，以及ZY-898箔状璧形器（杂器类）1件。由图4可见，I组铜器化学成分分析数据暂时阙如，因此，深入的讨论还有待进一步工作。

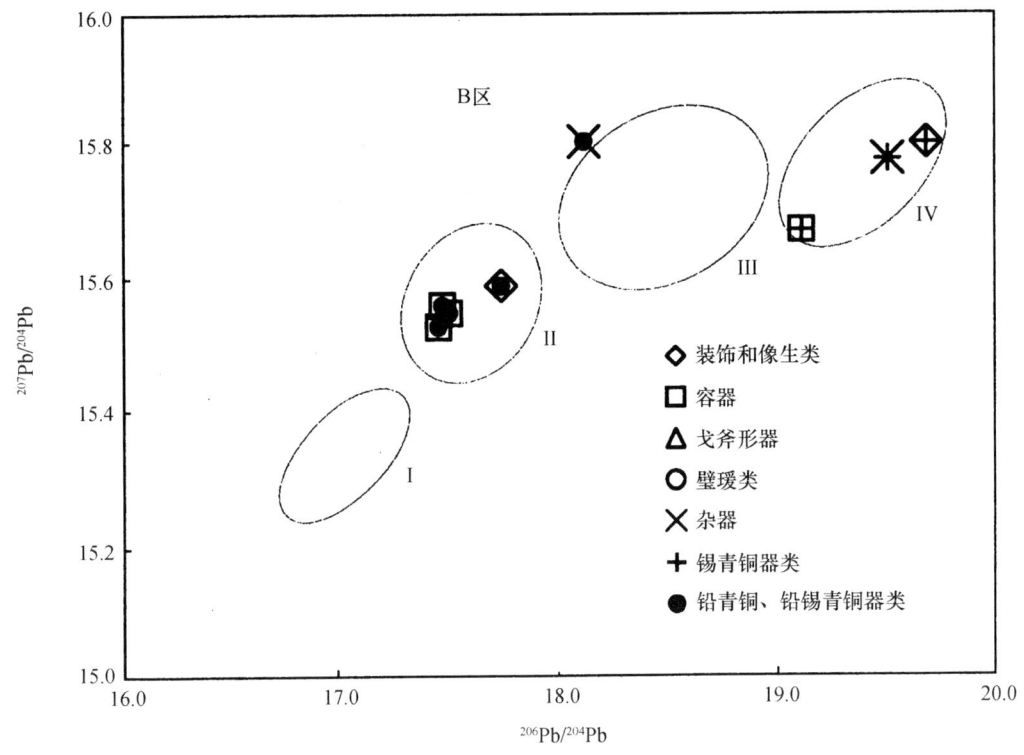

图4 金沙遗址B区铜器材质分类铅同位素数据分布图

II组内有铜器8件。其中装饰和像生类2件（均为牛首），除ZY-859容器残片外全部4件容器残件中的另外3件，2件戈斧形器（ZY-895、ZY-897）和1件璧环形器（ZY-853）。3件容器的含铅量都在10%以上，1件牛首（ZY-889）含铅量为6.85%，所以它们的铅都属于作为合金成分加入的铅料。

III组内有像生和装饰类铜器4件，包括虎、尖喙鸟、喇叭形器（ZY-891）和菱形构件。有杂器3件，包括条形饰、簪和环形器。另外有1件戈形器（ZY-896）。一共8件。其中条形饰含铅6.19%，但如图3、图4所示，其位置在边缘，与其他7件器物有所区别。中国内地铅锌矿的铅同位素组成变化在本组范围内的，在铅同位素省的划分上属于华南省，西南地区也有。在确定这7件铜器的合金组成及其中所含铅的性质后，不难确认其具体产地。

IV组为异常铅组。其中，器物6件，包括：3件像生和装饰类器物，即圆角方形挂器（ZY-883）、圆锥形器（ZY-856）和眼泡（ZY-886）；1件璧瑗类器物（ZY-875圆角方孔形器）；1件杂器（ZY-884箔状戈形器）；1件容器（ZY-859容器残片）。已经测定化学组成的3件铜器，即箔状戈形器、容器和眼泡，含铅量都小于1%，属于锡青铜材质。但另外3件器物中是否存在铅青铜或铅锡青铜材质，尚待确定。显而易见，其结果对于理解这3件锡青铜器物中杂质铅的真实意义是很重要的。本组在整个B区位于接近高放射成因铅A区的方向，三星堆铜器中也有2件戈的数据分布于本组（详见后文）。

3.3　金沙容器与天马-曲村西周早期铜器数据的比较

金沙铜器中可以确认属于中原青铜礼器文明的目前只有4件容器（残件）。它们之中有3件分布于II组，图5容器扉棱残片是其中之一。另外1件似乎为容器腹片的样品数据分布于IV组（图6）。

图5　金沙铅青铜器扉棱残片
（CQJC:210、ZY-860 普通铅）

图6　金沙锡青铜容器残片
（CQJC:840、ZY-859 异常铅）

对天马-曲村西周墓葬铜器的研究表明，西周早期青铜礼器的数据主要集中分布在一个很小的范围[8]。这一范围也在II组数据范围内。图7是II组数据分布详图，其中实线包围的Q区即是包括匽候旨鼎等标准器在内的西周早期青铜礼器数据的分布区。

由图7可见，金沙遗址3件高铅含量容器的铅同位素数据相互十分接近，都分布于Q区之内。在以 $^{208}Pb/^{204}Pb$ 对 $^{206}Pb/^{204}Pb$ 所做的图中，也可以得到同样的结果，这里从略。

金沙遗址2件牛首从器形上看风格相同，但其铅同位素组成数据彼此差异较大。1件材质暂时不明的牛首接近Q区范围，另外1件属于铅锡青铜材质的牛首其铅成分可能与Q区有不同的源区。

金沙遗址2件戈形器和1件璧环形器数据相当分散，同时有别于Q区容器的数据。

由图7可见金沙遗址容器中只有3件容器的铅金属原料源区与中原地区西周早期铜器的金属原料源区具有同一性。应该说明的是，以Q区为特征分布区域的铅金属原料，在黄河流域的青铜生产中从殷墟末期即已开始利用。殷墟四期M1713以及后冈祭祀坑铜器的数据都具有相同的铅同位素组成特征。西周早期王室铜器中含这一源区铅料的很多[9]。而在西南地区的三星堆铜器中则未见。所以，金沙遗址这几件容器的"出身地"很可能不在西南，而是在中原地区。希望将来发掘出完整的容器，能够从器物形态学考察上找到更多的佐证证实这一推断。

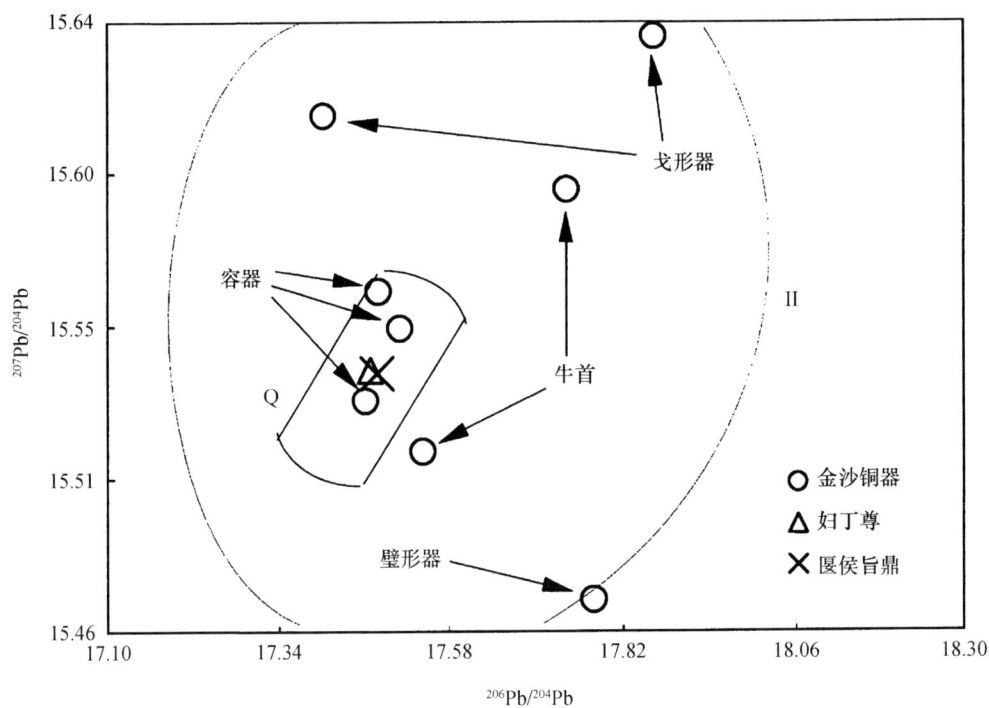

图7 金沙遗址B区II组容器与西周早期铜器数据比较（Q区为西周早期青铜礼器的集中分布区）

西南地区铜器目前已经发表的只有三星堆铜器的有关工作，没有更多的铅同位素分析资料可以比较利用。而三星堆铜器中完全没有出现普通铅的铅同位素数据，所以，金沙遗址B区铜器数据意义的全部解明，还需要时日。但是，由金沙遗址B区铜器的数据结果分析已经获得的认识仍有重要意义。金沙遗址现有几件青铜礼器的辨识，表明其来历或有可能与三星堆青铜礼器的情形有别[10]。另外，从B区很多地方色彩鲜明的铜器如像生和装饰类器物数据的分布，可以看出金沙铜器金属材料产地源区的多元性。

3.4 金沙遗址A区铜器及与三星堆铜器的比较

因为高放射成因铅中含量很小的^{204}Pb的影响，金沙遗址A区铜器的铅同位素组成数据与三星堆铜器数据的分布区域在铀铅关系图中有所差异，但总体上说二者的一致性良好（参照图1、图2）。图8为A区以及B区IV组铜器按材质分类的铅同位素数据分布图。其中实线构成的四边形区域为金沙遗址A区铜器数据分布区，虚线区域为三星堆铜器数据的主要分布区。由图8可见，金沙遗址A区13件和A区右上方1件戈形器（ZY-0879）共14件铜器多数属于高铅含量的器物，仅有红铜材质的戈斧形器2件，低铅-锡青铜材质的璧环形器（ZY-0872）1件。从材质方面看，情形与三星堆铜器大体相同[5]。因此，由其铅同位素组成的一致性，可以确认金沙遗址A区铜器与三星堆铜器的金属材料来自同一矿产源区。

金沙1件低铅-锡青铜材质的璧环形器，特别是仅有的2件红铜材质的戈斧形器都在

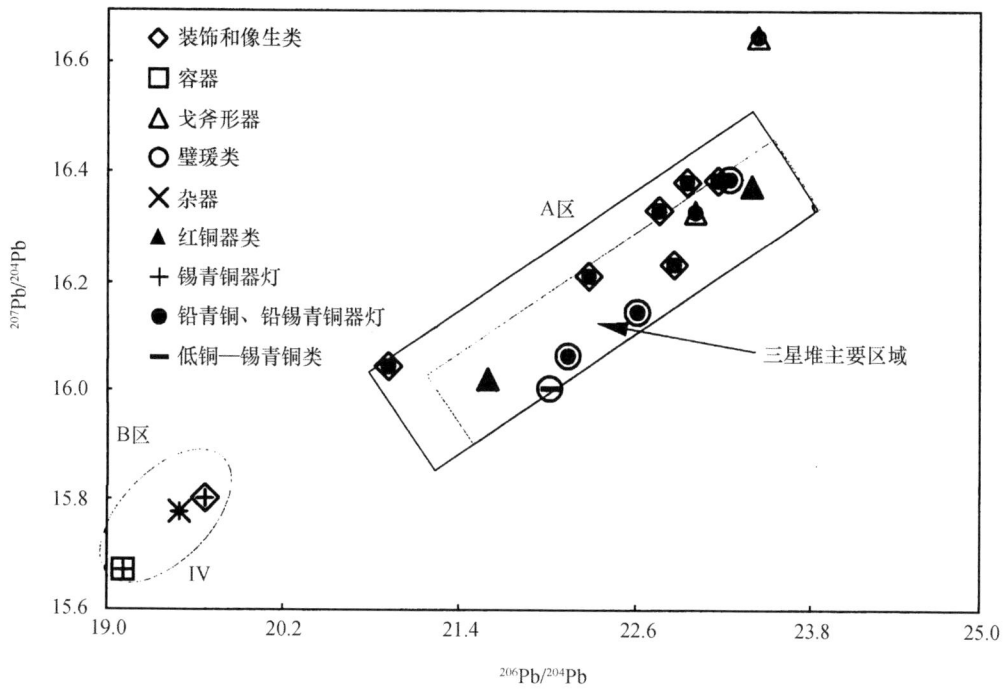

图 8　金沙遗址A区铜器材质分类铅同位素数据分布图

A区。红铜材质器物中所含铅属于杂质性质。如果这种杂质性质的铅属于指征原来铜料源区的信息，则该源区应当与此种罕见密西西比型异常铅金属材料源区属于同一个大矿产区域。另外一种可能性，即它来自铸造环境的污染，也是应该予以考虑的。

笔者最早按照器物分类对三星堆铜器进行铅同位素数据比较分析时曾经指出，三星堆两器物坑的铜器中，"就器物类别而言，武器和容器两类的同位素比值数据分布略呈分散，神树、面具等更为集中"[5]。对这种现象我们认为较为合理的解释是，神树和人像面具类器物可能是在较短时间内集中铸造完成的，其金属原料集中来自当时利用的某一主要产地源区。而尊、盘等容器的铸造则未必如此。三星堆铜器中最初称之为"武器"的器物，器形与金沙村同类器物相似（图 9）[11]，称之为"戈形器"似更妥当。此类器物铅同位素数据的分散还应该考虑其金属材质方面的因素。

图 10 中，实线方条状区域范围为全部三星堆铜器数据的分布区域，具体可参

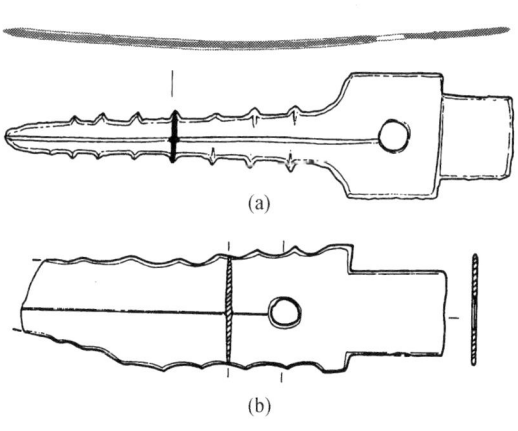

图 9　铜戈形器

（a）金沙含密西西比型异常铅戈形器（CQJC:169、ZY-0850）；（b）三星堆含异常铅戈形器（K1:3-2、ZY-0358）（均为1/2）

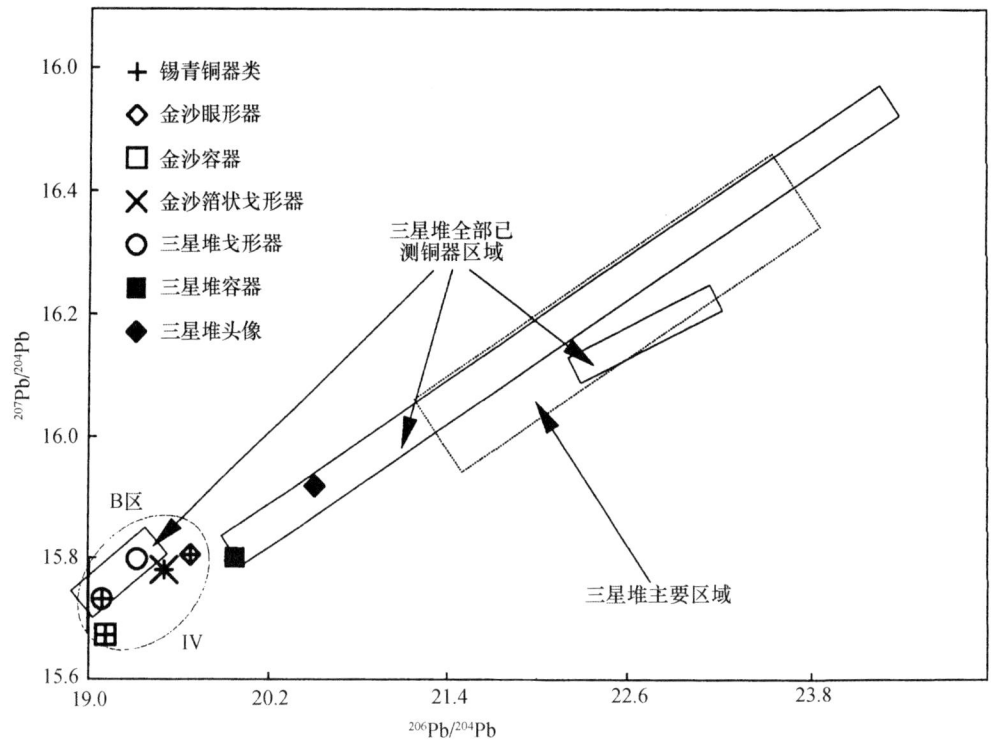

图 10　金沙遗址B区IV组与三星堆部分铜器比较图

阅笔者关于三星堆铜器研究的初始报告。如图 10所示，三星堆有4件离散于主要分布区之外，并且位置在^{206}Pb/^{204}Pb较小方向的铜器，其中包括2件戈形器、1件头像和1件容器。头像和容器的^{206}Pb/^{204}Pb分别为20.507和19.982，接近于西南地区目前已知的密西西比型铅锌矿数据。关于2件戈形器，最初的报告中曾经推测它们有可能"混有一定不同来源的普通铅"，使得^{206}Pb/^{204}Pb变得更小。后来对其中1件戈形器（图 9）的化学分析结果表明，其材质属于含铅量为0.2%的锡青铜。另外，这2件戈形器的^{206}Pb/^{204}Pb已经是三星堆50余件铜器分析结果中最低的，如果不存在^{206}Pb/^{204}Pb更小的铅源，不可能出现介于高放射成因铅和更小比值数据之间的混合铅数值。基于以上分析，关于这2件戈形器数据分散的原因，与其考虑混合铅的因素，不如考虑材质方面的原因更为妥当。如图 10所示，金沙铜器B区IV组3件已知合金成分的器物与三星堆这件戈形器一样，都是锡青铜材质，它在一定程度上支持了这一看法。

近来有研究者认为，三星堆这几件铜器数据之所以离散，是因为它们属于易于损坏的武器和生活实用容器。其数据离散于主要分布区之外，是这些铜器在使用过程中经多次重熔而导致铅同位素严重分馏的结果[12]。笔者认为，这种"重熔-分馏"的说法难以成立，道理简述如下。

"重熔-分馏说"认为，三星堆铜器中的戈形器是用于实际战争的武器，容器是日常生活用器，并进而假定它们在使用过程中经过了多次回炉重熔。但实际上这些戈形器是仪仗用器,容器是用于祭祀的礼器[11]。笔者认为,如图9所示,考古工作者对三星堆和金沙村出土戈形器性质的认定,以及对三星堆容器性质的认定都是正确的,它们都是非实用器。至于说三星堆戈形器和容器在实际使用过程中都经过多次重熔,也属于主观臆断,没有根据。

另一方面,铅属于重金属元素,它的四种稳定同位素之间的相对质量差很小,理论上不可能发生所谓"显著"分馏[13]。同时,欧洲学者已经通过多种实验证明,在古代冶金及铸造等金属工艺过程中,其产生的分馏效应可以忽略[14],即使我们假定这种微弱分馏经过无限次累积,可能变得不可忽视。按照同位素分馏原理,多次重熔后,其$^{207}Pb/^{206}Pb$固然要朝增大的方向显著变化,其他几组铅同位素比值如$^{206}Pb/^{204}Pb$也应该朝增大的方向变化。然而,图9(b)所示三星堆铜器中$^{207}Pb/^{206}Pb$最大的这件戈形器,也就是图10中分布在B区IV组的这件锡青铜戈形器,其$^{206}Pb/^{204}Pb$却是三星堆铜器中最小的。图10中另外3件分散于主要分布区之外的三星堆铜器,情形类似。它符合表3所示以及前面讨论过的高放射成因铅数据中这两组比值关系为负相关的特征。这种数据关系特征是由矿石铅同位素体系的自然演化规律所决定的,与理论上通过分馏累积效应改变后的铅同位素组成所应具有的数据关系特征完全不同。所以,只要对同位素分馏原理或者高放射成因铅的基本性质多一些了解的话,都可以避免产生这种因主观先入导致的认识失误。

图11[11]是一个金沙时期使用不同矿产源区金属原料铸造同类器物的实例。其中璧环形器的铅同位素组成是金沙遗址这批铜器中放射成因铅含量最高的,$^{206}Pb/^{204}Pb$达到23.699。其钍铅也很高,$^{208}Pb/^{204}Pb$达到43.815。而另1件璧形器的铅同位素组成则属于金沙遗址B区铜器II组,为普通铅。三星堆时期的青铜金属原料主要与单一的高放射成因铅矿产源区相联系,是该产区开采利用的全盛时期。而金沙时期一方面虽然仍主要延续利用原来三星堆时期的矿产源区,但同时也开始多方探寻新的矿产源区。三星堆和金沙铜器铅同位素组成的比较分析结果说明,金沙时期矿产源区已经开始发生迁移变化。如果进一步确定这些器物准确的出土地层关系,便可以知这种迁移变化发生的具体时期。

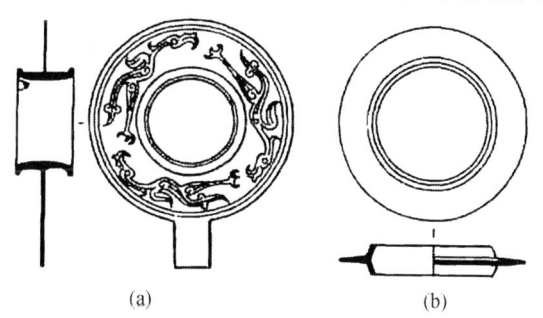

图11 金沙遗址原料源区不同的璧形器
(a)含异常铅三鸟纹有领璧形器(CQJC:588;ZY-0852);
(b)含普通铅有领璧形器(CQJC:305;ZY-0853)
(均为1/3)

结　论

本文报告的金沙遗址部分铜器合金成分数据和铅同位素组成数据结果,是西南地区铜器继三星堆器物有关资料之后又一批重要的基础性资料。全部解明这批资料的丰富内容虽然还需要进一步工作,但已经获得的成果仍令人鼓舞。金沙时期的铜器在合金技术上基本与三星堆一脉相承，用铅较普遍，铅锡青铜合金为主要材质类型。金沙绝大部分具有地方青铜文明特色的戈形器、锄形器、璧形器以及一半以上的像生和装饰类器物含有与三星堆青铜器铅同位素组成完全一致的高放射成因铅，但也出现部分含普通铅器物。而杂器中普通铅器物更是占多数。这一结果揭示了金沙时期对早期开发的高放射成因铅青铜金属原料产区的延续利用，同时也揭示了矿业活动由开采已久的旧矿区逐渐向新矿区转移的历史变迁。金沙4件青铜器容器有3件合金成分与铅同位素组成都与殷墟四期至西周早期的中原青铜礼器一致。倘其"中原身份"进一步得到确认，它们有可能成为商周之际发生在西南民族与中原统治王朝之间某重大历史事件的实际物证。

铅同位素考古研究在长江和黄河两大流域商代遗址所出铜器中普遍发现这种在全球范围内都属罕见的密西西比型异常铅，引起国内外学者的广泛关注，也引发了关于其具体产地源区的讨论。有研究者猜测，秦岭位于三星堆、新干、盘龙城以及安阳这些商代遗址中间，从地理位置上看，该矿产源区可能在秦岭一带[15]，但没有提出具体证据[16]。从殷墟四期的殷墟铜器，到秦岭之麓、渭水之滨的宝鸡𢼫国墓地铜器，汾水流域的天马——曲村晋国墓地铜器，以及黄河、长江流域其他遗址的西周铜器，都少见这种高放射成因铅铜器的踪影。但继三星堆铜器之后，它却仍然大量出现在成都平原上的金沙铜器之中。这些都是"秦岭说"难以解释的。金沙铜器的研究结果进一步证明，关于这种高方式成因铅青铜金属原料的产地源区，其大致地域范围可以划定在西南地区。

致　　谢

本文曾于是2004年4月报告于"长江上游地区文明进程学术研讨会"。本项研究得到国家人事部2001年留学人员资助"夏商周青铜器铅同位素示踪研究数据库"项目、国家自然科学基金（40273013）、美国 J. P. Getty Trust Paired Fellows for Research in Couservation and the History of Art and Archaeology（CASVA, National Gallery of Art, 2001-2003）资助。北京大学考古文博学院孙华教授、成都市文物考古研究所王毅研究员、朱章义副研究员、中国科学院地质与地球物理研究所许荣华教授、陈福昆博士给予大力支持和帮助。王方、Eliznbeth Childs-Johnson博士曾给予热情协助，谨此诚致谢忱！

参考文献

[1] 张擎，王方，朱章义.金沙村遗址出土铜器//成都市文物考古研究所，北京大学考古文博院.金沙淘珍.北京：文物出版社，2002.

[2] 关于成都平原古代青铜文明较为系统的论述，可参看：孙华.四川盆地的青铜时代.北京：科学出版社，2000.

[3] 金正耀.铅同位素示踪方法应用于考古研究的进展.地球学报，2003，(6).

[4] 金正耀，马渊久夫, Chuse W T, 等.三星堆遗物坑青铜器的化学成分和铅同位素比值研究//四川省文物考古研究所.三星堆祭祀坑.北京：文物出版社，1999.另外1件戈形器的分析结果来自孙淑云和曾中懋待发表报告.

[5] 朱炳泉.地球科学中同位素体系理论与应用.北京：科学出版社，1998.

[6] 金正耀，马渊久夫，Chuse W T，等. 广汉三星堆遗物坑青铜器的铅同位素比值研究. 文物，1995，（2）.

[7] Heyl A N, Delavaux MИ, Zartmann R E, et al. 1966, Econ Ged, 61: 933.

[8] 金正耀，林业强，杨秀丽. 日丁尊与西周早期青铜礼器的铅同位素研究. 文物，2003，（10）.

[9] 有关西周早期铜器数据见：金正耀，Chuse W T，马渊久夫，等. 天马-曲村遗址西周墓地青铜器的铅同位素比值研究//邹衡主编. 天马-曲村. 北京：科学出版社，2000，其他数据报告将陆续发表.

[10] 有学者认为，三星堆铜器的金属原料来自参加武王伐纣战争的战利品。此说恐难成立。因为含高放射成因铅的金属原料在殷墟三期以后铜器中很少见，而三星堆铜器所含铅几乎都属于这种高放射成因铅。

[11] 四川省文物考古研究所. 三星堆祭祀坑. 北京：文物出版社，1999；成都文物考古研究所，北京大学考古文博院. 金沙淘珍. 北京：文物出版社，2002.

[12] 《青铜器重熔对铅同位素比值的影响》为"中国东方地区古代社会文明化进程国际学术研讨会"论文，摘要报道见《中国文物报》2003年11月7日有关综述.

[13] 赫夫斯. 稳定同位素地球化学（中文版）. 刘季花译. 北京：海洋出版社，2002.

[14] Gale N H, Stos-Gale Z. Lead Isotope Analyses Applied to Provenance Studies//Ciliberto E, Spoto G, eds. Modern Analytical Methods in Art and Archaeology. John Wiley & Sons, 2000: 525-528.

[15] Saito T, Han R, Sun S, et al. Preliminary Consideration of the Source of Lead Used for Bronze Objects in Chinese Shang Dynasty: Was It Really from the Area Where Sichuan, Yunnan and Guizhou Provinces Meet? Proceedings of BUMA-V, Gyeongju, Korea, 21-24 April 2002.

[16] 有关讨论见：Jin Zhengyao. A Reassertion that the High-radiogenic Lead in Shang Bronzes Originated in South-western China，China Archaeology and Art Digest；金正耀. 商代青铜器中高放射成因铅原料的产地问题——答斋藤努博士等. 中国文物报，2003-1-17.

金沙遗址出土铜片的加工工艺研究*

魏国锋　毛振伟　秦　颍　王昌燧　龚　明

金沙遗址位于成都市西郊的金沙村、黄忠村一带，距成都市中心约5 km，是成都平原继三星堆遗址之后又一重大考古发现，出土铜器470件以上。金沙遗址与三星堆遗址相距仅38 km，其在时代上晚于三星堆遗址，约在商代晚期至春秋（前12～前10世纪）。结合出土遗物，可以初步认定金沙遗址是三星堆文明衰落之后在成都平原兴起的一个政治、经济、文化中心，极有可能是古蜀国在商代晚期至西周时期的都邑所在[1-2]。

金沙遗址出土铜器残片中，有很多为扁平铜片，厚度一般为0.2～0.4 mm，热锻成形[2]。所测试的两个铜片，厚度更薄，且表面有树形纹饰。其制作工艺的研究，对了解当时成都平原的冶金技术水平和青铜加工工艺有重要意义。

1　样品介绍

所用样品为两个残铜片，编号分别为Jst-1和Jst-2，如图1和图2所示。两个残片表面均有一薄层淡绿色铜锈，轻磨后显示基体的颜色为淡黄色。样品Jst-1长度为45 mm，最大宽度10 mm，最小宽度9 mm，平均厚度为0.12 mm。该铜片上有树形纹饰，清晰可见。样品Jst-2长度为25 mm，最大宽度7 mm，最小宽度6 mm，平均厚度为0.09 mm。该铜片上无树形纹饰，右端有裂纹。

2　样品测试方法

将两个铜片的表面局部轻磨，去掉绿锈层，露出铜本体，以进行成分分析和物相分析。成分分析采用XRF-1800型X射线荧光仪，该仪器配有4 kW端窗铑（Rh）靶X射

---

*　原载《有色金属》2007年第1期。国家自然科学基金重点项目（10135050）、国家社会科学基金文博类2001年重点项目（2001042）资助。

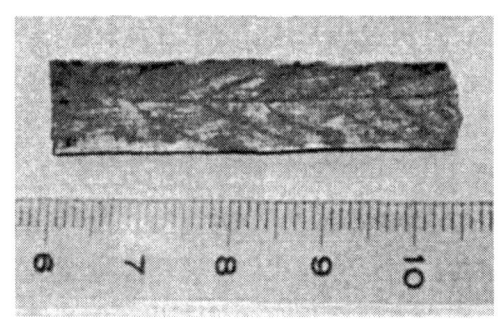
图 1 样品 Jst-1

图 2 样品 Jst-2

线管，管口铍窗厚度为 75 μm，并配以最大电流 140 mA X 射线电源及发生器，高精度的 $\theta \sim 2\theta$ 独立驱动系统，双向旋转的 10 位晶体交换系统，3 种狭缝可交换，灵敏自动控制系统，为获取高可靠性的成分数据提供了保证。物相分析采用 D/MAX-RA 型旋转阳极 X 射线衍射仪，工作条件：Cu K_α 辐射，电压、电流分别为 40 kV 和 100 mA；DS，SS，RS 依次为 1°，1°，0.15 mm；衍射计量范围是 25°～90°。

将两个样品各剪下一小块，经过镶样、磨光、抛光，制成金相试样以备用。金相检验采用 XL30ESEM 扫描电子显微镜和 XJL-03 金相显微镜。扫描电镜工作条件：加速电压 15 kV，束斑直径 5 nm，工作距离 10 nm。

3 检测结果分析

X 射线荧光分析的结果如表 1 所示。从表 1 可以看出，这两个铜片都为高锡青铜，含锡量高达 22%，含铅量很低。由成分看，这两个铜片应是用同一种合金材质制作而成。

表 1 金沙铜片的 X 射线荧光分析结果（单位：%）

样品	Cu	Sn	Pb	Fe	As	Cr	Ni	S	Zn
Jst-1	76.3075	22.5370	0.2261	0.3707	0.3323	0.0541	0.0140	0.1582	-
Jst-2	76.9649	22.1271	0.1340	0.3980	0.0762	0.0571	0.0106	0.1610	0.0711

铸造锡青铜的机械性能随含锡量的增加而发生变化，见图 3[3]，其抗拉强度和延伸率先随含锡量增加而提高，但当含锡量大于 6%～7% 后，由于组织中出现硬脆 δ 相，延伸率迅速下降，强度则继续提高。含锡量超过 20% 时，强度与塑性都变得很低，这是由于组织中出现大量 δ 相造成的。屈服强度（在 0.5% 延伸率的压力下）在 17%～20% 锡含量时增至最大值 19～20 t/in²①。布氏硬度随锡含量增加而增加，至 25% 锡含量时达到 300。因此，现代工业上，含锡量小于 5% 的锡青铜一般用于变形锡青铜，含锡大于 10% 的锡青铜，适于铸造用[4]。

---

① 1 in²=6.451 600×10⁻⁴ m²。

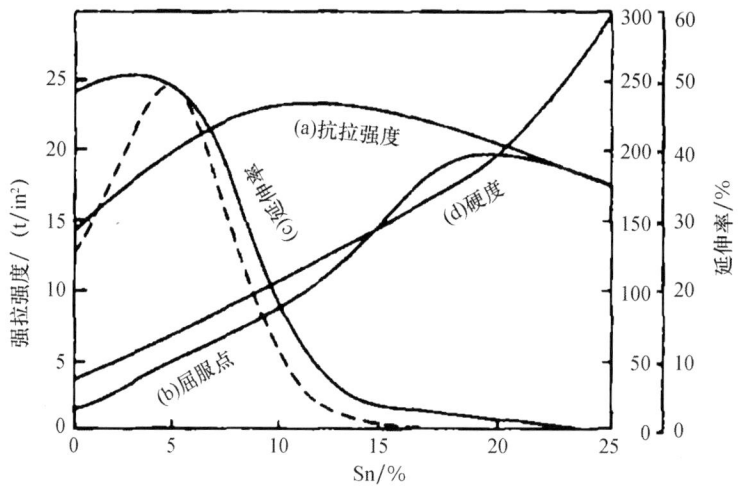

图 3 铸造锡青铜的机械性能

这两个铜片的厚度分别为0.12 mm和0.09 mm，很难铸造成形。应该是先铸成一定厚度的铜件，再经过锻打而成。根据铜-锡合金平衡相图[5]，含锡量为22%的铸造青铜室温下的金相组织为α+δ。δ相的特点是硬而脆，不易进行锻造。由图3可以看出，含锡量为20%的锡青铜，其硬度接近250，延伸率几乎为零，冷加工变形时易打成碎片。因此，含锡量为20%的铸造青铜不可能通过冷加工变形制作成如此薄的铜片。

R. Chadwick[6] 曾对含锡量为5%~30%的青铜进行锻造试验后指出，铜锡二元合金有两个韧性锻区：含锡量18%以下的青铜在200~300℃范围内；含锡20%~30%的青铜在500~700℃温度范围内。前者的合金组织主要为α相，后者主要是由γ或β相组成。α、β和γ相在高温下都具有足够的塑性，可以进行热加工。这两个铜片的含锡量都为22%，如果将之加热至520~586℃或586~798℃时，青铜处于α+γ或α+β相区，在青铜的第二个韧性锻区内，有一定的延展性，可以承受适当的热加工。

两件样品的X射线衍射结果表明其主要物相相同。图4为样品Jst-1的X射线衍射图。将衍射分析结果与JCPDS标准数据对照，可以确定铜片的主要组织为α固溶体。由于X射线衍射方法的灵敏性有一定的限制，并且一组衍射数据不可能包含所有相的信息，所以常常把它所分析的数据与金相显微镜分析结果结合起来，才能更好的说明问题。

把准备的金相试样用5%的三氯化铁盐酸酒精溶液浸蚀后，在金相显微镜下观察其金相组织，配合使用扫描电镜进行微区组织观察，结果显示两个样品均为热冷加工组织。图5和图6是样品Jst-1的金相照片和扫描电镜照片。图5显示样品Jst-1的金相组织为再结晶的α等轴晶及孪晶，晶粒破碎，铜片的形变量很大，基体上白色内有斑纹的不规则块状为（α+δ）共析体。同时，在α等轴晶粒内存在大量滑移

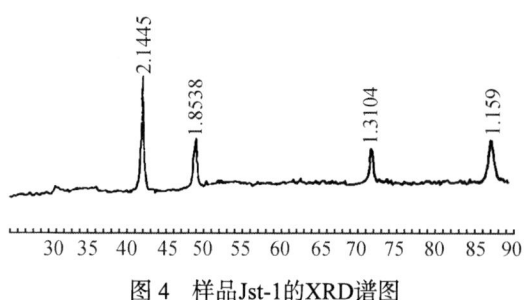

图 4 样品Jst-1的XRD谱图

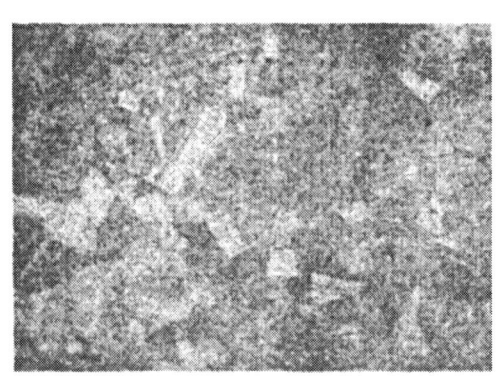
图 5　样品Jst-1的金相组织（400×）
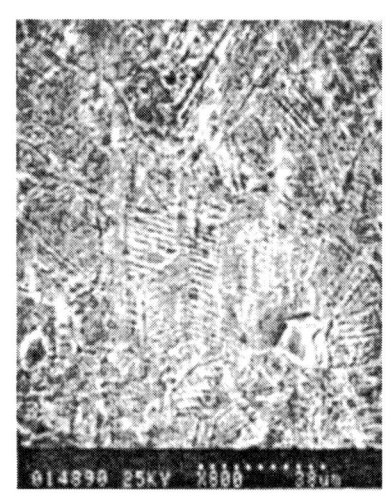
图 6　样品Jst-1的扫描电镜照片（800×）

线。扫描电镜的观察结果（图6）与金相显微镜的相一致，滑移线更为清楚。这些组织特征表明铜片在经过高温锻打后，又在再结晶温度以下进行了冷加工处理。

样品Jst-1的表面有树形纹饰，在表面形成向下凹陷的印痕（图1），印痕内很粗糙，没有刀刻的痕迹，背面相应部位也稍有凸起。据此，可推测在加工此树形纹饰时，先制作一个树形的模子，将之放在锻打成的铜片上压印而成。

金沙遗址出土的铜箔状小戈形器、片状长条的条形饰、圆角长方形板状器、眼睛形器、菱形器等一些器物，经热锻加工成扁平状[2,7]。此铜片的用途是否与制作这些器物有关，尚待进一步讨论。

综上分析，确定这两个铜片的可能制作工艺如下：先用高锡合金铸成一定厚度的铜材，然后将其加热到520～586℃或586～798℃温度范围内进行锻打成形。此温度下，青铜处于α+γ或α+β相区，易于锻造。随着锻造过程的进行，温度下降，当温底下降到520℃以下时，进入α+δ相区，由于δ相的脆性，此时不能进行锻打，锻造即结束。在金沙遗址，就曾发现厚度为0.6～0.7 mm的扁平铜片[2]，为铸造成形。如将其进一步锻打，完全有可能加工成厚0.1 mm左右的铜片。样品Jst-1表面的树形纹饰应是用预先制作的树模，在铜片表面压印而成。古代工匠凭借经验判断加热及锻造温度范围，制定了500～700℃工艺标准，符合该金属的最佳塑性区，避开了带有脆性的δ相，而使合金处于α+γ或α+β相区进行加工，是一项了不起的成就。

结　　论

通过研究，可以看出当时金沙遗址居民的冶金技术和青铜加工工艺已达到了很高的水平，对锡青铜的机械性能已有了充分认识。在长期的实践中，当时的工匠已掌握了高锡青铜的热锻技术，所制定的热锻温度范围符合现代金属学原理，避开了带有脆性的δ相，使合金处于最佳塑性区。

参考文献

[1] 朱章义，张擎，王方. 成都金沙遗址的发现、发掘与意义. 四川文物，2002，(2)：3-10.

[2] 肖嶙，杨军昌，韩汝玢. 成都金沙遗址出土金属器的实验分析与研究. 文物，2004，(4)：78-88.

[3] Hanson D, Dell-Walpole W T. Chill-Cast Tin Bronzes. London：Edward Arnold & Co., 1951: 242-243.

[4] 陆景贤. 金属学. 北京：机械工业出版社，1984: 230-231.

[5] 洛阳铜加工厂中心试验室金相组. 铜及铜合金金相图谱. 北京：冶金工业出版社，1983: 70-71.

[6] 孙淑云，王克智. 中国响铜器的实验研究//北京科技大学. 中国冶金史论文集（二）. 北京：人民教育出版社，1994: 79-93.

[7] 金正耀，朱炳泉，常向阳. 成都金沙遗址铜器研究. 文物，2004，(7)：76-88.

金沙遗址青铜器的化学特征及矿质来源*

向 芳　蒋镇东　张 擎

引　言

　　20世纪30年代以来，商周时期数量巨大的铜料来源，一直是众多学者关注的学术悬案。半个多世纪以来，这一问题作为涉及商周历史的重大学术问题，一直备受重视[1]。这些巨量青铜器的矿质来源问题，将为展示远古人类的文明程度和生产力水平、揭示商代青铜业原料和制品的生产和流通关系、探讨包括黄河和长江流域在内的不同青铜文明的传播和交流提供重要的基础数据和科学依据。

　　发现于2001年初的成都金沙遗址，其主体文化遗存时代约为商代晚期至西周时期，极有可能是继三星堆之后的又一个古蜀国的政治经济文化中心[2]，它为解读古蜀文明的起源和演化历史提供了非常重要的实物证据[3]。金沙遗址内现已出土青铜器1 200余件，对于这些青铜器的化学特征和矿质来源，只有金正耀等做过一定讨论[4]。笔者通过新测试的数据，结合前人研究，对金沙青铜器化学特征及其中蕴含的矿质意义进行一定探讨。

1　金沙青铜器铅同位素特征

　　在青铜器矿质来源研究中，现今使用较多的一种方法是利用铅同位素的比值特征。20世纪60年代，美国康宁玻璃博物馆的Brill[5]首先将铅同位素用于古代文物的研究，开创了铅同位素示踪方法在考古学和自然科学史研究中的应用，随后欧洲和日本学者也开始了这方面的研究，中国出土的文物成为重要的研究对象[1]。20世纪80年代，金正耀[6]将铅同位素方法引入到青铜器的矿料来源研究，发现高放射成因铅同位素特

---

* 原载《地球科学与环境学报》2010年第2期。国家自然科学基金项目（40608011）、国家"十五"科技攻关计划项目（2004BA810B05）资助。

征而取得了突破性进展,并掀起了铅同位素应用于考古研究的高潮。

自然界中的铅有4种稳定同位素:^{204}Pb、^{206}Pb、^{207}Pb、^{208}Pb。其中,^{206}Pb、^{207}Pb、^{208}Pb分别由^{238}U、^{235}U、^{232}Th衰变而来,3种同位素的含量随着时间增加而不断增加,因此被称为放射性铅同位素。而^{204}Pb在古老的矿石和陨石中相对含量较高,在现代铅中含量较低,而且不随时间的流逝发生绝对含量的改变,所以在研究中常常将^{204}Pb作为基准,用$N(^{206}Pb)/N(^{204}Pb)$、$N(^{207}Pb)/N(^{204}Pb)$、$N(^{208}Pb)/N(^{204}Pb)$来进行研究。

铅同位素示踪方法应用于青铜器考古研究的基本原理为:由于地球上铜、锡、铅金属矿床在其形成的地质年代以及形成过程环境物质中铀钍浓度条件方面的差异,铅同位素组成也各具差异,表现为铅的4种稳定同位素含量比率各有特征;同时,4种稳定同位素在古代青铜业的一般冶炼、铸造等加热过程中不会发生分馏,与微量元素相比,可更好地保存原产地的信息[7-8]。通过比较青铜器样品和矿床的铅同位素数据,可以进行青铜器原料的产地研究,同时比较各个时代和时期青铜器样品的铅同位素数据,也可以了解不同时期、不同地区矿山开采利用的盛衰变迁,进而推动关于上古时代的有关研究[9]。同时,铅同位素示踪方法研究古代器物还具有所需样品量很少、器物表皮的氧化物等对器物的铅同位素比值影响很小等优点。铅同位素不受风化和腐蚀影响,不受元素含量变化影响,具有明显的地球化学块体效应,便于确定所用资源的产地。虽然该方法也存在重叠效应和混合效应的局限性,但其分辨率仍高于其他任何单一的地球化学示踪方法[1]。

为此,选取不同类型的10件青铜器取微量样品送南京大学做铅同位素分析。利用Finnigan公司TRITON-TI型热电离质谱仪对具有不同器物类型的金沙青铜器进行了铅同位素分析,其误差范围为0.003 7~0.001 8,测试结果见表1。

表1 金沙青铜器铅同位素测试结果

样品号	器物名称	$N(^{206}Pb)/N(^{204}Pb)$	$N(^{207}Pb)/N(^{204}Pb)$	$N(^{208}Pb)/N(^{204}Pb)$
1	铜铃	22.34	16.23	42.63
2	铜瑗	22.00	16.08	42.34
3	铜璧环形器	22.64	16.14	43.36
4	铜圆角长方形板	21.70	16.08	42.40
5	铜匕首	18.49	15.68	38.81
6	铜眼形饰件	21.65	15.99	42.29
7	铜帽形饰件	17.63	15.41	37.75
8	铜璧环形器	20.39	15.80	40.87
9	铜器残件	23.02	16.35	43.35
10	铜挂饰/扇贝形器	22.90	16.25	43.81

从表1可以看出，对于所测定的青铜器，大部分均具有铅同位素的异常值，表现为$N(^{206}Pb)/N(^{204}Pb)$大于20。金正耀等[4]认为，商周青铜器中存在有3种铅同位素组成：①密西西比型异常铅，$N(^{207}Pb)/N(^{206}Pb)$为0.690 7 ~ 0.766 5、$N(^{206}Pb)/N(^{204}Pb)$为23.699 ~ 20.933；②异常铅，$N(^{207}Pb)/N(^{206}Pb)$为0.803 2 ~ 0.819 9、$N(^{206}Pb)/N(^{204}Pb)$为19.678 ~ 19.117；③普通铅，$N(^{207}Pb)/N(^{206}Pb)$为0.835 0 ~ 0.909 0、$N(^{206}Pb)/N(^{204}Pb)$为18.880 ~ 16.881。对包括殷墟妇好墓、江西新干大洋洲、盘龙谷城、广汉三星堆、成都金沙等在内的一系列遗址中青铜器铅同位素的分析均发现，在商代出土的青铜器中存在有$N(^{206}Pb)/N(^{204}Pb)$、$N(^{207}Pb)/N(^{204}Pb)$、$N(^{208}Pb)/N(^{204}Pb)$的异常高值，即存在密西西比型异常铅。对于密西西比型异常铅值而言，根据现今的铅同位素数据，很难找到相同数值的矿床，在中国可能只发现于云南或西南地区。由此，金正耀[6]断定，商代青铜器的主要矿源地可能就在云南或西南地区。

2 金沙青铜器主要金属元素成分

为了研究青铜器的主要金属成分及其与铅同位素的关系，将进行铅同位素测定后剩余的7件样品送四川省冶金地质岩矿测试中心进行Cu、Pb、Sn、Ag、Zn等5种主要金属元素的测定。其中Cu和Sn利用碘量法测定，其误差范围分别为0.34%、0.20% ~ 0.25%。Pb、Zn和Ag采用原子吸收分光光度法测定，误差分别为0.17%、15×10^{-6}、20×10^{-6}。测试结果见表2。

表2 金沙青铜器的主要金属元素分析

样品号	器物名称	铜	铅	锡	银	锌
1	铜铃	60.31	1.05	14.49	250	163
2	铜瑗	70.21	2.23	24.75	360	103
3	铜璧环形器	54.48	13.18	9.56	560	42
4	铜圆角长方形板	48.07	4.93	10.86	260	62
5	铜匕首	52.12	7.98	13.94	520	61
6	铜眼形饰件	60.41	4.29	11.83	1 700	43
7	铜帽形饰件	72.37	7.47	12.53	660	144

注：铜、铅、锡质量分数10^{-2}，银、锌质量分数10^{-6}。

从表2可以看出，对于分析的7种青铜器，其Cu、Pb、Sn 3种重要的元素显示出较大的变化范围，Cu的质量分数为50% ~ 70%，Pb的质量分数为1% ~ 13%，Sn的质量分数为10% ~ 25%，这种数值特征反映了在青铜器的冶炼过程中，对青铜器的元素构成人为控制作用不太明显。在Ag和Zn这两种微量元素的质量分数上，也存在有较大的差异，其原因一方面与原料可能来自于不同的矿床有关，另一方面也体现了相同矿床的不同部位矿化可能有所不同。

3 与前人研究资料对比

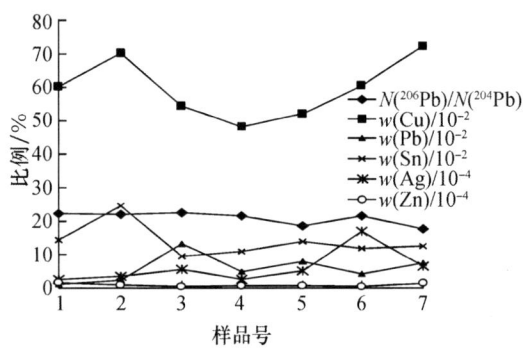

图1 金沙青铜器的主要金属元素和铅同位素之间的关系

就金沙青铜器的元素组成和铅同位素数值的关系而言（图1），其Cu、Pb、Sn的质量分数与铅同位素之间并没有表现出一定的对应关系。同时通过彭子成等[10]对商周青铜器研究的资料也发现（表3），铜、铅、锡3种合金配比的数值不同，对于青铜器铅同位素比值似乎没有太大影响，因此前人研究中仅利用铅矿进行矿质讨论就有一定的局限性。同时Cu∶Sn∶Pb比值的差异，表明青铜器在冶炼过程中似乎并没有特意和严格的进行人工配比。因此，青铜器的组成不能排除是因为冶炼工艺有限造成杂质无法提纯的可能，或者说是古人直接利用多金属矿床的结果。

表3 青铜器主要金属元素和铅同位素组成

产地	Cu∶Sn∶Pb	$N(^{206}Pb)/N(^{204}Pb)$	产地	Cu∶Sn∶Pb	$N(^{206}Pb)/N(^{204}Pb)$
江西新干大洋洲	16.45∶8.1∶1	22.696	江西铜岭	19.51∶3.98∶1	18.841
江西新干大洋洲	12.77∶0.31∶1	21.846	江西铜岭	48.66∶8.47∶1	18.333
江西新干大洋洲	64.06∶9.85∶1	20.308	河南郑州	882.0∶103.0∶1	21.554
江西新干大洋洲	12.77∶2.53∶1	20.921	河南郑州	136.3∶22.67∶1	16.572
江西新干大洋洲	8.76∶1.58∶1	22.634	河南郑州	13.62∶4.40∶1	18.005
河南安阳	30.39∶1.46∶1	18.743	河南郑州	8.05∶2.11∶1	17.906
河南安阳	7.25∶0∶1	18.001	河南郑州	135.2∶22.67∶1	16.588
河南安阳	153.9∶38.8∶1	24.636	河南郑州	5.49∶0.86∶1	16.876
河南安阳	112.10∶9.83∶1	21.974	河南郑州	35.46∶4.08∶1	16.474
河南安阳	59.37∶6.00∶1	23.066	河南郑州	69.00∶10.58∶1	16.436

4 矿质来源讨论

高子英[11]研究表明（表4），相同多金属矿床中，不同的矿石如方铅矿和黄铁矿具有相近的铅同位素组成。因此同一地区相同矿床来源不同矿石的配比组合，应该不会改变其主要的铅同位素比值特征，同时如果是同一地区来源的矿石混合铸造的青铜器，其铅同位素组成应该反映了基本组成中任何一种矿石原料的同位素组成，而并不一定总是由铅矿石来决定。

表 4　云南主要矿床的铅同位素比值

产地及矿床类型	矿石类型	$N(^{206}Pb)/N(^{204}Pb)$
云南兰坪金顶铅锌矿	方铅矿	18.03～18.52
	黄铁矿	18.28～18.71
	闪锌矿	18.43～18.57
云南蒙自白牛厂银铅锌锡铜矿床	方铅矿	18.04～18.42
	硫锑铅矿	18.38
	铁闪锌矿	18.33
	花岗岩	18.26
云南马关都龙锡铅矿床	方铅矿	17.81～18.54
	黄铁矿	18.06～18.21
云南个旧锡铅锌铜矿床	方铅矿	17.99～18.67

注：据文献[11]。

事实上，彭子成等[10]对不同产地及相关时代中铜矿石、铜制品、铜渣等元素组成和铅同位素比值的研究（表5）表明，铜矿石原料之一的孔雀石和相同时代的炼渣之间具有相近的同位素组成。既然铜矿在冶炼过程中铅同位素没有在原料和炼渣中出现分馏，相应在冶炼制品中也就不会有同位素的富集和分散作用。另一方面，孔雀石与炼渣及粗铜间相近的铅同位素比值特征也说明，铜矿石对于铜制品的冶炼过程及产物中铅同位素具有主要控制作用。

表 5　铜矿石与相应冶炼物的铅同位素数值比较

样品名称	年代	产地	$w(Cu)/\%$	$N(^{206}Pb)/N(^{204}Pb)$
孔雀石	商	河南郑州	66.10	19.001
铜渣	商	河南郑州	23.73	18.995
自然铜	现代	湖北铜绿山	99.78	18.038
粗铜	东周	湖北铜绿山	94.42	17.467
孔雀石	商周	湖北铜绿山	54.44	18.671
孔雀石	现代	湖北铜绿山	53.84	18.691
炼渣	东周	湖北铜绿山		18.498
孔雀石	现代	湖北铜绿山	49.17	17.807
孔雀石	现代	湖北铜绿山	90.04	18.474

注：据文献[10]。

根据区域地质资料中铜、铅、锡主要矿产分布信息，同时根据古人对于矿产资源利用的就近假设，在西南地区能够找到的最有可能同时存在有铜、铅、锡矿床的地区有：四川会理（拉拉厂铜矿、大铜厂铜矿、岔河锡矿、天宝山铅锌矿）、云南兰坪（金满铜矿、金顶铅锌矿）、云南蒙自（白牛厂银铅锌锡铜矿床）、云南马关（都龙锡铅矿床）、云南个旧（锡铅锌铜矿）。

从高子英[11]研究可以发现，云南蒙自、马关、个旧的矿石均不存在有铅同位素异常，因此就只剩下四川会理。通过孙燕等[12]、王小春[13]的研究（表6）可以看出，会理拉拉厂铜矿的铜矿石绝大部分都有异常值，且$N(^{206}Pb)/N(^{204}Pb)$大于20，而天宝山铅锌矿的铅矿石只有部分具有异常，由此估计金沙青铜器的铜矿石极有可能来自于距离较近的会理拉拉厂铜矿。

表6　会理拉拉厂铜矿及天宝山铅锌矿铅同位素特征

拉拉厂铜矿		天宝山铅锌矿	
矿石类型	$N(^{206}Pb)/N(^{204}Pb)$	矿石类型	$N(^{206}Pb)/N(^{204}Pb)$
黄铜矿	27.09	方铅矿	18.389
黄铜矿	66.12	方铅矿	18.359
黄铜矿	18.103	方铅矿	18.288
黄铜矿	20.595	方铅矿	18.214
黄铁矿	26.35	方铅矿	18.517
黄铁矿	25.63	方铅矿	18.402
黄铁矿	30.80	方铅矿	18.596
黄铁矿	19.207	方铅矿	18.483
黄铁矿	20.251	方铅矿	18.110
红色钠长石	22.184	方铅矿	20.191
钠长石	20.366	方铅矿	26.950
白云石	20.035	方铅矿	19.88

注：据文献[12]、[13]。

结　论

通过对成都金沙遗址出土青铜器的铅同位素和主要金属元素含量的测定以及与前人研究成果对比，获得了以下认识：

（1）青铜器的主要组成元素Cu、Pb、Sn和次要元素Ag、Zn的质量分数变化范围较大，同时Cu、Pb、Sn的质量分数与铅同位素之间并没有表现出一定的对应关系，这表明青铜器在冶炼过程中并没有特意和严格的进行人工配比，青铜器的组成不同可能是因为冶炼工艺有限造成杂质无法提纯，反映了古人直接利用多金属矿床的结果。

（2）同一地区相同矿来源不同矿石的配比组合，不会改变铜制品的主要铅同位素比值，因而其铅同位素特征并不一定总是由铅矿石来决定，相反由于铜制品中铜的含量是主要的，且在铜矿石的冶炼和加工过程中不存在铅同位素的分馏，因而铜矿石对于铜器的铅同位素具有主要控制作用。

（3）金沙青铜器大部分具有铅同位素的异常值，表现为$N(^{206}Pb)/N(^{204}Pb)$大于20。在西南地区能够找到的、最有可能同时存在有铜、铅、锡矿床并且矿石具有相同铅同位素异常值的产地为会理拉拉厂铜矿。

参考文献

［1］ 常向阳，朱炳泉，金正耀. 殷商青铜器矿料来源与铅同位素示踪应用. 广州大学学报（自然科学版），2003，2（4）：323-326.

［2］ 王方. 金沙遗址出土青铜器的初步研究. 四川文物，2006，（6）：51-57.

［3］ 向芳，王成善，蒋镇东，等. 成都金沙玉器的稀土元素特征及材质来源. 地球科学与环境学报，2008，30（1）：54-56.

［4］ 金正耀，朱炳泉，常向阳，等. 成都金沙遗址铜器研究. 文物，2004（7）：76-88.

［5］ Brill R H. Ancient Glass. Scientific American, 1963, 209（5）: 120-126.

［6］ 金正耀. 晚商中原青铜器的矿料来源研究. 合肥：中国科技大学，1984.

［7］ Pernicka E. Comments on "Statistical Evaluation of the Presently Accumulated Lead Isotope Data from Anatolia and Surrounding Regions". Archaeometry, 1992, 34（2）: 322.

［8］ Gale N H, Stos-Gale Z. Lead Isotope Analyses Applied to Provenance Studies//Ciliberto E, Spoto G. Modern Analytical Methods in Art and Archaeology. New York: John Wiley and Sons, 2000: 503-584.

［9］ 金正耀. 铅同位素示踪方法应用于考古研究的进展. 地球学报，2003，24（6）：548-551.

［10］ 彭子成，刘永刚，刘诗中，等. 赣鄂豫地区商代青铜器和部分铜铅矿料来源的初探. 自然科学史研究，1999，18（3）：241-249.

［11］ 高子英. 云南主要铅锌矿床的铅同位素特征. 云南地质，1997，16（4）：359-367.

［12］ 孙燕，李承德. 四川拉拉铜矿床成矿机制研究. 成都地质学院学报，1990，17（4）：1-9.

［13］ 王小春. 天宝山铅锌矿床成因分析. 成都地质学院学报，1992，19（3）：10-20.

金沙玉器的稀土元素特征及材质来源[*]

向 芳 王成善 蒋镇东 张 擎 李 奎 刘 建

引 言

2001年在成都市西郊青羊区发现的金沙遗址是四川省继三星堆遗址之后最为重大的考古发现,它为解读古蜀文明的起源和演化历史提供了非常重要的实物证据。该遗址发现至今,已出土玉器2 000余件,是迄今为止中国发现玉器数量最多的遗址[1],这些玉器为研究成都平原玉石文明的起源、发展和特色等提供了非常好的素材。

由于以往的古遗址玉石器研究主要侧重于对其形态、大小、表面纹饰、保存特征、制作工艺、矿物组成等描述,在探讨玉器详细材质特征和来源方面相对薄弱,对于玉器的研究,一般常用的是少数几种常量元素的测定,以帮助对玉器进行较为正确的材质定名[2-4]。虽然研究结果表明产于不同地区的玉料,因成矿地区地球化学环境的不同,微量及稀土元素的种类和含量也不同,因此可以进行玉器的产地研究[3-5],但是利用稀土元素特征来进行玉器产地方面的研究资料较少[5-6],很难获得可以借鉴的对比数值。笔者通过对金沙遗址中具有代表性玉器稀土元素的研究,来获得金沙玉器的材质特征,从而为金沙玉器的材质来源提供重要参考。

1 样品测试

通过对出土玉器的粉末样用油浸法显微鉴定,结合少量扫描电镜微型态和能谱元素分析的鉴定结果,初步发现成都金沙玉器的主要材质有20多种类型,由透闪石集合体构成的软玉型材质占了所鉴定玉器种类的80.58%左右,为金沙玉器最具代表性的材质。由于软玉的矿源有多种来源和产地[7-11],同时在考古研究中对于软玉玉

---

[*] 原载《地球科学与环境学报》2008年第1期。国家"十五"科技攻关计划项目(2004BA810B05)资助。

器的产地以及在一些遗址中出土的软玉型玉器是否来自于和田玉等问题越来越受到重视[7]，因此，研究在金沙玉器详细鉴定基础上选择具有代表性的软玉型玉器样5件（JS-1~JS-5），同时野外采集四川汶川所产的龙溪软玉玉料1件（LX-1），购买和田青玉1件（HT-1），采用用量少、测定元素种类多、测试精度较高的电感耦合等离子体质谱仪（ICP-MS）对稀土元素进行测定。

样品的具体处理过程为：先将样品表面风化部分磨去并用蒸馏水洗涤后，用玛瑙钵碾磨成粉末，然后用1.0 mL c(HF)和0.5 mL c(HNO_3)在190℃烘箱中封闭清洗粉末样品24 h，准确称取50 mg样品于洗净的Teflon溶样罐中，加入1 mL c(HF)敞开于电热板上150℃蒸至近干。加入1.0 mL c(HF)、0.6 mL c(HNO_3)放入钢套内，置于190℃烘箱内加热，保温96 h以上。然后于电热板上蒸发，至样品溶液呈液滴状。再加入1 mL的硝酸（浓），继续蒸发至液滴状，以充分去除样品中剩余的HF。加1.6 mL c(HNO_3)盖钢套盖后置于140℃烘箱内保温3~5 h，将样品溶解。将溶液转移到50 mL离心管中，在离心管中加入1 mL 500×10^{-9} w(Rh)内标，稀释至刻度（50 mL），摇匀后静置进行测定，测试结果见表1。

表1 样品稀土元素测定结果

元素	LX-1	JS-1	JS-2	JS-3	JS-4	JS-5	HT-1
La	0.675	2.328	0.898	4.187	2.321	2.037	0.999
Ce	0.438	0.205	0.814	0.704	0.109	0.216	2.079
Pr	0.531	0.275	0.155	0.789	0.335	0.487	0.256
Nd	3.810	1.498	1.287	3.842	1.579	2.508	1.130
Sm	1.158	0.283	0.353	0.804	0.329	0.470	0.315
Eu	0.211	0.081	0.060	0.153	0.067	0.055	0.041
Gd	1.597	0.592	0.496	0.883	0.563	0.602	0.283
Tb	0.324	0.105	0.062	0.155	0.093	0.077	0.035
Dy	2.334	0.692	0.414	0.978	0.688	0.392	0.150
Ho	0.572	0.166	0.093	0.203	0.161	0.090	0.030
Er	1.533	0.474	0.239	0.512	0.440	0.269	0.089
Tm	0.295	0.082	0.025	0.073	0.062	0.038	0.013
Yb	1.538	0.454	0.134	0.377	0.293	0.202	0.056
Lu	0.252	0.067	0.019	0.047	0.039	0.028	0.011

注：南京大学地球科学系重点实验室用电感耦合等离子体质谱仪测定，各元素质量分数10^{-9}。

2 金沙玉器的稀土元素特征

从选取的具有代表性的5个透闪石型软玉玉器样品的稀土元素测定可看出（图1），5个玉石样品的轻、重稀土比值较为接近，同时都存在铈和铕的亏损。整体来看，5个玉石样品的稀土含量模式图较为相似，说明这些样品应该为相同材质的产物。

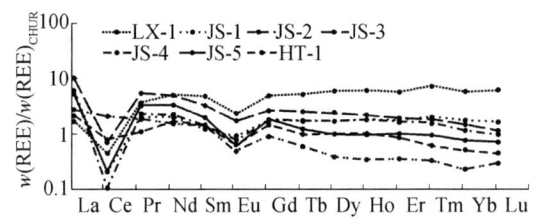

图 1 金沙主要软玉玉器及两种玉料的稀土元素特征

LX-1，龙溪玉料样；JS-1~JS-5，成都金沙玉器样；HT-1，新疆和田青玉料样。样品由南京大学地球科学系重点实验室测试

对比样龙溪玉（LX-1）的稀土质量分数与金沙玉器样品具有相似的特征，同样出现铈和铕的低值，说明龙溪玉可能与金沙玉器具有相同的材质。但是龙溪玉与金沙玉器样在重稀土元素质量分数上存在不同，这可能与玉器在长期埋藏条件下，地下水造成玉器中重稀土元素发生优先迁移有关[12]。

相比较而言，对比样和田玉则不具有铈异常，同时具有更小的重稀土值，表明和田玉在材质特征方面与金沙玉器不同。

对比前人对良渚文化玉器与和田玉的研究结果[5]，首先将所测定和田玉样品的稀土元素值进行对比（图2），可以发现两者具有近似的稀土分配模式，表明两次研究所测定的相同样品数据不存在较大的系统误差，测定数据具有可比性。

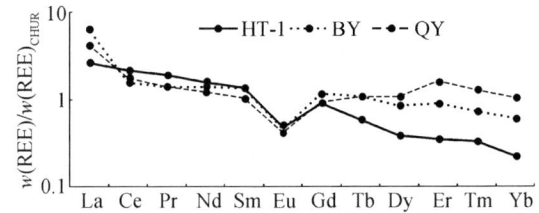

图 2 本研究与前人研究的和田玉样品稀土元素测试结果对比

BY、QY，和田玉料样；HT-1，和田青玉料样。测试结果引自文献[8]

在验证系统误差的前提下，将良渚遗址软玉玉器测试结果与金沙玉器的稀土元素特征进行对比发现（图3），良渚玉器的稀土元素不具有金沙玉器中明显铈和铕异常，同时重稀土质量分数均小于金沙玉器，表明两遗址的玉器具有不同的材质来源。

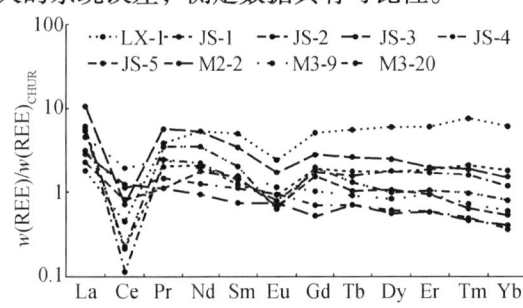

图 3 金沙玉器与良渚玉器的稀土元素特征

M2-2、M3-9、M3-20，良渚玉器；LX-1，龙溪玉料样；JS-1~JS-5，金沙玉器样。测试结果引自文献[8]

结　　论

通过对金沙玉器和几种玉料的稀土元素测定和宏观、显微特征的对比发现：金沙主要软玉玉器的材质是基本相同的，不仅在宏观特征上具有不透明，材料疏松，多孔缝隙，表面硬度很低，内部多为白、灰、浅黄、极少为微绿的基本无色或浅色色系等特点；在显微特征上表现为鳞片状滑石与柱状或细粒状透闪石组成集合体，具有相同的稀土分配模式和特征的铈和铕亏损。这些特征与和田玉、良渚玉器均有明显的差别，而与

四川汶川龙溪玉更为接近。因此可以判断，金沙主要软玉玉器的材质来源于四川汶川。这一结果与《华阳国志》中的古代蜀地产玉，"有玉垒山，出璧玉，湔水所出"的记载[13]吻合，同时也证明了古蜀文明起源与岷江流域有着密切联系的观点[14]。

参考文献

[1]　成都市文物考古研究所，北京大学考古文博院. 金沙淘珍. 北京：文物出版社，2002.
[2]　承焕生，陈刚，朱海信，等. 用质子激发X荧光分析技术鉴别玉器种类. 核技术，1999，22（4）：233-236.
[3]　朱海信，承焕生，杨福家，等. 福泉山良渚文化玉器的PIXE分析. 核技术，2001，24（2）：149-153.
[4]　祖恩东. 古文物的拉曼光谱分析. 昆明理工大学学报（理工版），2004，29（3）：26-29.
[5]　程军，杨学明，杨晓勇，等. 良渚文化玉器的稀土元素特征及其考古学意义. 稀土，2000，21（4）：1-4.
[6]　朱勤文，张敬国. 安徽凌家滩出土古玉器软玉的化学成分特征. 玉石和玉石学杂志，2002，4（2）：18-21.
[7]　唐延龄，陈葆章，蒋壬华. 中国和田玉. 乌鲁木齐：新疆人民出版社，1994.
[8]　涂怀奎. 中国宝玉石分布与特征的研究. 中国宝玉石，1998，（2）：16-22.
[9]　廖宗廷，周祖翼，丁倩. 中国玉石学. 上海：同济大学出版社，1998.
[10]　林锦富. 宝玉石矿床成因刍议. 珠宝科技，1996，8（2）：39-40.
[11]　周开灿. 四川宝玉石资源地质特征. 珠宝科技，1997，9（3）：33-34.
[12]　亨德森P. 稀土元素地球化学. 田丰，施烺译. 北京：地质出版社，1989.
[13]　［晋］常璩，刘琳. 华阳国志校注. 成都：巴蜀书社，1985.
[14]　段渝. 玉垒浮云变古今——古代的蜀国. 成都：四川人民出版社，2001.

金沙遗址玉器的材质来源探讨*

向 芳　王成善　杨永富　蒋镇东
张 擎　李 奎　刘 建

　　成都金沙遗址从2001年发掘至今，已出土玉器2000余件，是迄今为止我国发现玉器最多的遗址[1]。玉器的种类极其丰富多样，几乎包含了商周时期常见的玉器种类，而其中有不少玉器是第一次出土。这些玉器为研究成都平原文明的起源、发展和特色等提供了极为重要的资料。过去对于古代遗址中出土的玉器，主要侧重于对其形态、大小、表面纹饰、保存特征、制作工艺、矿物组成等进行研究，在对玉器进行系统材质鉴定和探讨其矿料来源等方面，则相对比较薄弱。事实上，在人类文明的早期阶段，环境对人类社会的制约能力很大，各种不同环境的影响都会在文化遗存中留下深深的痕迹。因此，在对金沙遗址出土玉器的材质系统鉴定基础上，通过宏观、微观、矿物和岩石组合特征等方面的对比，并采用CIP-MS对微量元素的测定研究来探讨玉器材质来源，将会进一步为研究古人对于资源的利用程度，文明对于环境的依赖程度，不同地区文明的开放程度以及文明之间的相互影响程度，提供更为详细的证据。

1　金沙玉器的主要材质特征

　　通过对金沙出土的不同器物类型的551件玉器微量粉末样油浸法显微鉴定，结合少量扫描电镜微形态和能谱元素分析的鉴定结果，发现金沙出土玉器的主要材质为透闪石集合体构成的软玉（表1），该种材质类型占了所鉴定玉器种类的80.58%。除此之外，还可见少量的斜长石、绿松石、大理岩、闪长岩、石英岩等矿物或岩石类型。从表1也可以看出，出土玉器使用的材质种类较为多样，但具体使用的类型却较为单一而固定，这可能反映了当时的古蜀人对于矿物和岩石的类型已经具有较为清楚的认识，对于玉器的材质具有固定的喜好，同时也具有了相当水平的专门采矿技术。

---

*　原载《江汉考古》2008年第3期。国家"十五"科技攻关计划项目（2004BA810B05）资助。

表1 金沙玉器的主要材质类型鉴定结果统计

材质种类	含量/件	百分含量/%	材质种类	含量/件	百分含量/%	材质种类	含量/件	百分含量/%
透闪石	444	80.58	石英岩	3	0.54	真闪石	1	0.18
斜长石	65	11.80	闪长石	3	0.54	角闪石	1	0.18
绿松石	13	2.36	透辉石	2	0.36	叶腊石	1	0.18
砂岩	5	0.91	板岩	1	0.18	滑石	1	0.18
多矿物集合体	4	0.73	千枚岩	1	0.18	蛇纹石	1	0.18
大理岩	3	0.54	玛瑙	1	0.18	赤铁矿	1	0.18

2 透闪石型玉器的宏观和显微特征

由于金沙遗址出土的玉器主要是透闪石软玉，因此该种玉器类型的材质来源成为研究的首选和主要目标。

从宏观上看，除极个别的玉器，如玉琮，表现为块度大、透明度较高（半透明）、表里均为灰绿色、质地致密、有较高的强度和硬度外，多数玉器均表现为不透明，材料疏松，多孔缝隙，表面硬度很低，内部多为白、灰、浅黄、极少为微绿的基本无色或浅色色系，外表具有非常丰富的次生彩色图案。

微观上，绝大多数玉器的显微特征均表现为鳞片状滑石与柱状或细粒状透闪石组成的集合体。这种特征明显不同于典型的软玉——和田玉在显微镜下表现出来的极细微的纤维状透闪石晶粒无定向交织成的毛毡状特征[2]。同时，正是由于矿物成分和特征的不同，造成了金沙透闪石型玉器具有结构疏松、硬度低、透明度差、在表生风化作用下易于发生蚀变，从而形成丰富表面颜色的特征。

3 代表性玉器的微量元素特征探讨

对于玉器元素组成方面的研究，一般常用的是常量元素的测定，以帮助对玉器进行较为正确的定名[3-5]。利用微量元素特征来进行玉器产地方面的研究资料较少[5-6]，虽然研究的结果表明产于不同地区的玉料，因成矿地区地球化学环境的不同，微量元素的种类和含量也将不一致，因此可以进行玉器的产地研究[4-6]，但是很难获得本研究可以借鉴的特征指示元素。

本次研究鉴于玉器取样的限制，在玉器详细鉴定上选择具有代表性的软玉玉器残片样5件（JS-1、JS-2、JS-3、JS-4、JS-5），并同时野外采集龙溪玉料1件（XL-1），购买和田青玉1件（HT-1），采用用量少、测定元素种类多、测试精度较高的电感耦合等离子光谱-质谱仪（CIP-MS）在南京大学地科系重点实验室进行微量元素的测定。共分析出了43种元素，包括：Li、Be、Sc、Ti、V、Cr、Mn、Co、Ni、Cu、Zn、Ga、Rb、Sr、Y、Zr、Nb、Mo、Cd、Sn、Cs、Ba、La、Ce、Pr、Nd、Sm、Eu、Gd、Tb、Dy、

Ho、Er、Tm、Yb、Lu、Hf、Ta、W、Pb、Bi、Th、U，样品测试精度为10^{-9}。

在元素种类方面，在龙溪玉料及5件金沙玉器中均测定出43种元素，而和田玉中却没有Ti、Mn、Cd三种元素。这三种元素在龙溪玉料和玉器中的含量分别为：Ti，773.89，150.97~5.42；Mn，1568.2，3291.7~30.1；Cd，2.261，0.046~0.001。对于这三种元素，Ti是比较稳定的，但是在表生带中会发生一定的迁移和流失；Mn在酸性水溶液条件下容易形成盐类矿物进入水中，同时Mn^{2+}容易进入溶液，而Mn^{4+}容易在溶液中发生沉淀；Cd也为较为稳定的元素，氧化较慢，不易活动，迁移有限[7]。因此，玉器测定出的Ti、Mn、Cd应该是代表了原料经过长期埋藏改造后的残余量，即说明在它们的原料中也含有这些元素。同时，玉器中三种元素的含量与龙溪玉料的含量相比，普遍表现为减少，这种特点表明龙溪玉可能与玉器的原料有关。另一方面，也表明了和田玉在微量元素种类上与金沙玉器、龙溪玉料不同。

在稀土元素方面，从选取的具有代表性的5个软玉玉器样品的稀土元素值可以看出（图1），5个玉石样品的轻、重稀土的含量具有较为接近的比值，同时都存在有Ce和

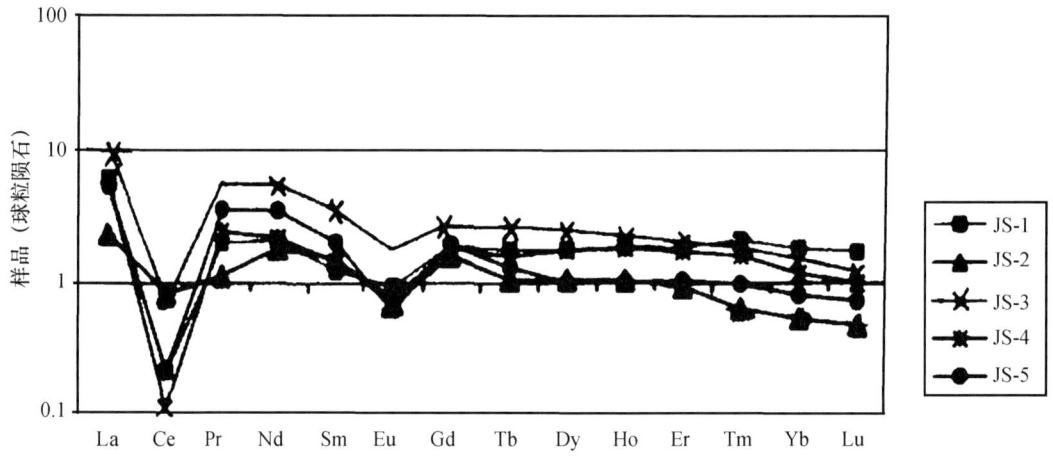

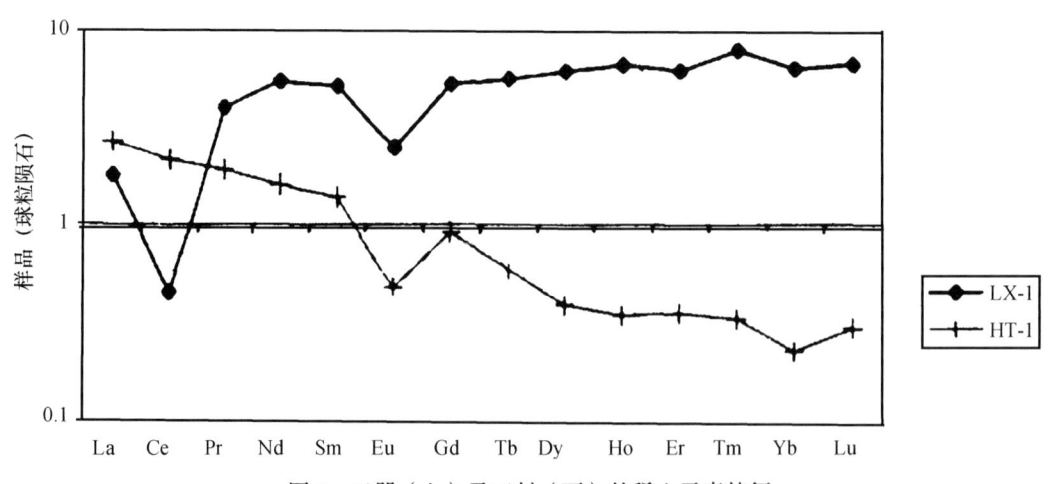

图1 玉器（上）及玉料（下）的稀土元素特征

Eu的亏损。整体来看，5个玉石样品的稀土含量模式图具有较为相似的特征，说明这5个样品应该为相同成矿条件下形成的相同材质的产物。对于龙溪玉样品（LX-1），其稀土含量与玉器样品同样具有相似的特征，同样出现Ce和Eu的低值，说明了龙溪玉具有相同成矿背景，显示其为玉器材质来源的可能性。对于龙溪玉与玉器样品在重稀土元素含量上的不同，可能与玉器长期埋藏条件下，地下水造成玉器中重稀土元素发生优先迁移有关[8]。而和田玉则不具有Ce异常，同时具有更小的重稀土值。针对前人对良渚文化玉器的研究结果[6]，首先进行所测定的和田玉样品数值的检验，以验证系统误差的前提下，将良渚文化软玉玉器的测试结果与金沙玉器的稀土特征进行对比发现（图2），良渚玉器的稀土元素不具有金沙玉器呈现出的明显Ce和Eu异常的特征，同时重稀土含量均小于金沙玉器的值，从而表明两遗址的玉器具有不同的材质来源。

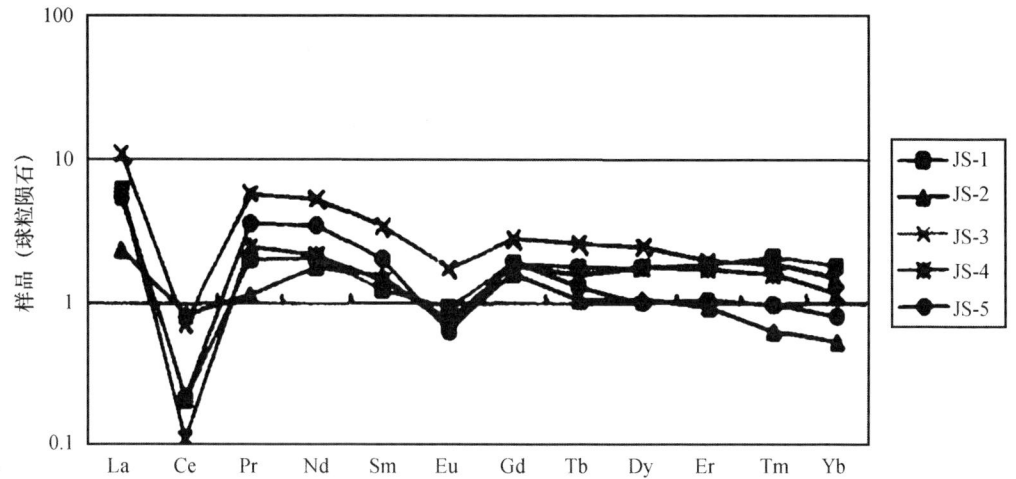

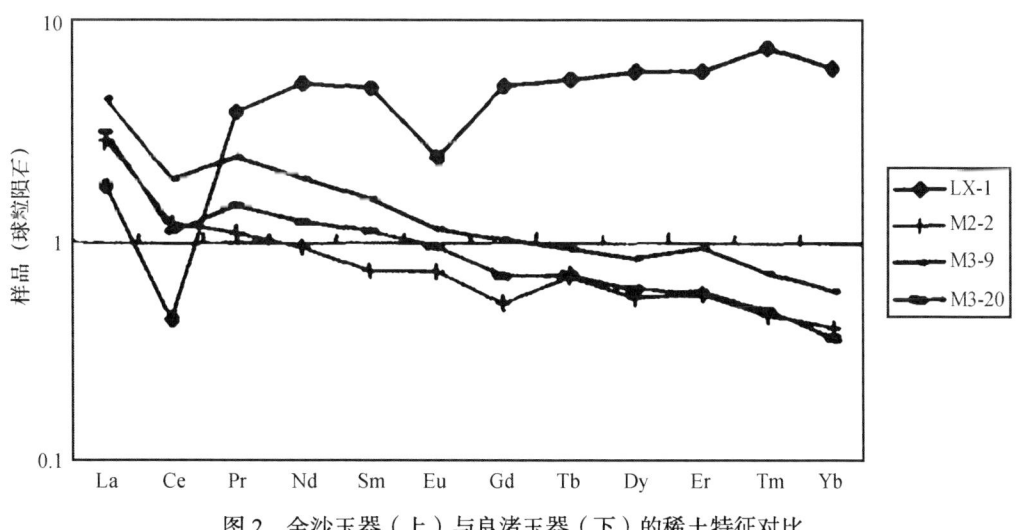

图2 金沙玉器（上）与良渚玉器（下）的稀土特征对比

针对金沙玉器与龙溪玉、和田玉的其他微量元素特征，首先由于Rb、Sr、Ba三种元素一般认为容易受风化、蚀变的影响[9]，因此对于埋藏了两三千年的玉器而言，地下水可能会造成其发生不同的变化，从而剔出这3种元素。对于剩余的元素，先将风化条件下容易或可能发生迁移的元素剔出，然后根据对5个玉器样品元素含量值的拟合程度最后挑选得出以下11种元素：Li、Be、Sc、Zn、Ca、Y、Nb、Ta、Pb、Bi、Th。所挑选的11种元素可以使5个玉石样品的元素含量曲线最为相似（图3），说明了这11种元素为稀土元素除外的特征相关元素。将龙溪玉样品和和田玉样品的相同元素的含量加入到图3中，可以发现龙溪玉与5个玉器样品具有相同的曲线变化趋势，而和田玉在Be和Y元素上具有不同的变化趋势，从而证明了5个玉器与龙溪玉为相同材质。另一方面，龙溪玉的元素含量普遍比玉器的相同元素的含量高，说明了在表生条件下这些元素可能发生了不同程度的迁移变化。

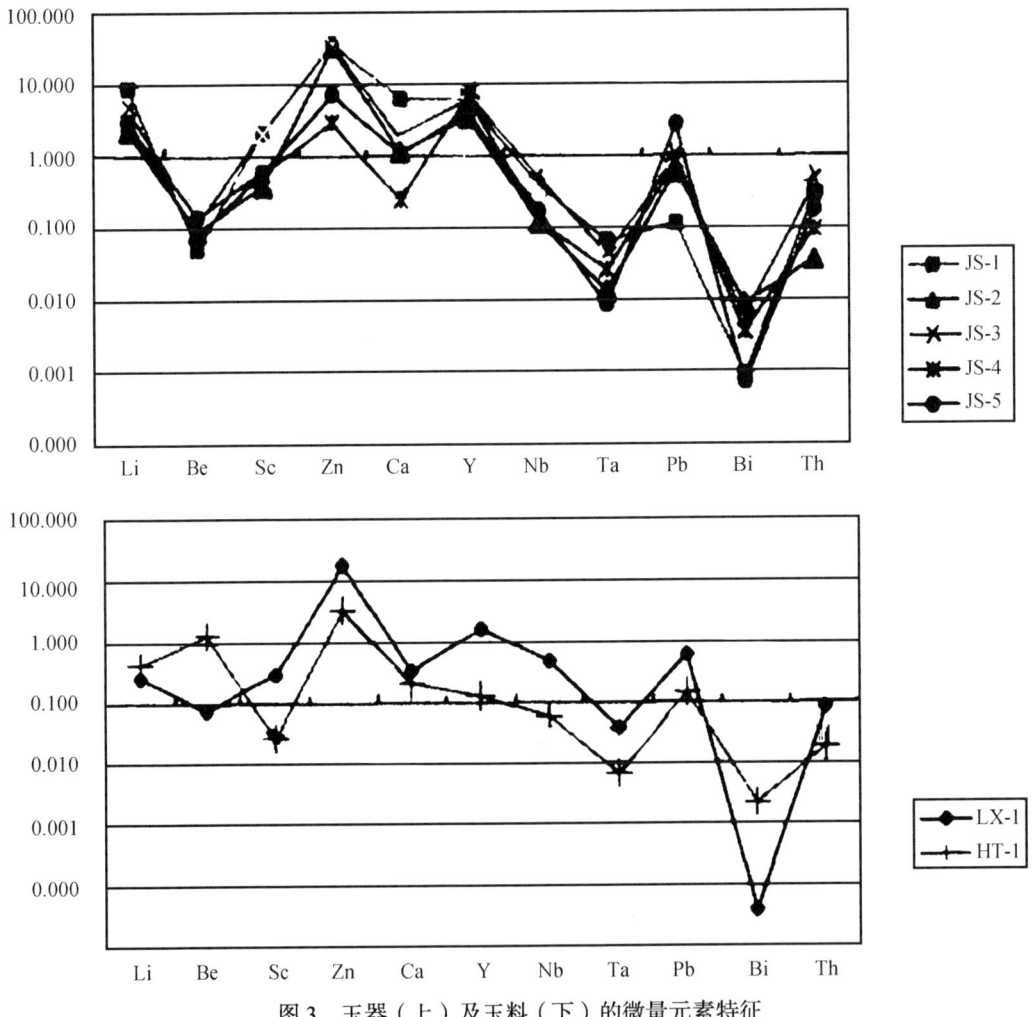

图3 玉器（上）及玉料（下）的微量元素特征

4 金沙玉器材质来源的讨论

对于软玉矿床而言，其主要的成因类型包括：①花岗岩、花岗闪长岩与白云质大理岩接触带中的矽卡岩型矿床，如和田玉；②产于超基性交代岩中的软玉矿床，如玛纳斯碧玉；③区域变质作用形成软玉矿床，如四川龙溪玉[7]。

产于四川汶川的龙溪玉形成于超基性岩与碳酸盐岩组合中，在区域变质作用下，于透闪石化的大理岩中成条带状产出。玉石的主要构成矿物以毡状和柱状透闪石为主，具有绿泥石化和滑石化。玉石绿色为主，还有黄和黄绿色，多裂纹[10-11]。

相比较而言，金沙主要玉器类型在宏观上从颜色、硬度、品质等方面均与龙溪玉较为相似。在微观上，金沙软玉玉器与龙溪玉一样，主要以柱状透闪石为主，均具有滑石化的特征，只是玉器由于长期在富含地下水和CO_2作用下其中的滑石化作用更为强烈。从鉴定的551种玉器的材质类型来看，除了大量的透闪石外，还有辉石类矿物、滑石、蛇纹石、大理岩等在龙溪玉围岩中可以见到的矿物和岩石组合。事实上，在对金沙出土的243件石器进行鉴定时发现，石器的材质中出现了大量的大理岩、蛇纹石化大理岩、蛇纹岩、蛇纹石化橄榄岩等原岩，为超基性岩与碳酸盐岩的变质岩组合，与形成于超基性岩与碳酸盐岩组合中、在变质作用下形成的汶川龙溪玉的产出围岩相同。

在稀土和微量元素特征方面，龙溪玉料的特征与5个相同材质的金沙软玉玉器具有相同的元素组合特征，从而也证实了金沙大量出土的软玉玉器的最可能材质来源于龙溪玉。同时，用于对比的稀土元素和11种微量元素也是需要寻找的特征指痕元素。而相应的，金沙最常见到的透闪石玉器类型的材质与和田玉、取材本地的良渚玉器[6]的材质没有关系。

龙溪玉无论在四川还是在整个中国，均为一种重要的玉石矿床类型和重要的软玉矿床[12-14]，同时也是古代就已进行开采使用过的矿产[7]。《华阳国志》中记载[15]，古代蜀地产玉。"有玉垒山，出璧玉，湔水所出。"湔水的源头就靠近汶川。从人类对于自然资源就近利用的一般原则来看，金沙出土玉器主要的材质也最有可能来自于四川汶川龙溪玉。

对于金沙其他软玉玉器而言，由于尚没有在四川境内发现有相同宏观和微观特征材质的软玉，同时在器物的形态和花纹等方面也出现与其他文明相类似的特征，如具有典型良渚文化特色的玉琮，因此不能排除当时存在有少量古玉料甚至是玉器交流的可能。

参考文献

[1] 成都市文物考古研究所，北京大学考古文博院.金沙淘珍.北京：文物出版社，2002.
[2] 唐延龄，陈葆章，蒋壬华.中国和田玉.乌鲁木齐：新疆人民出版社，1994.
[3] 承焕生，陈刚，朱海信，等.用质子激发X荧光分析技术鉴别玉器种类.核技术，1999，(4).
[4] 朱海信，承焕生，杨福家，等.福泉山良渚文化玉器的PIXE分析.核技术，2001，(2).
[5] 祖恩东.古文物的拉曼光谱分析.昆明理工大学学报（理工版），2004，29（3）.

[6] 程军,杨学明,杨晓勇,等.良渚文化玉器的稀土元素特征及其考古学意义.稀土,2000,(4).
[7] 刘英俊,曹励明,李兆麟,等.元素地球化学.北京:科学出版社,1984.
[8] 亨德森P.稀土元素地球化学.田丰,施烺,等译.北京:地质出版社,1989.
[9] 王仁民,贺高品,陈珍珍,等.变质岩原岩图解判别法.北京:地质出版社,1987.
[10] 廖宗廷,周祖翼,丁倩.中国玉石学.上海:同济大学出版社,1998.
[11] 赖祥政.宝玉石的找矿标志.矿物岩石,1992,(1).
[12] 林锦富.宝玉石矿床成因分类刍议.珠宝科技,1996,(2).
[13] 周开灿.四川宝玉石资源地质特征.珠宝科技,1999,(3).
[14] 涂怀奎.中国宝玉石分布与特征的研究.中国宝玉石,1998,(2).
[15] [晋]常璩,刘琳校注.华阳国志校注.成都:巴蜀书社,1985.

成组石璧考古调查与音乐声学测量*

幸晓峰　王　方

自1929年在广汉三星堆月亮湾发现成组石璧以来[1]，目前已知四川境内出土石璧中，成组和可能成组埋藏的石璧有6组[2]。20世纪80年代，四川省盐亭县麻秧乡和广汉三星堆遗址真武仓包包相继出土成组石璧[3-4]。2001年成都金沙遗址出土一批石璧，由于挖掘现场遭到破坏，暂无法确定埋藏时是否成组。四川出土石璧中，大小成梯次排列的现象引起许多学者的关注，提出了各种见解和看法。

为了进一步探讨目前四川已出土成组石璧的性能、用途，我们对盐亭麻秧乡出土石璧的出土情况、形制特征、材石结构和音乐声学性能做了调查、测量和初步探讨，本文将相关问题提出，求教于专家学者。

本文用"盐亭石璧"代称盐亭麻秧乡出土的成组石璧。

1　盐亭石璧出土情况调查

盐亭县位于四川盆地中部偏北、嘉陵江支流西河和涪江支流梓江分水岭及西侧，属盆地中部丘陵区，海拔350~650m，地势自北向南倾斜。麻秧乡位于盐亭县城南梓江南岸。

1990年，四川省考古研究所研究员赵殿增参加绵阳文物鉴定，亲自赴盐亭麻秧乡调查了石璧出土情况，并在《绵阳文物考古扎记》一文中做了介绍和分析。这是盐亭石璧的首次公布。据赵殿增文："麻秧石璧共10件。""出土于盐亭县城南10余公里处麻秧乡打鱼嘴村，梓江南岸高约200米的'大坡山'山顶一个长方形土坑之中。……土坑在山顶南侧，背山面川，比山峰最高点低约10余米。坑下方是较陡的山坡，附近均不适合古人居住，也不适合作为墓地。这个土坑应是特意选择在山顶上单独埋藏器物用的。土坑为长方竖穴，东西方向，横对山头，尚存坑之北壁、东南壁和坑底的残余部分。坑长3.2米。东端残宽1.6米，西端残宽1.2米，北壁尚存高度1.3米（东端）至1米（西端），南壁已毁。据发现石璧的农民介绍，石璧出在坑底北侧，从东面起由大

---

*　原载《成都文物》2008年第2期。

到小排成一列，平置坑底。坑内还有一小块玉器出土，惜已遗失。这种情况，与1929年广汉三星堆燕家院子出土石璧情况相似。"作者认为："两处出土石璧虽然大小有所不同，但质地、形制、制法、组合、土坑形状、出土情况均相同，应为同时代同种文化性质的遗物。""麻秧乡石璧坑的地理环境、形状、摆放位置，证明它也应该属于祭祀坑的性质。"文章还对石璧的加工做了分析。同期发表的赵紫科文将石璧出土时间定为"1987年5月"并附有10件璧的图片（陈宜式摄影）[3, 5]。在1991年正式出版的《盐亭县志》图片"盐亭县境内出土的商周唐明清时期的石器、陶器、铜器、瓷器"中，选用了5件文物，其中石璧1件，现藏盐亭县文物管理所（馆藏编号No.2）[6]。

在成都博物院和绵阳市文物局、盐亭县文物管理所的协助和支持下，课题组先后于2004年8月19日、11月18日，赴盐亭调查，对石璧出土情况做了进一步核查和音乐声学测量、分析以及材质鉴定。

石璧出土情况的调查，在绵阳市文物局和盐亭县文物管理所得到的答案是一致的。他们确认，盐亭麻秧乡10件石璧出土于一个土坑中，现藏盐亭县文物管理所。盐亭县文物管理所所长白小欧和文博馆员金春勇对石璧出土情况做了详细介绍：1984年9月，打鱼嘴村（即现在的麻秧乡4村1队）农民李长盛（当时45岁）李开银（已故）两人到"大坡山"顶处的龙骨寺后头山上植树，天还下着雨。上面是一块较大的荒草坪，边缘是泡沙石头。他们在泡沙石头上打出树窝时，发现有环形石器，颜色似碧玉和白玉。挖出时，10件石璧中最大的一件放在前面，另外9件按大小排列放在后面，还有一些残片。他们找到退休教师赵壹修先生辨认，赵先生说：这是很古老的文物，属奴隶主贵族享用的礼器，后来又把它作为信物和装饰品。就藏地的地点和数量看，是窖，非墓、非宅。为了鉴别石璧的珍贵价值，赵壹修先生带他们到盐亭县文化馆鉴定。当时交给盐亭县文化馆2件（馆藏编号No.39、No.38），接收的人是盐亭县文化馆的两个干部赵紫科和陈宜民。由于盐亭县文化馆没有给他们付钱，其他几件没有上交。1987年文物普查时，才由盐亭县文化馆追回了其他8件。此后，10件石璧一直存放在盐亭县文化馆（后又增设文物管理所）。

根据调查情况可知，盐亭麻秧乡出土10件石璧的时间应在1984年，出土地点在麻秧乡大坡山，出土时10件石璧从大到小排列，其中较大一件放在前面。由于盐亭石璧不是考古发掘出土，根据调查和馆藏情况，在做材质鉴定和音乐声学测量时，我们将这10件石璧作为出土于一个土坑中的一组石璧。

2 材质鉴定分析

2004年10～11月，在成都文物考古研究所的支持和成都理工大学的协助下，我们先后在四川彭州市龙门山红岩矿区等三个矿区采集了矿石，并由成都理工大学对采集到的矿石，以及三星堆遗址真武仓包包出土石璧、金沙遗址梅苑出土石璧、盐亭麻秧乡出土石璧做了材质鉴定（显微镜光学性质）。

鉴定结果：三个遗址出土石璧的石材均采自龙门山区。盐亭石璧所用石材主要有：方解石（大理岩）1件，方解石（石灰岩）5件，蛇纹石3件，透闪石1件。

石材分析：根据鉴定结果可知，制作石璧所用石材主要为方解石，另有蛇纹石和透闪石。在这些石料与一般石料的差异中，有两点很值得注意：

第一，所用的几种石材，加工成石璧后，可以发出乐音。我们通过石璧的音乐声学测量证明了这一点（见后文）。在世界史前艺术发展史上，原始人类通过敲击某种石材比如方解石，制作出音乐的史料也为我们提供了佐证。英国剑桥大学博士、著名考古学家保罗·G. 巴恩（Paul G. Bahn）在《剑桥插图史前艺术史》中做了这样的记载："关于冰河时代的音乐，在法国和西班牙的几个岩洞里发现了十分清晰的事例，其中包括'回音壁'——当用一块坚硬的物体敲击方解石的时候，它的天然表层会发出声响（用木头似乎可以敲出最清脆、最能引起回响的曲调）。在一些岩洞里，这些回音壁还装饰着彩绘的线条和圆点儿，都有点被敲扁了。"[7] 方解石具有的乐音性能，在冰河时代已被人类认识并利用它来制作音乐。盐亭县出土石璧的主要石材，恰恰是这种具有乐音性能的石料，这是值得我们注意的一个问题。

第二，这些采自龙门山的石料经过长达数千万年的地质变迁后形成，具有较好的韧性，便于加工。龙门山位于成都平原西北方向，是四川盆地与川西高原的天然界线。龙门山构造带地域较广，北东端至广元，南西达泸定，全长约500 km，宽30~70 km。该构造带位于东部扬子准地台边缘与特提斯海的交接部位，受造山运动的影响，形成由西北向东南推覆、滑覆的规模宏大的构造带。龙门山古称茶坪山、湔山，又名龙门，有着悠久的历史文化。相传，中华民族最早的一位治水英雄——大禹诞生在龙门山。为纪念大禹"凿龙门，铸九鼎，治水患"的伟大功绩，该山因此名为龙门山。《华阳国志·蜀志》记载两则古蜀王的传说，都与龙门山有关："鱼凫王田于湔山，忽得仙道，蜀人思之，立为祠。"又："后有王曰杜宇，教民务农……七国称王，杜字称帝，号称望帝，更名蒲卑。……会有水灾，其相开明决玉垒山以除水害。帝遂委以政事，法尧、舜禅授之意，遂禅位于开明，帝升西山隐焉。"该书中记江中之宝，列有"璧玉、金、银……"广汉、成都、盐亭出土石璧的遗址位于龙门山南麓山谷水滨，历史文献的记载，也传递出制作石璧的石材具有的韧性，与龙门山构造带成因相关的历史信息。

3　形制数据特征

盐亭石璧出土时，其中8件完好，半成品1件，半月形残片1件。测音按照石璧外径划分、排列，编号为馆藏号。

No. 2：乳白色，大理岩（方解石，粗晶、变晶结构）。一面光洁，周缘有扇面痕迹，呈褐色。另一面略粗糙。好孔略向一侧偏斜。直径17~19 cm，好径4.5 cm，肉宽6.78~8.0 cm，厚1.5 cm。重750 g。最大扇面弦长约8.0 cm，最宽1.7 cm。

No. 3：青黑色，夹杂白色云状纹。蛇纹石。质地较细，两面磨光。中间厚外缘薄。一面两侧边缘有对称扇面，其中一扇面外缘残损。好孔向一侧偏斜，孔壁呈台式，孔壁上有红色粉末状痕迹。直径16.5 cm，好径5.7~6.5 cm，肉宽4.5~6.0 cm，厚0.61~1.0 cm。重550 g。两侧扇面弦长分别为11.5 cm、10.0 cm，最宽2.0 cm。

No. 4：青黑色，石灰岩（方解石，细粒，含非晶质，有机碳）。外缘残损一处。

两面磨光，扇面分别在两面，呈八字对称。好孔略偏斜。直径14.0 cm，好径4.5 cm，肉宽4.5~5.0 cm，厚0.2~0.7 cm。重250 g。

No. 5：灰白色相间，石灰岩（方解石，细粒，含非晶质，有机碳）。中间厚外缘薄。一面磨光。另一面略粗糙。肉面一侧靠近扇面处有较明显痕迹，似狭长棒槌形。直径13.3 cm，好径4.5~4.7 cm，肉宽4.4~4.8 cm，厚0.6~0.8 cm。重250 g。

No. 39：青黑色。质地较细，透闪石（含少量次生滑石）。两面光洁，对称扇面。好孔偏斜，孔壁呈台式。直径13.0 cm，好径4.5 cm，肉宽4.0~4.6 cm，厚0.5~0.7 cm。重250 g。

No. 38：灰白色相间。石灰岩（方解石，细粒，含非晶质，有机碳），表面有红色粉末痕迹。两面光洁，扇面分别在两面，成八字形对称。肉面一侧靠近扇面处有较明显痕迹，似月牙形。直径13.0 cm，好径4.5~5.0 cm，肉宽4.0 cm，厚0.6~1.0 cm。重230 g。

No. 40：淡绿色夹紫色纹，蛇纹石（含少量方解石）。一侧较薄，略呈斜面。好孔略偏斜。通体磨光发亮。直径11.9 cm，好径4.0 cm，肉宽4.0~4.5 cm，厚0.7~1.0 cm。重250 g。

No. 123：灰色。器形较小，蛇纹石（含少量方解石）。周边略有残损，风化比较严重。直径11.0 cm，好径4.0 cm，肉宽3.3~3.7 cm，厚0.6~0.8 cm。重150 g。

N0. 124：半成品。青灰色。石灰岩（方解石，细粒，含非晶质，有机碳）。圆坯内厚外薄，残缺。钻孔未穿透，尚存约1.5 cm轴心，孔径外缘约2.3 cm。直径14 cm，肉宽9.5 cm，厚1.6 cm。重400 g。

No. 125：半月形残片。灰色。石灰岩（方解石，细粒，含非晶质，有机碳）。弦长8.0 cm，肉宽3.0 cm，厚0.4 cm。重25 g。

盐亭成组石璧的形制具有比较明显的特征，有些特征与广汉三星堆、成都金沙遗址出土的石璧特征相同。

石璧形体较小，制作比较规整。石璧大小不同、呈梯次有序排列。厚薄不同，有的石璧呈斜面。有的钻孔向一侧偏斜。表面经琢磨、抛光，有的两面光洁，有的一面光洁、一面较粗糙。

石璧最引人注目的特征是在璧的单面，有对称扇面，也有少数扇面分布在璧的两面，或者不太对称。扇面位于肉面的两侧靠外缘处。两侧扇面的大小不同，多为一侧扇面较长较窄，另一侧扇面较宽。扇面由内到外逐渐减薄。扇面上有明显的琢磨或敲击痕迹。有的扇面上有不同程度损坏，损伤处主要在外缘。造成扇面的原因可能是在加工制造过程中为了达到某种标准，琢磨而成，在使用过程中也可能为敲击部位，久而久之，留下比较深的痕迹，有的出现自然损伤。

盐亭石璧中有2件璧（编号：No. 5、No. 38）的肉面上除有扇面外，还留下一块比较明显的痕迹，其中一件肉面痕迹为棒槌形，一件为弯月形，痕迹的位置处在紧靠一侧扇面的内侧。目前尚不能准确判断造成痕迹的原因。

盐亭石璧中的半成品为我们探讨石璧的加工过程提供了难得的资料。从半成品的形制看，石璧制作工序，已完成盘状圆坯的加工，圆坯内厚外薄。中央单面钻孔，从璧面上已钻孔的孔径仅约2.3 cm，以及好孔壁呈台式分析，钻孔可能分几次完成。探其原因，一种可能是一圈一圈钻孔，可避免发生壁面破裂；另一种可能与调音有关，通过钻孔改变石璧肉面的大小、厚薄，确定音高。石璧的调音原理与石磬的调音原理相似。石璧越大，肉面越宽、越薄，音高越低。反之，可以提升音高。当单件璧的初加工完成后，基音被确定下来。如果要降低音高，可以磨薄。如果要提升音高，怎么办呢？通过逐步扩大好孔，减小肉面体积，音高就被提升了。基音确定后，如果与基音的偏差太大，是不是可以通过磨琢两侧的扇面增强音准呢？还需要通过调音实验找出答案。以上加工完成后，再做打磨抛光处理。由此看来，石璧的全套制作工艺比较复杂、精密，石璧在制造时作过调音实验的可能性是比较大的。

4　音乐声学测量和音乐性能分析

基本情况：

2004年8月19日，在盐亭县文物管理所保管室，做音乐声学测量。测量时，用绳吊住石璧，手持小木槌敲击肉面外侧（主要在扇面位置）发音，采用计算机数字化录音，同时使用"通用音乐分析系统GWAS（2.0B）"软件进行测量分析，打印出测量结果图，标注频率、声学音名、音乐音名、音强等测量数据。采用物理音高标记法，A4=440 Hz（即通用第一国际a1=440 Hz）。

测量由经过音乐声学测量专业培训的技术人员、音乐和文物考古专业人员共同参与。测量环境符合要求，在安静无噪声的室内进行，温度和湿度适宜。测量程序严格按照《通用音乐分析系统GWAS（2.0B）》规则进行。

测量目标主要是获得较为准确的音高和音强。测量的几个主要指标有频率、声学音名和音乐音名（即音高），并通过频谱图显示出的基音和泛音，进一步分析器物的音乐声学性能。

对盐亭麻秧出土石璧的音乐声学测量，是运用现代音乐声学研究成果，使用高科技电子设备和严密的技术手段，对出土文物进行测量的尝试，测量结果是科学的、准确的。测量石璧7件，占出土石璧数量的70%，基本可以反映出这组石璧的音乐声学性能。

音乐声学测量结果：

盐亭10件石璧中，除去半成品1件，残片1件，实际测量8件。其中，1件（编号No. 123）因残损、风化比较严重，音高不清晰。其他7件石璧的音乐声学测量结果如下：

排列顺序：No. 2、No. 3、No. 4、No. 5、No. 39、No. 38、No. 40。

频率：2325.91 Hz、1809.01 Hz、1971.91 Hz、2162.36 Hz、2611.62 Hz、3488.87 Hz、2364.38 Hz。

物理音高：D7-26、A6+39、B6-12、C7+48、E7-25、A7-24、D7+3。

音名：d4-26、a3+39、b3-12、c4+48、e4-25、a4-24、d4+3。

音强（dB）：32.88、19.10、17.56、16.34、20.01、21.60、15.74。

音高排列 a3、b3、c4、d4、d4、e4、a4。

音乐性能初步分析：

通过盐亭石璧的出土情况、形制特征和音乐声学测量结果，进一步分析这组石璧的音乐性能，我们提出几个问题，与专家学者们共同探讨。

（1）盐亭石璧测音结果显示出这组石璧具有较好的音乐声学特性能。所测7件石璧的音高比较清晰，频谱图显示出的基音也比较纯净。其中，有几件石璧（如No. 2、No. 5、No. 39）的音色清亮，音高明确，音响效果很好。

单件石璧音高不同，并与石璧的大小、厚薄呈正比有序排列。其中，最大一件（编号No. 2）石璧的石料和形制大小与其他石璧差异较大，出土时单独放在前排，有可能从其他地方传入，因此出现了制作相同音高的另一件石璧的可能性。

音高分布在小字3组和小字4组，在两个八度音域范围内。音程关系比较清楚，有二度、三度、四度、五度、八度音程。已构成排列，可用a调自然小音阶表示为：a3、b3、c4、d4、e4、a4。简谱表示为：671236。参照我国传统民族音乐中常见的羽调式五声音阶，可排列为：羽（变宫）宫商角羽。由于另有3件石璧因没有测量或者音高不清晰而没有计入，是否可能出现"g"（简谱5）音，不得而知，但可以产生出另外三个单音则是可以确定的。

（2）就目前调查了解的情况和音乐声学测量结果初步判断，盐亭石璧应该是出土于一个土坑中的成组石璧，石璧在加工时进行过有意识的调音。基本调音方法是通过改变石璧的大小、厚薄，确定基音，再通过琢磨扇面调整音准。因此，石璧的音高与石璧的大小、厚薄呈正比排列。石璧上的对称扇面，也有可能在使用时同时作为敲击部位，所以会出现残损现象。

（3）石璧的悬挂方式，从形制看，石璧与石磬的单孔悬挂方式不同。为了在敲击时使石璧具有较好的稳定性，有可能在石璧的两侧穿挂绳索或是用动物皮悬挂，在汉代画像砖石、汉阙的雕刻图像上，均见有双侧悬挂石璧的图像。

（4）制作石璧的石料，以方解石为主，也有接近玉料的蛇纹石、透闪石。这类石材本身具有可发出乐音和韧性好、易加工的特点。

（5）石璧作为祭祀仪式中的礼器已得到学术界的认同，但除了瘗埋的用法外，成组石璧是否作为敲击入乐的器物也值得进一步深入探讨。

（6）盐亭石璧的音乐声学测量结果，客观上反映出当时蜀人对音高概念的认知程度和音乐发展水平已比较先进，绝对音高概念比较明确，五声音阶也已出现。

结　　论

四川是目前所知我国出土石璧数量较多的一个地区，广汉三星堆遗址、盐亭麻秧乡成组石璧的出土，为深入研究成组石璧的性能和用途提供了珍贵的实物资料。本文选择盐亭石璧作为研究商周时期成组石璧的性能、用途的代表性器物，从出土情况、材质分析、形制特征，音乐声学测量结果和音乐性能的讨论等方面，做了探索性分析研究，希望得到各界专家学者的关注和指正。

致　　谢

本文为国家基金课题《长江流域礼乐文明起源与发展——从出土成组玉石璧研究入手》（批准号：06XZSOOS）的一个调查项目。参加调查人员有成都博物院朱章义、王方，盐亭县文物管理所白小鸥、金春勇及课题组成员杨永富、王其书、沈博等。林向、赵殿增先生给予指导。在此，一并表示感谢。

参考文献

[1]　冯汉骥，童恩正.记广汉出土的玉石器.文物，1979，（2）.

[2]　幸晓峰.三星堆遗址出土石璧的祭祀功能和音乐声学特征（上）（下）.中华文化论坛，2004，（4）；2005，（2）.

[3]　赵殿增.绵阳文物考古札记.四川文物，1991，（5）.

[4]　四川省文物考古研究所三星堆工作站，广汉市文物管理所.三星堆遗址真武仓包包祭祀坑调查简报.北京：文物出版社，1998.

[5]　赵紫科.盐亭县出土古代石璧.四川文物，1991，（5）.

[6]　四川省盐亭县志编纂委员会编纂.盐亭县志.成都：四川文艺出版社，1991.

[7]　保罗·G.巴恩.剑桥插图史前艺术史.郭小凌，叶海斌译.济南：山东画报出版社，2004.

PIXE/RBS Studies on Ancient Pottery from Jinsha Ruins Site of Chengdu*

Ye Li   Liu Mantian   Huang Wei   Yang Sheng   An Zhu

Introduction

The Jinsha Ruins Site, only 5 km away from the downtown of Chengdu, China, discovered in 2001, was generally considered as the inheritance of the 38 km far away Sanxingdui Culture after 8 year excavation. In the 3 km^2 relics area, there exists a lot of ancient remnants, such as the base address of large buildings, large-scale festival area, residential area and graveyards.All these suggest that Jinsha was the capital of ancient Shu Kingdom and was another political, economic, religious and cultural center after Sanxingdui Culture.Jinsha Ruins Site covered the age from late Shang Dynasty to Western Zhou Dynasty (B.C. 1200—B.C. 650) which was just after the age of Sanxingdui Culture. The research about Jinsha relics can help archaeologists to understand the history of Sichuan or even the whole China[1].

Together with the precious gold, copper, jade, stone wares and tons of ivory, numerous pieces of pottery were also dug up from earth[2]. As artifacts for daily use, the pottery has a lot of important information, for example, the information contained in the pictures drawn on the surface of pottery and the level of handicraft of that age represented by the quality of pottery and so on.In this paper, we focused on the studies of the elemental composition of these pottery shards.By studying the elemental composition in pottery or porcelain, much information of ancient ages can also be revealed[3-17]. At the Jinsha Site, the pottery pieces were collected from different stratums and different pits, this means that they were made at different ages and maybe for different purposes. If the pottery shards from different stratums have the same or close elemental composition, it can be told that the ancient people of Jinsha always obtained pottery clay at one site all the hundred years.On the contrast, if different

---

* 原载《原子核物理评论》2010年第4期。

elemental composition was found, it can be told that there were two or more clay gathering sites for the ancient people of Jinsha. For those potteries from different pits, whether or not they were made of special clay be-cause of their special use, such as being used in sacrifices, could also be answered in such a study.

Ion beam analysis techniques(e.g., proton induced X-ray emission(PIXE))[3-6], instrumental neutron activation analysis(INAA)[7-13] and X-ray fluorescence analysis (XRF)[14-17] are often used to determine the elemental composition in pottery shards.In this paper, PIXE technique was employed to obtain the contents of Mg, Al, Si, K, Ca, Ti, Fe, etc in the pottery shards unearthed in the Jinsha Ruins Site while Rutherford backscattering analysis (RBS) technique was used to determine the matrix elements.

1 Samples

Twelve pieces of pottery were chosen for the present study. They were taken from several dif-ferent excavation pits and four different archaeological stratums[2]. We prepared seventeen samples from these shards, and the details were given in Table 1. Sample Nos.1 and 2 are the outside layer and the inside layer of one piece of pottery, and so are Nos. 3 and 4, Nos. 5 and 6, Nos. 7 and 8, Nos. 9 and 10. See that these five pieces of pottery have a difference in color between the outside and the inside layers, they are divided into two samples for each, i.e., an outside one and an inside one.In the "excavation pit" row, capital Tmeans probe gird.The capital H means ash pit, where the ancients put their trash in. M means burial pit, Y means kiln remains, and G means funerary objects channel.The number of stratum means the earth layer where the samples were unearthed.The bigger the number is, the older the pottery is.

Table 1 The sample information

Sample number	Excavation pit	Stratum	Color	Outside/ inside
No. 1	T7676-7575	6	white and gray	outside
No. 2			brown	inside
No. 3	M2471	5	orange	outside
No. 4			brown	inside
No. 5	H6638	6	brown	outside
No. 6			dark brown	inside
No. 7	H6711	5	white	outside
No. 8			gray	inside
No. 9	G426	5	white	outside
No. 10			gray	inside

Continued

Sample number	Excavation pit	Stratum	Color	Outside/ inside
No. 11	H6466	1	black	none
No. 12	H6638	6	brown	none
No. 13	Y206	5	brown	none
No. 14	H6466	1	orange	none
No. 15	H2471	5	black	none
No. 16	H6432	7	brown	none
No. 17	Y206	5	black	none

All the samples were made by the following steps[6]. Firstly, it was necessary to wash off the superficial mud and other contamination in an ultrasonical cleaner.Ethanol was used to clean the surface after the shards were dried in an oven for about 12 h. Secondly, for the "two samples" shards, the outside layer was scraped down by a knife lightly, and the powder was carefully collected. For the other shards, we put them into an agate mortar and crushed carefully. At last, after some large pebbles were removed, the remaining powder was pressed into disks with a diameter of 15 mm. In all this process, ethanol was used to clean the used tools and avoid sample pollution.

2 Experiments

The 2 MeV collimated proton beam was provided by the Van de Graaff accelerator at Institute of Nuclear Science and Technology, Sichuan University. In this study, PIXE and RBS experimental setup was preliminarily established. All samples were analyzed in a 2×10^{-7}Pa target chamber. The beam direction was vertical to the surface of samples. A semiconductor Au (Si) barrier detector, placed in the target chamber, was used to obtain RBS spectra at an angle of 160° with respect to the beam direction. On the other side of the beam at an angle of 135°, there placed a Canberra X-PIPS · detector (25 μm beryllium window, active area 5 mm^2) with a resolution of 185 eV at 5.9 keV to detect the X-rays emitted from the samples.There was a 9 μm Mylar film between the vacuum chamber and the X-PIPS · detector. The two detectors and the beam direction were on the same plane as shown in Fig.1. As we know,

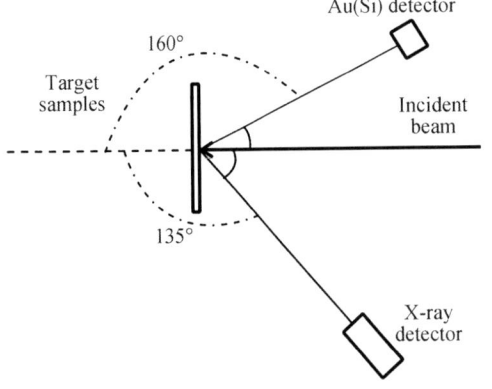

Fig.1 Experimental arrangement inside the target chamber

the conventional X-ray detector for PIXE measurements has lower efficiencies for detecting light elements (Z<13), therefore, in this studies RBS was employed to find if the light elements existed and at the same time to determine the matrix elemental composition. The beam current was adjusted to keep a appropriate counting rate.The RBS spectra were fitted by SIMNRA code [18] and the relative chemical composition in the samples was calculated by the program GUPIX95 [19].

3 Results and Discussion

A typical PIXE spectrum from a sample is shown in Fig.2. Several peaks which correspond to Al, Si, K, Ca, Ti, Mn and Fe elements can be seen in this figure. From the measured PIXE spectra of samples the relative chemical composition in the samples are obtained. Fig.3 shows a RBS spectrum which represented the information from the same point of the same sample where the PIXE spectrum was obtained. We can see several steps in Fig.3. From the right to the left, they correspond to the Fe, Ti, K and Ca elements, Si and Al elements, and the last two steps are both caused by O element. The program SIMNRA can provide perfect fits to the spectra. After the analysis by using SIMNRA code, we can know how much O elemnet were contained in the samples, and whether or not there existed other light elements in the samples and we can also know the approximate contents of other heavier elements in the samples. These element contents can be used as matrix element contents which will be employed in the PIXE analysis. It should be explained why the O element caused two steps in Fig.3. In the fitting process, we found that the concentration of O element is not always distributed homogeneously from the surface to the inside part. We divided the surface into 3 layers, and found that the first and third layers contained less O element than the second layer (about 6% atom concentration less than the second layer). The most possible cause is that

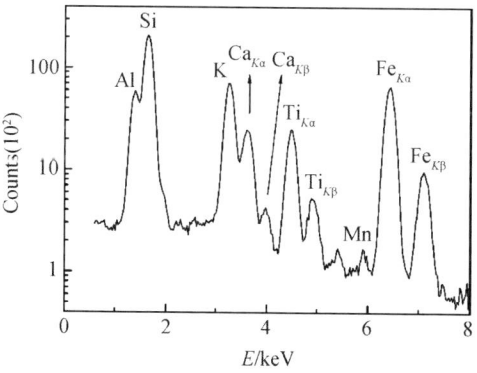

Fig.2 A typical PIXE spectrum with 2 MeV protons of a pottery sample from Jinsha Relics

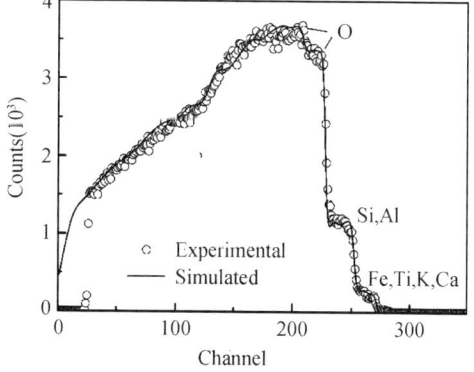

Fig.3 A typical RBS spectrum with 2 MeV protons and the SIMNRA fit result of a pottery sample from Jinsha Relics

firstly the samples were prepared by pressing the dry pottery powder into disk shape, and then the sample surface will absorb the moisture in the air. When the samples were placed into the vacuum target chamber, we believed that the moisture contained in the sample surface could be partly pumped out. Therefore, the inhomogeneous distribution of the O element on the sample surface was formed. The element contents in the samples such as Si, Al, Fe, Ti, K, Ca and O are more accurately calculated by the GUPIX 95 program (in 10^{-6}). The final results are shown in Table 2, all elements are given in oxide form. From Table 2 it can be inferred that SiO_2 and Al_2O_3 take a large part of the mass of the samples, this is consistent with other experimental results[6]. The existence of Fe and Mn is just the evidence why the pottery appeared orange or black.For the five "two layers" samples (i.e., samples Nos.1-10), main element contents of inner and outer layer is very similar, with the exception of samples No.3 and No.4, whose contents of Al_2O_3 and Fe_2O_3 are different to some extent. In addition, for improving the detection for high-Ztrace elements, in the future we will plan to use a dual-detector system[20] or try to use a socalled "funny filter"[21].

Table 2 The chemical composition measured by PIXE and RBS of all the 17 samples (Unit: %)

	wt.							
	Al_2O_3	SiO_2	P_2O_5	K_2O	CaO	TiO_2	MnO	Fe_2O_3
No. 1	32.68 ± 0.53	54.09 ± 0.80	0.84 ± 0.08	2.75 ± 0.30	0.78 ± 0.10	1.52 ± 0.30	0.04 ± 0.01	7.28 ± 0.31
No. 2	30.46 ± 0.64	54.55 ± 0.83	1.01 ± 0.11	3.22 ± 0.24	1.08 ± 0.08	1.56 ± 0.21	0.04 ± 0.02	8.08 ± 0.42
No. 3	31.91 ± 0.50	48.50 ± 0.92	0.37 ± 0.03	2.28 ± 0.17	0.90 ± 0.16	1.86 ± 0.16	0.08 ± 0.02	14.12 ± 0.51
No. 4	42.13 ± 0.91	44.96 ± 0.77	0.40 ± 0.02	1.26 ± 0.09	1.02 ± 0.13	1.35 ± 0.24	0.02 ± 0.01	8.86 ± 0.26
No. 5	34.10 ± 0.78	49.03 ± 0.86	1.25 ± 0.06	3.49 ± 0.12	1.82 ± 0.04	1.50 ± 0.22	0.04 ± 0.01	8.76 ± 0.31
No. 6	32.80 ± 0.44	51.33 ± 0.72	1.51 ± 0.04	3.64 ± 0.29	2.14 ± 0.09	1.45 ± 0.14	0.12 ± 0.02	7.01 ± 0.20
No. 7	37.42 ± 0.52	47.33 ± 0.87	0.68 ± 0.04	3.52 ± 0.14	0.88 ± 0.11	1.49 ± 0.23	0.09 ± 0.01	8.59 ± 0.27
No. 8	35.92 ± 0.67	47.27 ± 0.64	1.45 ± 0.10	3.69 ± 0.21	1.28 ± 0.06	1.67 ± 0.20	0.18 ± 0.01	8.54 ± 0.24
No. 9	40.01 ± 0.92	46.93 ± 0.84	0.52 ± 0.08	3.55 ± 0.32	0.61 ± 0.13	1.42 ± 0.22	0.03 ± 0.01	6.92 ± 0.31
No. 10	36.51 ± 0.75	47.72 ± 1.13	1.61 ± 0.06	3.92 ± 0.18	1.32 ± 0.11	1.65 ± 0.11	0.08 ± 0.02	7.19 ± 0.16
No. 11	33.95 ± 0.60	49.30 ± 0.52	0.45 ± 0.02	2.94 ± 0.29	1.25 ± 0.08	1.33 ± 0.17	0.40 ± 0.03	10.37 ± 0.26
No. 12	34.92 ± 0.74	48.22 ± 0.85	1.28 ± 0.03	2.78 ± 0.21	1.71 ± 0.17	1.03 ± 0.08	0.14 ± 0.01	9.91 ± 0.18
No. 13	34.16 ± 0.52	47.34 ± 0.98	0.57 ± 0.04	2.59 ± 0.19	1.05 ± 0.21	1.37 ± 0.12	0.11 ± 0.02	12.81 ± 0.22
No. 14	33.89 ± 0.68	46.48 ± 0.86	0.89 ± 0.03	2.20 ± 0.23	1.14 ± 0.02	1.28 ± 0.13	0.13 ± 0.02	13.99 ± 0.34
No. 15	31.67 ± 0.54	48.39 ± 1.05	0.23 ± 0.04	2.75 ± 0.16	1.45 ± 0.16	1.09 ± 0.03	0.88 ± 0.05	13.55 ± 0.32
No. 16	34.16 ± 0.71	45.64 ± 0.64	0.82 ± 0.02	2.73 ± 0.24	1.26 ± 0.14	1.46 ± 0.20	0.25 ± 0.01	13.68 ± 0.19
No. 17	31.99 ± 0.32	50.78 ± 0.87	0.48 ± 0.11	3.02 ± 0.22	1.41 ± 0.21	1.18 ± 0.11	0.30 ± 0.03	10.85 ± 0.20

Because as many as 9 elements were found in these samples, it is not easy to compare the samples with each other if no further analysis is adopted. Here a factor analysis are performed for all these elemental composition. Fig.4 shows the results from a factor analysis. The factor number is reduced to two, which are shown as follows:

$$F_1 = 0.024Al_2O_3 + 0.456Si_2 + 0.830P_2O_5 + 0.755K_2O + 0.284CaO$$
$$+ 0.477TiO_2 - 0.544MnO - 0.798Fe_2O_3,$$
$$F_2 = -0.835Al_2O_3 + 0.511SiO_2 + 0.132P_2O_5 + 0.232K_2O + 0.665CaO$$
$$- 0.394TiO_2 + 0.629MnO + 0.247Fe_2O_3,$$

At first, we classified these points by the strata as shown in Fig.5. It can be seen that the the shards from the stratum 5 mainly occupy the lower right part. The points of stratum 6 points of are located on the upper right part while the points of other stratums stay in the middle. So we can find out that the shards from the same stratum have a close composition, and to the shards from different stratums there is clearly a difference in elemental composition, which maybe suggests that in different periods of Jinsha culture the ancient people didn't gather clay for pottery manufacture from the same site.

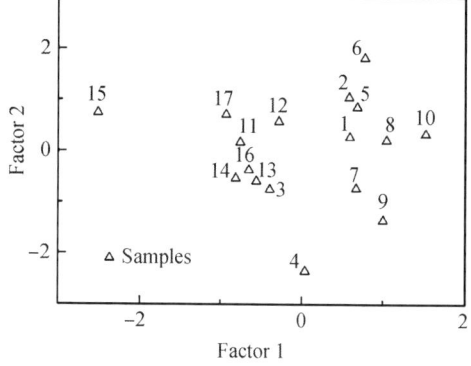

Fig.4 Result of factor analysis

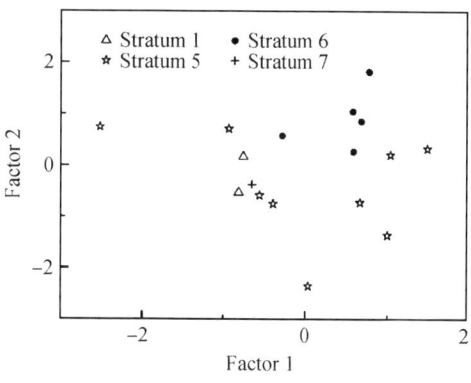

Fig.5 Samples classified by stratums

In Fig.6, we also classified all the seventeen samples into five groups by the kind of pits in which they were found. The samples of Nos. 5, 6, 7, 8, 11, 12, 14, and 16 were from ash pits, the samples of Nos.13 and 17 were buried in a kiln remains, the samples of Nos. 3, 4 and 15 were found in burial pit, the samples of Nos. 9 and 10 were dug out in a funerary objects channel, and the samples of Nos. 1 and 2 were excavated in a probe gird. From Fig.6, it can be seen that there is no obvious assemblage phenomenon. The points

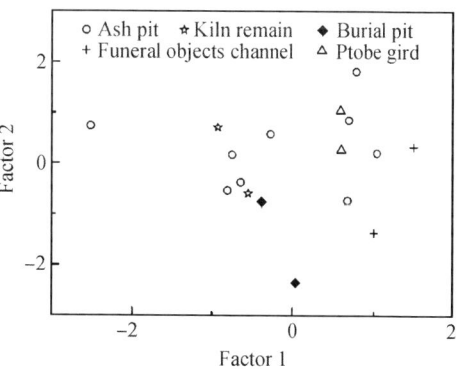

Fig.6 Samples classified by pits

from all kinds of pits were interspersed with each other, this maybe can be understood in a way that at the time of Jinsha there was no special clay for special use, i.e., there was no clear distinction between the potteries used for daily life, sacrifice, mortuary objects or other kinds, and they were all made from the same clay.

Conclusion

In the studies presented in this paper, the chemical composition of seventeen samples excavated from Jinsha Relics in Chengdu was compared with each other. It was found that the pottery shards from different stratums have different elemental composition, which maybe suggested that the ancient people of Jinsha Relics collected different clay at different ages for producing the pottery, and that there was no clear distinction between the potteries used for daily life, sacrifice, mortuary objects or other kinds. The studies performed in this paper are preliminary, we still need more pottery samples and conduct more systematic researches.

Acknowledgment

The authors thank the crew of the Van de Graaff accelerator at Institute of Nuclear Science and Technology, Sichuan University for providing the proton beams used in this study.

References

［1］ 朱章义，张擎，王方. 成都金沙遗址的发现、发掘与意义. 四川文物，2002，2: 3.
［2］ 宿白，张忠培，王巍，等. 中国考古学年鉴. 北京：文物出版社，2008: 373-374.
［3］ Zhang B, Pan B H, Zhang Z Q, et al. Nucl Instr and Meth, 2004, B219-220: 26.
［4］ Cheng H S, Zhang Z Q, Zhang B, et al. Nucl Instr and Meth, 2004, B219-220: 16.
［5］ Cheng Lin, Ding Xunliang, Feng Songlin, et al. Nucl Instr and Meth, 2006, B244: 409.
［6］ Cheng H S, Zhang Z Q, Song J, et al. Nucl Instr and Meth, 2006, B249: 601.
［7］ Xie Guoxi, Feng Songlin, Feng Xiangqian, et al. Nucl Instr and Meth, 2009, B267: 821.
［8］ Zhu Jihao, Feng Songlin, Fan Dongyu, et al. Journal of Radioanalytical and Nuclear Chemistry, 2007, 272: 545.
［9］ Feng X Q, Feng S L, Fan C S, et al. Journal of Radioanalytical and Nuclear Chemistry, 2007, 272: 551.
［10］ Zhao Weijuan, Zhang Xuehua, Han Guohe, et al. Chinese Physics, 2008, C32 (Suppl. 2): 274.
［11］ 冯向前，冯松林，张文江，等. 历代洪州窑古瓷的元素组成特征的中子活化分析研究. 原子核物理评论，2005，22: 142.
［12］ 冯松林，范东宇，冯向前，等. 不同窑口古代青瓷产地特征的中子活化分析. 原子核物理评论，2005，22（1）: 138.

[13] 吴占军，赵维娟，鲁晓珂，等. 用NAA研究清凉寺窑和张公巷窑青瓷胎的原料特征及来源. 原子核物理评论，2007，24（4）：284.

[14] 程琳，丁训良，刘志国，等. 一种新型的微束X射线荧光谱仪及其在考古学中的应用. 物理学报，2007，56：6894.

[15] Feng Songlin, Feng Xiangqian, Zhu Jihao, et al. Chinese Physics, 2008, C32 (Suppl. 2): 284.

[16] Cheng Lin, Li Rongwu, Pan Qiulin, et al. Nucl Instr and Meth, 2009, B267: 117.

[17] 温昶，赵会仙，李融武，等. 严和店窑汝瓷和钧台窑钧官瓷的EDXRF分析. 原子核物理评论，2009，26：356.

[18] Mayer M. Nucl Instr and Meth, 2002, B194: 177.

[19] Campbel J L, Hopman T L, Maxwell J A, et al. Nucl Instr and Meth, 2000, B170: 193.

[20] Calligaro T, Dran J C, Dubernet S, et al. Nucl Instr and Meth, 2005, B240: 576.

[21] Roumié M, Wicenciak U, Bakraji E, et al. Nucl Instr and Meth, 2010, B268: 87.

金沙遗址出土古象牙赋存环境研究*

旦 辉　汪 灵　叶巧明　邓 苗　樊 华
孙 杰　杨颖东

金沙遗址位于成都西郊，被国家文物局评为2001年全国十大考古新发现之一，是四川省继三星堆之后最为重要的考古发现[1]，并以出土数量众多的埋藏3000多年的十分珍贵的古象牙文物而倍受世人关注。目前古象牙所面临的严峻问题是：当古象牙出土暴露在空气中，就会很快开裂，以致崩解、粉化。

如何对这些珍贵的古象牙文物进行长期有效的保护，意义重大。一个客观的事实是，古象牙出土时仍然基本保持完好。这说明地下埋藏环境对古象牙保存还是比较有利的。因此，通过古象牙埋藏外部环境分析，可为了解其保存物理化学条件并实施有效保护提供科学依据。由于目前还没有这样的研究成果报道，所以我们在采用多种测试分析技术方法对古象牙结构和组分等进行了较系统测试分析基础上，采用X射线荧光光谱分析、X射线衍射分析和pH计等现代测试分析技术对成都金沙出土古象牙外部赋存环境最相关的因素——周围土壤的物相、化学成分、pH值及E_h值等进行了较系统研究，并将赋存环境的pH值、电位与出土成都金沙古象牙的pH值、电位进行比较。这些研究成果对于成都金沙出土古象牙的保护是非常有益的。

1　实　　验

象牙的出土地点位于金沙遗址的东部。象牙位于考古发掘地层的第12层，出土时相互交错叠压放置，主要属于商代晚期至西周早期堆积层。古象牙赋存于古河道河床泥沙堆积层与陆地堆积层相互交错地层，泥土中含沙量高，并含有大量的有机腐殖质[2]。部分古象牙在地下的埋藏情况如图1所示。

本次研究所用土样及古象牙样品都由成都考古文物研究所提供。土样1号是成都

---

* 原载《成都理工大学学报》（自然科学版）2006年第5期。国家"十五"科技攻关计划重点项目（2004BA810B02）、国家自然科学基金资助项目（40572030、40472028）资助。

考古文物所编号2001CQJIT8105⑫:3的出土古象牙外层相连土壤的部分样品，实验样品编号TR01；土样2号是成都考古文物所编号2001CQJIT8103⑧A的古象牙外层相连土壤的部分样品，实验样品编号TR02；古象牙样品是成都考古文物所编号2001CQJ1T8103⑧A的部分样品，出土时间：2001年，古象牙样品外层实验样品编号JS02-01，古象牙样品内层实验样品编号JS02-02。

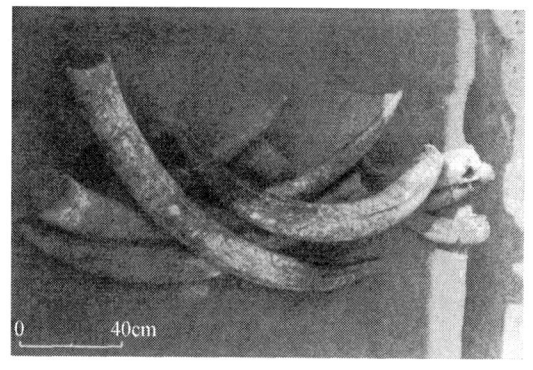

图1 成都金沙出土的部分古象牙及其埋藏情况

X射线荧光光谱分析采用了瑞士AD-VANT'XP+X射线荧光光谱分析仪。X射线衍射分析采用日本理学DMAX/IIIC型衍射仪，条件为：Ni滤光，2°/min，35 kV，25 mA。pH分析采用上海理达仪器厂PHS-25pH计（用pH标准4.0和6.86标准缓冲溶液校正）。其测试方法是：称取5 g过1 mm筛的风干土样或象牙样品于50 mL烧杯中，加入25 mL蒸馏水（水土比为5∶1），磁力搅拌10 min，放置30 min后，测定其pH值及E_h值。

2 结　果

图2是土样X射线粉晶衍射分析结果。土样TR01的主要衍射峰为1.486 75 nm、

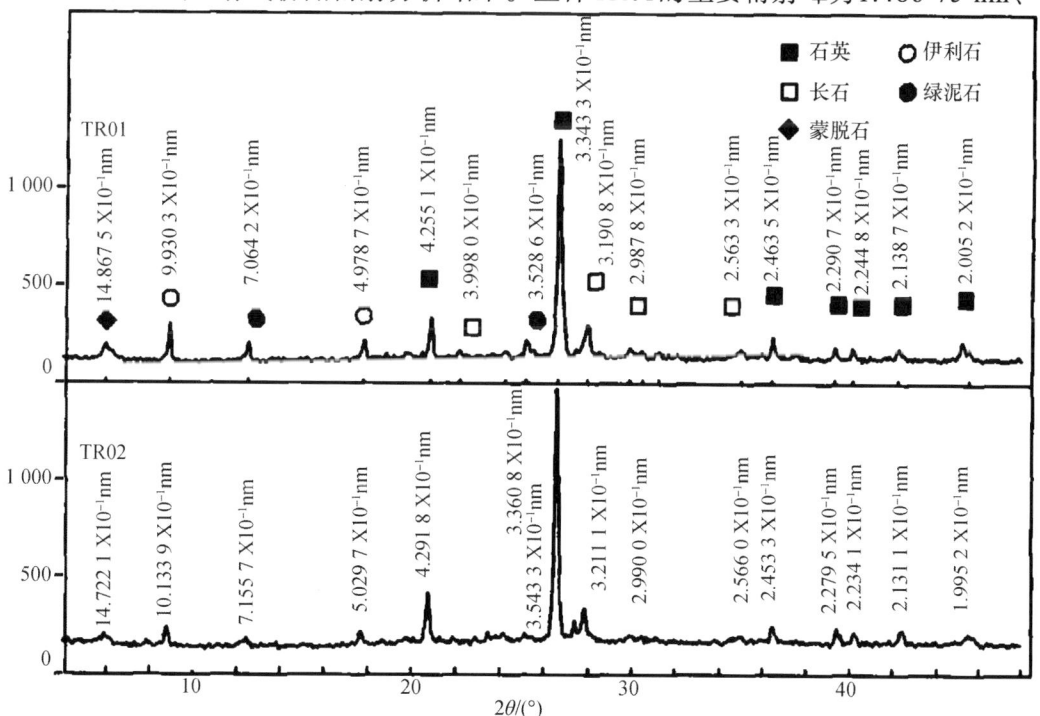

图2 土样的X射线衍射图谱

0.993 03 nm、0.706 42 nm、0.497 87 nm、0.425 51 nm、0.352 86 nm、0.334 33 nm、0.319 08 nm、0.298 78 nm和0.246 35 nm等。根据《矿物X射线粉晶鉴定手册》[3]和衍射峰的相对强度，可确定该样品中主要物相，并计算其相对含量：伊利石33%，石英28%，绿泥石18%，长石12%，蒙脱石9%。土样TR02的主要衍射峰与TR01基本相同，但强度不同，其主要物相含量是：石英43%，伊利石27%，长石14%，绿泥石11%，蒙脱石5%。

表1是土样TR01和TR02的X射线荧光化学成分分析结果。从中可以看出，土样TR01和TR02中的化学成分特点是：最主要成分是SiO_2，Al_2O_3，二者之和占68%左右；次要成分是Fe_2O_3，K_2O，MgO和CaO，其含量都大于1%，它们之和占10%左右；其次是Na_2O，TiO_2，P_2O_5和MnO，其含量一般小于1%；微量元素是Ba，Zr，Hg，V，Sr，Rb，Cr和S等微量元素，其含量都较少。

表1　土壤样品的化学成分

	SiO_2	Al_2O_3	Fe_2O_3	K_2O	MgO	CaO	Na_2O	TiO_2	P_2O_5	MnO
TR01	53.01	15.67	6.11	2.64	1.47	1.06	0.83	0.71	0.46	0.21
TR02	52.22	15.85	5.03	2.60	1.66	1.33	1.00	0.68	0.87	0.04
	Ba	Zr	Hg	Cl	Zn	Ni	Cu	Co	Sc	Hf
TR01	0.055	0.041	0.026	0.011	0.010	0.005	0.007	0.002	0.001	0.001
TR02	0.04	0.045	0.003	0.014	0.11	0.005	0.003	0.002	0.001	0.000
	Cr	Nb	Sr	Y	Rb	Th	Ge	As	S	Ce
TR01	0.014	0.003	0.019	0.005	0.015	0.002	0.000 5	0.003	0.015	0.000 8
TR02	0.011	0.002	0.023	0.004	0.014	0.002	0.000 3	0.002	0.039	0.000 8
	V	Ga	Ce	Br	Au	Bi	Pb	Pu	La	
TR01	0.02	0.003	0.001	0.000 1	0.000 2	0.000 08	0.003	0.000 00	0.006	
TR02	0.02	0.003	0.001	0.000 2	0.000 0	0.000 00	0.001	0.000 02	0.005	

表2是土样与古象牙样品的pH值和E_h值分析结果。从表2中可以看出：土样TR01和TR02的pH值分别为6.60和6.45，而E_h值分别为–11 mV和–16 mV，它们的pH值和E_h值基本接近。古象牙样品JS02-01的pH值为6.52，E_h值为–13 mV；古象牙样品JS02-02的pH值为6.40，E_h值为–18 mV。即古象牙样品外层pH值和E_h值分别比古象牙样品内层pH值和E_h值略高。另外，土壤样品中含有0.3%左右的腐殖酸。

表2　土壤样品与古象牙样品的pH值和E_h值及土壤样品的腐殖酸含量

	土壤样品 TR01	土壤样品 TR02	古象牙样品 JS02-01	古象牙样品 JS02-02
pH值	6.60	6.45	6.52	6.40
E_h/mV	–11	–16	–13	–18
腐殖酸 $w/\%$	0.26	0.34		

讨 论

古象牙的土壤赋存环境及其形成原因

在地下埋藏环境中,对古象牙保存影响最大的因素有土壤的pH值、E_h值以及化学组分的浸蚀作用。以上分析结果表明,成都金沙古象牙处于弱酸性和还原状态的土壤环境中。这种环境的形成与土壤物质组成有着直接或间接的关系。

由图2可知,土样的主要物相是黏土及硅酸盐矿物,这些矿物的晶体化学式分别是:伊利石($KAl_2((OH)_2)(Si,Al)_4O_{10}$)、石英($SiO_2$)、绿泥石($(Mg,Fe,Al)_6((OH)_8)(Si,Al)_4O_{10}$)、长石($(Ca,K)(Al_xSi_{4-x}O_8)$)($x=1$,2)和蒙脱石($Na_{0.7}(Al,Mg)_4((OH)_4(Si,Al)_8O_{20})nH_2O$)。土壤中矿物的晶体化学特点决定了金沙土壤是以富含Si和Al元素为特征。

土壤的pH值和E_h值通常是由土壤的化学成分[4]及有机质[5-6]等组分所决定的。由于土样中上述的黏土及硅酸盐矿物都比较稳定。其中,Si、Al、Fe、K、Mg、Ca和Na等化学元素被有效地固定。根据成因矿物学理论,伊利石-绿泥石-蒙脱石等矿物组合一般反映偏碱性的成矿环境。因此,在一般情况下,该土壤也应当呈偏碱性反应。但是,在富含有机腐殖质的情况下,也可能呈酸性或弱酸性[5-6];因为腐殖质是无定形的、暗色的、亲水和酸性的不完全芳香族化学复合的有机物质,它们的分子量为几百至几千。根据它们在碱和酸中的溶解度,腐殖质可分为三个主要部分:胡敏酸、富啡酸和胡敏素。腐殖酸是腐殖质的主要成分。腐殖质的酸度主要是由于芳香族和脂肪族中的CO_2H功能团,以及酚的OH功能团所产生的氢离子(H^+)造成的[7]。如表2所示,由于土壤样品中含有0.3%左右的腐殖酸,所以使土壤呈弱酸性反应,并使E_h值呈中度还原状态。需要说明的是,由于TR01含有的伊利石、绿泥石和蒙脱石比TR02要高,且它的腐殖酸比TR02要少,所以,其pH值和E_h值比TR02的略高。

土壤赋存环境对古象牙的影响

磷酸钙化学式$Ca_3(PO_4)_2$,矿物名称为磷钙矿[8],它分无机质源磷钙矿和有机质源磷钙矿两种。无机质源磷钙矿叫磷灰石,化学式$Ca_5(FCl)(PO_4)_3$[9]。生物磷灰石一般属羟磷灰石$Ca_{10}(PO_4)_6(OH)_2$,组分复杂,主元素含量变化大,常含Na,Mg,F,CO_3^{2-}和HPO_4^{2-}等杂质,特别是CO_3^{2-}为生物磷灰石不可缺少的组分[10]。

X射线衍射分析和红外吸收光谱分析结果表明,成都金沙出土古象牙中的有机质成分已基本消失,其主要物相是结晶度较差的碳羟磷灰石[11]。磷钙矿呈弱酸性[7],微溶于水,可溶于HCl和HNO_3,不溶于无水乙醇[12]。表2的分析结果表明,土样和古象牙的pH值平均分别为6.5和6.46,呈弱酸性特征,并且二者pH值基本相同,这对古象牙的保存显然是有利的。

按刘志光提出的氧化还原(E_h)状况区分标准[13-14]:氧化状态(>200 mV)、中度还原状态（200~-100 mV），强还原状态（<-100 mV）。据此划分，由表2可知，土样和古象牙的E_h值分别为-13.5 mV和-15.5 mV，二者均处于中度还原状态。由于二者E_h值非常接近，土壤样品中元素的氧化还原状态并不会影响古象牙中元素的氧化还原状态。因此，古象牙赋存土壤的E_h值对埋藏的古象牙保存同样是有利的。

黏土矿物尤其是以蒙脱石为主要矿物成分的膨润土具有优良的防渗透性能，因此常被用作防渗透材料[15-17]，甚至用作核反应工程的防渗透材料。金沙土样最关键和重要的作用是，由于土壤中蒙脱石、伊利石、绿泥石等黏土矿物含量达43%~60%，尤其是富含蒙脱石（5%~9%），能够营造一种相对封闭的保护环境，有利于阻止古象牙与外部环境的物质交换及其对古象牙侵蚀作用。因此，尽管古象牙埋藏地点位于古河道附近，但是蒙脱石等黏土矿物的封闭作用使古象牙能够在一种相对平衡的条件下得以长期保存。

古象牙的临时保存环境

实验结果表明，成都金沙出土古象牙临时性保护的关键是保证古象牙高的含水量。根据以上研究结果，在对古象牙临时性保护过程中，应向古象牙中添加适当的呈中性且没有氧化还原性的蒸馏水，以保证古象牙含有充足的水分。同时，研究还发现，成都金沙出土古象牙如不进行防菌防霉处理，很快会受到微生物侵蚀。因此，在临时保护古象牙的过程中，若在地表时间较短，可向古象牙中添加适当的蒸馏水进行保护；若在地表时间较长，可采用富含蒙脱石的湿润黏土矿物进行封存，并且都应当进行必要的防菌防霉处理。另外，对于已经暴露在地表或离地表较近的未出土古象牙，也就当根据以上认识进行必要的保护，防止外部环境的物质交换及其对古象牙侵蚀作用。

结　　论

古象牙赋存土壤样品主要由黏土及硅酸盐矿物组成，其含量为：石英28%~43%、伊利石27%~33%、绿泥石11%~18%、长石12%~14%和蒙脱石5%~9%。该土壤的pH和E_h值的平均值分别为6.5 mV和-13.5 mV，是一种弱酸性和还原状态环境，其主要原因与土壤样品中含有0.3%左右的腐殖酸有着密切的关系。由于成都金沙古象牙pH和E_h值平均分别为6.46 mV和-15.5 mV，与土壤pH和E_h值非常接近；并由于土壤中的蒙脱石等黏土矿物所营造的相对封闭环境，能够阻止古象牙与外部环境的物质交换及其对古象牙侵蚀作用，因此这种土壤环境非常有利于古象牙的地下长期保存。

参考文献

[1]　黄剑华.金沙遗址——古蜀文化考古新发现.成都：四川人民出版社，2003.
[2]　肖璘，白玉龙，孙杰.金沙遗址出土古象牙的现场清理加固保护.文物保护与考古科学，2004，16（3）：24-28.
[3]　中国科学院贵阳地球化学研究所《矿物X射线粉晶鉴定手册》编著组.矿物X射线粉晶鉴定手册.北京：科学出版社，1978.

[4] 于天仁,王振权.土壤分析化学.北京:科学出版社,1988.

[5] 耿玉清,孙向阳.北京卧佛寺地区土壤系统分类的研究.北京林业大学学报,1998,20(4):30-36.

[6] 刘立城,排祖拉,徐华君.伊犁谷地野核桃下土壤的形成特点及其系统分类.新疆大学学报(自然科学版),1998,(5):60-65.

[7] 李庆逵.土壤分析法.北京:科学出版社,1958.

[8] Dean J A. Lang's Handbook of Chemistry. McGraw-Hill, 1999.

[9] 傅师汉.非金属矿产品应用指南.北京:中国建筑工业出版社,1986.

[10] 戴永定,刘铁兵,沈继英.生物成矿作用与生物矿物作用.古生物学报,1994,33(5):575-582.

[11] 樊华,汪灵,邓苗,等.三星堆及金沙出土古象牙物相及其结晶特征.硅酸盐学报,2006,34(6):744-748.

[12] 中国科学院南京土壤研究所.中国土壤.北京:科学出版社,1978.

[13] 于天仁.水稻土的物理化学.北京:科学出版社,1983.

[14] 孙慧珍,朱荫湄,许晓峰.土壤pH和E_h对金属材料腐蚀的影响.土壤学报,1997,34(1):107-113.

[15] 白庆中,刘阳生,李强,等.新型人工合成膨润土防渗卷材的研制及其渗透性能.环境科学,2000,21(6):56-50.

[16] 陈延君,王红旗,赵勇胜.改性膨润土作为防渗层材料的性能研究及影响因素分析.环境科学研究,2006,19(2):90-94.

[17] 陈延君,王红旗,赵勇胜,等.用改性膨润土作垃圾填埋场底部衬里的试验.中国环境科学,2005,25(4):437-440.

三星堆及金沙遗址出土古象牙的物相及其结晶特征*

樊　华　汪　灵　邓　苗　叶巧明
旦　辉　孙　杰　宋　艳　杨颖东

象牙是一种以生物磷灰石为主要物相的特殊材料。Edwards等[1]采用Raman光谱研究分析了象牙和仿象牙的区别。Raubenheimer等[2-3]采用扫描电镜（scanning electron microscope，SEM）研究了象牙结构多样性的组织发生过程，并采用原子吸收光谱等分析了象牙的组成。Su等[4]采用扫描电镜较系统的研究了象牙三维方向的结构及其纤维与无机矿物间的结合。Mihcel等[5]采用红外（infrared，IR）吸收光谱和X射线衍射（X-ray diffraction，XRD）分析研究了马鹿的牙釉质在变为化石的过程中化学成分和结构变化的特征，并对釉质中无机相红外吸收峰的归属进行了研究。Rey等[6]采用IR研究了鼠骨中无机矿物的OH吸收峰特征。但是，目前还未见采用XRD研究象牙的报道。

四川广汉三星堆和成都金沙遗址是我国重大考古成就之一，也是"长江文明"之说的标志性发现，并以首次出土数量众多、埋藏时间3 000～5 000年十分珍贵的古象牙文物而备受世人关注。目前，古象牙所面临的严峻问题是：当古象牙出土暴露在空气中，就会很快开裂，以致崩解、粉化。如何对这些珍贵的古象牙文物进行长期有效地保护，意义重大。为此，采用多种测试分析技术方法对古象牙结构和组分等进行了较系统的研究。采用XRD研究三星堆和金沙古象牙的物相及结晶特征，并对比分析了与新鲜亚洲象牙的差别，为查明古象牙损害机理、实施有效保护提供了科学依据。

实　　验

图1是金沙部分古象牙出土时的外观照片，埋藏时间达3 000年左右，样品No.1是

---

* 原载《硅酸盐学报》2006年第6期。国家"十五"科技攻关计划重点项目（2004BA810B02）、国家自然科学基金（40572030、40472028）资助。

在2004年出土的,文物编号为2004CQJT区T7202-7208,实验编号为JS01,其表层和内层样品编号分别为SJ01-01和SJ01-02。样品No. 2是在2001年出土的,文物编号为2001CQJIT8l038a,实验编号JS02。三星堆古象牙是1986年出土自一号坑,埋藏时间距今3000~5000年,实验编号SX01。用于对比分析研究的新鲜亚洲象牙样品(内层)的实验编号为AS02-02。

用日本理学DMX-ⅢC型X射线粉晶衍射仪进行XRD检测。象牙样品为在玛瑙乳钵中研磨至2 μm左右的粉末,测试条件为:Fe K_α,Ni滤光,35 kV,20 mA,2°/min,$2\theta=3°\sim80°$。

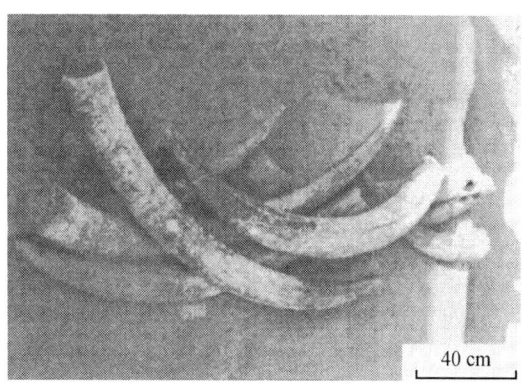

图1 成都金沙遗址部分已埋藏约3 000年的古象牙出土时的外观

讨 论

古象牙的物相特征

表1和图2分别是古象牙、新鲜象牙及标准羟基磷灰石(standard hydroxyl-apatite,HAP)的XRD数据和图谱。从表1和图2看出:古象牙和新鲜象牙等5个样品的主要衍射峰基本相似。现以三星堆古象牙为例,说明古象牙主要衍射峰的归属与特征。三星堆古象牙(SX01)的主要衍射峰有:0.518 3 nm、0.344 1 nm、0.317 4 nm、0.308 7 nm、0.281 2 nm、0.278 0 nm、0.272 0 nm、0.262 9 nm、0.225 8 nm、0.194 1 nm、0.183 9 nm、0.171 4 nm,它们与羟基磷灰石$Ca_5(PO_4)_3(OH)$的标准谱线(PDF卡片9-432)基本一致。其中,0.344 1 nm、0.278 0 nm和0.194 1 nm等衍射峰同时还与$Ca_5(PO_4,CO_3)_3(OH)$标准谱线(PDF卡片19-272)基本一致。动物骨头、牙质和牙釉质等中的生物磷灰石通常都是含碳的羟基磷灰石[4-7],根据XRD谱的特征,说明古象牙和新鲜象牙的主要物相是多晶相的碳羟磷灰石。上述事实说明:虽经几千年地下埋藏,由于其环境的特殊性,古象牙中无机相碳羟磷灰石并没有受到损失。

表1 各象牙样品的XRD数据

HAP			JS01-01		JS01-02		JS02		SX01		AS02-02	
d/nm	I/I_1	hkl	d/nm	I/I_1	d/nm	I/I_1	d/nm	I/I_1	d/nm	I/I_1	d/nm	I/I_1
0.817	11	100										
0.562	5	101							0.518 3	19.0	0.445 2	21.7
0.388	9	111										
0.344	40	002	0.345 1	58.4	0.340 2	87.9	0.343 5	80.7	0.344 1	70.9	0.345 2	78.0
0.317	11	102	0.318 5	8.0	0.313 7	17.2	0.312 3	8.8	0.317 4	30.4		
0.308	17	210	0.307 8	12.4	0.304 9	13.8	0.307 4	10.5	0.308 7	11.4	0.305 0	21.7

续表

HAP			JS01-01		JS01-02		JS02		SX01		AS02-02	
d/nm	I/I_1	hkl	d/nm	I/I_1	d/nm	I/I_1	d/nm	I/I_1	d/nm	I/I_1	d/nm	I/I_1
0.2814	100	211	2.807	100.00	0.2826	55.2	0.2813	100	0.2812	100.0	0.2817	82.6
0.2778	60	112	0.2784	55.8	0.2778	100.0	0.2792	80.7	0.2780	43.0	0.2782	100.0
0.2720	60	300	0.2717	25.7	0.2717	13.8			0.2720	44.3		
0.2631	25	202	0.2631	25.7	0.2622	12.1	0.2621	29.8	0.2629	10.1	0.2594	21.7
0.2262	20	310	0.2259	15.0	0.2244	19.0	0.2258	15.8	0.2258	11.4	0.2278	17.4
0.2148	9	311										
0.2065	7	113										
0.1943	30	222	1.1941	20.4	0.1932	20.7	0.1943	24.6	0.1941	19.0	0.1955	26.1
0.1890	15	312										
0.1841	40	213	0.1842	30.1	0.1833	25.9	0.1835	24.6	0.1839	20.3	0.1834	26.1
0.1806	20	410										
0.1754	15	402										
0.1722	20	004	0.1726	19.5	0.1713	24.1	0.1717	24.6	0.1714	25.3	0.1716	26.1

注：HAP，标准羟基磷灰石；JS01-01，JS01-02，金沙出土古代象牙；SX01，三星堆出土古代象牙；AS02，新鲜象牙，I/I_1，相对强度；d，晶面间距。

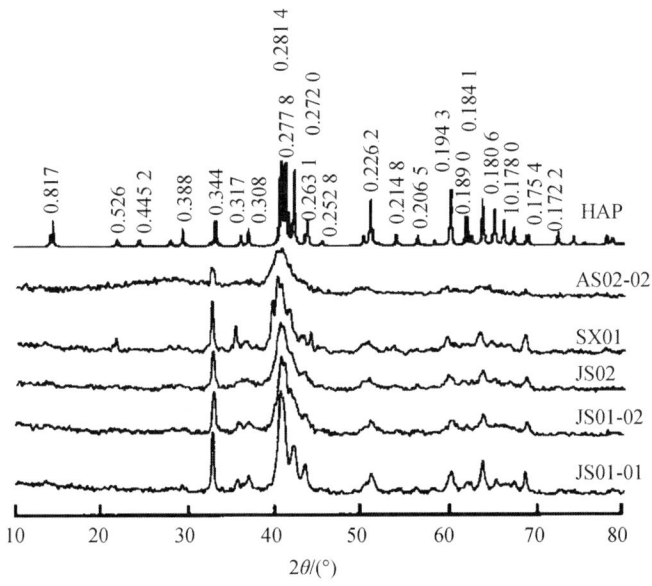

图2 各象牙样品及HAP的XRD谱

尽管古象牙的主要衍射峰特征基本相同，但实验样品衍射峰的数量、面间距d值、强度和形状等也存在一定差别，说明它们在物相特征总体基本相同的同时，在内部结构组分上可能也存在微小差别。在2θ为35°~45°区域中，三星堆古象牙最强的几个峰的d值偏大，而金沙古象牙在该区域中最强衍射峰的d值偏小。其原因是：由于埋藏环境的不同，古象牙与外界物质交互作用也会存在一定差异，使古象牙中的碳羟磷灰石在结构和化学成分上有一定的差异。

需要特别指出的是，新鲜象牙物相（AS02-02）的最大特征在于：除了出现碳羟磷灰石的衍射峰外，在$2\theta=20°\sim35°$的范围内，出现了1个较宽缓的馒头峰，其峰顶在0.445 2 nm附近。有资料表明：象牙中富含有机质，其成分主要是蛋白质[1]或胶原蛋白纤维[4]。从实验样品的有机质分析结果（表2）看出，新鲜象牙中的有机质（氨基酸）总量达35.2%，而在古象牙中已几乎不复存在。结合Edwdars等[1]的数据分析，说明新鲜象牙0.445 2 nm附近的馒头峰是由有机质引起。相反，古象牙在相同范围内的衍射峰基线比较平整，说明其中的有机质组分已基本消失。如果无机相碳羟磷灰石在象牙这一特殊材料的结构中起骨架作用，那么有机质就起关键的黏结作用。古象牙中碳羟磷灰石并没有受到破坏，由此可以推测古象牙中有机质的侵蚀和破坏可能是造成古象牙出土脱水后容易粉化的主要原因之一。

表2　各水解象牙样品的氨基酸组分

Sample	AS02-02	JS02-02	SX01
Aspartia acid	2.14		
Hydroxyproline	3.33	0.23	0.26
Threonine	0.78		
Serine	1.23		
Glutamic acid	3.69		
Proline	4.60		
Glycin	7.73		0.02
Alanine	3.40		0.03
Valine	0.91		
Methionine	0.07	0.10	0.12
Isoleucine	0.47		0.07
Leucine	1.24	0.07	0.07
Phenylalanine	0.79	0.07	0.08
Hydroxylysine	0.22	0.09	0.12
Lysinc	1.46	0.06	0.09
Histidine	0.26		
Arginine	2.88		
合计	35.2	0.62	0.86

注：日立835-50型氨基酸分析仪。

古象牙中碳羟磷灰石的结晶特点

从图2还可以看出：与标准谱线OHP相比，古象牙和鲜象牙的衍射图谱的一个明显特征是背景较深，同时衍射峰数量较少，甚至在$2\theta<30°$和$2\theta>70°$的区域内几乎没有出现衍射峰，而且所出现的衍射峰都比较宽缓，说明古象牙与鲜象牙中碳羟磷灰石的结晶度都较差。

同时，通过对比古象牙与新鲜象牙的XRD谱（图2），可以看到一个十分有趣的现象，就是尽管这些象牙的结晶度都并不高，但不仅新鲜象牙与古象牙之间，三星堆古象牙与金沙古象牙之间，而且古象牙表层与内层之间在碳羟磷灰石的结晶度上还存在一定的差别：①与古象牙相比，鲜象牙的衍射峰数量最多。例如，古象牙在0.344 nm（002）衍射峰最强、最尖锐，而新鲜象牙的峰值相对较弱；古象牙在2θ为30°～45°区域的衍射峰（如0.318 nm、0.310 nm）分裂比较明显且尖锐，而新鲜象牙的衍射线则比较模糊不清。②与金沙古象牙相比，三星堆古象牙（SX01）的衍射峰相对较尖锐、分裂也较明显。例如，与三星堆古象在2θ为30°～45°区域的衍射峰（如0.318 nm、0.310 nm）分裂状况相比，金沙古象牙（JSO2，SJ01-2）在该区域的衍射线分裂却不明显。③金沙古象牙表层的衍射峰比内层的更强、更尖锐。例如，金沙古象牙表层（JS01-1）在2θ为38°～45°区域内的3个衍射峰分裂明显且峰尖锐，而内层（JS01-2）3个衍射峰分裂则不十分明显。由此可见，实验象牙中碳羟磷灰石结晶特点是，新鲜象牙、金沙古象牙和三星堆古象牙在结晶度上有增大的趋势，同时金沙古象牙表层比内层样品的结晶度要好。

Sillen等[8]的研究结果表明：可根据0.344 nm（002）衍射峰的半高宽值表征羟磷灰石及氟磷灰石的结晶度，即0.344 nm（002）衍射峰的半高宽越小，则其结晶度相对较高。图3是古象牙与新鲜象牙的0.344 nm（002）衍射峰经计算机处理后的特征。表3是根据图3计算的0.344 nm（002）衍射峰的半高宽。从表3看出：金沙古象牙表层样品的0.344 nm（002）衍射峰的半高宽最小（0.415），新鲜象牙最大（0.503），古象牙内层样品则介于两者之间，所反映的结晶度特征与以上结果基本一致。

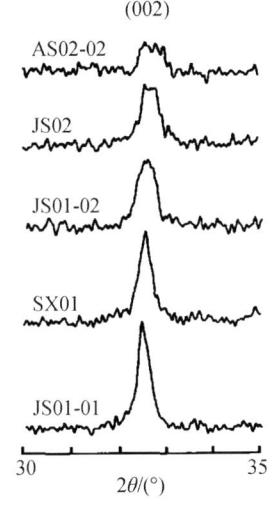

图3 各象牙样品的0.344nm（002）特征衍射峰

表3 各象牙样品的晶体参数和（002）峰的半高宽

样品	a_0/nm	c_0/nm	V/nm^3	（002）半峰值
JS01-01	0.941 5	0.690 2	529.83	0.415
JS01-02	0.946 8	0.680 4	528.20	0.419
JS01	0.942 0	0.687 0	527.93	0.478
SX01	0.942 9	0.688 4	530.02	0.432
AS02-02	0.948 0	0.690 7	537.56	0.503
HAP	0.941 8	0.688 4	528.78	·

注：从PDF卡9-4329得到HAP的a_0、c_0。

以上情况说明，古象牙中碳羟磷灰石晶体结构不仅没有破坏，而且结晶度还有所提高，其原因也许与几千年的地下埋藏和地质作用有关。

古象牙中碳羟磷灰石的晶胞参数

羟基磷灰石属六方晶系，空间群C_{6h}^2-R_3^6/m，可根据晶体点阵常数公式计算其晶胞参数a_0和c_0，且单位晶胞体积可根据$V=0.8666a^2c$计算[9]。表3是根据XRD测试数据（表1）计算的古象牙和新鲜象牙中碳羟磷灰石的晶胞参数。从表3可以得出：古象牙内层样品的a_0、c_0平均值分别为0.943 9 nm、0.685 3 nm；金沙古象牙表层样品a_0、c_0分别为0.941 5 nm、0.690 2 nm。与HAP的晶胞参数相比，只有古象牙表层（SJ01-01）的a_0略小于HAP值，其他4个象牙样品均大于HAP值，其中又以新鲜象牙的a_0参数最大。受此影响，单位晶胞体积V值与a_0特征比较一致。

Miche等[5, 9]的研究结果表明：象牙中碳羟磷灰石的晶胞参数a_0和c_0可以反映象牙内部结构成分，a_0值高的象牙含有较高的结构水。由于古象牙a_0一般小于新鲜象牙的，说明几千年地下埋藏可能使古象牙中的一部分结构水消失。但是，根据以上分析结果，这部分结构水消失似乎并没有破坏古象牙中碳羟磷灰石的晶体结构。因此，这部分结构水可能更多的具有结晶水或沸石水的性质。

结　　论

（1）古象牙与鲜象牙的主要物相是多晶相的碳羟磷灰石，而且与标准轻基磷灰石相比，古象牙和鲜象牙中碳羟磷灰石的结晶度都较差；与外层样品相比，内层样品中碳羟磷灰石的结晶度较差。

（2）由于古象牙的衍射峰比新鲜象牙的分裂更为明显、峰变尖锐，加之（002）衍射峰半高宽值比新鲜象牙更小，说明虽经几千年地下埋藏，古象牙中碳羟磷灰石晶体结构不仅没有被破坏，而且结晶度有所提高。

（3）古象牙与新鲜象牙的最大区别是，在象牙材料结构中起黏结作用的有机成分已受到侵蚀和破坏，这可能是古象牙出土脱水后容易粉化的主要原因之一。

致　　谢

实验所用占象牙样品由成都文物考古研究所和四川省文物考古研究所提供，诚以致谢。

参考文献

[1] Edwards H G M, Farwell D W. Ivory and simulated ivory arti-facts: Fourier tansoform Raman diagnosic sutdy. Spectrochim Acta Part A, 1995, 51: 2073-2081.

[2] Raubenheimer E J, Bosman M C, Voster R, et al. Histogenesis of the Chequered Patten of the African elephant (Loxodonta Africana). Arch Oral Biology, 1998, 43: 969-977.

[3] Raubenheimer E J, Brown J M M, Rama D B K, et al. Geographic variations in the composition of ivory of the african elephant (Loxodonta Africana). Arch Oarl Biology, 1998, 43: 641-647.

[4] Su X W, Cui F Z. Hierarchical structure of ivory: from nanometer to centimeter. Mater Scie Eng C, 1999, 7: 19-29.

[5] Michel V, Ildefonse P, Morin G. Chemical and structural changes in Cervus elaphus tooth enamels during fossilization (Lazaret Cave): a combined IR and XRD Rietveld analysis. Appl Chem, 1995, 10: 145-149.

[6] Rey C, Miquel J L, Facchini L L, et al. Hydroxyl groups in bone mineral. Bone, 1995, 16 (5): 583-586.

[7] Pasteris J D, Wopenka B, Freeman J J, et al. Lack of OH in nanocrystal line apatite as a function of degree of aotmic order: implications for bone and biomaterials. Biomaterials, 2004, 25: 229-238.

[8] Sillen A, Sealy J C. Diagenesis of strontium in fossil bone: a reconsideration of Nelson et al. J Archaeological Sci, 1995, 22: 313-320.

[9] Michel V, Ildefonse P, Morin G. Assessment of archaeological bone and dentine preservation from Lazaret Cave (Middle Pleistocene) in France. Palaeogeography, Palaeoclimatology, Palaeoecology, 1996, 126: 109-119.

金沙古人类遗址亚黏土层的元素特征及其环境意义*

陈碧辉　李巨初　李　奎　蒋　成　朱章义　张　擎

土体作为一个较稳定的地理因素，是过去地质轮回中的产物，它必然能反映过去的环境，因而作为古气候信息载体，人们可以通过研究土体中元素迁移、富集等表生地球化学行为来揭示它与环境之间的内在联系[1-3]。成都平原主要的第四纪晚更新世广汉层地层层序已有较多研究[4]，但广汉亚黏土层元素的地球化学行为研究尚少。成都金沙遗址揭露出的广汉层剖面层序较为齐全，且古蜀文化遗迹多发现在广汉层上部及以上土层中，这为研究广汉层元素的地球化学行为，以及金沙遗址早期人类活动与古环境提供机会。

1　样品的采集和分析

1.1　样品的采集和剖面特征

研究的样品取自金沙遗址2001CQWT7908探方剖面，岩石柱状图和岩性描述详见表1。从表1看出，自下而上（第17～5层），由含砂砾层渐变为粉砂质亚黏土的韵律现象非常明显，为晚更新世广汉层。第1～4层为全新世沉积，出现很多根孔，为受人类耕作活动影响的土层。在广汉层顶部发掘出大量古蜀文明的文物，主要有玉器、青铜器、金器、陶器和象牙等，它们中部分文物可以与广汉三星堆对比。

---

*　原载《成都理工大学学报》（自然科学版）2003年第6期。

表1　金沙遗址剖面柱状描述

层序	深度/cm	岩性柱	岩性描述
1	0		灰亚黏土，富含有机质，为耕作层
2	27　18		
3	44		黄灰色亚黏土，见铁质结核，为淋溶层
4	59		黄灰色亚黏土，见铁质结核，为淀积层
5	78		浅棕黄色亚黏土，见铁质结核
6	140		棕黄色亚黏土，略显网纹，见铁质结核
7	175		棕黄色亚黏土，见铁质结核
8	200		棕黄色亚黏土，见铁质结核
9	225		黄棕色亚黏土，见铁质结核，为古土壤
10	240		
11	258		黄棕色砂—粉砂质亚黏土
12	270		
13	283		黄棕色粉砂质亚黏土
14	294		
15	308		灰色粉砂质亚黏土
16	325		砾石层，成分主要是石英岩、花岗岩，
17			由砂质亚黏土和粗砂填充

注：×表示取样点。

1.2　样品的中子活化分析

土样用玛瑙研钵磨细，过120目筛，差重法准确称重40 mg，以美国NIST的SRM-1633a煤飞灰和中国土壤标样GSS-1为标准物质，用高纯锗半导体探测器及多道γ能谱仪测量其γ谱，在中国核动力院高通量堆辐照，中子积分注入量为4×10^{17} n/cm^2。测量结果见表2。

2　稀土元素地球化学特征

稀土元素以其独特的地球化学特征，被广泛地应用于岩石、矿物的成因、起源及演化方面的研究。岩石或其他地质体的稀土元素（REE）分配模式经风化或成土作用后有一定的继承性，因而比较不同物质的REE分配模式，可判别彼此之间可能存在的亲缘关系。刘东生等[1]利用稀土元素探讨黄土的物质来源、成因及其有关地质问题，取得了理想结果。

表 2　金沙遗址土壤样品元素含量

层位	1	2	3	4	5	6	7	8	9	10	11	12	13	14	15	16
La	34.00	35.50	34.80	34.90	41.80	44.60	37.60	37.60	37.40	39.10	37.20	34.00	42.00	36.20	35.70	32.10
Ce	88.60	90.50	88.80	78.70	101.00	92.40	89.30	83.27	82.50	95.50	92.50	83.40	102.01	85.40	86.80	70.80
Pr	9.10	9.70	9.30	8.50	10.60	10.80	9.70	9.80	9.20	10.60	10.10	9.20	11.10	9.60	9.30	7.80
Nd	36.50	39.30	37.30	32.70	41.80	41.70	44.60	36.00	42.30	41.00	37.70	44.40	38.50	37.30	30.40	
Sm	4.95	5.10	5.31	5.40	6.14	6.07	5.32	5.95	5.72	5.70	5.60	5.32	5.72	5.52	5.89	5.47
Eu	1.36	1.38	1.35	1.38	1.46	1.44	1.49	1.52	1.35	1.28	1.34	1.24	1.32	1.32	1.34	1.18
Gd	5.20	5.20	5.50	5.90	4.90	5.40	5.30	6.10	4.32	4.21	4.61	4.56	4.63	4.04	4.63	4.26
Tb	0.91	0.91	0.96	0.98	0.85	0.93	0.90	1.04	0.77	0.75	0.80	0.81	0.78	0.72	0.82	0.76
Dy	6.06	6.05	6.35	6.16	5.64	6.14	5.83	6.72	5.21	5.08	5.28	5.47	4.50	4.88	5.52	5.15
Ho	1.31	1.30	1.36	1.26	1.22	1.31	1.22	1.41	1.14	1.11	1.13	1.20	1.04	1.07	1.20	1.13
Er	3.72	3.70	3.84	3.37	3.44	3.70	3.39	3.88	3.30	3.22	1.20	3.46	2.84	3.10	3.46	3.27
Tm	0.56	0.55	0.57	0.48	0.51	0.55	0.49	0.56	0.49	3.46	0.53	0.41	0.47	0.52	0.50	
Yb	3.48	3.44	3.54	2.81	3.20	3.40	3.00	3.41	3.19	3.11	2.92	3.33	2.46	3.00	3.30	3.17
Lu	0.51	0.53	0.55	0.50	0.51	0.51	0.45	0.52	0.46	0.46	0.42	0.51	0.38	0.44	0.49	0.48
As	6.3	9.2	7.2	7.2	12.5	14.4	11.5	15.2	13.4	9.1	6.8	6.4	5.4	8.6	10.7	3.5
Ba	628	652	643	583	578	568	570	662	717	528	561	463	576	526	666	900
Co	12.8	14.1	14	13.7	18.6	13.6	12.6	15.6	21.2	14.1	12.9	12.2	11.9	14.7	16.9	25.3
Cr	83.2	83	82.6	78.1	75.9	79.6	68.9	92.1	89.4	66.6	57.7	58.8	58.7	65.2	81.4	114
Cs	8.82	8.79	9.21	9.01	9.07	10	8.2	11.9	10.2	5.89	4.89	4.76	4.68	5.65	7.72	12.5
Fe*	3.24	4.29	3.67	3.55	3.51	4.06	3.8	4.4	4.5	3.37	3.32	3.11	3.51	4.25	5.24	
K*	1.54	1.62	1.7	1.8	1.61	1.75	1.53	1.96	1.93	1.34	1.45	1.32	1.33	1.37	1.91	3.22
Na*	0.955	1	0.98	1	0.92	0.97	1.2	0.98	0.895	1.1	1.24	1.28	1.35	1.32	1.28	0.9
Rb	117	113	131	123	129	121	107	159	122	81.4	77.1	70.3	74.7	77.8	104	167
Sb	0.69	1.07	0.66	0.66	1.03	1.27	0.67	1.06	0.68	0.88	0.5	<0.42	0.77	0.43	1.09	0.78
Th	9.9	9.4	10.3	9.7	12.7	12.4	9.8	12.2	15.3	11.7	12.5	11.4	12.6	11.6	13.6	17.8
Sc	13.6	14	14.6	14.3	13.3	14.4	12.4	16.1	16.2	12.6	11.9	11.5	10.9	12	15.2	19.9
Sr	265	230	204	125	121	130	223	202	168	189	194	217	200	161	102	141
Ta	1.3	1.19	1.18	1.16	1.42	1.21	1.2	1.26	0.99	1.14	1.33	0.93	1.19	1.12	1.34	0.99
Hf	7.81	7.76	7.62	6.96	8.03	7.1	6.69	6.97	5.58	6.83	6.65	9.18	6.7	7.4	6.68	5.09
U	2	2.2	3.5	2	1.9	2	2	2.1	2.1	3.1	1.6	2.2	3.4	2	1.3	2.5
Zn	348	240	315	94.4	162	159	231	228	81.2	115	115	86.3	107	112	107	158
Zr	172	135	140	118	191	163	148	165	372	438	349	320	249	230	399	253

注：NIAA分析工作是由成都理工大学三系完成。据以往工作统计，精确度在 ±15%以内样品占85%。带*者元素含量单位为%，其余元素含量单位为‰。

成都金沙遗址广汉层稀土元素的分配型式（图 1）都是呈负斜率型，La-Sm曲线较陡，Gd-Lu曲线较平缓，轻稀土相对富集，且轻、重稀土分馏明显。各地层采集样品的稀土分配型式非常相似，LREE/HREE、(La/Sm)$_n$、(La/Lu)$_n$、(Gd/Yb)$_n$等比值（表 3）接近，充分说明它们物质来源的同一性和稳定性，基本上反映了同源区成分的稀土组成特征。该剖面稀土元素含量略高于地壳平均值（∑REE= 166，Taylor，McLennan，1981），是其源区物质的反映。剖面中δ_{Ce}= 1.01 ~ 1.21，为弱的正异常；δ_{Eu}= 0.75 ~ 0.86，为弱的负异常。稀土分配曲线反映了源区物质总成分具有酸性为主的特征。

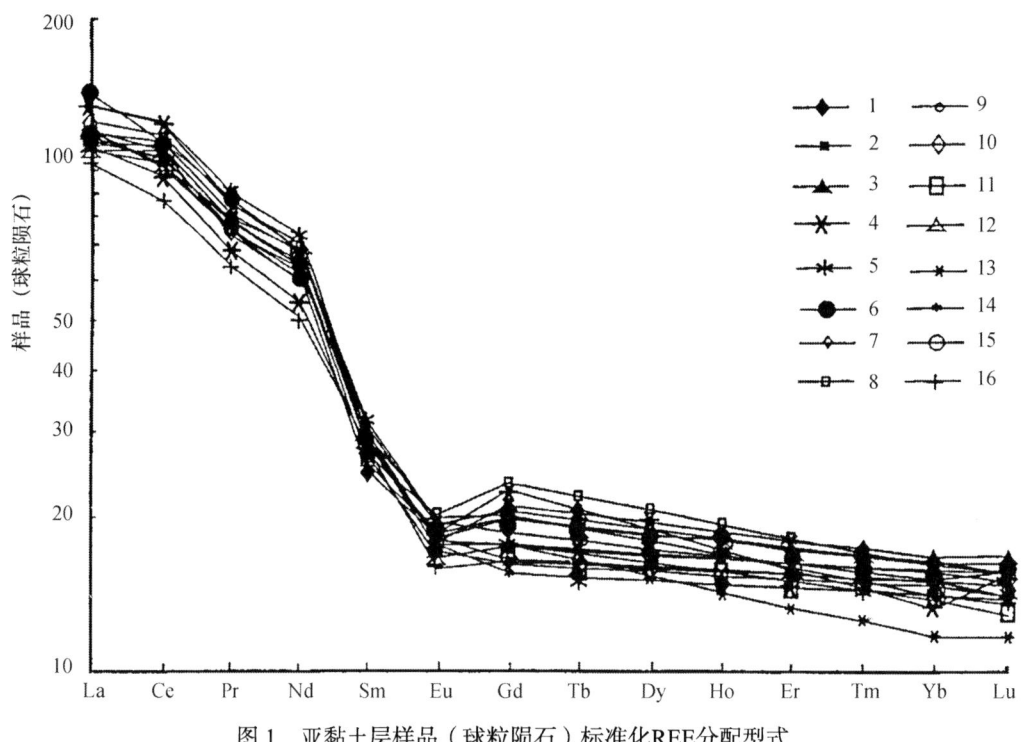

图 1 亚黏土层样品（球粒陨石）标准化REE分配型式

表 3 金沙遗址亚黏土层样品稀土元素地球化学参数

层位	LREE	HREE	∑REE	δ_{Eu}	δ_{Ce}	$(La/Lu)_n$	$(La/Sm)_n$	$(Gd/Yb)_n$	LREE/HREE
1	174.4673	21.7437	196.211	0.8204	1.2166	6.9017	4.337	1.2053	8.0238
2	181.4327	21.6849	203.1175	0.8191	1.178	6.9343	4.3951	1.2222	8.3668
3	177.1702	22.6912	199.8614	0.7627	1.1887	6.5503	4.1381	1.2591	7.8079
4	161.5708	21.4828	183.0536	0.7462	1.1016	7.2261	4.0808	1.7028	7.521
5	202.4698	20.244	222.7138	0.8169	1.1578	8.485	4.2985	1.2282	10.0015
6	197.0454	21.9011	218.9465	0.7724	1.0128	9.0534	4.6394	1.2722	8.9971
7	181.9154	20.5714	202.4868	0.8599	1.1264	8.6501	4.4626	1.4213	8.8431
8	177.526	23.6574	201.1834	0.7703	1.0414	7.4857	3.9901	1.4497	7.504
9	172.2341	18.9075	191.1416	0.8302	1.068	8.4171	4.1285	1.0949	9.1093
10	194.9319	18.4339	213.3658	0.799	1.1329	8.7997	4.3313	1.0937	10.5746
11	187.7251	18.8115	206.5366	0.8067	1.1507	9.1694	4.1944	1.2747	9.9792
12	170.9147	19.8658	190.7805	0.7703	1.1329	6.9017	4.0353	1.1051	8.6035
13	206.5143	17.5361	224.0503	0.7848	1.1396	11.4423	4.6362	1.5189	11.7765
14	176.8731	17.723	194.5961	0.855	1.1019	8.5173	4.1408	1.0874	9.9799
15	176.3698	19.9459	196.3157	0.7846	1.1454	7.5426	3.8271	1.1337	8.8424
16	147.8155	18.7296	166.5451	0.7474	1.0736	6.9233	3.7054	1.0861	7.8921

3 剖面元素分布特征

元素在剖面上的分布见图2。

由图2看出,在第1~4土层中,Zn、U和Sr表现为富集,Zr和Th表现为亏损。元素U具有相对活泼性,易于流失或被有机物质和黏土吸附,因而在土层中特别是第1~4层下部略有富集。在第5~8层中,As和Th表现为富集,但总地来说,元素含量变化小,这是由于在成土过程中源区物质的分解,导致成分相对均一化。对古土壤层(9)而言,元素Co、Ba、Th和Sc等含量表现为增加或异常,Zn含量降低,Rb表现为风化残余富集。在第10~16层中,Zr、Th和Na等元素含量增加,Cs、Rb和Zn等元素含量降低。对第9和第16层而言,Th含量高且相对于U、Hf和Ta变化大,这说明了在风化成壤过程中,相对于Hf和Ta,Th部分迁移;相对于U,Th则保留原地。可见,元素含量在剖面上部、中部和下部呈规律性变化。与成都平原西部岷江冲积扇土壤(As 7.335‰,Th 8.772‰,Zn 81.471‰,K 2.374%,Na 1.261%,Fe 5.385%)相比[5],金沙遗址中Th含量略偏高;Fe、K和Na含量略偏低;Zn富集趋势明显(在全新世沉积层中可富集达4倍);As含量在广汉层上部(第5~10层)中明显偏高(偏高1.5~2倍),甚至超过全国土壤背景含量(As 10‰)。

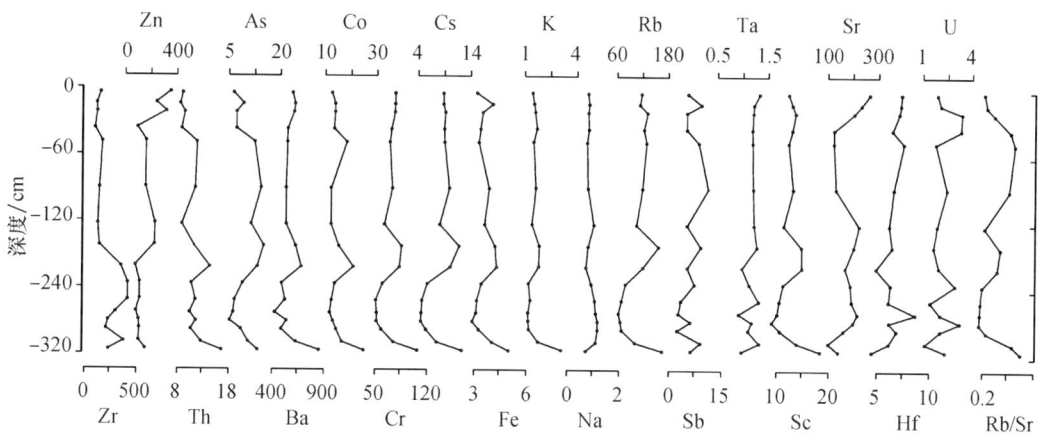

图2 金沙遗址亚黏土层元素组成的剖面变化
Fe、Na、K含量单位为%,其余元素含量单位为‰

讨 论

金沙遗址中相当于三星堆文明的地层层序为第5~16层,第4层以上为春秋以后文明。说明了当时人们最先生活的层位是在第5层上,而第4层以上是后期形成的,这与元素含量在剖面上部、中部和下部呈规律性变化是一致的,因而第1~4层更多地反映了人类活动的背景。

Rb和Sr元素在表生环境下具有独特的地球化学性质。E. J.Dasch[6]通过对各种母岩在风化作用条件下Rb、Sr迁移规律的研究,指出Rb/Sr值反映了母岩风化作用强度。已有的研究显示,Rb在成壤过程中为稳定元素,表现为残留富集特点。Sr为活动元素,其含量随风化成壤作用强度的增强而降低。Rb/Sr值变化取决于Sr的丢失程度,并且反映了物质在成壤过程中的淋失程度,而成壤过程中的淋失程度与降雨量有关。因而利用Rb/Sr值可揭示气候波动信息[7-8]。从图2可以看出,Rb/Sr值第16~10层逐渐降低,第10~7层逐渐升高,第7~1层逐渐降低。峰值对应层位分别为第8层和第5层,但二者的峰值仍然低于第15层和第16层的Rb/Sr值。Rb/Sr值变化总趋势以及元素特征揭示了广汉层形成的环境是干旱潮湿气候间或发生。在金沙人最先生活的第5层以上,自下而上,Rb/Sr值是逐渐减小的,可能说明了当时气候有变干的趋势。

遗址中出现两条古河道,所研究的T7908探方是在更古老河床的二级阶地上,可能由于气候变干,地下水位下降导致黏土层中Na和K含量偏低。与生命有关的元素As和Zn含量明显偏高,对人类生理健康有无影响,尚有待进一步的研究。广汉黏土层作为古蜀文明人类生活的背景,其元素地球化学表明它是在变干趋势的环境中形成的[9]。

结　论

(1)广汉黏土层的形成具有同源成分特征。元素含量在剖面上部、中部和下部呈规律性变化。其中,Th、U、Ta、Hf、Rb、Zn、As、K、Na和Sr等元素含量变化是源区物质分解和沉积环境共同影响造成的。广汉亚黏土层的元素地球化学行为表明它是在变干趋势的环境中形成的。

(2)一些与生活有关的元素,如Zn和K在广汉层及全新世沉积(第1~4层)分别表现为富集和亏损,As则在广汉层上部富集。全新世沉积(第1~4层)具有一致性,Zn和U等元素相对富集,是现代气候环境和表生作用的反映。

对金沙遗址亚黏土层元素特征及古环境,仅做了初步的工作,更详细的情况有待进一步的研究。不足之处,希望得到各位同仁的校正。在研究中,得到了成都文物考古研究所的领导和研究人员的大力支持和指导,以及成都理工大学的刘兴诗教授、李永昭教授等悉心指导和付顺、向芳、刘建等热情帮助,谨致谢忱。

参考文献

[1] 刘东生,文启忠,安芷生,等.黄土与环境.北京:科学出版社,1985.
[2] Marker B A, Thompson R. Paleorainfall reconstruction from pedogenic magnetic susceptibility variations in the Chinese loess and paleosoils. Quaternary Research, 1995, 44: 383-391.
[3] 文启忠,刁桂仪,贾蓉芬,等.黄土剖面中古气候变化的地球化学记录.第四纪研究,1995,(3):223-231.
[4] 刘兴诗.四川盆地的第四系.成都:四川科学技术出版社,1983.
[5] 朱礼学.成都平原西部元素的分布特征及其与农业、环境的关系.物探与化探,1999,21(4):12-15.

[6] Dasch E J. Strontium isotopes in weathering profiles, deep sea sediments and sedimentary rocks. Geochemica et Cosmochemica Acta, 1969, 33: 1521-1552.

[7] 陈骏, 汪永进, 季峻峰, 等. 陕西洛川黄土剖面的Rb／Sr值及其气候地层学意义. 第四纪研究, 1999, (4): 350-354.

[8] 刘连文, 陈骏, 陈炀, 等. 黄土的连续提取实验及Rb／Sr值意义. 土壤学报, 2002, 39 (1): 65-70.

[9] 牟保垒. 元素地球化学. 北京: 北京大学出版社, 1999.

金沙遗址沉积物微量元素特征及其环境意义*

文星跃　曾　娜　黄成敏　张　擎

成都平原位于四川盆地西部，西靠青藏高原东缘的龙门山与邛崃山，第四纪沉积体主要以岷江和沱江两大流域形成的冲积扇砾石为主，其中全新世沉积下部为砾石层，上部为泥质层[1]。金沙遗址地处成都市西郊，是商代晚期至春秋时期古蜀文化中心，也是继三星堆遗址后又一考古重大发现。近年来，针对金沙遗址沉积地层，研究者分别采用磁化率[1]、矿物[2]、孢粉[3]等分析方法探讨了成都平原4千年来的环境变化，有学者根据沉积颗粒粒度、石英砂表面特征及稀土元素分布模式对成都双流县的红土地层进行了研究，认为成都黏土及其下的网纹红土的母质属于风尘沉积[4]。沉积物微量元素特征对揭示沉积物物源及环境演变有着重要意义[5-9]，青藏高原东缘沉积地层在全球变化和高原隆升研究中有着特殊的地位[4-10]。本文对金沙遗址沉积物微量元素地球化学特征进行了分析，并与相关研究进行对比，旨在为成都平原环境演变提供新的理论依据。

1 样品采集与分析

成都金沙遗址地势平坦，相对高差小于5 m。遗址内及附近河流纵横，向南1.5 km是清水河，北侧是陴江古道，摸底河自西向东横穿遗址，此外，遗址内部至少有4条由西北流向东南的古河道。样品采自沉积连续的考古探坑H2313，探坑深3.9 m。其中，0～2.5 m为砂泥层，2.5～3.9 m为泥炭层，底部为砾石层。遗址代表的古蜀十二桥文化分布在2.5 m以上。对沉积物以每10～30 cm左右取样，深至250 cm，去掉现代表土部分，按沉积物常规处理方法进行预处理，并用玛瑙研钵充分研磨过200目筛后，在中国科学院地球化学研究所测试微量元素质量分数，仪器为Q-ICP-MS（加拿大Perkin Elmer

---

* 原载《西南大学学报》（自然科学版）2011年第8期。教育部新世纪优秀人才支持计划资助项目（NCET-08-0379）、高等学校学科创新引智计划资助项目（B08037）资助。

公司ELAN DRC-e型)。测试前作如下处理[1]：准确称取50 mg样品于聚四氟乙烯坩埚中，加入1 mL HF和1 mL HNO_3；将坩埚放入钢套中密封，置于烘箱于190℃加热36 h消解样品；冷却后取出坩埚，置于低温电热板上蒸干，加入1 mL HNO_3继续蒸干完全；再在坩埚中准确加入500 ng Rh内标溶液、2 mL HNO_3、3 mL去离子水，重新置于钢套中，于140℃加热5 h；冷却后取出坩埚，摇匀，取0.4 mL溶液至离心管中，定容至10 mL。最后仪器测试，分析精度小于10%。

黏粒质量分数采用分散剂-吸管法测定；有机质质量分数用重铬酸钾-硫酸消化法；全铁质量分数用硝酸-氢氟酸-高氯酸消煮，原子吸收分光光度法测定；游离铁质量分数用连二亚硫酸钠-柠檬酸钠-重碳酸钠提取法溶液浸提，邻啡罗琳比色法[12]测定。^{14}C年代数据由成都市文物考古研究所提供(北京大学AMS^{14}C实验室测试)。

2 结果与讨论

2.1 微量元素质量分数特征

金沙遗址沉积物微量元素质量分数与大陆地壳微量元素平均丰度值[13]相比，元素Rb，Ba和Th质量分数略高于上地壳而远高于下地壳，V、Cr、Co、Ni、Cu和Sc质量分数略高于上地壳而远低于下地壳，Nb、Zr质量分数略低于上地壳而远低于下地壳，Sr质量分数既低于上地壳也低于下地壳(表1)。可以看出，沉积物微量元素质量分数更接近于上陆地壳丰度值，长江下游河流沉积物微量元素质量分数具有类似的特征[14]。总体上，Rb、Ba、V、Cr、Co、Ni、Cu、Nb、Sc、Th等元素质量分数变化趋势一致，均在剖面深度130~200 cm范围出现波峰，但Cr、Th质量分数变化幅度较小，表明相对稳定；而Sr、Zr元素与上述相反，在130~200 cm深度范围出现波谷，表明这两种元素发生了相对亏损；Pb、Be和Zn在剖面中变化较小，质量分数相对稳定。所有元素均在深度130 cm和230 cm左右出现异动。根据沉积物微量元素质量分数在剖面中的总体变化，自下而上可把剖面划分为250~200 cm、200~130 cm和130~30 cm 3个层次，微量元素受化学风化作用的影响会发生相对变化，说明金沙遗址沉积物在不同堆积阶段气候环境存在差异。

2.2 微量元素的相关性

对金沙遗址砂泥质层不同深度沉积样品的微量元素质量分数及其有机质、黏粒质量分数及铁游离度进行相关性分析(表2)，发现沉积物中元素Rb、Nb与黏粒质量分数呈显著正相关，Ba、Cr、Co、Ni、Cu、Pb、Be、Zn、Sc、Th等元素与黏粒质量分数呈现弱正相关性。其中，Pb、Nb、Rb元素与有机质质量分数呈现弱正相关；元素Sr、Zr质量分数与黏粒、有机质质量分数均呈现明显负相关，而与铁游离度呈现弱正相关；元素Be、Rb、Cr、Cu、Nb、Zn等微量元素与铁游离度呈负相关。可以看出，相对于有机质和铁游离度，微量元素质量分数与黏粒质量分数的相关性更明显，表明金沙沉积物微量元素质量分数受粒径大小

表 1 金沙遗址沉积物微量元素质量分数（单位：mg/kg）

样品号	深度/cm	Rb	Sr	Ba	N	Cr	Co	Ni	Cu	Pb	Be	Nb	Zn	Sc	Zr	Th
J105	30～40	140.00	139.00	662.00	118.00	76.81	15.20	37.73	36.40	31.01	3.15	15.90	117	13.67	13.67	14.70
J110	70～90	141.00	146.00	676.00	134.00	85.65	17.30	43.94	37.70	27.69	2.78	15.30	119*	13.94	173.00	14.20
J112	90～110	138.00	152.00	690.00	125.00	79.28	17.50	41.74	37.20	30.18	3.05	15.90	124	13.30	187.00	15.30
J114	110～120	143.00	153.00	663.00	129.00	83.46	17.90	42.69	39.20	29.94	3.31	15.80	126	13.94	176.00	15.00
J202	125～130	133.00	132.00	572.00	97.80	69.77	13.20	30.56	30.70	46.27	3.01	16.40	125	11.49	196.00	13.60
J117	150～165	164.00	125.00	750.00	118.00	82.03	20.60	50.14	41.70	30.65	3.13	16.70	140	13.67	163.00	5.40
J118	165～180	161.00	131.00	743.00	126.00	85.74	23.00	52.05	43.90	31.12	3.16	16.30	134	13.48	161.00	15.90
J01	180～190	148.00	134.00	638.00	122.00	80.80	17.30	42.31	40.80	28.76	2.95	15.80	124	13.57	175.00	15.40
J02	190～200	142.00	136.00	599.00	112.00	73.95	17.70	37.25	37.10	27.93	3.02	15.30	126	12.58	178.00	14.60
J03	200～210	142.00	136.00	565.00	109.00	78.33	13.10	38.49	39.30	27.10	2.81	15.50	230	12.13	179.00	14.80
J04	210～220	140.00	135.00	566.00	108.00	78.90	13.10	38.49	38.90	26.04	3.32	15.70	135	12.13	179.00	14.90
J203	220～240	105.00	139.00	481.00	81.80	57.70	10.30	25.79	25.80	19.76	2.58	14.20	100	9.77	203.00	12.50
J05	240～250	116.00	143.00	518.00	100.00	69.87	13.20	32.57	35.10	22.84	2.76	14.90	123	11.04	180.00	13.40
平均值		139.46	138.54	624.85	113.89	77.10	16.11	39.52	37.22	29.18	3.00	15.67	132.54	12.67	179.38	14.59
上地壳[13]		112.00	350.00	550.00	60.00	35.00	10.00	20.00	25.00			25.00		11.00	190.00	10.70
下地壳[13]			5.30	230.00	150.00	285.00	35.00	135.00	90.00			6.00		36.00	70.00	1.06

表 2 金沙遗址砂质泥层层微量元素与黏粒、有机质、铁游离度相关系数

微量元素	Rb	Sr	Ba	V	Cr	Co	Ni	Cu	Pb	Be	Nb	Zn	Sc	Zr	Th	黏粒	有机质	铁游离度
Rb	1																	
Sr	-0.38	1																
Ba	0.86**	-0.07	1															
V	0.74**	0.28	0.84**	1														
Cr	0.85**	0.05	0.82**	0.94**	1													
Co	0.84**	-0.14	0.92**	0.78**	0.77**	1												
Ni	0.91**	-0.15	0.92**	0.84**	0.91**	0.92**	1											
Cu	0.88**	-0.17	0.74**	0.78**	0.91**	0.78**	0.91**	1										
Pb	0.37	-0.24	0.32	0.16	0.20	0.22	0.12	0.05	1									
Be	0.64**	0.05	0.55**	0.50	0.58*	0.49*	0.53*	0.58*	0.40	1								
Nb	0.83**	-0.38	0.75**	0.51	0.63**	0.63**	0.66**	0.61**	0.74**	0.71**	1							
Zn	0.30	-0.21	-0.03	0.05	0.26	-0.05	0.18	0.37	0.01	-0.03	0.17	1						
Sc	0.82**	0.12	0.89**	0.96**	0.91	0.79**	0.84	0.79	0.26	0.59*	0.64*	0.04	1					
Zr	-0.84**	0.27	-0.74**	-0.72**	-0.84**	-0.82**	-0.91	-0.93**	0.03	-0.45	-0.52**	-0.24	-0.72**	1				
Th	0.91**	-0.14	0.81**	0.78**	0.86**	0.80**	0.89**	0.93**	0.20	0.70**	0.72**	0.30*	0.82**	-0.77**	1			
黏粒	0.67**	-0.82**	0.38	0.05	0.27	0.34	0.43	0.39	0.37	0.39	0.64**	0.32	0.22	-0.37	0.49	1		
有机质	0.23	-0.53*	0.01	-0.13	-0.02	0.19	0.01	0.10	0.46	0.11	0.28	0.17	-0.06	-0.20	0.02	0.29	1	
铁游离度	-0.33	0.22	-0.05	-0.14	-0.32	-0.02	-0.16	-0.45	-0.15	-0.56*	-0.34	-0.45	-0.20	0.31	-0.42	-0.23	-0.41	1

注：未注明，表示差异不显著。
*表示显著性为0.05；
**表示显著性为0.01。

的影响较强，Rb等大多数微量元素质量分数随黏粒质量分数的增加而增加，而Sr、Zr质量分数变化则相反。其原因可能是沉积物细粒组分的增加有利于微量元素的吸附，元素Sr、Zr相对易淋失，而铁游离度与黏粒和有机质的弱负相关则表明后两者受风化成壤强度影响较小，可能沉积物粒径大小主要受流水搬运动力的影响。

对微量元素之间的相关分析可知，上述与黏粒呈正相关的Rb、Nb、Ba、Ni、Cu、Cr等元素基本上相互间均呈现显著正相关，元素Sr与Zr、V呈正相关，与Nb呈负相关，而与其他元素不具明显相关性，元素Zr与除Sr、Pb以外的其他元素具有明显负相关关系。因此，相对于Sr、Zr同其他元素的相关更密切，推断可能是因为Zr同其他与之负相关的多数元素一样，受粒径的影响较大，而Sr受外界淋溶的影响较大。金沙沉积物与全新世黄土剖面中包括Zr在内的大部分微量元素与黏粒质量分数呈显著正相关，Sr、Pb、Cr质量分数与黏粒呈负相关[15]等认识有差异。

从Ba-Rb-Sr、Cr-Co-Th和Cr-Co-Zr三角图中可以看出（图1），元素分布比较集中，说明元素间的相关性较强。在Ba-Rb-Sr三角图中，分布点集中在右下角，表明Ba、Rb和Sr 3种元素间Ba的影响力最大，而Sr和Rb影响较小；在Cr-Co-Th三角图中，Cr、Co、Th 3种元素间Cr影响力最大，而Co和Th影响较小；在Cr-Co-Zr三角图中，分布点集中于左偏下，表明Cr、Co和Zr 3种元素间，Zr影响力最大，影响最小的是Co。上述3个影响力较大的元素中，Ba、Cr在剖面中的变化与黏粒质量分数变化趋势一致，而Zr的变化与之相反。

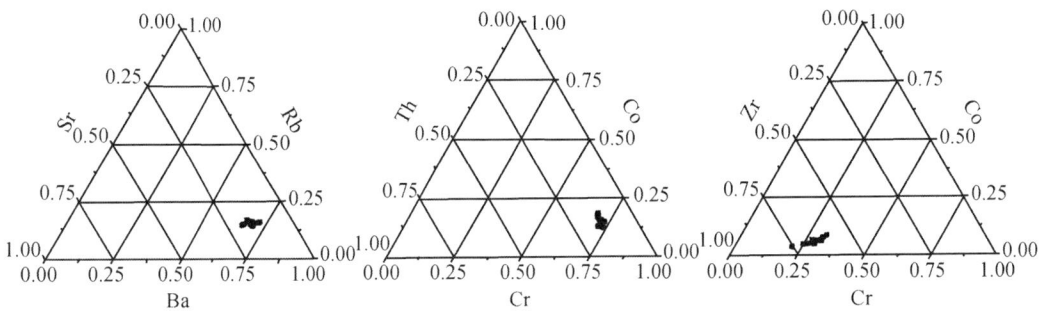

图1　金沙遗址沉积物Ba-Rb-Sr、Cr-Co-Th和Cr-Co-Zr三角图

2.3　微量元素与化学风化

Nb相对Ba为难移动元素，在岩石风化初期Ba/Nb比值会增加，但在形成土壤后，随着成壤强度增加Ba/Nb比值会降低[16]；Rb/Sr、Ba/Sr反映沉积物源区的化学风化信息[17]，值越大表示源区气候条件有利于岩石的化学风化。金沙遗址沉积物中Ba/Nb与Rb/Sr、Ba/Sr的变化趋势基本一致（图2），均在剖面200～130 cm范围出现波峰，而反映风化强度的Cr/Sc、Pb/Zn和V/Cr等比值[16]变化与Rb/Sr、Ba/Sr并不一致。在岩石风化过程中，Ba相对Nb、Sc、Zr等元素较易移动，Sr是典型的分散元素，易于淋溶[15]。岩石风化早期，Ba形成于次生的磷酸盐和硫酸盐内，或被新生黏土矿物吸附，较难淋

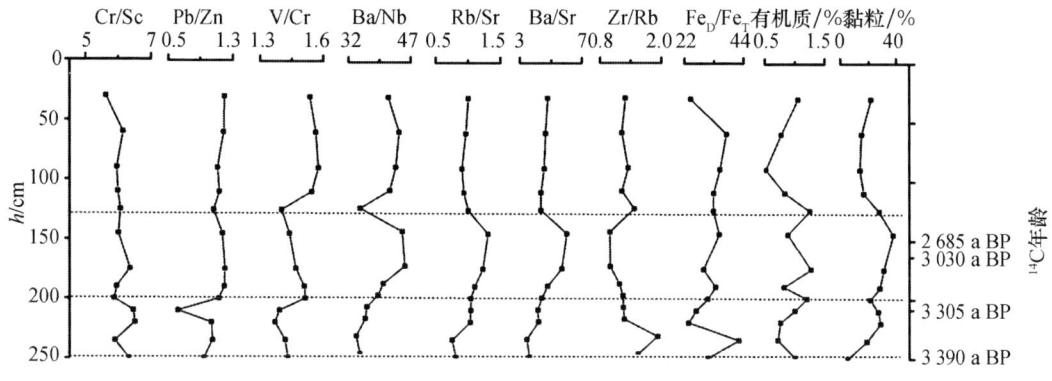

图 2 微量元素比值与铁游离度、有机质和黏粒质量分数剖面变化图

溶,但随着风化作用的增加,酸性淋溶作用会导致Ba的淋洗而使Ba/Nb比值降低[16]。因此,剖面中200～130 cm范围Ba/Nb与Rb/Sr、Ba/Sr的增加可能反映的是沉积物风化程度,表明了该时段气候条件较温湿,有利于岩石风化;Ba/Nb比值未降低以及其他几个比值未发生明显变化说明岩石风化作用较弱,同时,反映风化成壤强度的铁游离度(Fe_D/Fe_T)指标在此范围也未发生相应的变化。此外,文献[5]研究表明,Zr/Rb值不会受沉积后环境的影响,反映沉积前的性质,因Zr易在粗粒中富集,而Rb易在细粒中富集,因此,其比值反应了沉积初的粒径,而后期成壤作用因影响粒径大小会改变这一相关性。金沙沉积物Zr/Rb值与黏粒质量分数变化趋势相反,与风化成壤弱的黄土沉积物具有相同的特征。而前述多数微量元素及有机质质量分数与黏粒质量分数具有正相关性,可能是由细粒组分更有利于吸附作用的产生而引起的。因此,金沙遗址沉积物微量元素化学特征主要是源区岩屑化学风化作用的结果。

从微量元素对物源的指示作用来看,因Th、Nb、Sc、Zr、Cr等元素主要存在于稳定的碎屑态中,表生环境下不易迁移,根据这些元素间的比值可以判别沉积物物源[5,14],上陆地壳的Th/Sc平均值为0.97,下地壳为0.03[13]。金沙沉积物Th/Sc值变化范围为1.02～1.28,平均为1.16,略高于上陆地壳Th/Sc值,远高于下地壳,表明源区物质以长英质为主;Cr和Zr元素的比值可以反映镁铁质与长英质物质对沉积物的相对贡献[18],金沙沉积物Cr/Zr值在0.28～0.53之间变化,平均值为0.43,均小于1,说明源区物质以长英质为主。金沙遗址西北部的都江堰及其邻区的岷江河流砾石成分中花岗岩所占比例达50%以上[19],沉积物长英质为主的特征与上游河流砾石保持一致,沉积物堆积期间龙门山地区的构造运动未达到改变表生陆壳碎岩的程度,因而金沙遗址的河流相沉积物物源相对稳定。因此,前述金沙遗址沉积物微量元素特征指示的化学风化强度的变化实际上是由于龙门山地区及其紧临的成都平原气候环境的变化引起的。

2.4 微量元素与环境变化

微量元素质量分数及其特征比值在剖面中的变化可以用来反映沉积物堆积时期气候环境特征。代表岩石风化信息的Ba/Nb、Rb/Sr、Ba/Sr与元素中影响力较大的Ba、

Cr、Zr，以及易于淋失的Sr等质量分数在剖面中的变化能进行很好的比对（图2和表1），Ba/Nb、Rb/Sr、Ba/Sr和Ba、Cr质量分数的高值与Sr、Zr质量分数的低值对应，表明它们对气候环境特征指示的一致性。温暖潮湿的气候条件下，岩石风化程度加强，引起微量元素出现分异，Ba/Nb、Rb/Sr、Ba/Sr比值增大，同时，颗粒变细导致黏土矿物吸附更多的Ba等微量元素，而易在粗粒中富集的Zr质量分数相对变小，Sr在湿润气候环境易于淋失而减少。气候特征由温湿转向冷干的变化过程使上述情况向着相反方向变化，在稳定的气候条件下，上述特征值相对稳定。

根据成都文物考古研究所提供的^{14}C年代数据，剖深250 cm左右年代为3 390 a BP，210 cm左右年代为3 305 a BP，170 cm左右年代为3 030 a BP，而剖深150 cm年代约为2 685 a BP（图2），微量元素反映的龙门山及成都平原地区气候环境变化特征可概括为以下3个阶段。

（1）3 400～3 200 a BP（250～200 cm）。Ba/Nb、Rb/Sr、Ba/Sr以及Ba和Cr等元素质量分数变化均出现早期增大，中、晚期较平稳的态势，而Sr质量分数变化趋势相反。表明此阶段龙门山及成都平原早期气候特征为相对冷干向暖湿变化，之后气候较温湿，并持续了一段时间。相关研究表明，磁化率在此范围则出现早期迅速增加，而后快速降低，在200 cm左右保持平稳的特点[1]。黏土矿物在此阶段含较多的伊利石-蒙脱石混合层，且由下向上增加，而伊利石和绿泥石向上呈降低的趋势[2]。孢粉分析表明，此阶段植被类型为由温暖湿润条件下的落叶阔叶林转变为以温暖潮湿下的草地或湿地为主[3]。

（2）3 200～2 500 a BP（200～130 cm）。Ba/Nb、Rb/Sr、Ba/Sr以及Ba和Cr等元素质量分数变化均出现逐渐增大，在中期达到峰值，而后突然降低的过程，元素Sr和Zr质量分数变化则相反。表明这段时间内龙门山及成都平原地区有一个增温和降温的变化过程。总体而言，此阶段气候温暖，降水充沛，但后期出现突然降温的现象，气候又回到3 200 a BP的状态。磁化率[1]、伊利石-蒙脱石质量分数[2]在此范围均出现峰值，且变化幅度较大，同时，出现的高岭石等支持了上述推论。此外，成都平原植被类型仍以温暖潮湿下的草地或湿地为主[3]，说明很有可能此时金沙遗址河道较宽，或者附近沼泽遍布，影响了流水的冲刷力，导致沉积物粒径较小，从一个侧面印证了前述沉积物成壤作用较弱、对粒径影响较小的认识。这与一般湖泊沉积研究中水量越大、粒径越大的认识有区别。

（3）2 500 a BP至今（130～0 cm）。此阶段各种特征比值及Ba、Cr和Zr等元素质量分数变化均相对平缓，表明气候波动不大。此阶段磁化率[1]、伊利石-蒙脱石混合物呈逐渐减少的趋势[2]，似乎说明气候特征有缓慢变干的特点。而植被开始向温和、偏湿气候下的落叶阔叶林或草地转变[3]。

结　论

（1）金沙遗址沉积物微量元素质量分数在剖面中的变化呈现阶段性变化的特征，表明沉积物堆积阶段气候环境存在差异。其中，Sr、Zr质量分数的变化与其他元素呈现相反的趋势，Pb、Be和Zn质量分数变化较小。

（2）相关性分析表明，金沙遗址沉积物中Rb、Nb、Ba、Cr、Co、Ni、Cu、Pb、Be、Zn、Sc、Th等元素质量分数与黏粒呈正相关，Pb、Rb、Nb等元素与有机质呈正相关，Be、Rb、Cr、Cu、Nb、Zn、Sc元素与铁游离度呈负相关。微量元素与黏粒质量分数相关性更为明显，表明沉积物微量元素受粒径大小的影响较大。Ba-Rb-Sr、Cr-Co-Th和Cr—Co-Zr三角图表明，元素分布较集中，Ba、Cr和Zr影响力相对较大。

（3）微量元素特征比值Ba/Nb、Rb/Sr、Ba/Sr、Cr/Sc、Pb/Zn、V/Cr及Zr/Rb的变化及其与粒度、铁游离度的相关性表明沉积物风化成壤作用较弱，微量元素比值保留的是沉积物堆积初期的特征，反映了沉积物源区的化学风化强度。

（4）根据金沙遗址沉积物微量元素中Ba/Nb、Rb/Sr、Ba/Sr及Ba、Cr、Zr、Sr质量分数变化特征，复原龙门山及成都平原地区近3400年以来的气候环境变化特征：3 400~3 200 a BP，气候由冷干向温湿变化；3 200~2 500 a BP，气候更为温暖，降水量增大，但后期出现突然降温事件；2 500 a BP至今，气候波动不大，气候可能有朝着偏干的方向发展的趋势。结果与前人分别利用磁化率、矿物组成、孢粉分析的研究结果基本一致，表明沉积物微量元素特征对环境变化有良好的响应，可作为古气候和古环境变化研究的重要指标。

参考文献

[1] 罗丽萍，朱利东，杨文光，等. 成都平原4ka以来地层磁化率特征及气候变化意义. 成都理工大学学报（自然科学版），2007，34（3）：327-330.

[2] 罗虹，朱利东，张擎，等. 成都平原4ka BP以来黏土矿物记录的古气候变化. 海洋地质与第四纪地质，2007，27（4）：117-122.

[3] 罗丽萍，朱利东，向芳，等. 成都平原4 000a BP以来的孢粉记录与环境变化. 古生物学报，2008，47（2）：195-202.

[4] 赵志中，乔彦松，王燕，等. 成都平原红土堆积的磁性地层学及古环境记录. 中国科学（D辑），2007，37（3）：370-377.

[5] Chen Jun, Chen Yang, Liu Lianwen, et al. Zr/Rb Ratio in the Chinese Loess Sequences and Its Implication for Changes in the East Asian Winter Monsoon Strength. Geochimica et Cosmochimica Acta, 2006, (7016): 1471-1482.

[6] Mclennan S M. Rare Earth Elements in Sedimentary Rocks: Influence of Provenance and Sedimentary Processes. Reviews in Mineralogy and Geochemistry, 1989, 21(1): 169-200.

[7] Sun Jimin. Provenance of Loess Material and Formation of Loess Deposits on the Chinese Loess Plateau. Earth and Planetary Science Letters, 2002, (203): 845-859.

[8] 王中刚，于学元，赵振华. 稀土元素地球化学. 北京：科学出版社，1989：321-342.

[9] 文启忠. 中国黄土地球化学. 北京：科学出版社，1989：64-95.

[10] 陈诗越，方小敏，王苏民. 川西高原甘孜黄土与印度季风演化关系. 海洋地质与第四纪地质，2002，22（3）：41-46.

[11] Qi Liang, Hu Jing, Gregoire D C. Determination of Trace Elements in Granites by Inductively Coupled Plasma Mass Spectrometry. Talanta, 2000, (51): 507-513.

[12] Burt R. Soil Survey Field and Laboratory Methods Manual. Washington: US Government Printing Office, 2004: 24-204.

[13] Taylor S R, Mclennan S M. The Continental Crust: Its Composition and Evolution. Oxford: Blackwell Scientific Publications, 1985: 117-140.

[14] 杨守业, 李从先, Hoi-soo J, 等. 中韩河流沉积物微量元素地球化学研究. 海洋地质与第四纪研究, 2003, 23（2）: 19-24.

[15] 李瑜琴. 泾河上游全新世黄土——古土壤序列微量元素分布特征及环境变化. 中国生态农业学报, 2009, 17（3）: 416-422.

[16] 黄成敏, 龚子同. 海南岛北部玄武岩上土壤发生研究Ⅲ元素地球化学特征. 土壤学报, 2002, 39（5）: 643-652.

[17] Schefflera K, Buehmannb D, Schwark L. Analysis of Late Palaeozoic Ulacial to Postglacial Sedimentary Successions in South Africa by Geochemical Proxies-Response to Climate Evolution and Sedimentary Environmen. Palaeogeography, Palaeoclimatology, Palaeoecology, 2006, 240(1-2): 184-203.

[18] Wronkiewicz D J, Condie K C. Geochemistry of Archcan Shales from the Witwatersrand Supergroup, South Africa; Source-Arca Weathering and Provenance. Gcochimica ct Cosmochimica Acta, 1987, 51(9): 2401-2416.

[19] 李勇, 黎兵, Stheffen D, 等. 青藏高原东缘晚新生代成都盆地物源分析与水系演化. 沉积学报, 2006, 24（3）: 309-320.

金沙遗址古环境状况的综合探讨[*]

傅 顺　叶青培　王成善　刘 建　李 奎

金沙遗址地处成都市青羊区苏坡乡金沙村和金牛区黄忠村。目前，金沙遗址共布探方99个，发掘面积达2475 m^2，发掘深度1.2～4.4 m。考古发掘在梅苑东北部第7文化层（约西周）的地层中出土了大批珍贵文物（图1），约有近万件金器、铜器、玉器、石器以及多种哺乳动物的牙齿和骨骼，面积约104 m^2[1]。从目前考古学研究来看，这很可能是西周时期古蜀区域的一个重要政治、经济、文化中心[2]。

遗址区除表面为一层厚1～2 m的近代扰动土外，其他均为松散的全新世河流冲积

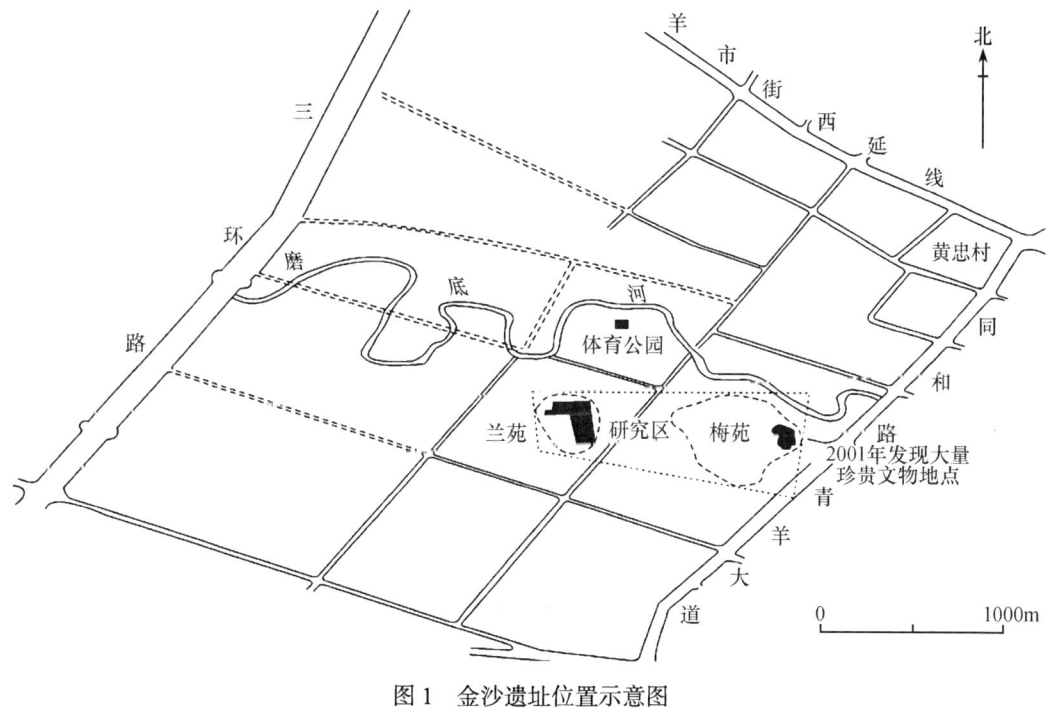

图1　金沙遗址位置示意图

---

[*] 原载《中国地质》2005年第3期。科技部"古蜀文明与高技术应用"项目资助。

物。目前尚无该区古环境状况的专题研究，在对遗址区WT7908和IT8305两个探坑、发掘区内最大的一条古河道沉积剖面分别采样、分析、测试，通过孢粉分析、广汉层古土壤地球化学行为分析、古河道砂粒度分析等手段和方法，来综合探讨金沙遗址古环境状况[3-11]。

1 孢粉古植被分析

1.1 样品的采集和剖面地层特征

土样采集于遗址的WT7908和IT8305两个探坑西壁剖面，共取31块样品。其中，WT7908的样品16块，IT8305的样品15块。剖面岩性特征见表1。第1~17层均为全新世沉积，第1~4层出现很多根孔，为受人类耕作活动影响的土层，第5~17层为广汉层[3]。在广汉层上部（第5~10层）发掘出大量文物，以玉器、青铜器、金器、陶器和象牙等为主，其中部分文物同广汉三星堆出土文物有很大的共性特征[2]。样品是由中国科学院植物研究所、系统与进化植物学重点实验室共同完成测试。

表1 金沙遗址剖面地层岩性柱状图

层序	深度/cm	岩性柱	岩 性 描 述	文物埋藏情况/m
1	0		灰色亚黏土，富含有机质，为耕作层	
2	18			
3	27		黄灰色亚黏土，见铁质结核，为淋溶层	
4	44		黄灰色亚黏土，见铁质结核，为淀积层	
5	59			见陶片 0.59 / 0.79
	78		浅棕黄色亚黏土，见铁质结核	
6			棕黄色亚黏土，略显网纹，见铁质结核	见陶片 1.35 / 1.50
	140			
7	175		棕黄色亚黏土，见铁质结核	1.65
8	200		棕黄色亚黏土，见铁质结核	见哺乳动物骨骼化石
9	225		黄棕色亚黏土，见铁质结核，为古土壤	
10	240			2.42
11	258		黄棕色砂—粉砂质亚黏土	
12	270			
13	283		黄棕色粉砂质亚黏土	
14	294			2.9
15	308		灰色粉砂质亚黏土	
16	325		砾石层成分主要是石英岩、花岗岩，由砂质亚黏土和粗砂填充	
17				

注：×表示取样点。

1.2 古植被与古气候分析

经实验室分析处理，WT7908探坑的16块样品中有5块观察到孢粉，总共399粒，IT8305探坑的15块样品中有12块观察到孢粉，总共1490粒。根据所获得的孢粉类型，进一步确认它们的地理分布区域，以此为依据进行古植被和古气候的分析[4]。在探坑

WT7908-5样品中，因为此样品是在文化层中采集的，其孢粉类型和气候在此文化层反映的是一个热带和亚热带的温暖湿润气候。在IT8305-8中出现反映干旱气候的菊科和石松的孢粉。这说明，这时气候有变干的趋势（表2）。

表2 探坑WT7908、IT8305中的孢粉类型及其反映的气候特征

探坑剖面号	孢粉类型	植物类型	气候特征
WT7908	藜科	被子植物	温带草原
WT7908	锦葵科	被子植物	广布于温带和热带
WT7908	凤尾蕨	蕨类植物	热带和亚热带
WT7908	蹄盖蕨科	蕨类植物	以热带和亚热带为主
WT7908	碗蕨科	蕨类植物	热带和亚热带
WT7908	水龙骨科	蕨类植物	主要分布于热带地区，温带地区分布较少
IT8305	凤尾蕨	蕨类植物	热带和亚热带
IT8305	蹄盖蕨科	蕨类植物	以热带和亚热带为主
IT8305	菊科	蕨类植物	热带和亚热带
IT8305	膜蕨科	蕨类植物	分布中心为热带
IT8305	水龙骨科	蕨类植物	主要分布于热带地区，温带地区分布较少
IT8305	双星藻	藻类植物	热带和亚热带

2 遗址区的地球化学行为分析

2.1 样品的采集和分析

样品取自WT7908探方剖面（第17～5层）。土样用玛瑙研钵磨细，过120目筛，差重法准确称重40 mg，以美国NIST的SRM-1633a煤飞灰和中国土壤标样GSS-1为标准物质，用高纯锗半导体探测器及多道γ能谱仪测量其γ谱，在中国核动力院高通量堆辐照，中子积分注入量为4×10^{17} n/cm^2。测量结果见表3。

2.2 微量元素和稀土元素地球化学特征

稀土元素以其独特的地球化学特征，被广泛地应用于岩石、矿物的成因、起源及演化方面的研究。岩石或其他地质体的稀土元素（REE）分配模式经风化或成土作用后有一定的继承性，因而比较不同物质的REE分配模式，可判别彼此之间可能存在的亲缘关系。

成都金沙遗址广汉层稀土元素的分配型式（图2）都是呈负斜率型，La-Sm曲线较陡，Gd-Lu曲线较平缓，轻稀土相对富集，且轻、重稀土分馏明显。各地层采集样品的稀土分配型式非常相似，LREE/HREE、$(La/Sm)_n$、$(La/Lu)_n$、$(Gd/Yb)_n$等比值（表3）接近，充分说明它们物质来源的同一性和稳定性，基本上反映了同源区

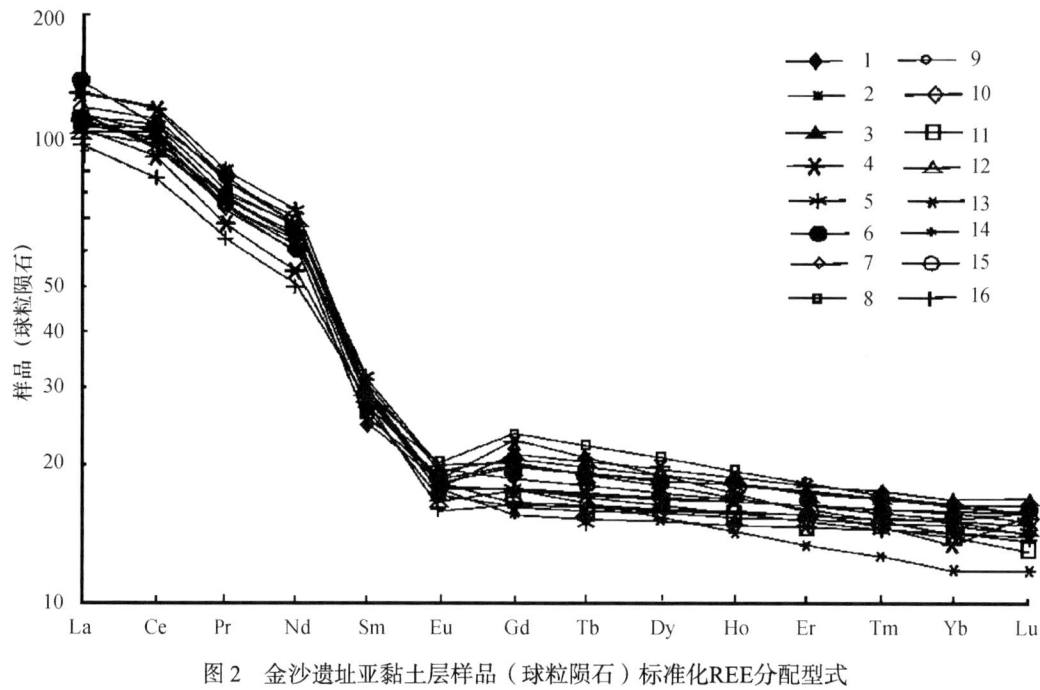

图 2　金沙遗址亚黏土层样品（球粒陨石）标准化REE分配型式

成分的稀土组成特征。该剖面稀土元素含量略高于地壳平均值（∑REE=166，Taylor McLennan，1981），是其源区物质的反映。剖面中δ_{Ce}=1.01～1.21，为弱的正异常，δ_{Eu}=0.75～0.86，为弱的负异常。稀土分配曲线反映了源区物质总成分具有酸性为主的特征[5]。

表3　金沙遗址亚黏土层样品稀土元素地球化学参数

层位	LREE	HREE	∑REE	δ_{Eu}	δ_{Ce}	$(La/Lu)_n$	$(La/Sm)_n$	$(Gd/Yb)_n$	LREE/HREE
1	174.4673	21.7437	196.211	0.8204	1.2166	6.9017	4.337	1.2053	8.0238
2	181.4327	21.6849	203.1175	0.8191	1.178	6.9343	4.3951	1.2222	8.3668
3	177.1702	22.6912	199.8614	0.7627	1.1887	6.5503	4.1381	1.2591	7.8079
4	161.5708	21.4828	183.0536	0.7462	1.1016	7.2261	4.0808	1.7028	7.521
5	202.4698	20.244	222.7138	0.8169	1.1578	8.485	4.2985	1.2282	10.0015
6	197.0454	21.9011	218.9465	0.7724	1.0128	9.0534	4.6394	1.2722	8.9971
7	181.9154	20.5714	202.4868	0.8599	1.1264	8.6501	4.4626	1.4213	8.8431
8	177.526	23.6574	201.1834	0.7703	1.0414	7.4857	3.9901	1.4497	7.504
9	172.2341	18.9075	191.1416	0.8302	1.068	8.4171	4.1285	1.0949	9.1093
10	194.9319	18.4339	213.3658	0.799	1.1329	8.7997	4.3313	1.0937	10.5746
11	187.7251	18.8115	206.5366	0.8067	1.1507	9.1694	4.1944	1.2747	9.9792
12	170.9147	19.8658	190.7805	0.7703	1.1329	6.9017	4.0353	1.1051	8.6035

续表

层位	LREE	HREE	∑REE	δ_{Eu}	δ_{Ce}	$(La/Lu)_n$	$(La/Sm)_n$	$(Gd/Yb)_n$	LREE/HREE
13	206.5143	17.5361	224.0503	0.7848	1.1396	11.4423	4.6362	1.5189	11.7765
14	176.8731	17.723	194.5961	0.855	1.1019	8.5713	4.1408	1.0874	9.9799
15	176.3698	19.9459	196.3157	0.7846	1.1454	7.5426	3.8271	1.1337	8.8424
16	147.8155	18.7296	166.5451	0.7474	1.0736	6.9233	3.7054	1.0861	7.8921

注：NIAA分析工作是由成都理工大学三系完成。精确度在±15%以内样品占85%，元素含量单位为10^{-6}。

2.3 剖面元素分布特征

图3反映，在第1～4土层中，Zn、U和Sr表现为富集，Zr和Th表现为亏损。元素U具有相对活泼性，易于流失或被有机物质和黏土吸附，因而在土层中特别是第1～4层下部略有富集。在第5～8层中，As和Th表现为富集，但总地来说，元素含量变化小，这可能是由成土过程中源区物质分解所致。对古土壤层（第9层）而言，元素Co、Ba、Th和Sc等含量表现为增加或异常，Zn含量降低，Rb表现为风化残余富集[5]。在第10～16层中，Zr、Th和Na等元素含量增加，Cs、Rb和Zn等元素含量降低。对第9和第16层而言，Th含量高，且相对于U、Hf和Ta变化大，这说明在风化成壤过程中，相对于Hf和Ta，Th部分迁移；相对于U，Th则保留原地。可见，元素含量在剖面上部、中部和下部呈规律性变化。与成都平原西部岷江冲积扇土壤中As（7.335‰）、Th（8.772‰）、Zn（81.471‰）、K（2.374%）、Na（1.261%）、Fe（5.385%）相比，金沙遗址中Th含量略偏高；Fe、K和Na含量略偏低；Zn富集趋势明显；As含量在广汉层上部明显偏高1.5～2倍，超过全国土壤背景值10‰[6]。

剖面元素分布有如下特征：①广汉黏土层的形成具同源成分特征。元素含量在剖面上部、中部和下部呈规律性变化，其中Th、U、Ta、Hf、Rb、Zn、As、K、Na和Sr

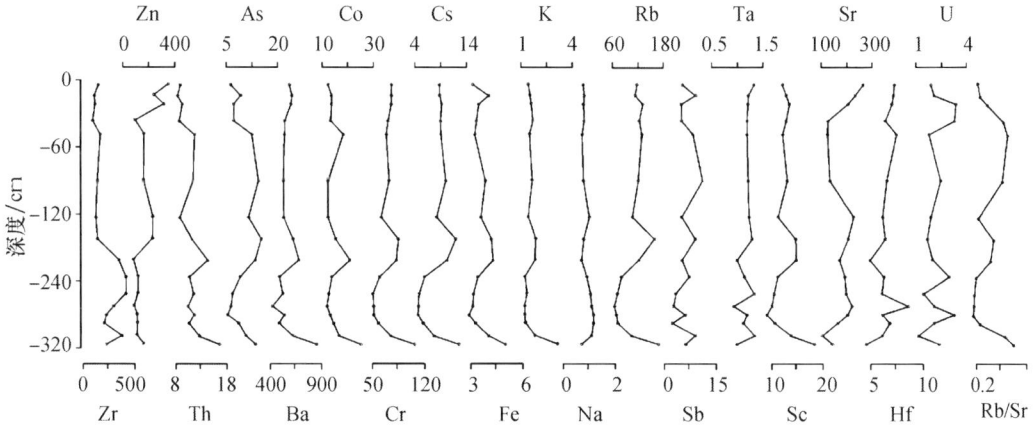

图3 金沙遗址亚黏土层元素组成的剖面变化

Fe、Na、K含量单位为%，其余元素含量单位为‰

等元素含量变化受源区物质分解和沉积环境共同影响。②一些与人类活动有关的元素在全新世沉积中具有规律性，如Zn、K在广汉层表现为富集与亏损，As则在广汉层上部富集。

3 遗址区古河道砂的粒度分析

3.1 砂样采集及沉积剖面分层特征

由于粒度特征是与孢粉分析、微量元素分析的结果相印证的最好辅助指标，故对遗址区古河道砂进行了粒度分析。砂样品取自遗址古河道剖面1~6层（分别与遗址剖面相对应），自下而上，共采集10个砂样。古河道沉积剖面（图4）分层特征描述如下：

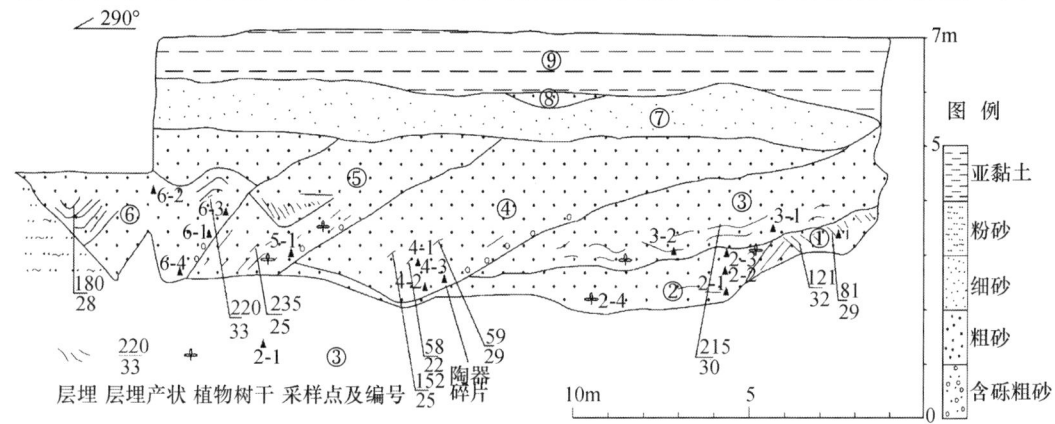

图4 金沙遗址古河道沉积剖面

第1层：深灰色具大型层理中细砂，与遗址剖面第10、11层相对应。

第2层：深灰色含介壳粗砂，上部粉砂，含弱炭化树干；与遗址剖面第9层相对应。

第3层：灰色砂，底部粗粒，具槽形层理；上部细砂，县砂纹层理；与遗址剖面第8层相对应。

第4层：底部含砾粗砂，砾径2~15 mm，含陶片，铁质浸染，呈褐黄色。上部细砂，具砂纹层理；与遗址剖面第7层相对应。

第5层：灰色砂，底部粗粒，含大量弱炭化植物碎屑，槽形层理发育；与遗址剖面第6层相对应。

第6层：灰色砂，底部含砾粗砂，含陶片、骨屑；向上层理出现粗—中—细砂层的韵律；与遗址剖面第5层相对应。

第7层：黄棕色细砂。

第8层：粗砂透镜体。

第9层：灰色亚黏土，与遗址剖面第5层相对应。

3.2 古河道砂的分析

根据所采集的10个河道砂的样品分析,得出了粒度分布百分频率直方图(图 5(a)～(j))。通过对直方图分析[7],河道砂多以细—微砂为主,砂粒较细,总体反映水动力强度较弱[8],砂体中见植物叶片、树干等证实其为河流相沉积,这与粒度分析结果相一致。砂体的侧向加积特征,证明其为边滩沉积。

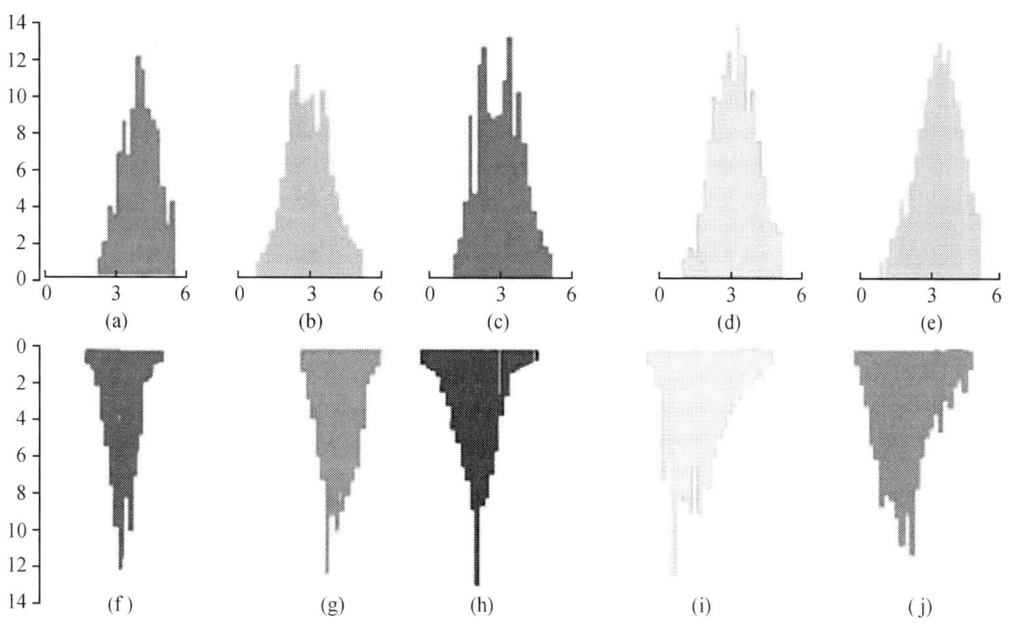

图 5　古河道砂粒度分布百分频率直方图

砂体中可见反映水动力条件和单向水流的构造,如冲刷面、大型槽状交错层理、大型板状交错层理、平行层理等。砂体中氧化铁的出现,说明是在富氧环境中形成的。

河道砂粒度变化范围较大,主要由砂-粉砂构成,其概率累计曲线主要由跳跃总体组成,悬移总体和滚动总体不发育,跳跃总体具有中—较高的斜率,分选中等—较好,悬移总体具低斜率,分选差,为较典型的边滩相沉积。

综上所述,古河道砂粒细小,说明河流水动力较弱。在古河道边有象牙堆积坑出露,说明当时古蜀人是在河边进行祭祀活动。联系当时社会人们祭祀求雨的习俗,造成水动力较弱的原因极可能是当时的降水量减少[9]。这反映遗址区当时古气候有变干趋势,这与广汉亚黏土层的元素地球化学行为反映的变干旱特征相一致。

结 论

（1）孢粉分析得出遗址区古气候总体属于热带和亚热带的温湿气候，从广汉亚黏土层的元素地球化学行为表征它是在变干的环境中形成，推断古气候存在有温湿与温干的气候交替，微量元素和稀土元素的研究亦得出遗址区古环境干旱化趋势。古河道砂的粒度分析结果证实其时的古河流是温干环境条件的曲流河。

（2）由于研究区的整体发掘工作尚未完全完成，还有待最新发掘来证实。同时，建议对出土的大量动物遗骨采用高技术（如DNA技术）手段和方法来做进一步的微体古生物分析，以获取更有力证据。

参考文献

[1] 朱章义，张擎，王方. 成都金沙遗址的发现、发掘与意义. 四川文物，2002，（2）：3-10.

[2] 江章华，王毅，张擎. 成都平原早期城址及其考古学文化研究//宿白主编. 苏秉琦与当代中国考古学. 北京：科学出版社，2001: 699-721.

[3] 刘兴诗. 四川盆地的第四系. 成都：四川科学技术出版社，1983: 98-126.

[4] Marker B A, Thompson R. Paleorainfall reconstruction from pedogenie magnetic susceptibility variations in the Chinese loess and paleosoils. Quaternary Research, 1995, 44: 383-391.

[5] 陈碧辉，李巨初，李辛，等. 成都金沙古人类遗址亚粘土层的元素特征及其环境意义. 成都理工大学学报（自然科学版），2003，30（6）：648-652.

[6] 文启忠，刁桂仪. 黄土剖面中古环境变化的地球化学记录. 第四纪研究，1995，（3）：223-230.

[7] 刘宝珺. 沉积岩石学. 北京：地质出版社，1981: 307-320.

[8] 许炯心. 中国不同自然带的河流过程. 北京：科学出版社，1996: 505-510.

[9] 刘建. 成都金沙遗址脊椎动物及古环境研究. 成都：成都理工大学硕士学位论文，2004.

[10] 刘东生，文启忠，安芷生，等. 黄土与环境. 北京：科学出版社，1985.

[11] 刘泽纯. 北京猿人洞穴堆积反映的气候变化及气候地层对比. 人类学学报，1983，（2）：170-183.

金沙遗址距今3000年的古气候探讨*

姚轶锋 李 奎 刘 建 王宇飞 杜乃秋 李承森

成都金沙遗址发掘于2001年，是继广汉三星堆考古研究之后四川省最为重大的考古发现之一，无论是从遗址的地理范围和规模、遗物种类和数量，还是从出土文物的等级来看，该遗址极有可能是三星堆文明衰落后，在成都地区兴起的又一个政治、经济和文化中心，即古蜀国在商代晚期至西周时期的都邑所在。金沙遗址的发现为追溯成都这座国家历史文化名城的发展源头提供了宝贵资料。依据旧有史料，成都建城历史可追溯到张仪筑城的战国晚期，而金沙遗址及其保存的珍贵文物，将改写成都历史和四川古代史[1]。古气候的研究，可为金沙遗址的研究提供重要的环境考古资料。

近年来，国际上对古代气候的研究已经从定性研究向定量分析发展，研究方法和手段丰富，研究精度愈来愈高。作者在定性恢复遗址植被面貌和环境的同时，尝试运用共存分析法[2-3]对金沙遗址当时（3000 a BP）的气候进行了研究，定量给出了其古气候参数值。

1 遗址概况

金沙遗址位于成都市西郊青羊区苏坡乡金沙村和金牛区的黄忠村（图1、图2），处于成都平原的腹心地带，地势平坦，相对高差不超过5 m。遗址内及周围河流较多。例如，遗址的南面1.5 km处是清水河，北侧是郫江故道，磨底河由西向东蜿蜒曲折地横穿遗址中部，把金沙遗址分为南北两半，北为黄忠村，南为金沙村。

现已探明的金沙遗址分布面积有3 km²，

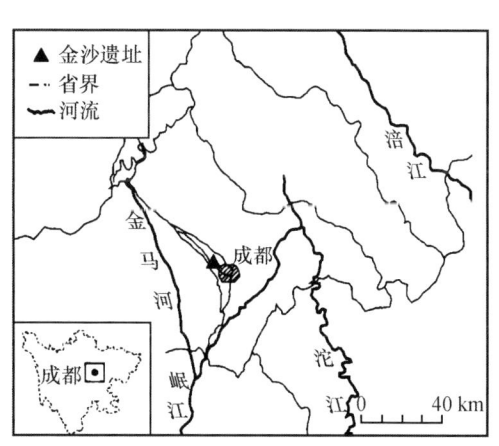

图1 成都金沙遗址地理位置图

---

* 原载《古地理学报》2005年第4期。国家重点基础研究发展计划（973计划）（2004CB720200）资助。

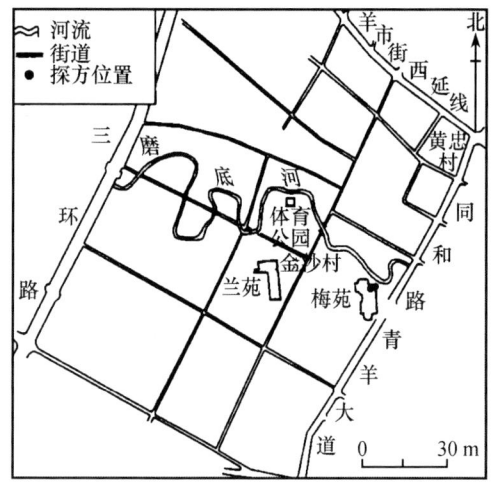

图 2 成都金沙遗址结构示意图

遗址的中东部为梅苑，是宗教仪式活动区；中南部为兰苑（位于梅苑的西侧，相距约30 m），属于居住区；中部为体育公园（南邻兰苑，东邻梅苑的北部）属于居住区和墓地；北部的黄忠村有三和花园。文中重点研究了位于梅苑的WT7908和IT8305两个探方。

2 材料与方法

在成都金沙遗址的2个探方中按不同间距采集样品。在探方WT7908中采集16个孢粉样品（表1），采样间距6～55 cm；在探方IT8305中采集15个孢粉样品（表2），采样间距1～35 cm。

表1 金沙遗址探方WT7908剖面

层号	深度/cm	岩性柱	采样号	采样深度/cm	岩性描述	特殊现象
1	0		WT7908-1	6	浅灰黑色黏土	耕作层
2	18		WT7908-2	20	棕黄色黏土	淋滤层
3	27		WT7908-3	29	棕黄色黏土	
4	44		WT7908-4	59	浅灰黑色黏土	
5	59		WT7908-5	65	浅灰黑色黏土	有碎陶片出现
6	78		WT7908-6	120	深棕黄色亚黏土	淀积层
7	140		WT7908-7	164	浅棕黄色粉砂质黏土	腐殖层
8	175		WT7908-8	190	黄褐色黏土	古土壤层
9	200		WT7908-9	215	灰黄色黏土	古土壤层
10	225					
11	240		WT7908-10	245	灰黄色粉砂质黏土	
12	258		WT7908-11	255	灰黄色砂质、粉砂质黏土	
13	270		WT7908-12	270	灰黄色砂质、粉砂质黏土	
14	283		WT7908-13	280	深棕黑色砂质黏土	
15	294		WT7908-14	292	灰黄我粉砂质黏土	
16	308		WT7908-15	305	深黄色粉砂质黏土	
17	325		WT7908-16	318	灰绿色黏土	含黄棕色斑块
					砾土层	

注：×表示取样点。

金沙遗址距今3000年的古气候探讨 255

表2 金沙遗址探方IT8305剖面

层号	深度/cm	岩性柱	采样号	采样深度/cm	岩性描述	特殊现象
1	0		IT8305-1	7	灰色黏土	
2	7		IT8305-2	8	黄灰色黏土	
3	15		IT8305-3	18	黄灰色黏土	
4A	33		IT8305-4A	33	黄灰色黏土	
4B	50		IT8305-4B	50	灰黄色亚黏土	
5	70		IT8305-5	70	黄灰色亚黏土	
6	105		IT8305-6	105	黄灰色黏土	
7	120		IT8305-7	128	灰黄色亚黏土	含少量粉砂
8	135		IT8305-8	135	灰黄色亚黏土	可见陶片
9	150		IT8305-9	150	灰黄色亚黏土	
10	165		IT8305-10	190	灰黄色亚黏土	见哺乳动物遗骸
11	242		IT8305-11	250	棕黄色细粉砂	出露8层象牙
12	290		IT8305-12	310	深灰色粉砂	碳屑物较多
13	338		IT8305-13	350	灰黑色粉细砂	可见碳屑物
14	378		IT8305-14	380	深灰色中砂	见沙纹层理，未见底
	416					

注：×表示取样点。

对孢粉样品采用无酸碱处理和重液浮选的方法[4]进行了详细分析，重液密度采用1.86 g/mL，最后富集的孢粉经醋酸酐：浓硫酸（9：1）90℃水浴处理30 min。在LeieaMPS60光学显微镜下研究孢粉，照相。孢粉鉴定采用自然分类系统（图3、图4）。每个样品统计孢粉150粒以上，少数样品统计数目不足150粒。孢粉样品保存在中国科学院植物研究所。

古气候定量重建的分析方法参照共存分析法[2-3, 5]。首先确定孢粉植物群中现存种子植物类群在我国的地理分布范围，而后在每个类群的分布范围内获取1951～1980年

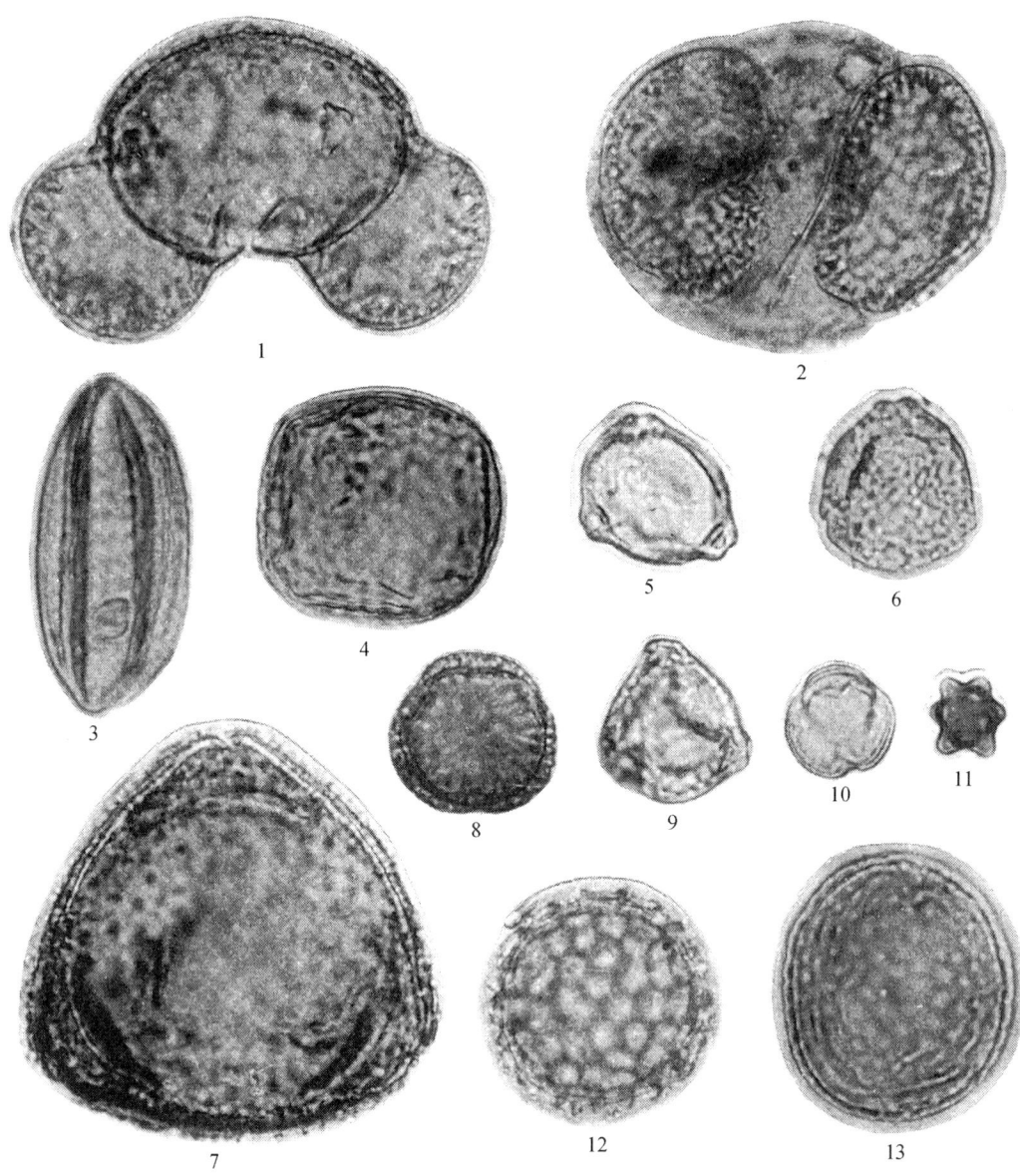

图 3 成都金沙遗址孢粉类型

1，2. 松属（*Pinus*）；3. 麻黄属（*Ephedra*）；4. 榆属（*Umus*）；5. 桦木属（*Betula*）；6. 桑寄生科（Loranthaeeae）；7. 忍冬科（Caprifoliaceae）；8. 木犀科（Oleaceae）；9. 毒鼠子科（Dicchapetalaceae）；10. 旋花科（Convolvulaccae）；11. 野牡丹科（Melastorrmtaccae）；12. 蓼科（Polygonaceae）；13. 双星藻科（Zygnemataceae）

图 5 和图 6 中所有孢粉照片均放大800倍，全部标本保存在中国科学院植物研究所

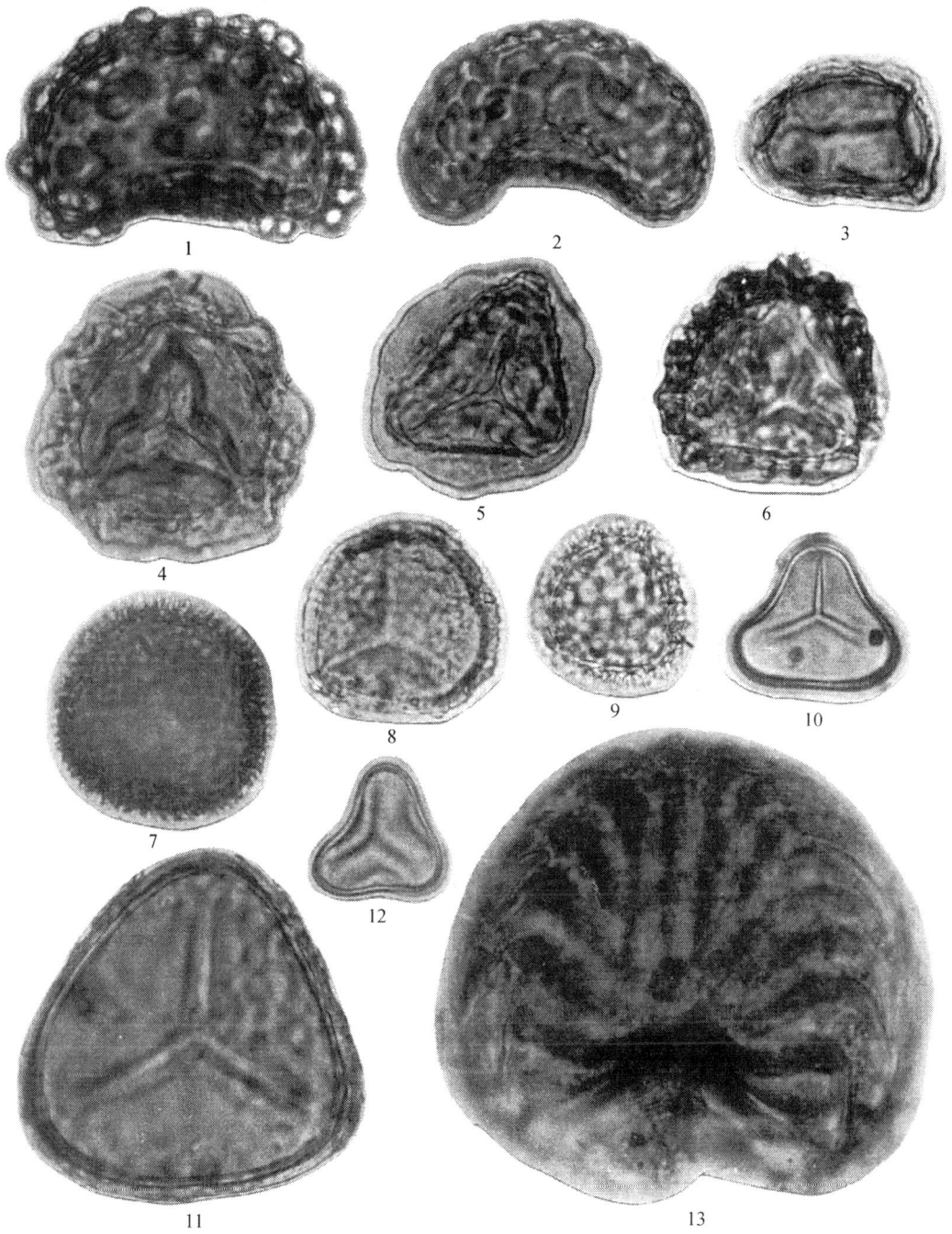

图 4　成都金沙遗址孢粉类型

1，2. 水龙骨科（Polpodiaceae）；3. 蹄盖蕨科（Athyraceae）；4-6. 凤尾蕨属（*Pteris*）；7. 紫萁科（Osmundaceae）；8. 膜蕨科（Hymenophyllaceae）；9. 石松科（Lycopodiaceae）；10. 裸子蕨科（Gymnogrammaceae）；11. 海金沙科（Lygodiaceae）；12. 里白科（Gleiehneiacae）；13. 水蕨科（Parkeriaceae）

的30年各个气象数据的平均观测值[6-11]，确定每个类群生长所需的7个气候参数（年均温，最热月均温，最冷月均温，年较差，年均降雨量，平均最大月降雨量，平均最小月降雨量）的变化范围，最后将所有类群的气候参数变化范围进行交叠，即可得出所有类群的气候参数的共存范围。

为确定金沙遗址的年代，采集^{14}C样品2块。一块是采自古河道的炭化树干，从古河道所切穿的层位分析，采集炭化树干的层位应相当于WT7908探方第3层，对其进行常规^{14}C测年，结果是2 265 ± 85 a BP；另一块是采自巨型象牙堆积坑中的一枚亚洲象臼齿，其产出层位相当于IT8305探方的第11层，对亚洲象臼齿进行加速器质谱（AMS）^{14}C测试，结果是2930 ± 70 a BP。炭化树干来自古河道，所测得的地质年代应为金沙遗址的较新年龄，亚洲象臼齿所测得的地质年代应为金沙遗址的较老时代（表3）。

表3 金沙遗址^{14}C标本年代测定结果

实验室编号	原编号	样品	测试方法	^{14}C年代/aB p
BK200171	JH001	炭化树干	常规^{14}C测定	2265 ± 85
BA01205	TH002	亚洲象臼齿	加速器质谱（AMS）^{14}C测定	2930 ± 70

注：① 距今年代（BP）以1950年为起点，^{14}C年龄计算所用半衰期为5 568年。
② 测量采用中国碳标准。其中，^{14}C放射性比度为现代碳标准的1.362 ± 0.002倍，所给误差系多次测量平均值的标准偏差，年代数据未做树轮年代校正。

3 遗址孢粉组合

在WT7908探方的16个孢粉样品中，WT7908-1和WT7908-2样品中含丰富的孢粉，WT7908-5、WT7908-10和WT7908-13样品中含少量孢粉，其他样品中未发现孢粉。共鉴定各类孢粉399粒，隶属47个科属（表4）。其中，被子植物28个，裸子植物5个，蕨类植物13个，藻类植物1个。WT7908-1和WT7908-2两个样品中木本被子植物花粉相对较少，只观察到木犀科、木兰科、锦葵科、马桑科以及桑寄生科的花粉；草本被子植物花粉以分布于热带—亚热带的野牡丹科为主，此外还有少量菊科和黎科花粉；蕨类植物孢子以热带—亚热带成分居多，主要有裸子蕨科、蹄盖蕨科、膜蕨科以及碗蕨科。根据孢粉组合的特征推测，当时的气候属于亚热带温暖湿润气候。

在IT8305探方的15个孢粉样品中有12个含丰富的孢粉，共鉴定各类孢粉1704粒，隶属43个科属（表4），其中被子植物25个，裸子植物5个，蕨类植物12个，藻类植物1个。该孢粉组合中蕨类植物孢子占60.3%，其次是草本被子植物花粉占24.8%，木本裸子和被子植物花粉相对较少，只占14.2%，而水生植物花粉最少，仅占0.7%。蕨类植物孢子以典型的热带—亚热带成分为主，如蹄盖蕨科、水龙骨科、凤尾蕨属等；草本被子植物以野牡丹科占绝对优势，占整个草本植物花粉的93.6%；木本植物主要以松属和桦木属为主；水生植物包括双星藻、鸭跖草科和香蒲属。

表 4 成都金沙遗址孢粉类型

孢粉类型	WT7908探方	IT8305探方	孢粉类型	WT7908探方	IT8305探方
藻类植物（Algae）	1	1	山毛榉科 Fagaceae		
双星藻科 Zygmemataceae	+	+	栎属 Quercus	+	+
蕨类植物（Pterldophyte）	13	12	锥栗属 Castanopsis	+	+
裸子蕨科 Gymnogrammaceae	+	+	忍冬科 Caprifoliaceae	+	+
凤尾蕨科 Pteridaceae			杨柳科 Salicaceae		
凤尾蕨属 Pteris	+	+	柳属 Salix	+	+
蹄盖蕨科 Athyraceae	+	+	木兰科 Magnoliaceae	+	+
碗蕨科 Denstaedtiaceae	+	+	榆科 Ulmaceae		
里白科 Gleicheniaceae	+	+	榆属 Ulmus	+	+
卷柏科 Selaginellaceae	+	−	木犀科 Oleaceae	+	+
石松科 Lycopodiaceae	+	+	桑寄生科 Loranthaceae	+	−
中国蕨科 Sinopterdaceae	+	+	鸭跖草科 Commelinaceae	+	+
紫萁科 Osmundaceae	+	+	瑞香科 Thymelaeaceae	+	+
水龙骨科 Polypodiaceae	+	+	马桑科 Coriariaceae	+	−
膜蕨科 Hymenophyllaceae	+	+	石竹科 Caryophllacae	+	+
水蕨科 Parkeriaceae	+	+	菊科 Compositae	+	+
海金沙科 Lygodiaceae	+	+	蒿属 Artemisia	+	+
裸子植物（Gymnosperm）	5	5	桑科 Moraceae		
松科 Pinaceae			葎草属 Humulus	+	−
松属 Pinus	+	+	藜科 Chenopodiaceae	+	+
冷杉属 Abies	+	+	杜鹃花科 Ericaceae	+	+
雪松属 Cedrus	+	+	苦苣苔科 Gesneriaceae	+	+
铁杉属 Tsuga	+	+	龙胆科 Gentianaceae	+	+

续表

孢粉类型	WT7908探方	IT8305探方	孢粉类型	WT7908探方	IT8305探方
麻黄科Ephedraceae			禾本科Gramineae	+	+
麻黄属Ephedra	+	+	野牡丹科Melastonmataceae	+	+
被子植物（Anglosperm）	28	25	毛茛科Ranunculaceae		
桦木科Betulaceae			唐松草属Thalictrum	+	
桦木属Betula	+	+	毒鼠子科Dichapetalaceae	+	+
榛属Corylus	-	+	蓼科Polygonaceae		
胡桃科Juglandaceae			旋花科Convolvulaceae	+	-
胡桃属Juglans	+	+	香蒲属Typha	-	+
锦葵科Malvaceae	+	+	莎草科Cyperaceae		+

注：+表示有，-表示无。

根据IT8305探方的孢粉组合特征和孢粉百分比图式（图5），可将IT8305探方的孢粉组合分为2个亚组合。

3.1 亚组合I（第11～14层，242～380cm）

该亚组合包括样品IT8305-11～14，以蕨类植物孢子占绝对优势，含量高达74.8%；其次为木本裸子和被子植物花粉，占23.4%；草本被子植物花粉占1.5%；水生植物花粉占0.3%。

木本被子植物的种类丰富，以典型的温带落叶阔叶树桦木属（花粉含量10.4%）为主，其他温带阔叶树种还包括锥栗属（0.9%）、榛属（0.4%）、木兰科（0.4%）、栎属（0.3%）、木犀科（0.2%）、胡桃属（0.1%）、柳属（0.1%）、榆属（0.1%）、忍冬科（0.1%）。一些典型的热带分子如毒鼠子科（1.7%）也出现在该亚组合中。裸子植物针叶树有松属（6.5%）、冷杉属（1.3%）和铁杉属（0.5%）以及少量生长在干旱半干旱环境中的麻黄（0.2%）。草本被子植物的种类也比较丰富，包括黎科（0.4%）、禾本科（0.4%）、菊科（0.1%）、蒿属（0.1%）、莎草科（0.1%）、苦苣苔科（0.1%）、杜鹃花科（0.1%）、石竹科（0.1%）和龙胆科（0.1%），其中大部分分布在温带，少量分布到亚热带；蕨类植物主要是一些生长在潮湿环境中的分子，以蹄盖蕨科（41.6%）为主，还包括水龙骨科（16.3%）、凤尾蕨属（10.6%）、碗蕨科（2.0%）、膜蕨科（1.9%）、海金沙科（1.0%）、水蕨科（0.7%）和紫萁科（0.6%）；水生植物有双星藻（0.1%）、鸭跖草科（0.1%）和香蒲属（0.1%）。

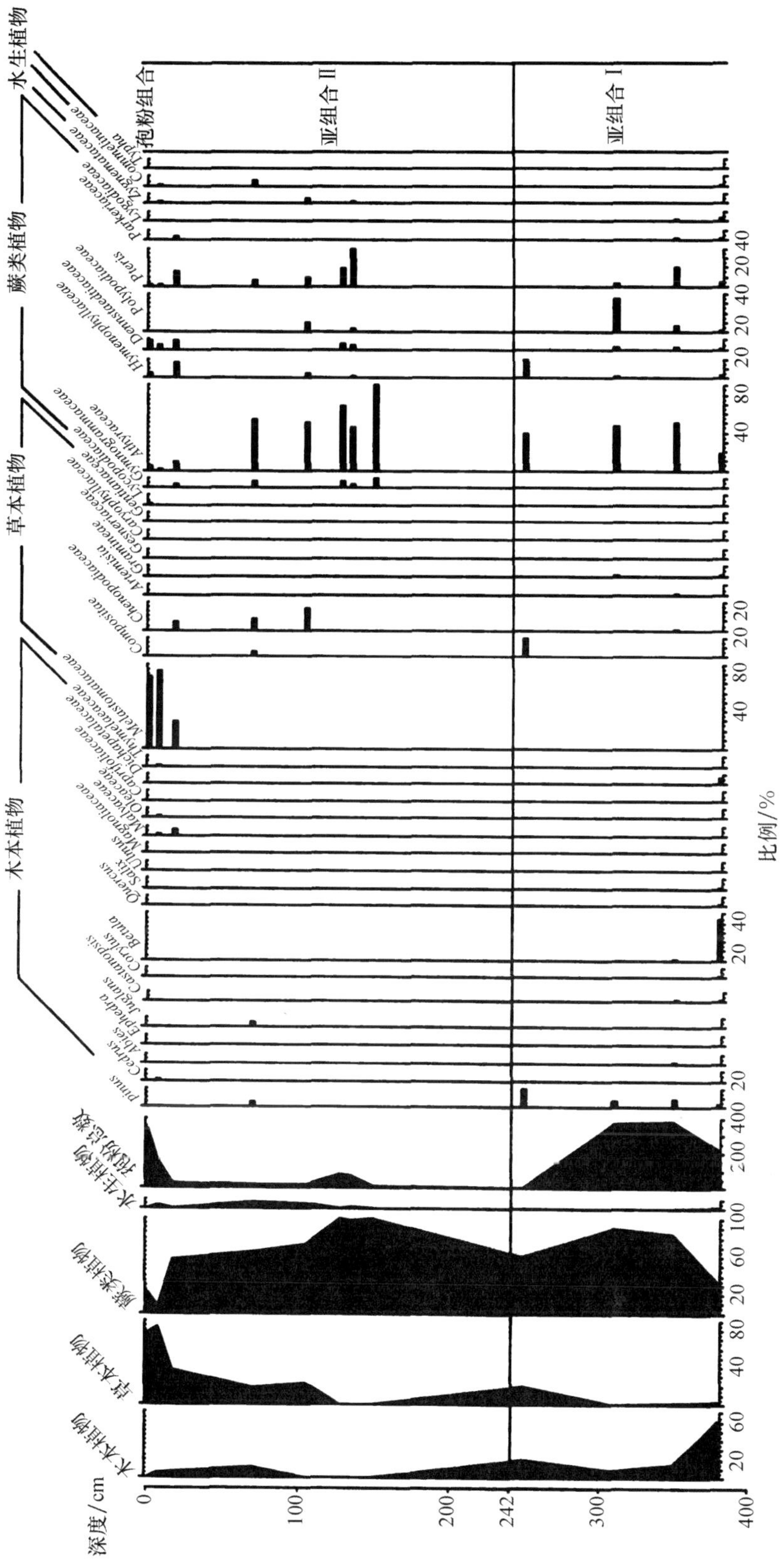

图 5 成都金沙遗址 IT8305 探方孢粉百分比

3.2 亚组合 II（第1～10层，0～242cm）

该亚组合包括样品IT8305-1～3、4A、4B、5～10，以草本被子植物花粉占优势，达到56.3%，比亚组合I明显高；蕨类植物孢子和木本裸子、被子植物花粉比例有所下降，分别为40.5%和1.8%；水生植物花粉比例略有提高，为1.4%。

木本裸子和被子植物包括锦葵科（花粉含量0.7%）、木犀科（0.4%）、松属（0.1%）、雪松属（0.1%）、胡桃属（0.1%）、木兰科（0.1%）和瑞香科（0.1%），种类上比亚组合I明显减少。亚组合I中的桦木属、锥栗属、榛属、栎属、柳属、榆属和忍冬科，针叶树种冷杉属、铁杉属以及麻黄属在本亚组合中都消失了，而新出现了锦葵科、雪松属和瑞香科。草本被子植物以野牡丹科（54.8%）为主，还包括藜科（1.4%）和菊科（0.1%），种类上也比亚组合I有所减少。亚组合I中的禾本科、蒿属、莎草科、苦苣苔科、杜鹃花科、石竹科和龙胆科在本亚组合中也都不存在了。蕨类植物仍以蹄盖蕨科占优势（19.2%），但比例较亚组合I有所下降；凤尾蕨属、水龙骨科和水蕨科所占比例也有所下降，分别为7.6%、0.6%和0.1%；而碗蕨科和膜蕨科所占比例略有所上升，分别达到6.8%和3.3%。亚组合I中的海金沙科和紫萁科在本亚组合中消失了，相反，在本亚组合中新出现了裸子蕨科（1.9%）、中国蕨科（0.4%）、石松（0.3%）和里白科（0.3%）。总体上，蕨类植物的种类较亚组合I略有增加。水生植物包括双星藻（1.0%）和鸭跖草科（0.4%），比例较亚组合I都有所上升。

4 古气候分析

4.1 现代气候特点

成都平原位于四川盆地的西部，为岷江和沱江两大流域冲积和洪积而形成的冲积扇平原，地形平坦，河网密布。四川盆地北边有高耸的秦岭和大巴山作为天然屏障，使冬季来自北方的冷空气不易进入盆地内部，造成平原地区冬季温暖，霜雪少见，而夏季也少酷暑。平原地区全年气候温暖湿润，年均温16～17℃。在太平洋东南季风和印度洋西南季风的共同作用下，降水丰富，年降雨量在900～1 300 mm，但分配不均，有冬干、春旱、夏洪、秋雨的特点。平原内河湖水面广阔，水气蒸发量大，加之盆地周围高山地形的影响，空气中的大量水气很难散发，湿度相对较大，形成成都平原温暖湿润的亚热带季风气候[12]。

4.2 古气候定性分析

根据孢粉亚组合I和II所提供的植被变化情况，将植被所反映的古气候分为2个阶段：早期（相当于亚组合I的时期）和晚期（相当于亚组合II的时期）。

早期成都平原上分布有落叶阔叶林，包括桦木属、榛属、栎属、榆属、胡桃属等，同时，在平原周围的山地上生长着松属、冷杉属和铁杉属等组成的针叶林。平原上的草本植物有藜科、蒿属、禾本科、莎草科、龙胆科、苦苣苔科等。在森林之下以及河道两岸等潮湿的地方生长着蕨类植物，以蹄盖蕨科为主，还包括水龙骨科、凤尾蕨属、膜蕨科、海金沙科等。在河湖近岸处生长着鸭跖草和香蒲，在水体中繁衍着双星藻。这个植被组合所反映的是亚热带温暖湿润气候。

晚期成都平原上分布有针叶林和温带落叶阔叶林。在这个阶段桦木属、锥栗属、榛属、栎属和榆属消失，而热带—亚热带分子野牡丹科植物大量出现，以及喜湿热环境的蕨类植物种类增加。但是，仍然存在一些温带草本植物，如藜科和菊科，以及一些分布于温带到热带过渡地区的分子，如锦葵科、木犀科、胡桃属、木兰科和瑞香科。这个植被组合所反映的仍然是亚热带温暖湿润气候，但是气温较早期要高和更湿润。

4.3 古气候定量重建

运用共存分析法对金沙遗址3 000年前（相当于早期）的古气候进行定量重建。在这个阶段，从35种孢粉中选取其中的26种种子植物类群进行共存分析。它们是松属、冷杉属、铁杉属、麻黄属、胡桃科、锥栗属、榛属、桦木属、栎属、柳属、榆属、木兰科、木犀科、忍冬科、毒鼠子科、菊科、藜科、蒿属、莎草科、禾本科、苦苣苔科、杜鹃花科、石竹科、龙胆科、鸭跖草科和香蒲属。在这26种植物中，毒鼠子科和麻黄属2个类群的生态分布区中的气候参数对于共存区间的确立起着关键作用。毒鼠子科主要分布在热带—亚热带地区，在我国则分布于海南、广东、广西、云南和西藏等地，最北分布到云南思茅，最南分布到海南三亚，主要生长在密林和山谷等较热（年均温为17.7~25.5℃）并且降雨充沛的地方（降雨量993.3~2822.7 mm）（表5）。麻黄属主要分布在干旱半干旱的地方，在我国最北分布到黑龙江漠河，最南分布到云南东川，其分布区的气候参数列于表5。通过共存分析法得到金沙遗址当时的气候参数：年均温17.7~19.8℃，最热月均温21.7~28.6℃，最冷月均温11.5~11.9℃，年较差12.1~14.9℃，年降雨量993.3~1113.3 mm，最大月降雨量224.6~268.1 mm，最小月降雨量6.9~14.1 mm（图6）。

表5 毒鼠子科和麻黄属在我国分布区的气候参数范围

气候参数	毒鼠子科（Dichapetalaceae）	麻黄属（Ephedra）
年均温/℃	17.7~25.5	-4.9~19.8
最热月均温/℃	21.7~29.1	8.2~32.7
最冷月均温/℃	11.5~20.9	-30.9~11.9
年较差/℃	7.6~14.9	12.1~49.3
年降雨量/mm	993.3~2822.7	16.4~1113.3
最大月降雨量/mm	224.6~600.1	3.3~268.1
最小月降雨量/mm	6.9~36.5	0~14.1

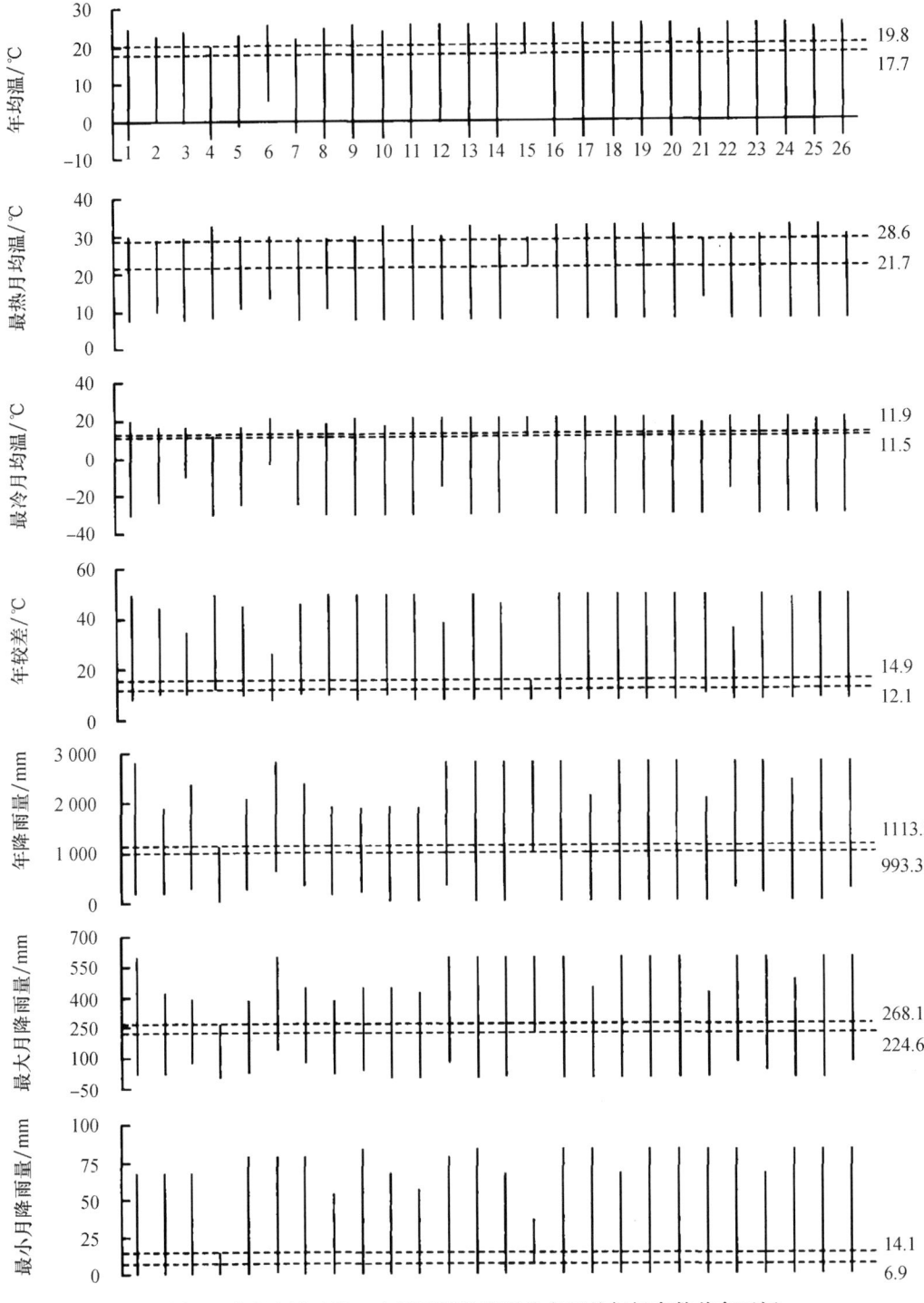

图 6 成都金沙遗址26个种子植物类群分布区的气候参数共存区间

1. *Pinus*; 2. *Abies*; 3. *Tsgua*; 4. *Ephedra*; 5. *Juglans*; 6. *Castanopsis*; 7. *Corylus*; 8. *Betula*; 9. *Quercus*; 10. *Salix*; 11. *Ulmus*; 12. Magnoliaceae; 13. Oleaceac; 14. Caprifoliaceae; 15. Dichapetalaceae; 16. Compositae; 17. Chenopodiaceae; 18. *Artemisia*; 19. Cyperaceae; 20. Gramineae; 21. *Typha*; 22. Gesneriaceae; 23. Erieaceae; 24. Caryophyllaceae; 25. Gentianaceae; 26. Commelinaceae

与成都地区现在气候（年均温16~17℃，年降雨量900~1300 mm）相比，大约3 000年前成都地区的年均温比现在高1.7~2.8℃，而年降雨量和现在基本一致。竺可桢[13]通过对中国近5000年来气候变化的研究，认为夏商时代华北地区的气候与现代差别并不是很大，年均温约高2℃，基本与成都平原古今气候对比的情况大致相似。

结　　论

（1）WT7908探方孢粉含量较少，主要以草本被子植物花粉和蕨类植物孢子为主；IT8305探方孢粉组合表明：蕨类植物孢子占60.3%，草本被子植物花粉占24.8%，木本裸子和被子植物花粉占14.2%，水生植物花粉相对较少，仅占0.7%。

（2）成都平原在早期（相当亚组合I的时期）属于亚热带温暖湿润气候，晚期（相当亚组合II的时期）仍然属于亚热带温暖湿润气候，但较早期更加湿热，气温和降雨量都比早期要高。

（3）金沙遗址在大约3 000年前的气候参数为：年均温17.7~19.8℃，最热月均温21.7~28.6℃，最冷月均温11.5~11.9℃，年较差12.1~14.9℃、年降雨量993.3~1 113.3 mm、最大月降雨量224.6~268.1 mm、最小月降雨量6.9~14.1 mm。

（4）成都地区在大约3 000年前的年均温比现在要高1.7~2.8℃，年降雨量基本和现在一致。

参考文献

［1］ 朱章义，张擎，王方.成都金沙遗址的发现、发掘与意义.四川文物，2002，（2）：3-10.
［2］ Mosbrugger V, Utescher T. The coexistence approach: a method for quantitative reconstructions of Tertiary terrestrial palaeoclimate data using plant fossil. Palaeoclimatology, Palaeoecology, 1997, 134: 61-86.
［3］ 徐景先，王宇飞，李承森.定量分析第三纪气候与环境的新方法——共存类群生态因子分析法.植物科学进展（第三卷）.北京：高等教育出版社，2000: 195-203.
［4］ 徐景先，王宇飞，杜乃秋.云南西部羊邑和龙陵地区晚上新世植被和古气候.古地理学报，2003，5（2）：217-223.
［5］ 梁明媚，王宇飞，李承森.山旺中新世植被演替及古气候定量研究.古地理学报，2001，3（3）：11-20.
［6］ 北京气象中心资料室.1951—1980年中国地面气候资料（第一册：华北区）.北京：气象出版社，1983: 4-5, 86-87.
［7］ 北京气象中心资料室.1951—1980年中国地面气候资料（第六册：西北区）.北京：气象出版社，1983: 4-6, 126-128.
［8］ 北京气象中心资料室.1951—1980年中国地面气候资料（第二册：东北区）.北京：气象出版社，1983: 4-5, 72-73.
［9］ 北京气象中心资料室.1951—1980年中国地面气候资料（第三册：华东区）.北京：气象出版社，1984: 4-6, 107-109.

［10］ 北京气象中心资料室.1951—1980年中国地面气候资料（第四册：中南区）.北京：气象出版社，1984: 4-6，99-101.
［11］ 北京气象中心资料室.1951—1980年中国地面气候资料（第五册：西南区）.北京：气象出版社，1984: 4-6，108-110.
［12］ 四川植被协作组.四川植被.成都：四川人民出版社，1980: 280-288.
［13］ 竺可桢.中国近五千来气候变迁的初步研究.考古学报，1972，（1）: 15-38.

金沙遗址古环境初步研究[*]

傅 顺 王成善 江章华 刘 建 李 奎

引 言

人类文明的起源、兴衰、转移、发展与环境因素密切相关。在先秦时期以前，人类社会的生产力还十分低下，自然环境对古人类体质的进化、生产的发展，以及居住范围的变化都将产生重大的影响。从目前考古学研究来看，金沙遗址很可能是先秦时期古蜀区域的一个重要政治、经济、文化中心。研究金沙遗址古植被、古气候，重建该区古环境，不仅有助于深入了解古蜀文明的产生、发展与环境两者之间的内在联系，而且对探讨华夏文明起源与早期环境背景的关系研究具有十分重要的学术意义和实际意义[1-17]。

1 地理位置及地层特征

金沙遗址位于成都平原东南部，成都市西郊，地理坐标东经103°57′03″~104°08′19″、北纬30°49′55″~30°48′35″。现已探明的遗址分布面积约4 km²。遗址区地势平坦，除表面为一层厚1~2 m的近代扰动土外，其他均为松散的第四纪全新世河流冲积物。对遗址区内探坑WT7908和IT8305剖面，进行了系统取样，剖面地层特征描述见表1。

2 遗址区孢粉古植被分析

植物是古人类广泛利用且与古人类长期共存的环境因素之一，同人类关系十分密切的古植物的生存范围、分布区域以及随时间的变化都可以为研究古气候环境变化提供极好的证据。因此利用植物残留在土壤中的孢粉可以进行古环境研究。

---

[*] 原载《江汉考古》2006年第1期。

表1 金沙遗址剖面地层岩性柱状描述

层序	深度/cm	岩性柱	岩 性 描 述	文物埋藏情况/m	
1	0		灰亚黏土，富含有机质，为耕作层		
2	18		黄灰色亚黏土，见铁质结核，为淋溶层		
3	27		黄灰色亚黏土，见铁质结核，为淀积层	见陶片	0.59
4	44		浅棕黄色亚黏土，见铁质结核		0.79
5	59				
	78				
6			棕黄色亚黏土，略显网纹，见铁质结核	见陶片	1.35
	140				1.50
7	175		棕黄色亚黏土，见铁质结核		1.65
8	200		棕黄色亚黏土，见铁质结核	见哺乳动物骨骼化石	
9	225		黄棕色亚黏土，见铁质结核，为古土壤		
10	240				2.42
11	258		黄棕色砂—粉砂质亚黏土		
12	270				
13	283		黄棕色粉砂质亚黏土		
14	294				2.9
15	308		灰色粉砂质亚黏土		
16	325		砾石层成分主要是石英岩、花岗岩，由砂质亚黏土和粗砂填充		
17					

注：×表示取样点。

2.1 样品采集

对遗址区内探坑WT7908和IT8305剖面西壁进行了系统取样，共取孢粉样品31块，其中WT7908探坑取样16块，IT8305取样15块。样品测试分析是由中国科学院植物研究所、系统与进化植物学重点实验室完成。

2.2 古植被与古气候分析

经实验室分析处理，WT7908探坑的16块样品中有5块观察到孢粉，总共399粒；IT8305探坑的巧块样品中有12块观察到孢粉，总共1490粒。经过鉴定，两探坑中共观察到了45个孢粉类型：被子植物26个类型，裸子植物5个类型，蕨类植物13个类型，藻类植物1个类型（表2）。根据所获得的孢粉类型，进一步确认它们的地理分布区域，以此为依据进行古植被和古气候的分析。

在WT7908和IT8305两探坑剖面孢粉分析结果中，草本植物和蕨类植物占绝对的优势。WT7908探坑草本植物花粉占61.40%，以野牡丹为主。其他还有菊科、藜科、蒿属、禾本科、莎草属。蕨类植物占33.08%，以裸子蕨科、蹄盖蕨科、膜蕨科为主，其他还有石松、卷柏、里白科、碗蕨科、水龙骨科、凤尾蕨；木本植物占5.01%，包括木犀科、木兰科、马桑科、桑寄生科、锦葵科、榆属；水生植物相对较少，只占.051%，包括双星藻。TI8305探坑蕨类植物占59.40%，其中蹄盖蕨科、水龙骨科、凤尾蕨居多，此外还包括碗蕨科、膜蕨科、石松、裸子蕨科、里白科、中国蕨、水蕨科、紫萁科和海金沙科；草本植物占28.26%，主要以野牡丹为主，还包括菊科、藜科、蒿属、禾本科、石竹科、苦苣苔科、杜鹃花科和龙胆科；木本植物占11.60%，以松和桦树为主，其他还有木犀科、木兰科、锦葵科、毒鼠子科、榆属、瑞香科、忍冬科、胡桃科、锥栗属、柳属、栎属、雪松、冷杉、铁杉和麻黄；水生植物只占.074%，包括双星藻和鸭草科。

表2　金沙遗址孢粉分析样品层位与孢粉类型统计

探坑号	样品编号	孢粉粒数	孢粉层位	孢粉类型
WT7908	WT7908-1	266	第1层	马桑科、菊科、木犀科、木兰科、锦葵科、裸子蕨科、里白科、卷柏、双星藻
	WT7908-2	100	第2层	榆属、野牡丹、藜科、桑寄生科、膜蕨科、蹄盖蕨科、石松、碗蕨科、水龙骨科、凤尾蕨、卷柏
	WT7908-5	24	第5层	藜科、锦葵科、凤尾蕨、蹄盖蕨科、碗蕨科、水龙骨科
	WT7908-10	1	第10层	荨草蜀
	WT7908-13	8	第13层	蒿属、藜科、禾本科
IT8305	IT8305-1	334	第16层	野牡丹、木兰科、裸子蕨科、蹄盖蕨科、膜蕨科、里白科、石松、凤尾蕨、碗蕨科、中国蕨、双星藻
	IT8305-2	156	第15层	鸭草科、木犀科、野牡丹、瑞香科、锦葵科、雪松、中国蕨、凤尾蕨、碗蕨科、蹄盖蕨科、膜蕨科、双星藻
	IT8305-3	28	第14层	锦葵科、藜科、野牡丹、水蕨科、膜蕨科、蹄盖蕨科、凤尾蕨、碗蕨科
	IT8305-5	6	第13层	鸭草科、藜科、菊科、松、蹄盖蕨科
	IT8305-6	12	第12层	蕨科、凤尾蕨、膜蕨科、蹄盖蕨科、水龙骨科
	IT8305-7	42	第11层	凤尾蕨、蹄盖蕨科、碗蕨科、裸子蕨科
	IT8305-8	23	第10层	凤尾蕨、蹄盖蕨科、碗蕨科、膜蕨科、水龙骨科、双星藻
	IT8305-9	6	第9层	蹄盖蕨科
	IT8305-11	3	第8层	菊科、松、蹄盖蕨科
	IT8305-12	370	第7层	胡桃科、苦苣苔科、锥栗属、禾本科、瑞香科、松、冷杉、铁杉、水龙骨科、膜蕨科、水蕨科、蹄盖蕨科、凤尾蕨、碗蕨科、双星藻
	IT8305-13	378	第6层	蒿属、藜科、木兰科、忍冬科、锥栗属、木犀科、桦木属、松、冷杉、铁杉、麻黄、凤尾蕨、蹄盖蕨科、水龙骨科、碗蕨科、里白科、紫萁科、水蕨科、膜蕨科、海金沙科、石竹科
	IT8305-14	132	第5层	榆属、栎属、杜鹃花科、柳属、禾本科、唐松草、桦木属、毒鼠子科、木兰科、鸭草科、龙胆科、松、铁杉、锥栗属、凤尾蕨、蹄盖蕨科、碗蕨科、膜蕨科、海金沙科、紫萁科、水蕨科、水龙骨科

注：NIAA分析工作是由成都理工大学三系完成。精确度在5%以内样品占85%。

两剖面草本植物中以分布于热带、亚热带的野牡丹为主,其他的热带、亚热带分子还包括苦苣苔科,此外包括一些温带分子,如菊科、蒿属、藜科、石竹科、龙胆科;蕨类植物中是以分布于热带、亚热带的裸子蕨科、蹄盖蕨科、膜蕨科、水龙骨科和凤尾蕨为主,其他的热带、亚热带分子还包括:碗蕨科、水蕨科、里白科、海金沙科等。这些蕨类植物一般分布于阴暗潮湿的地方。木本植物在两剖面中所占的比例较少。其中,温带分子:桦木科。热带分子:毒鼠子科、麻黄。温带和热带分子:榆属、胡桃科、木犀科、木兰科、锦葵科、瑞香科、栎属。温带和亚热带分子:榆属、锥栗属。水生植物在两个剖面中所占的比例极少。

成都属于川西平原植被小区,位于四力}盆地底部植被地区西部,主要为岷江、沱江两大流域冲积和洪积形成的菱形冲积扇平原,地形平坦,河网密布。WT7908-5孢粉样品是在文化层(即第5层)中采集的,其孢粉类型反映此文化层气候是热带和亚热带的温暖湿润气候;IT8305-11剖面文化层(即第8层)孢粉样品则出现反映干旱气候的菊科和石松的孢粉,说明这时气候有变干的趋势。分析结果表明,当时成都地区平原植被以草本植物占优势,局部地区为低洼的湿地,生长着热带亚热带植被,存在着温暖湿润与温暖干旱的气候交替的现象。

3 遗址区地球化学行为分析

3.1 样品的采集和分析

样品取自WT7908探坑剖面,自下而上由含砂砾层渐变为粉砂质亚黏土的韵律现象非常明显,其中第17~13层为晚更新世广汉层沉积,第12~1层为全新世亚黏土层沉积,第1~4层出现很多根孔,为人类耕作活动影响的土层。在广汉层顶部发掘出大量文物,以玉器、青铜器、金器、陶器和象牙等为主,其中部分文物同广汉三星堆出土文物有很大的共性特征。

土样用玛瑙研钵磨细,过120目筛,差重法准确称重40 mg,以美国NSIT的SRM-1633a煤飞灰和中国土壤标样GSS-1为标准物质,用高纯锗半导体探测器及多道γ能谱仪测量其γ谱,在中国核动力院高通量堆辐照,中子积分注入量为4×10^{17} n/cm^2,测量结果见表3。

表3 金沙遗址亚黏土层样品稀土元素地球化学参数

层位	LREE	HREE	$\sum$REE	δ_{Eu}	δ_{Ce}	(La/Lu)$_n$	(La/Sm)$_n$	(GD/Yb)$_n$	LREE/HREE
1	174.467 3	21.743 7	196.211	0.820 4	1.216 6	6.901 7	4.337	1.205 3	8.023 8
2	181.432 7	21.684 9	203.117 5	0.819 1	1.178	6.934 3	4.395 1	1.222 2	8.366 8
3	177.170 2	22.691 2	199.861 4	0.762 7	1.188 7	6.550 3	4.138 1	1.259 1	7.807 9
4	161.570 8	21.482 8	183.053 6	0.746 2	1.101 6	7.226 1	4.080 1	1.702 8	7.521
5	202.469 8	20.244	222.713 8	0.816 9	1.157 8	8.48 5	4.298 5	1.228 2	10.001 5

续表

层位	LREE	HREE	ΣREE	δ_{Eu}	δ_{Ce}	$(La/Lu)_n$	$(La/Sm)_n$	$(GD/Yb)_n$	LREE/HREE
6	197.045 4	21.901 1	218.946 5	0.772 4	1.012 8	9.053 4	4.639 4	1.272 2	8.997 1
7	181.915 4	20.571 4	202.486 8	0.859 9	1.126 4	8.650 1	4.462 6	1.421 3	8.843 1
8	177.526	23.657 4	201.183 4	0.770 3	1.041 4	7.485 7	3.990 1	1.449 7	7.504
9	172.234 1	18.907 5	191.141 6	0.830 2	1.068	8.417 1	4.128 5	1.094 9	9.109 3
10	194.931 9	19.433 9	213.365 8	0.799	1.132 9	8.799 7	4.331 3	1.093 7	10.574 6
11	187.725 1	18.811 5	206.536 6	0.806 7	1.150 7	9.169 4	4.194 4	1.274 7	9.979 2
12	170.914 7	19.865 8	190.780 5	0.770 3	1.132 9	6.901 7	4.035 3	1.105 1	8.603 5
13	206.514 3	17.536 1	224.050 3	0.784 8	1.139 6	11.442 3	4.636 2	1.518 9	11.776 5
14	176.873 1	17.723	194.596 1	0.855	1.101 9	8.517 3	4.140 8	1.087 4	9.979 9
15	176.369 8	19.945 9	196.315 7	0.784 6	1.145 4	7.542 6	3.827 1	1.133 7	8.842 4
16	147.815 5	18.729 6	166.545 1	0.747 4	1.073 6	6.923 3	3.705 4	1.086 1	7.892 1

注：NIAA分析工作是由成都理工大学三系完成。精确度在±15%以内样品占85%。

3.2 微量元素和稀土元素地球化学特征

稀土元素以其独特的地球化学特征，被广泛地应用于岩石、矿物的成因、起源及演化方面的研究。岩石或其他地质体的稀土元素（REE）分配模式经风化或成土作用后有一定的继承性，因而比较不同物质的REE分配模式，可判别彼此之间可能存在的亲缘关系。

成都金沙遗址亚黏土层稀土元素的分配型式都是呈负斜率型，La-Sm曲线较陡，Gd-Lu曲线较平缓，轻稀土相对富集，且轻、重稀土分馏明显。各地层采集的样品，其稀土分配型式非常相似，充分说明它们物质来源的同一性和稳定性，基本上反映了亚黏土层的形成具有同源成分特征。其中Th、U、Ta、Hf、Rb、Zn、As、K、Na和Sr等元素含量变化受源区物质分解和沉积环境共同影响。另外，一些与人类活动有关的元素在全新世第1~4层沉积中具有一致性，Zn和U等元素相对富集，是现代气候环境和表生作用的反映。对古土壤层（第9层）而言，元素Co、Ba、Th和Sc等含量表现为增加或异常，Zn含量降低，Rb表现为风化残余富集。亚黏土层的元素地球化学行为表征它是在变干的环境中形成的。

粒度特征是与孢粉分析、微量元素分析的结果相印证的最好辅助指标，通过对遗址区最大的一条古河道进行实测剖面采集砂样的粒度分布，得出当时的古河流是一条反映温暖干旱环境的曲流河。此分析与孢粉及微量元素分析结果相一致。

4 遗址区古环境状况

全新世是第四纪最近一次冰雪消融期，又称冰后期，其时段为11 000 a BP至今。依据目前国际上普遍采用的布利特-色尔南德全新世气候分期，金沙遗址区的古气候环境定格在中—晚全新世亚大西洋期（Sub-Atlantic），弄清全新世气候特征及其发展脉络，十分必要。

晚更新世末次冰期结束以来，古气候发展进程大致以2 000~3 000年为周期，干冷、温湿相互交替。经历了冰期余波的前北方期和北方期，大致在7 500 a BP进入了气候最适宜的大西洋期。气候持续稳定的大西洋期结束后，复又转入不稳定的亚北方期，全球气候大多均以极度干燥，伴以各种灾害天气现象为主要特征。高山、高纬地区普遍出现冰进，在青藏高原、阿尔卑斯和北美等地，均生成了全新世以来最活跃的新冰期。气候剧烈波动的亚北方期结束后，转入与金沙遗址文化期时段相当的温暖期—亚大西洋期。从各地所获的科学材料来看，其时全球气候总体上温爽潮湿，但也有波动。即Antevs正式命名稍变冷期，对应于Post冰后期细分的气候下降阶段。刘金陵系统研究了吉林辉南县孤山屯、长白山西坡泥炭沉积中的孢粉记录，得出此阶段东北东部属降温期，其间气温有缓慢下降的波动。

全新世温暖期首先是发现于斯堪的纳维亚的国家，以后在亚洲、南北美洲及深海沉积中均有发现，为全球性的气候表现。全新世温暖期的时间，北欧为8 000~2 500 a BP，我国为9 000~7 500 a BP至3 500~2 500 a BP。目前研究结果表明，即使在全新世温暖期中也存在有一系列的由干冷到暖湿或暖湿到干冷的气候变化，如取自北美洞穴方解石的氧碳同位素记录显示，气候在5 900 a BP快速上升了3℃，在3 600 a BP前后下降了4℃。金沙遗址的时代约为商代晚期至西周，结合^{14}C的分析遗址的绝对地质年龄为293±70 a BP~2 265±85 a BP。通过孢粉分析得出遗址区古植被以草本植物占优势，局部地区为低洼的湿地，生长着大量喜湿的蕨类植物，在较高的丘陵和山地上生长着乔木。总体气候属于热带和亚热带的温暖湿润气候，与全球性的气候表现相一致。广汉亚黏土层的元素地球化学行为则进一步表征着遗址区的古气候变干旱化的趋势，古河道砂粒度分析结果也印证了这一结论。反映遗址区也还有温暖湿润和温暖干旱的气候交替的波动现象。但是气候温暖湿润和温暖干旱的气候交替具体细节，以及此波动对金沙遗址古生物群影响程度，还有待进一步研究和发现。

金沙遗址考古发掘在梅苑东北部第7文化层（约西周）的地层中出土有多种哺乳动物的牙齿和骨骼，面积约104 m²。其中可以确切鉴别出种类的有11种，分别隶属于哺乳动物纲4目6科11种，包括亚洲象、犀牛、豪猎、猪獾、家马、家牛、赤鹿、水鹿等。根据出土发现的脊椎动物的属性和组合特征所反映的环境条件可以看出，当时成都平原的自然面貌与现代相似，气候温暖湿润，森林广布，野生动物繁盛。这间接反映出在金沙古蜀人的经济生活中家畜饲养活动的存在及仍有狩猎活动。

遗址出土的大量象牙，经初步鉴定属亚洲象种。结合四川盆地和周边区域的考古发掘资料来看，在成都平原的腹心地带广汉三星堆也出土有当数量象牙，经鉴定均属亚洲象种。此前在巫山大溪文化遗址墓葬也出土有象牙并发现有象牙手镯与相当丰富象牙质装饰品，在其他地区类似的考古发现也很多。根据文献记载及环境考古材料，商周时期四川盆地内气候比黄河流域和中原地区湿润温暖，土壤肥沃，林木茂盛，河流纵横、湖泊众多，且有大量湿地，更适宜鸟兽和大型动物生存，这里很可能是亚洲象群重要栖息之地。故金沙遗址出土的大量象牙，极可能就是本地所产，即2 200 a BP之前四川盆地内还有亚洲象和犀牛的广泛分布。

金沙遗址古蜀人早期的祭祀坑中发现数以吨计的象牙，而在后期的祭祀坑中却只发现两根残缺的亚洲象门齿，推测亚洲象等数量大大减少的原因极可能是它的生存环境发生了重大变化，推断应是遗址区古气候从温暖湿润逐渐变干旱波动所致。由于脊椎动物遗骸是在古蜀人的祭祀坑中所发现，标本有人为挑选的可能性，故此结果尚需进一步的研究来证实。

参考文献

[1] 江章华，颜劲松，李明斌.成都平原的早期古城址群——宝墩文化初论.中华文化论坛，1997，（4）：8-14.

[2] 王立新，童国榜.孢粉数据的回归分析方法.数理统计与管理，1995，（4）：27-32.

[3] 文启忠，刁桂仪，贾蓉芬，等.黄土剖面中古气候变化的地球化学记录.第四纪研究，1995，（3）：223-231.

[4] 刘建.成都金沙遗址脊椎动物及古环境研究.成都：成都理工大学硕士学位论文，2004.

[5] 刘兴诗.四川盆地的第四系.成都：四川科学技术出版社，1983.

[6] 刘东生，文启忠，安芷生，等.黄土与环境.北京：科学出版社，1985.

[7] 刘泽纯.北京猿人洞穴堆积反映的气候变化及气候地层对比.人类学学报，1983，（2）：172-183.

[8] 刘嘉麒，倪云燕，储国强.第四纪的主要气候事件.第四纪研究，2001，（3）：239-248.

[9] 王铮，张王远，周清波.历史气候变化对中国社会发展的影响——兼论人地关系.地理学报，1996，（4）：329-339.

[10] 王苏民.内蒙古岱海湖泊环境变化与东南季风强弱的关系.中国科学（B辑），1991，（7）.

[11] 刘兴诗.成都平原古城群兴废与古气候问题.四川文物，2000，（4）：34-37.

[12] 竺可桢.中国近五千年来气候变迁的初步研究.考古学报，1972，（1）.

[13] 施雅风，张丕远.中国历史气候变化.济南：山东科学技术出版社，1996.

[14] 王绍武，龚道溢.全新世几个特征时期的中国气温.自然科学进展，2000，（4）：325-332.

[15] 徐国昌，等.中国干旱半干旱区气候变化.北京：气象出版社，1997.

[16] 张兰生，方修琦，任国玉.全球变化.北京：高等教育出版社，2000.

[17] 黄剑华.金沙遗址出土象牙的由来.成都理工大学学报（社科版），2004，（3）：11-17.

金沙遗址脊椎动物及古环境研究[*]

刘 建

金沙遗址地处成都市青羊区苏坡乡金沙村和金牛区黄忠村，现已探明分布面积3 km²。这里曾是中房集团成都房地产开发总公司开发的区域，整个区域被划分为蜀风花园的梅苑（遗址东北部）和兰苑（位于梅苑的西侧，相距约30 m）（图1(a)）、体育公园（南邻兰苑，东邻梅苑的北部）和黄忠村的三和花园。因此，考古发掘工作也就根据这些定名来划定发掘区域[1-75]。

目前，金沙遗址共布探方667个，发掘面积达16 587 m²，发掘深度1.2～4.5 m。其中，在梅苑东北部区域共布探方145个，发掘面积3 625 m²，在文化堆积面积约8 000 m²的范围内出土了大量珍贵文物，有近万件金器、铜器、玉器、石器，以及11种脊椎动物的遗骨的残骸。在大约相当于西周时期第7层文化层的地层中发现了一个大型象牙堆积坑（图1(b)）。

(a)　　　　　　　　　　　　　(b)

图1　兰苑和梅苑

(a) 兰苑地点发掘全景；(b) 梅苑大型象牙堆积坑

为研究金沙遗址所处时代成都平原的古环境，2001年4月、5月、7月，课题组在金沙遗址进行野外考察，获得了大量的第一手野外资料，采集了大量的土样标本和脊椎动

---

[*] 2004年成都理工大学硕士学位论文。

物，共采集土样标本63件、脊椎动物骨骼标本15件，在古河道内采集河道砂样13件，陶片、炭化树干样品8件；8月，课题组到广汉三星堆月亮湾进行野外考察，采集土样12件，用于比较三星堆古文化遗址同金沙文化遗址的异同之处；2004年5～12月，多次在金沙遗址补充采集脊椎动物的牙齿样品，而且对探坑内保存的脊椎动物标本进一步鉴定和比较（表1）。

表1 金沙遗址古环境研究野外调查工作量表

时间	地点	任务	相关工作
2001年4月、5月、7月	成都金沙遗址	遗址现场考察、地质剖面观察与测量、标本样品采集	采集土样标本63件，脊椎动物标本19件，河道砂样13件，陶片、炭化树干标本8件 进行脊椎动物属种初步鉴定
2001年8月	广汉三星堆	地质剖面观察与测量 标本样品采集	采集土样12件
2002年4～10月	成都、北京	标本样品测定、鉴定	进行脊椎动物属种的进一步鉴定 进行^{14}C测定 古河道砂的粒度测定
2003年4～12月	成都、北京	标本样品测定、分析	进行孢粉分析 进行微量元素地球化学分析
2004年5～12月	成都金沙遗址	对脊椎动物标本进一步鉴定和比较，编写报告	补充采集脊椎动物牙齿及其围岩标本11件，补照标本照片

1 金沙遗址地理、地貌特征

1.1 地理位置与环境

金沙遗址位于成都市区西部的二环路与三环路之间，东距市中心仅5 km，地处青羊区苏坡乡金沙村和金牛区黄忠村，若要了解金沙遗址的地理位置与环境，本文首先对四川省和成都市的地理位置与环境进行概述。

四川省位于中国的西南，地跨青藏高原东缘及四川盆地，面积48.5万 km^2。成都平原位于四川盆地西部，是四川唯一较大的平原。它是由发源于盆地西北山区的岷江、沱江及其支流（如湔江、石亭江、绵远河等）流出山口的冲积扇连接而成。平原西北面为川西高原东缘的山地，东南面有东北至西南走向的龙泉山脉将其与川中丘陵地区相分隔，西北的邛崃山、茶坪山脉与东南的龙泉山脉的余脉在平原的东北和西南交合，使成都平原成为四川盆地中相对独立的自然地理单元（图2）。平原呈南北长170 km、东西宽60～70 km的扇形，面积约9 500 km^2。整个平原海拔400～750 m，地势西北高而东南低，位于平原西北扇形顶部的都江堰海拔约750 m，扇形东南部的成都一带海拔就降至500 m，在不到50 km距离内高程就下降了近200 m，坡降达3‰～4‰。较大的高差给整个平原农业的灌溉提供了方便，再加上成都平原的气候属亚热带季风气候，温暖而湿润，适于农作物的生长，因而成都平原地区很早就有人类在此栖息和生活，留下了许多

图 2　四川省东部主要山脉、河流示意图

古老的传说和丰富的文化遗存。通过数千年的开发，特别是著名的都江堰水利枢纽工程兴建以后，成都平原成为"水旱从人"的天府之国，成都平原的中心——成都也就成为西南地区政治、经济和文化的中心[19]。

成都市区坐落于成都平原的东南部，以三环路为界，约东西长17 km、南北宽14 km，面积约200 km²。市区地势平坦，除了在成都市区东南面20公里处有属于中山的龙泉山脉，以及在成都市北有低矮的凤凰山外，市区范围内没有大的高低起伏。成都市区及其周围的地势是西北郊略高而东南略低，河流自然走向的总趋势是由西北流向东南。市区内河网密布，均呈西北—东南流向，由东向西有沙河、府河、磨底河、清水河—南河；郫江故道介于府河与磨底河之间。至迟在战国时期，在当时的成都城区就有两条可以行船的较大河渠。《史记·河渠书》记秦国的"蜀守冰凿离，辟沫水之害，穿二江成都之中。此渠皆可行舟，用余则用溉浸，百姓飨其利"。流经成都的这两条河流，秦汉时期统称为"两江"，传为西汉时期杨雄所作《蜀都赋》就有"两江珥其前，七桥带其流"的诗句。两江的具体情况，晋人常璩《华阳国志·蜀志》说"周灭后，秦孝文王以李冰为蜀守……冰乃壅江作堋，穿郫江、检江，别支流过郡下，以行舟船。"现在流经市区的三条河流，均为走马河的分支，它们从东北向西南面复接纳了西北面的磨底河水，沿外南人民路、城边路、滨江路东流，在青莲街附近与府河相汇，逐渐南转流出市区（图3）。金沙遗址就在市区西部偏北的磨底河畔。

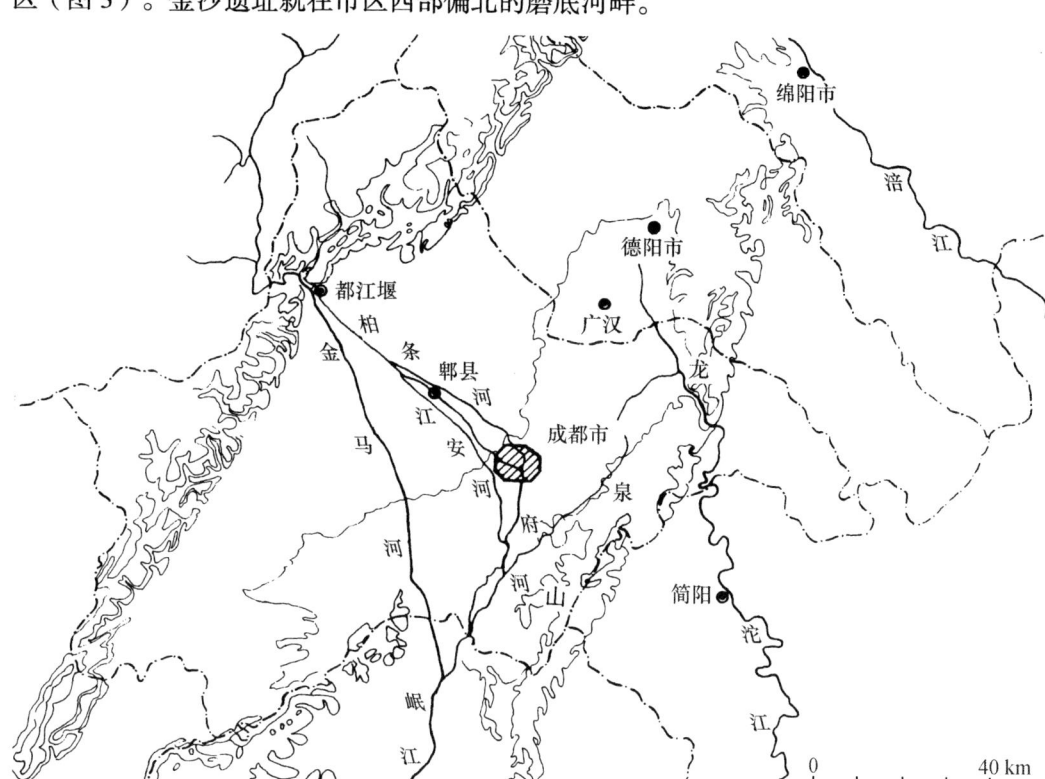

图3 成都市地区位置图

金沙遗址位于成都市区西部的二环路与三环路之间，东距市中心仅5 km，地处青羊区苏坡乡金沙村和金牛区黄忠村。现已探明分布面积3 km², 北达羊西线，东临同和路和青羊大道，西至三环路，南接清江中路和西路。处于成都平原的腹心地带，分布范围内地势平坦，相对高差不过5 m。遗址内及周围河流较多，遗址的南面1.5 km处是清水河，遗址的北侧是郫江故道，磨底河由西向东蜿蜒曲折地横穿遗址中部，把金沙遗址分为南北两半，北为黄忠村，南为金沙村（图4）。经考古发掘证实，在遗址内至少有四条古河道由西北流向东南。磨底河、故郫江流出金沙遗址后，向东南流经成都市区西部，在青羊宫附近汇入清水河成为南河；南河再向东南，经成都市区南部，在九眼桥附近注入府河；府河再向南流出成都市区。在成都市区西部、南部的故郫江及今南河沿河地带，历年已发现了很多商周时期的遗址，由西向东有抚琴小区、十二桥、方池街、君平街、指挥街、盐道街、岷山饭店、岷江小区等遗址，绵延十余千米。其中，十二桥遗址发掘面积大，出土的器物多，最具典型性，因此学术界将上述遗址统称为十二桥遗址群。金沙遗址东南距最近的抚琴小区遗址约3 km，距最远的岷江小区遗址约9 km，距1954年发现的羊子山土台遗址约8 km处，而著名的三星堆遗址距金沙遗址的直线距离也不过38 km[19]。

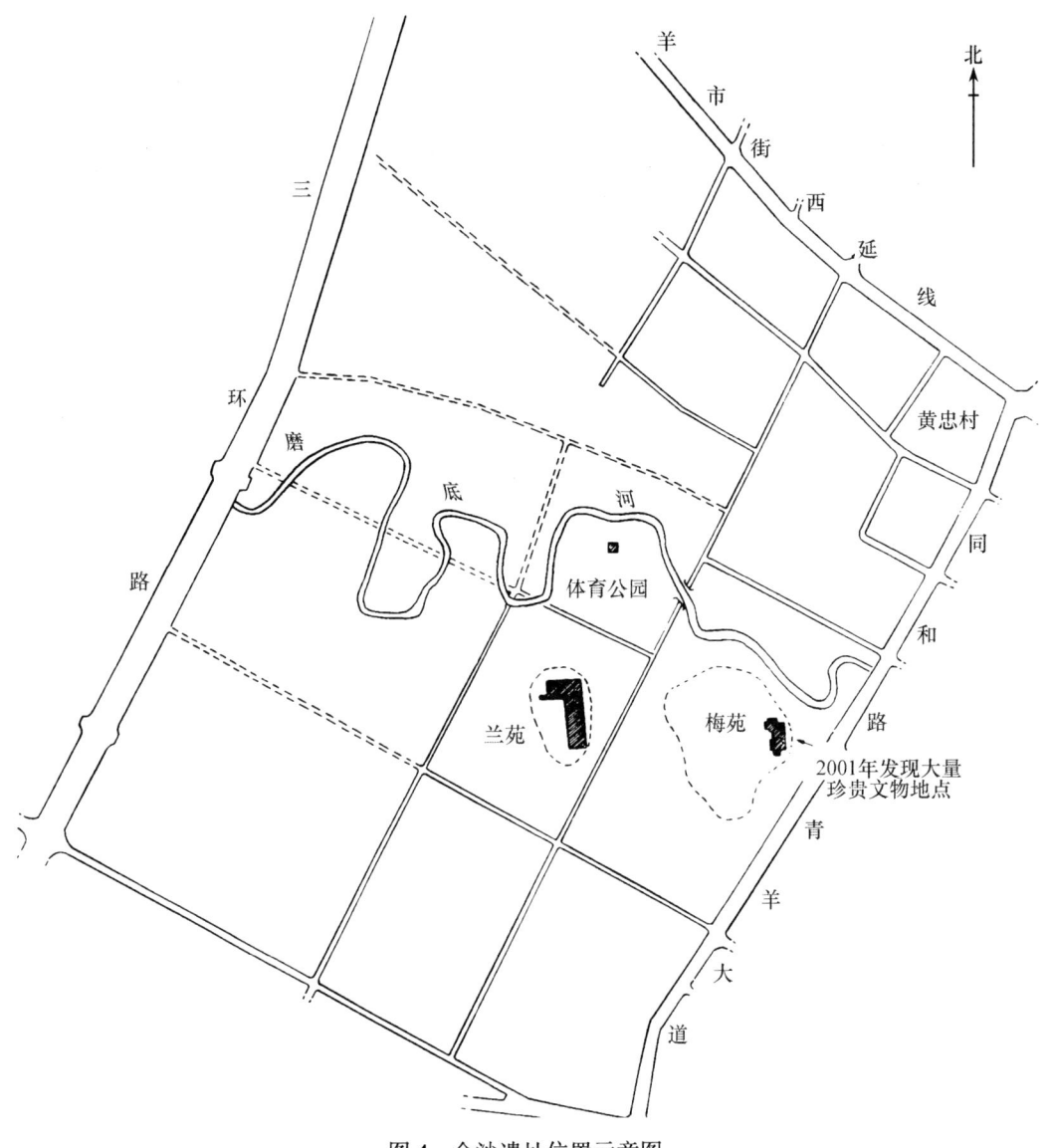

图 4　金沙遗址位置示意图

1.2　地貌特征

金沙遗址除表面为一层厚1～2 m的近代扰乱土外，都是一套松散的第四纪全新世河流冲击物。因金沙遗址位于成都平原东南部，现将成都平原地貌特征概述如下。成都平原发育在成都地堑的基础上，由多个冲积扇所组成。自北而南依次是绵远河、石江亭、湔江、岷江、西河、斜河和南河冲积扇，共同组成了微具倾斜的复合冲积扇平原。在各个冲积扇之间及其边沿，有扇间河和扇缘河分布，水系构成十分复杂。

成都平原地势具有西北高东南低的特点，出自龙门山及其西北高原的岷江、沱江等多条河流的散流水系形成了宽广的成都平原。平原内部一般仅存I级、II级阶地，III

级、IV级，V级阶地主要分布在东西两侧边缘地带，形成高地或台地。I级阶地在平原区的拔河高度一般为2~3 m，两侧为4~6 m，根据^{14}C年龄测定为距今2 500~6 700年，显然属全新世。II级阶地拔河高度8~10 m，主要地层为成都黏土及广汉层，覆盖成都平原的主要为成都黏土，^{14}C年龄为1.2万~2.5万年，为晚更新世晚期。广汉层主要分布于成都平原东侧。III级阶地拔河高度25~30 m，称雅安黏土或雅安砾石层，^{14}C年龄为3万~4万年，属晚更新世。IV级阶地拔河高度70 m左右，热释光年龄为5.6万~7.2万年。V级阶地拔河高度达90~110 m，热释光年龄为10.5万~12万年，属中更新世末期。分布于平原周边的III级以上阶地都以基座阶地的形式出现，反映盆地周边的相对抬升。盆地内部老于II级阶地的沉积物由于沉降作用被埋于地下。

年龄测定结果表明，成都平原的阶地堆积全部是中更新世晚期以来的产物。成都平原的第四纪沉积无论沉积相或厚度均有很大差异，加之缺乏年代资料，因而学界对其成因类型有着不同的看法，主要有冰水沉积和冲洪积两类。钱洪根据岷江、沱江上游阶地年龄与成都平原阶地年龄的对比，结合成都平原中更新世晚期以来的沉积结构、物质成分和沉积环境的分析，倾向于成都平原的阶地沉积是岷江、沱江等主要水系进入成都平原后的河流相沉积[52]。

2 金沙遗址地层特征

我们在探坑WT7908和探坑IT8305测量了两条剖面，并进行了系统取样，按由上而下的顺序将剖面的地层特征描述如下。

2.1 WT7908

探坑WT7908位于梅苑东北部发掘区的西南部，于2001年7月5日测量剖面和取样（图5）。

（1）WT7908-1：浅灰黑色黏土，为耕作层（A0层），见新鲜的植物根系。厚0~18 cm，在6 cm处取样。

（2）WT7908-2：棕黄色黏土，为淋滤层，见0.1 cm大小的小孔。厚度18~27 cm，约9 cm，厚度较薄，在20 cm处取样。

（3）WT7908-3：棕黄色黏土，为A1层，见淡黄色铁质条带。厚度27~44 cm，约17 cm，在29 cm处取样。

（4）WT7908-4：浅灰黑色黏土，见0.1~0.2 cm空管状纵横交错结构，有少量铁质填充。厚度44~59 cm，约15 cm，在59 cm处取样。

（5）WT7908-5：浅灰黑色黏土，充填有铁质结核，大小约0.5 cm，有碎陶片出现。厚度59~78 cm，

图5 金沙遗址探坑WT7908剖面

约19 cm，在65 cm处取样。

（6）WT7908-6：深棕黄色亚黏土，可见纵横交错管状结构，为淀基层，见褐色铁质结核。厚度78~154 cm，约76 cm，在120 cm处取样。

（7）WT7908-7：浅棕黄色粉沙质黏土，上部粒度渐细，泥质粉砂砂粒中含软云母片。此层为腐殖层（C层），新鲜面为棕黄色。厚度154~180 cm，约26 cm，在164 cm处取样。

（8）WT7908-8：黄褐色黏土，为古土壤层，新鲜面为浅褐色，虫孔发育，固结紧实，虫孔壁覆深灰色泥膜，虫孔直径0.05~0.2 cm。本层厚度180~215 cm，约35 cm，在190 cm处取样。

（9）WT7908-9：灰黄色古土壤，含许多直径0.1~0.2 cm椭圆形铁锈色铁质新生体，在215 cm处取样。

（10）WT7908-10：灰黄色粉砂质黏土，在245 cm处取样。

（11）WT7908-11：灰黄色砂—粉砂质黏土，中间以砂粉质黏土透镜分隔，在255 cm处取样。

（12）WT7908-12：灰黄色砂—粉砂质黏土，在270 cm处取样。

（13）WT7908-13：深灰黑色黏土质砂，在280 cm处取样。

（14）WT7908-14：灰黄色粉砂质黏土，在292 cm处取样。

（15）WT7908-15：深黄色含粉砂黏土，在305 cm处取样。

（16）WT7908-16：灰绿色黏土含黄棕色斑块，在318 cm处取样。

（17）WT7908-17：砾石层，其成分主要是石英岩，花岗岩，由砂质亚黏土和粗砂填充（表2）。

2.2 IT8305

IT8305位于梅苑东北部发掘区的东部，于2001年7月20日测量剖面和取样。

（1）IT8305-1：灰色黏土，局部可见片状结构，虫孔发育且粗大，0.3~0.5 cm。锈斑少，约2%，厚度0.5~7 cm。

（2）IT8305-2：黄灰色黏土，锈斑发育，约占15%。锈斑发育，耕孔明显，约占5%，少量虫迹，0.1~0.2 cm，有棱块结构，厚度7~15 cm。

（3）IT8305-3：黄灰色黏土，耕孔发育，有细小虫孔，直径0.05~0.1 cm，个别虫孔较粗大，直径约1 cm，有褐色锈斑，约占2%，有细棱块结构，厚度15~33 cm。

（4）IT8305-4A：黄灰色黏土，耕孔发育，近于垂直，有少量虫孔，直径1~2 mm，锈斑分布不均匀，局部较发育，有细棱块结构，厚度33~50 cm。

（5）IT8305-4B：灰黄色亚黏土，细耕孔较发育，有少量虫孔，耕孔有很多是横向的，少见锈斑，结构不明显，厚度50~70 cm。

（6）IT8305-5：黄灰色亚黏土，锈斑很发育，有少量耕孔和虫孔，结构不明显，有机质局部富集，厚度70~105 cm。

（7）IT8305-6：黄灰色黏土，耕孔和虫孔较少，耕孔附近被有机质充填，锈斑发

表2 金沙遗址探坑WT7908剖面柱状描述

层序	深度/cm	岩性柱	岩性描述	文物埋藏情况/m
1	0		灰亚黏土，富含有机质，为耕作层	
2	18			
3	27		黄灰色亚黏土，见铁质结核，为淋溶层	
4	44		黄灰色亚黏土，见铁质结核，为淀积层	
5	59			0.59
6	78		浅棕黄色亚黏土，见铁质结核	见陶片
				0.79
			棕黄色亚黏土，略显网纹，见铁质结核	1.35
	140			见陶片
7	175		棕黄色亚黏土，见铁质结核	1.50
				1.65
8	200		棕黄色亚黏土，见铁质结核	
9	225		黄棕色亚黏土，见铁质结核，为古土壤	见哺乳动物骨骼化石
10	240			2.42
11	258		黄棕色砂—粉砂质亚黏土	
12	270			
13	283		黄棕色粉砂质亚黏土	
14	294			2.9
15	308		灰色粉砂质亚黏土	
16	325			
17			砾石层，成分主要是石英岩、花岗岩，由砂质亚黏土和粗砂填充	

注：×表示取样点。

育，厚度105～120 cm。

（8）IT8305-7：灰黄色亚黏土，含少量粉砂，耕孔不发育，有少量虫孔，褐色锈斑发育，厚度120～135 cm。

（9）IT8305-8：灰黄色亚黏土，有虫孔，虫孔中有有黑色虫孔泥，褐色锈斑发育，可见陶片，有机质较多，厚度135～150 cm。

（10）IT8305-9：灰黄色亚黏土，粉砂增多，有较多虫孔，虫孔壁有较多泥膜，锈斑发育，厚度150～165 cm。

（11）IT8305-10：灰黄色亚黏土，含有粉砂，有少量虫孔，褐色锈斑发育，虫孔壁有黑色泥膜，厚度165～242 cm，见哺乳动物遗骸。

（12）IT8305-11：棕黄色细砂—粉砂，可见石英砂粒，局部是灰色砂，局部锈斑发育，厚度242～290 cm，出露8层象牙，象牙近东西水平堆放，个别近南北走向。

（13）IT8305-12：深灰色粉砂，炭屑物较多，厚度290～338 cm。

（14）IT8305-13：灰黑色粉砂—细砂，可见炭屑物，厚度338～378 cm。

（15）IT8305-14：深灰色中砂，可见石英砂粒，见砂纹层理，厚度378～416 cm，不见底。

3 金沙遗址的地质年代

3.1 ^{14}C的测定

自1949年阿诺（Arnold）与利贝（Libby）利用已知年代的考古物证明^{14}C定年的可行性以来，^{14}C定年法在定年方面的实用性及优越性早已为学者所肯定，尤其考古遗址与晚第四纪的地层研究与^{14}C定年法更是分不开。

自然界的碳有三种同位素：^{12}C、^{13}C、^{14}C。其中，^{12}C、^{13}C是稳定同位素，^{14}C是放射性同位素。由于宇宙辐射作用，在地球大气层上部将形成热（慢）中子，后者轰击空气中的^{14}N原子核，便形成放射性同位素^{14}C。因自然界的天然循环、交换作用，使所有生物、空气、水、碳酸盐类及含碳物质中均含有放射性同位素^{14}C，而且大体处于平衡状态，在以万年计的相当长的时期内，地球大气层中的^{14}C丰度值是近于恒定的。若某一含碳物质一旦停止与外界发生碳同位素交换，例如有机体（动物、植物）死亡，碳酸钙沉淀后与大气及水中的二氧化碳不再发生交换等，这时，有机体和碳酸盐中的^{14}C得不到新的补充，最初的放射性^{14}C将按指数规律减少。因此，只要测得样品中碳放射性比度（或现代碳与样品碳放射性之比），即可按有关公式算得样品年龄[32]。

为确定金沙遗址所处的绝对年代，共采集具有代表性的^{14}C样品两块。对在古河道内采集的炭化树干进行了常规^{14}C标本年代测定，^{14}C的年代是2265 ± 85 a BP；对探坑中发现的一枚亚洲象的臼齿进行了加速器质谱（AMS）^{14}C测试，^{14}C的年代是2930 ± 70 a BP（表3）。

表3 沙遗址^{14}C标本年代测定报告单

实验室编号	原编号	样品物质	^{14}C年代/a BP	测试方法	测定单位	备注
BK200171	JH001	炭化树干	2265 ± 85	常规^{14}C测定	北京大学考古文博院科技考古与文物保护实验室	①
BA01205	TH002	亚洲象臼齿	2930 ± 70	加速器质谱（AMS）^{14}C测定	北京大学加速器质谱实验室第四纪年代测定实验室	②

注：① BP为1950年的^{14}C年代，^{14}C年龄计算所用半衰期为5 568年。
② 测量采用中国碳标准。其中，^{14}C放射性比度为现代碳标准的1.362 ± 0.002倍，计算年代采用的^{14}C半衰期为5 568年，距今年代（a BP）以1950年为起点，所给误差系多次测量平均值的标准偏差，年代数据未做年轮年代校正。

样品中的炭化树干为古河道中采样，揭示的地质年代年代应为金沙遗址的较新年龄，所取的亚洲象臼齿样品解释的地质年代应为金沙遗址的较老的时代。

因此，我们由以上数据可以断定金沙遗址的绝对地质年代为距今（$2 930 \pm 70$）~（$2 265 \pm 85$）年。

3.2 文物断代分析

金沙遗址清理和发掘的重要文物共2000余件，包括金器40余件，铜器700余件，玉器900余件，石器近300件，象牙骨器40余件，等等。此外，还出土了数以万计的陶器、陶片等。

从目前金沙遗址出土的遗迹、遗物来看，金沙遗址是跨越时间较长的一个古蜀遗址。就其中的玉器而言，其时代早的可到商代的早中期，如其中出土的许多玉璋、玉戈等器形都与三星堆一、二号祭祀坑出土的玉戈、玉璋相似，同时也与殷墟出土的玉戈相同[19, 56]。另一方面，在金沙遗址中出土的玉琮又与良渚文化有相似之处。但是我们从所有的出土文物中，特别是与三星堆出土文物同类型的器物相比较，也能看出比这些器物年代更晚的东西。三星堆遗址一、二号祭祀坑出土文物的时代在商代的中晚期，而金沙遗址出土的器物中除了有与三星堆遗址出土器物同一时代的之外，还有许多器物的时代相对晚于三星堆遗址出土的器物。三星堆遗址出土的器物与金沙遗址出土的器物相比较中的不同之处，实际上就是这些器物在不同的时代中的发展变化或某些器型的衰落的表现。由此而来我们可以通过这些现象了解其大致的时代情况。

（1）梅苑东北部发掘区第7层出土的尖底杯、尖底盏、圈足罐、高颈罐、瓮、高柄杯形器座、喇叭口罐等文物的时代相当于西周早期；第6层出土遗物较少，总体与第7层时代大致相同。第5层出土的喇叭口罐、直口尖底盏等时代约为春秋前期。由此看来该区域的文化堆积延续时间较长，约从商代晚期至春秋前期。该区域出土的金器、铜器、玉石器的时代为商代晚期至西周早期。

（2）兰苑文化堆积的时代较梅苑文化堆积的时代略早。

因此，根据成都市文物考古所发现的金器、玉器、青铜器、陶器等文物，并结合先前的勘探和发掘资料，我们初步认为金沙遗址的年代上限当在商代晚期，下限可至春秋时期，主体文化遗存的时代当在商代晚期至西周早期，属十二桥文化偏早阶段。

4 金沙遗址的脊椎动物

4.1 脊椎动物的埋藏状况

因金沙遗址发现的脊椎动物与人类遗物共生，故可以从它们的组合特点上来进一步了解古蜀文化及2 000～3 000年前成都平原的气候环境。

金沙遗址发现的脊椎动物主要位于梅苑东北部发掘区的南部，该区域为古蜀人的祭祀区域。从机械开挖的断面观察，该分布区的面积约在300 m²以上。从已清理的情况看，上述遗物堆积较为零乱，似无规律，但仔细观察，野猪犬齿多在鹿角之上。野猪犬齿经过初步鉴定全系野猪下犬齿，说明这些遗物是经过专门挑选的，不是随意所为。

在探坑IT7710、探坑IT7711中发现大量水鹿角，且无方向性，出露有两枚亚洲象的门齿，其中一门齿无前端。最大一枚门齿长147 cm，远端宽度15 cm。还发现有大量的野猪下犬齿、马的门牙及臼齿各一颗、一颗牛的臼齿等。在这两个探坑中还分布大量的玉凿、玉矛等玉器，以及少量陶器和花岗岩卵石（图6）。

(a)

(b)

图 6 探坑现场埋藏图
（a）探坑IT7710；（b）探坑IT7711

在探坑IT7909中，发现大量陶器、鹿角以及约400余枚野猪的犬齿，及一较完整的犀牛下颌骨，还有许多具有观赏价值的奇石。

在探坑IT7809中，野猪犬齿居多，还发现有鹿角、麂角、光滑卵石和陶器。

在探坑IT7811中，发现的物品较少，多为陶器和少量麂角。

在探坑IT7810中仅有少量陶器和麂角。

大型象牙堆积坑位于梅苑东北部发掘区的东部（图7）。该坑在机械施工中

图7 象牙堆积坑

已遭到严重破坏，位于探坑IT8305的第11层。现存部分平面为三角形，残长160 cm、宽60 cm。坑内有两层填土：第一层填土为褐色土，厚约60 cm；第二层填土为沙土，沙土中有规律地平行放置了大量的亚洲象门齿，其中最长者近185 cm，象牙经过鉴定系亚洲象。从断面观察，象牙共8层，在坑内还有大量的玉器和铜器（图8）。

金沙遗址出土的象牙、野猪犬齿、鹿角众多，证明当时在重大祭祀活动中至少使用了500头大象、1 000只鹿、1 500头野猪，而这些动物绝大多数来自周围地区，这对研究当时的地理气候环境提供了重要资料。

4.2 脊椎动物组合

脊椎动物发现地点的地质剖面，除表面为一层厚1～2 m的近代扰乱土外，都是一套松散的第四纪全新世河流冲击物。

在金沙遗址中，脊椎动物大多发现于距地表1.6～4.5 m的黄灰色黏土中；平面上，几乎整个发掘区内都有材料发现，但分布不均，IT7710、IT7711、IT7809、IT7811、IT7810较为丰富。

标本材料与商代晚期至西周文化层大量文物共生，如陶器、玉器、石器等。标本材料与大量文物为祭祀用品，原地埋藏，无明显的搬运标志。

标本材料以哺乳动物牙齿和鹿角、麂角为主，有少量残破的下颌骨和肢骨，无完整的动物骨架。

大部分标本未完全石化，与现生动物材料比较，颜色深暗，比重较大。

所有脊椎动物标本材料，埋藏在第四纪全新世河流冲积层中，与人类文化遗物共生。综合脊椎动物骨骼的保存状况与共生文物的分析，它们大部分是人类活动的遗物，主要为原地堆积。

经过初步的鉴定，有以下几种。

哺乳动物　Mammalia（11 species）

　食肉目　Carnivora

　　　　Panthera tigris Linnaeus，1758

图 8 梅苑东南部发掘现场

　　　　　Arctonyx collaris Cuvier，1825
　　　　　Ursus thibetanus Cuvier，1823
　长鼻目 Proboscidea
　　　　　Elephas maximus Linnáus，1758
　奇蹄目 Perissodactyla
　　　　　Equus caballus Linnaeus，1758
　　　　　Rhinoceros sp.
　偶蹄目 Artiodactyla
　　　　　Sus scrofa Linnaeus，1758
　　　　　Rusa unicolor Kerr，1792
　　　　　Muntiacus muntiak Zimmermann，1780
　　　　　Muntiacus reevesi Ogilby，1838
　　　　　Bos taurus Linnaeus，1758

4.3 脊椎动物标本描述

金沙遗址发现的脊椎动物材料，共包含11种脊椎动物，均为哺乳动物。考虑到脊椎动物遗骸与人类文化遗物共生，并注意到动物与人类活动的关系，通过对脊椎动物的数量统计、层位分布、共生关系及保存状况等方面进行分析研究。鉴定结果将它们分为饲养动物和野生动物两组。

4.3.1 饲养动物

马 *Equus caballus* Linnaeus，1758

（图9（a）（b））

材料：

探坑IT7711，一枚门齿和一颗臼齿。

标本描述：

门齿较小，珐琅质光滑，表面呈现氧化的黄褐色斑点。

讨论：上述标本与现生家马比较，形态一致。

从马类的发展历史分析，我国南方第四纪地质中野马化石的材料不多；现生野马仅局限于西北部的新疆、内蒙古地区[11]。

家马的驯化具有悠久的历史，早在距今4 000多年前，我国广大地区均已普遍驯养这类动物作为运载工具。

成都不仅在金沙遗址发现有马类，在十二桥文化遗址、广汉三星堆遗址等同时代遗址中，均有此类标本与人类文化遗物共生。显然，它们与人类活动密切相关。

这些材料的发现，说明至少在距今二三千年前，成都地区已有人类饲养的家马分布。

牛 *Bos taurus* Linnaeus，1758

（图10（e）（f））

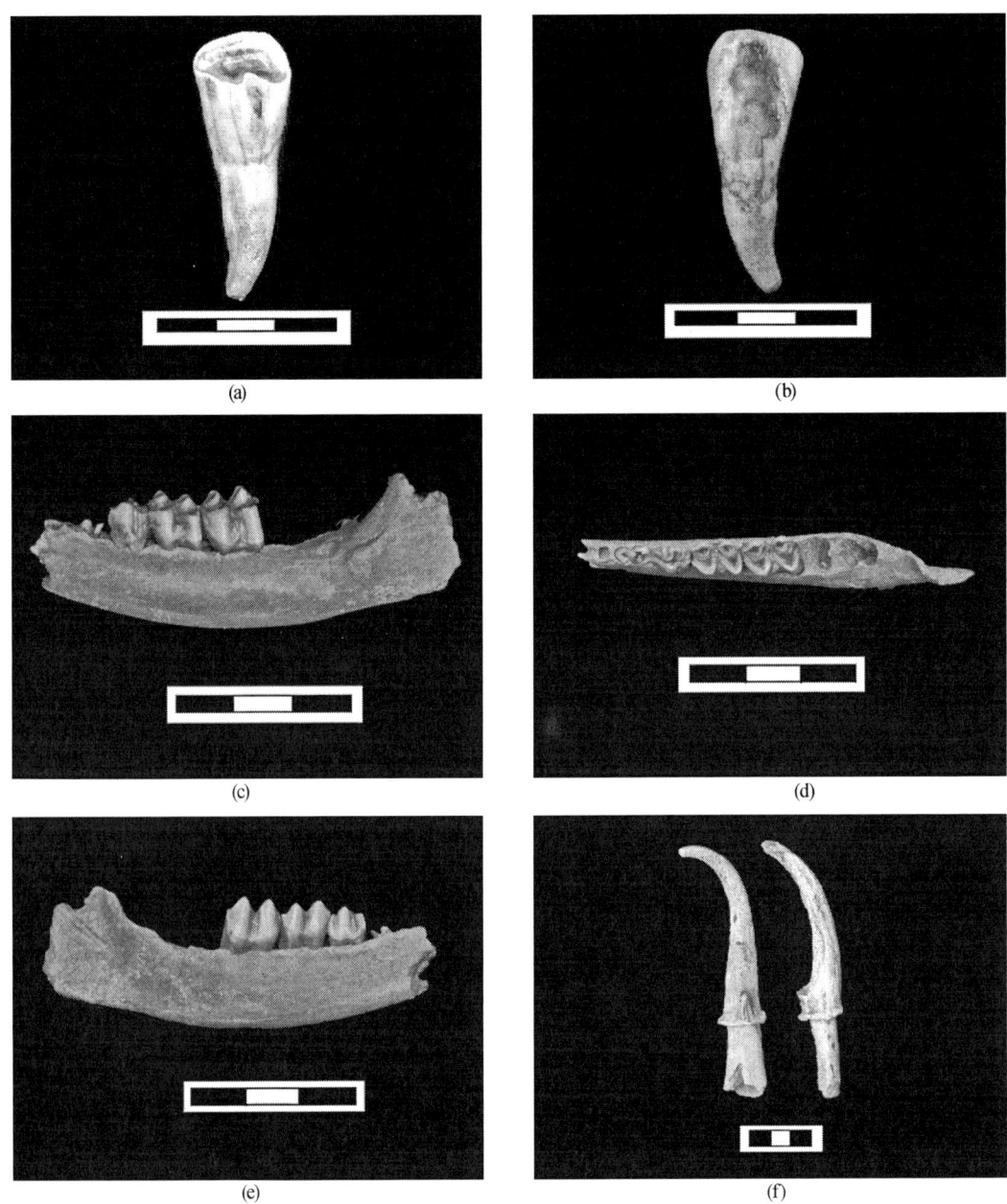

图 9 马门齿、小麂左下颌骨和左角

(a) 马 (*Equus caballus*) 门齿，内侧视，1×；(b) 马 (*Equus caballus*) 门齿，外侧视，1×；
(c) 小麂 (*Muntiacus reevesi*) 左下颌骨，左侧视，1×；(d) 小麂 (*Muntiacus reevesi*) 左下颌骨，顶视，1×；
(e) 小麂 (*Muntiacus reevesi*) 左下颌骨，右侧视，1×；(f) 小麂 (*Muntiacus reevesi*) 左角，前视，1/3×

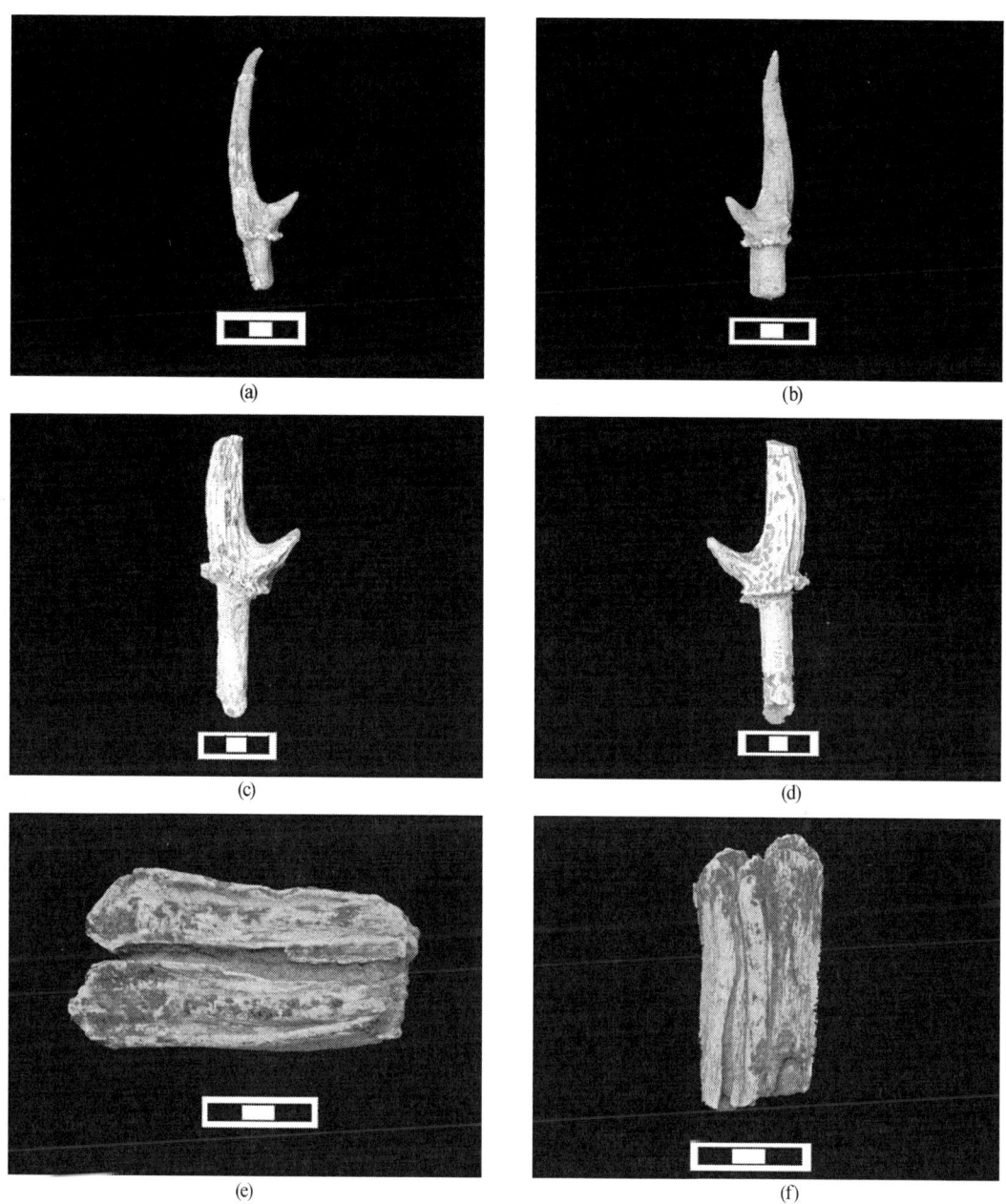

图 10 小麂左角、赤麂右角、牛臼齿

(a) 小麂 (*Muntiacus reevesi*) 左角，前视，1/3×；(b) 小麂 (*Muntiacus reevesi*) 左角，后视，1/3×；
(c) 赤麂 (*Muntiacus muntiak*) 右角，前视，1/3×；(d) 赤麂 (*Muntiacus muntiak*) 右角，后视，1/3×；
(e) 牛 (*Bos taurus*) 臼齿，外侧视，1/2×；(f) 牛 (*Bos taurus*) 臼齿，内侧视，1/2×

材料：

探坑IT7710，一枚臼齿。

标本描述：

珐琅质光滑，覆有白垩质，臼齿较瘦弱，臼齿齿柱发达，原、次尖经磨蚀后呈橄榄形，外叶新月形脊在前后方向被压扁。长×宽×高为81 mm×38 mm×26 mm（图11）。

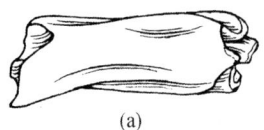 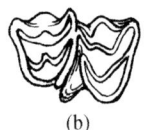

(a)　　　　　　　　　(b)

图11　牛 *Bos taurus* Linnaeus（1/2×）
(a) 臼齿（内侧视）；(b) 臼齿（顶视）

4.3.2 野生动物

食肉目　Carnivora Bowdich，1821

猫科　Felidae Gray，1821

虎　*Panthera tigris* Linnaeus，1758

（图12（a）~（f））

材料：

探坑IT7710，发现两枚犬齿和一下颌骨。

标本描述：

犬齿粗大且较直，后缘刃部锋利。c_1长×宽为95 mm×29 mm，另一c_1长×宽为81 mm×25 mm。下颌骨下缘较平直，m_1引长，切割式，具1小的内尖和3个外尖（图13）。

鼬科　Mustelidae Swainson，1835

猪獾　*Arctonyx collaris* Cuvier，1825

（图14（c）（d））

材料：

探坑IT7711，一具较完整的下颌骨。

标本描述：

下颌骨水平枝细长，上下边缘平行；垂直枝宽大，咬肌窝深且宽，冠状突高而侧扁；关节突发达，横向扩展；次角突位置接近关节突。

齿式：3·1·4·2。前白齿非常细小，齿尖尖锐，下裂齿（m_1）窄而长，跟座宽大。

下颌骨长89 mm；m_1前缘下颌高28 mm；p_3长12 mm，p_1长7 mm（图15）。

熊科　Ursus Gray，1825

黑熊　*Ursus thibetanus* Cuvier，1823

（图14（a）（b））

材料：

探坑IT7710，一枚左下臼齿。

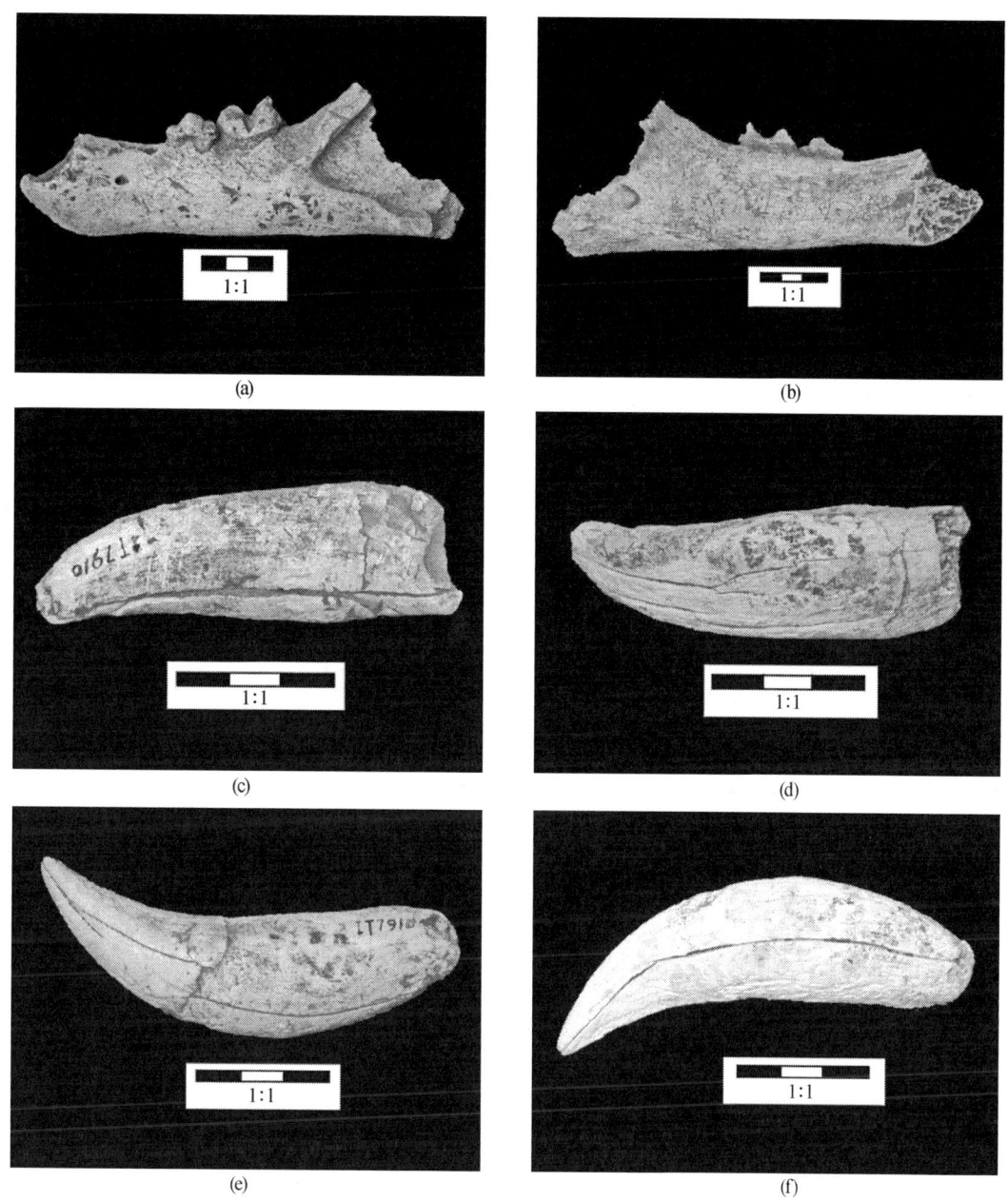

图 12 虎颌骨和犬齿

(a) 虎 (*Panthera tigris*) 左下颌骨, 外侧视, 1/4×; (b) 虎 (*Panthera tigris*) 左下颌骨, 内侧视, 1/4×;
(c) 虎 (*Panthera tigris*) 犬齿, 内侧视, 4/5×; (d) 虎 (*Panthera tigris*) 犬齿, 外侧视, 4/5×;
(e) 虎 (*Panthera tigris*) 犬齿, 内侧视, 4/5×; (f) 虎 (*Panthera tigris*) 犬齿, 外侧视, 4/5×

292 金沙遗址考古资料集（三）

图 13　虎 *Panthera tigris* Linnaeus（1/2×）
犬齿（内侧视）

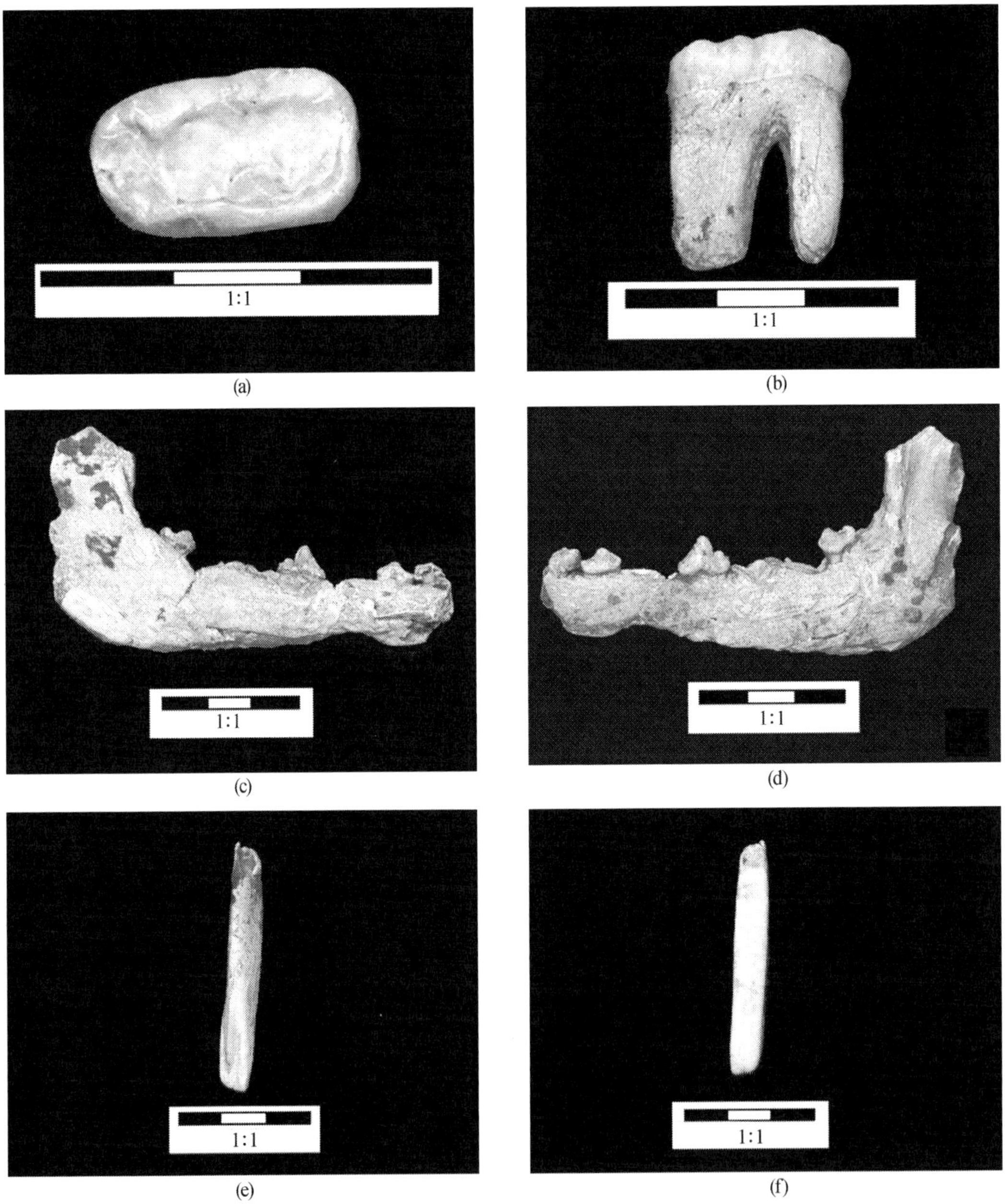

图 14　黑熊臼齿、猪獾左下颌骨、野猪门齿

（a）黑熊（*Ursus thibetanus*）臼齿，顶视，2.5×；（b）黑熊（*Ursus thibetanus*）臼齿，侧视，1.5×；
（c）猪獾（*Arctonyx collaris*）左下颌骨，内侧视，4/5×；（d）猪獾（*Arctonyx collaris*）左下颌骨，外侧视，
4/5×；（e）野猪（*Sus scrofa*）门齿，内侧视，1×；（f）野猪（*Sus scrofa*）门齿，外侧视，4/5×

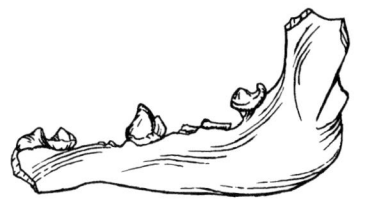
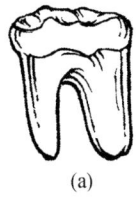
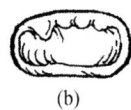

图 15 猪獾 *Arctonyx collaris* Cuvier（1/2×） 左下颌骨（外侧视）　　图 16 黑熊 *Ursus thibetanus* Cuvier（1/2×） （a）臼齿侧视；（b）臼齿顶视

标本描述：

此臼齿较小，长方形，咀嚼面具疣状齿突。长×宽为22 mm×11 mm（图16）。

长鼻目　Proboscidea

真象科　Elephantidae Gray，1821

亚洲象　*Elephas maximus* Linnáus，1758

（图17（c）~（h））

材料：

探坑2001CQJ，臼齿；IT7910、IT7911，门齿两枚；IT8105，门齿数枚，出露一下颌骨边缘；IT7308，一残缺的上颌骨和一较完整的下颌骨，以及一些被人为切割成宽度一致的柱状门齿。

标本描述：

探坑2001CQJ象臼齿：齿冠窄，齿冠高大于其宽度的50%~150%。齿脊薄，紧密靠近，齿脊频率为5~9。珐琅质厚度2.5~3.0 mm，褶皱很粗而强烈，无中间突。臼齿齿冠高15 cm，齿脊4个。最大门齿长185 cm，远端宽度18 cm。IT7910、IT7911两颗门齿残缺（图17（c）（d））。还发现一残缺的门齿尖部，上面有明显的人工作用痕迹。

在探坑IT8105第15层，发现象门齿数枚，且被人为地切割成柱状，平均长度为11.5~12.5 cm。出露一下颌骨边缘（图18（a）），由于没有挖掘出来，所以不做描述。

出露最大的象牙堆积坑的层位相当于IT8305的第11层。象牙分八层平行排放在坑中，约有200余枚。其中最大的一根长185 cm，象牙上布有紫红色斑点，象牙下面放上了金器和铜器。在象牙堆积坑的旁边旁边就是一古河道。

在探坑IT7308第22层，发现一残缺的亚洲象上颌骨和一较完整的下颌骨。左下颌骨边长66 cm，下颌骨前后端高60 cm，右下颌骨完整臼齿长×宽为21 cm×7.8 cm，齿冠高3.8 cm，齿脊数为12（图19）。在探坑内还发现一些人工切割成柱状的门齿以及一些用象牙制成的类似项链之类的饰物。

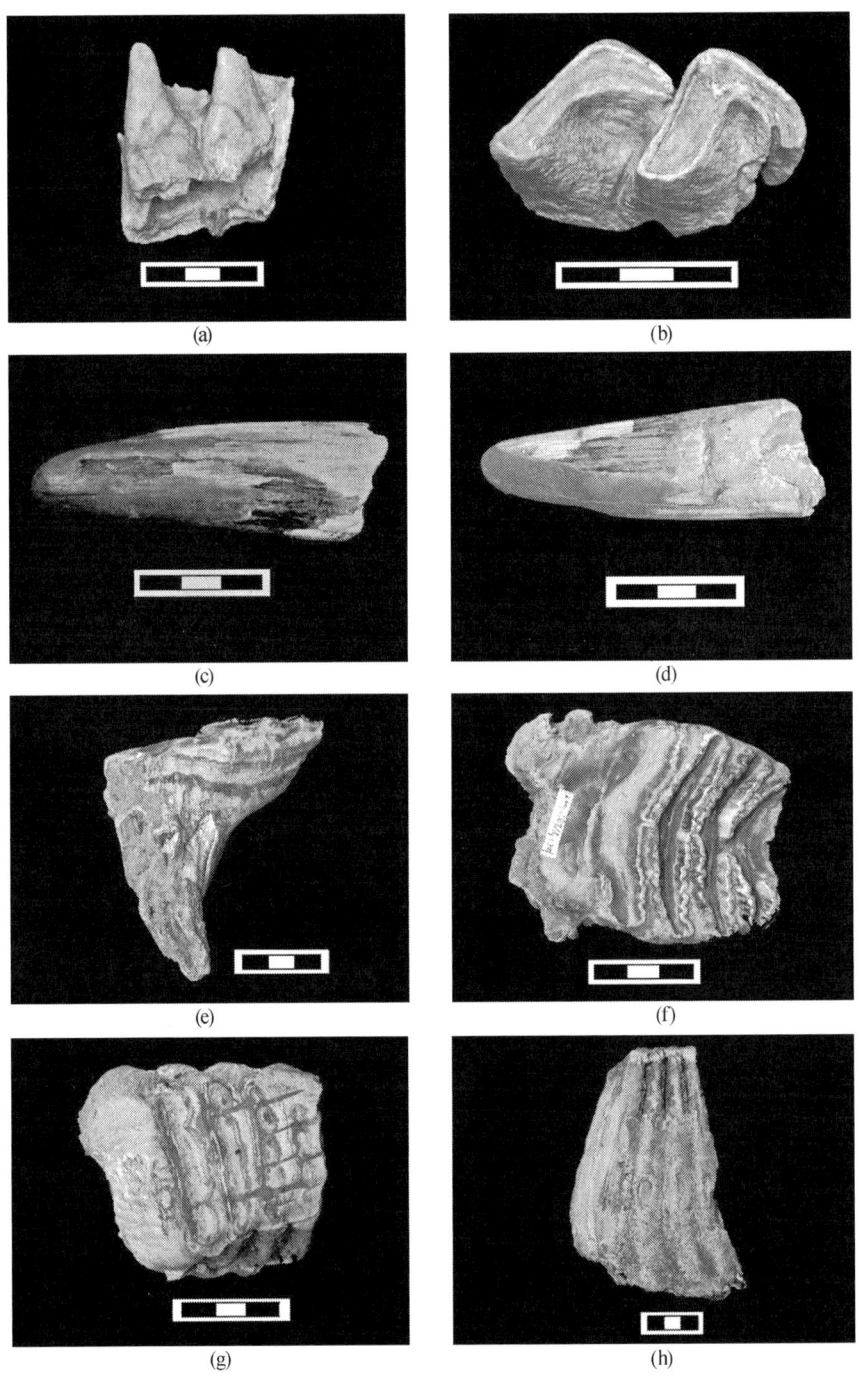

图 17 犀牛臼齿、亚洲象门齿和臼齿

（a）犀牛（*Rhinoceros*）臼齿，内侧视，4/5×；（b）犀牛（*Rhinoceros*）臼齿，顶视，4/5×；
（c）亚洲象（*Elephas maximus*）门齿，侧视，4/5×；（d）亚洲象（*Elephas maximus*）门齿，侧视，4/5×；
（e）亚洲象（*Elephas maximus*）臼齿，侧视，1/2×；（f）亚洲象（*Elephas maximus*）臼齿，顶视，1/2×；
（g）亚洲象（*Elephas maximus*）臼齿，顶视，4/5×；（h）亚洲象（*Elephas maximus*）臼齿，侧视，1/2×

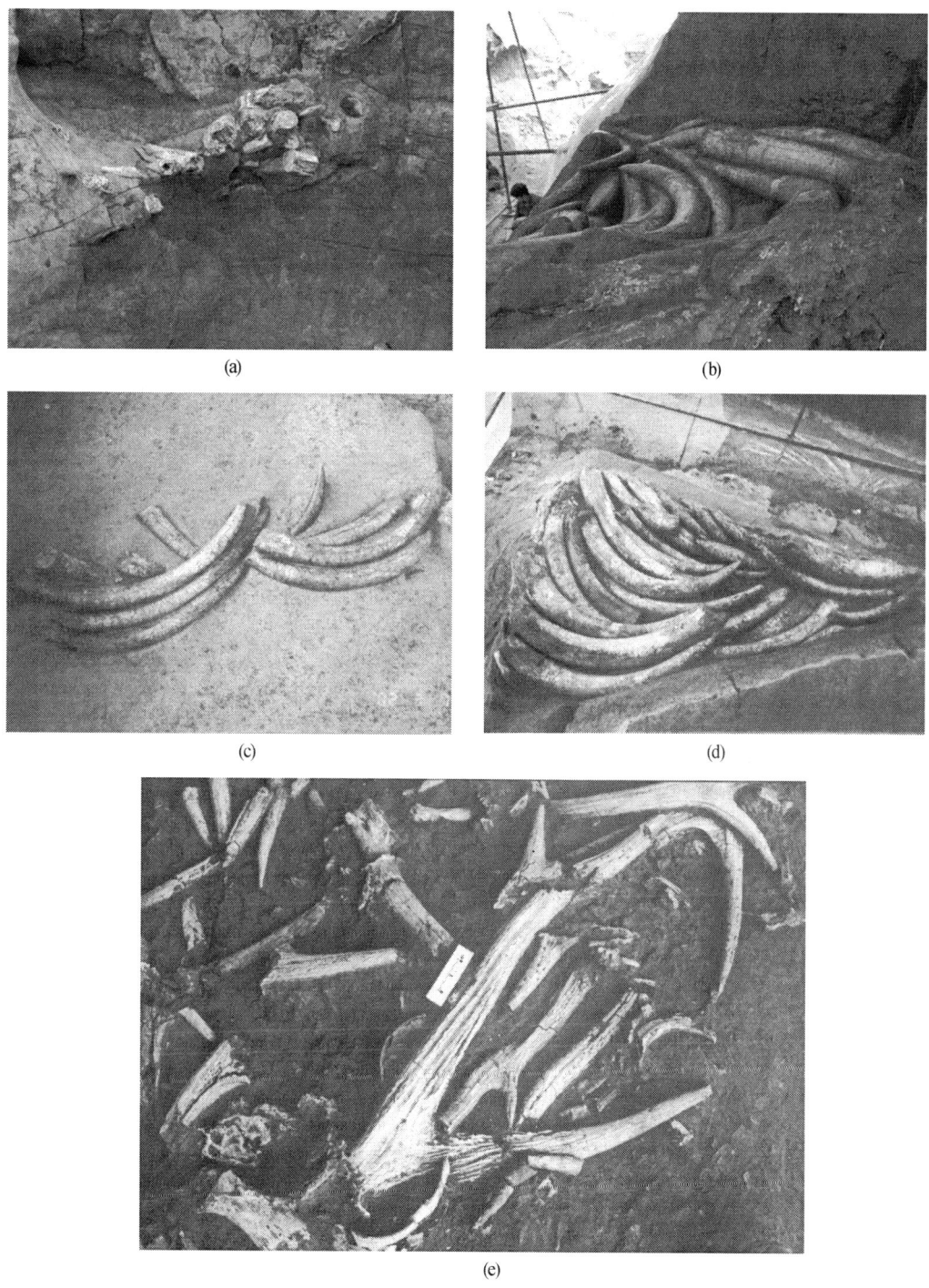

图 18 象牙和水鹿角

（a）探坑IT8105象牙出露图；（b）最大的象牙堆积坑（1）；（c）最大的象牙堆积坑（2）；（d）最大的象牙堆积坑（3）；（e）探坑IT7710中的水鹿（*Rusa unicolor*）角

图 19 探坑IT7308
（a）剖面图；（b）残缺的亚洲象上颌骨；（c）亚洲象下颌骨

上颌骨残缺头盖骨，已经风化。左上臼齿，m_2长×宽为38 cm×8 cm。m_1长×宽为10.5 cm×7 cm。右上臼齿，齿冠高21.5 cm，齿脊数为26。

奇蹄目　Perissodactyla

犀牛科　Rhinocerotidae Owen, 1845

犀牛　*Rhinoceros* sp.

（图17（a）（b））

材料：

探坑IT7809，较完整的左下颌骨。

标本描述：

门齿缺失；颊齿齿冠较高，m_1前叶V形，后叶新月形，外壁珐琅质具皱纹，下颌保存长410 mm，下颌齿高220 mm；m_1外下颌厚68.5 mm；m_1长×宽为50 mm×38 mm，m_2长×宽为46 mm×34 mm，m_3长×宽为45.6 mm×29 mm（图20）。

讨论：

上述标本的齿式及臼齿特点与犀牛属（*Rhinoceros*）一致。与更新世的披毛犀（*Coelodonta antiguitatis*）化石有明显的差异，后者下臼齿前叶近方形，后叶近新月形。

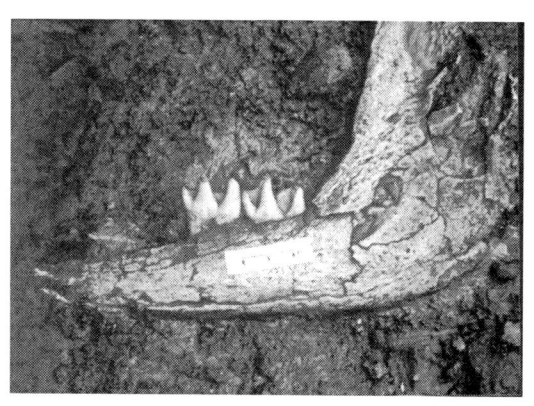

图20　犀牛下颌骨

与我国南方更新世地层中广泛分布的中国犀（*Rhinoceros sinensis*）以及现生的热带犀类之间的关系，由于材料有限，无法进行比较。但是可以说明在几千年前的四川盆地有犀牛的存在。

在地质时代和历史时期，犀牛科动物曾广泛分布于中国各地。在地质时代，我国内蒙、宁夏、新疆、云南、陕西、黑龙江、山西、北京、四川、湖北等地生长着一种中国犀（*Ghinoceros sinensis*）和披毛犀（*Coelodonta antiguitatis*）。以四川盆地为例，更新统时四川盆地及周围山区便广泛生长着中国犀，上更新统时川西北阿坝州一带便生长着披毛犀。在历史时期的新旧石器时代，我国四川、河南、浙江、广西等地均发现有犀牛骨，证明犀牛在我国古代是一种活动区域十分广的动物[62]。

偶蹄目　Artiodactyla

猪科　Suidae Gray, 1821

野猪　*Sus scrofa* Linnaeus, 1758

（图14（e）（f）、图21（a）～（f）、图22（a）～（f））

材料：

探坑IT7711、IT7710、IT7810、IT7811，犬齿数枚，残缺的左下颌骨两块，完整的下颌骨一块，残缺肩胛骨一块。

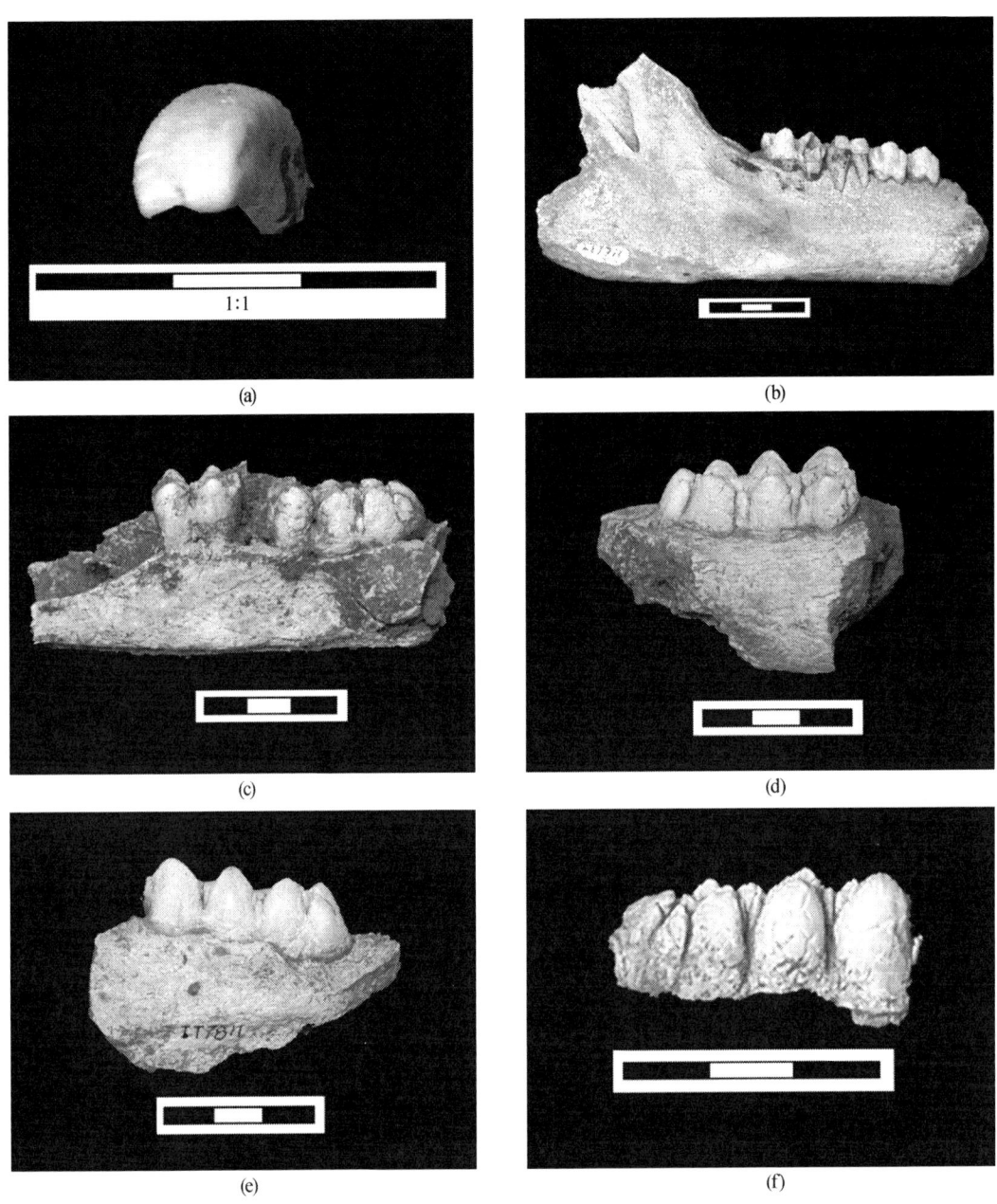

图 21　野猪门齿、颌骨、臼齿

（a）野猪（Sus scrofa）门齿，顶视，5×；（b）野猪（Sus scrofa）左下颌骨，内侧视，1/2×；
（c）野猪（Sus scrofa）右下颌骨，内侧视，4/5×；（d）野猪（Sus scrofa）右下颌骨，外侧视，4/5×；
（e）野猪（Sus scrofa）右下颌骨，外侧视，4/5×；（f）野猪（Sus scrofa）臼齿，侧视，3/2×

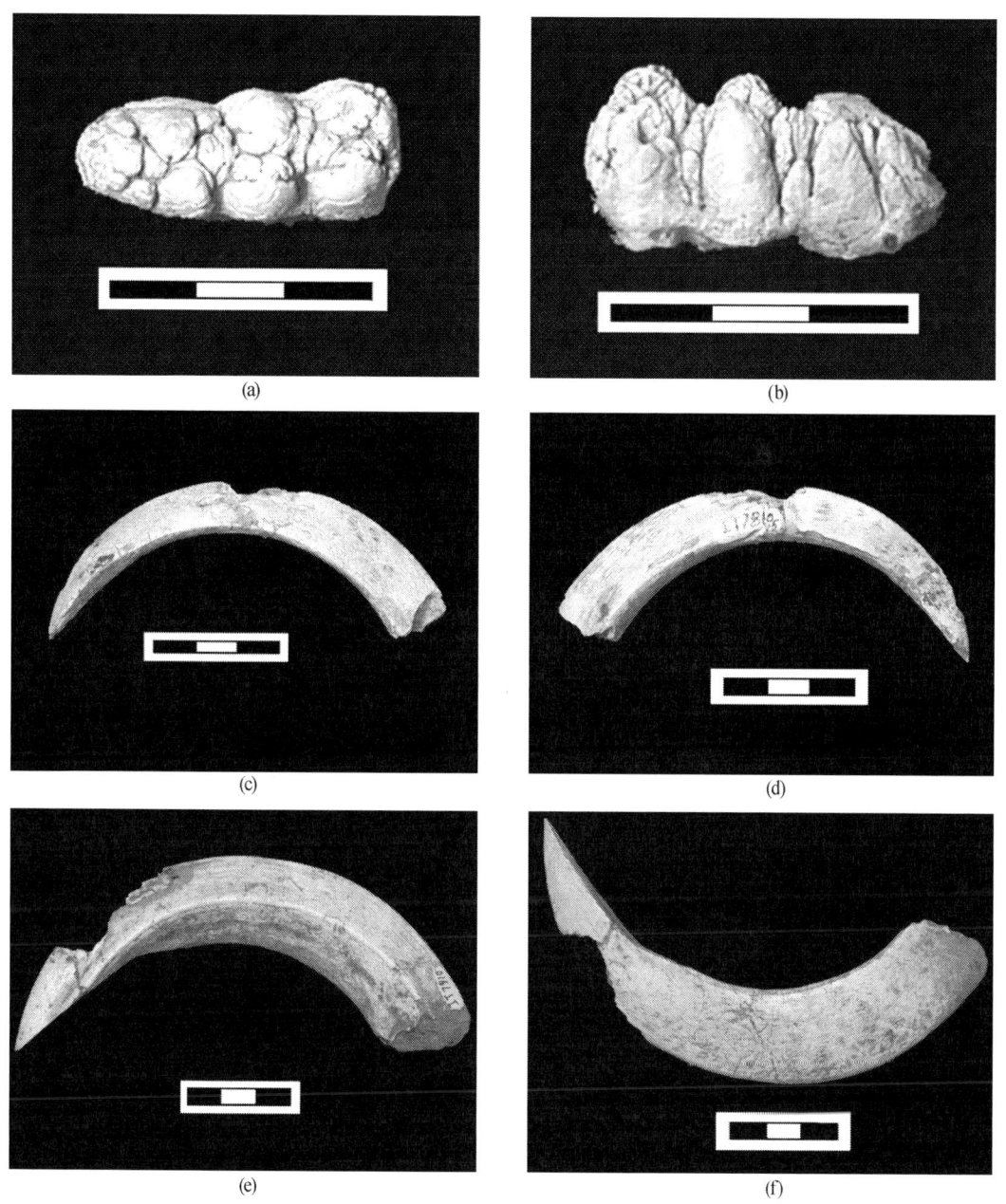

图 22 野猪臼齿、下犬齿

（a）野猪（Sus scrofa）臼齿，顶视，2×；（b）野猪（Sus scrofa）臼齿，侧视，2×；
（c）野猪（Sus scrofa）下犬齿，左侧视，1×；（d）野猪（Sus scrofa）下犬齿，右侧视，1×；
（e）野猪（Sus scrofa）下犬齿，右侧视，1/2×；（f）野猪（Sus scrofa）下犬齿，左侧视，1/2×

标本描述：

犬齿大，向两侧伸出，微向后弯。

门齿细长，珐琅质光滑，长×宽为55 mm×6 mm。

下颌骨较细小，体部前侧变窄，舌面凹陷，颊面隆凸，水平枝较强厚。牙齿较粗大。前白齿构造简单呈切割状。白齿有四个低矮圆锥状的尖和许多附属的瘤状的小尖（图23、图24）。

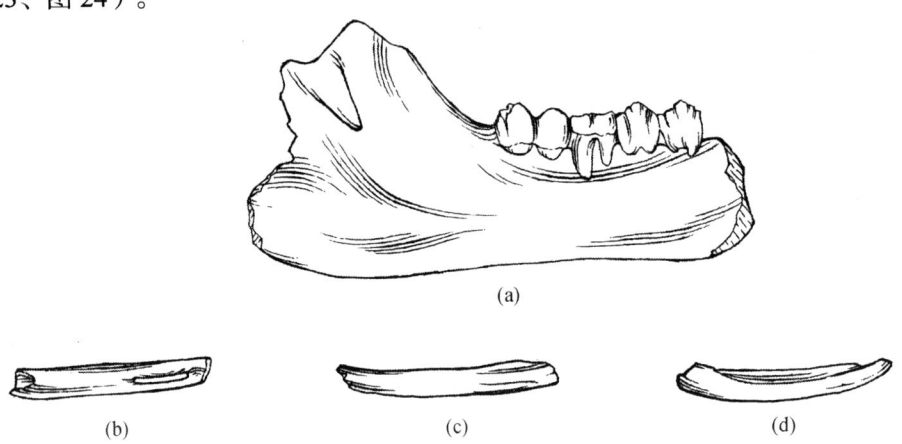

图23 野猪 *Sus scrofa* Linnaeus（1/2×）
（a）左下颌骨（内侧视）；（b）门齿（内侧视）；（c）门齿（外侧视）；（d）门齿（左侧视）

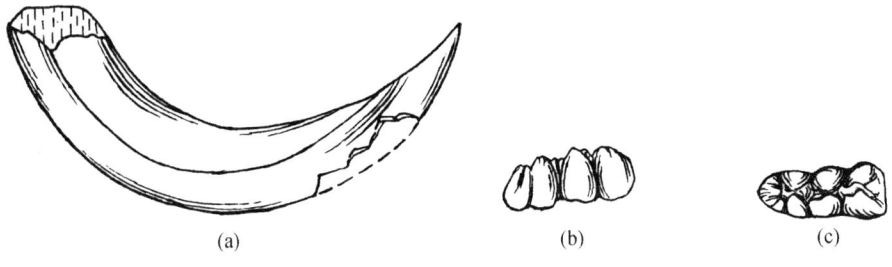

图24 野猪 *Sus scrofa* Linnaeus（1/2×）
（a）左下犬齿（内侧视）；（b）白齿（内侧视）；（c）白齿（顶视）

在探坑IT7710中最小的犬齿直量72 mm，弯量86 mm；最大的犬齿直量140 mm，弯量176 mm。在探坑IT7710中有一较大的野猪犬齿，宽29.5 mm，弯曲弧度的直径是132 mm（图25（b））。

鹿科 Cervidae Gray，1821

水鹿 *Rusa unicolor* Kerr，1792

（图18（e））

材料：

探坑IT7710、IT7711、IT7810、IT7811，犄角数件。

金沙遗址脊椎动物及古环境研究　301

(a)

(b)

图 25　探坑IT7710

（a）探坑IT7710的现场埋藏图；（b）探坑IT7710中野猪（*Sus scrofa*）下犬齿

标本描述：

角粗壮，表面粗糙，具纵沟，横面圆形，角分三叉；眉枝长，与主枝成锐角相交；角末端分叉的前外枝与主枝连续；角柄较短。赤麂 *Muntiacus muntiak* Zimmermann，1780

（图（10）（c）（d））

材料：

探坑IT7710、IT7711、IT7809、IT7810，IT麂角数枝。

标本描述：

角短而粗壮，断面为椭圆形，眉枝短小或粗壮，主枝弯曲，角面具纵沟；角柄长。小麂*Muntiacus reevesi* Ogilby，1838

（图9（c）~（f），图10（a）（b））

材料：

探坑IT7711、IT7910、IT7810，麂角数枝，较完整下颌骨一件。

标本描述：

角细小，角柄侧扁，切面椭圆形；角冠比角柄长；眉枝短小，突起状；主枝尖端向内向下弯曲，角面具不规则细纹。

下颌骨上只有p_2、m_1、m_2存在。下颌骨长×宽为75 mm×21 mm，p_2长×宽为8 mm×5 mm，m_1长×宽为10 mm×7 mm，m_2长×宽为11 mm×8 mm（图26）。

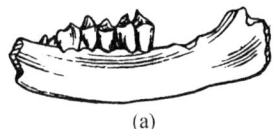 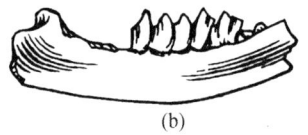

(a)　　　　　　　　　　　　　　(b)

图26　小麂*Muntiacus reevesi* Ogilby（1/2×）

（a）下颌骨（内侧视）；（b）下颌骨（外侧视）

4.4　脊椎动物的生存环境

成都金沙遗址中的脊椎动物包含11种，分别隶属于哺乳动物纲4目6科11种，其中以亚洲象门齿、鹿角、麂角、野猪下犬齿居多。犀牛和亚洲象的发现，又一次说明我国历史时期，四川盆地有犀牛和亚洲象存在；也说明在2 000多年到3 000年前，中国境内仍然有犀牛分布。

最先发现象牙堆积坑的层位比较低，在金沙遗址地层的第15～17层，^{14}C测定年代为2265±85年。在最后发现的IT7710、IT7711等探坑中发现的脊椎动物遗骸属于金沙遗址晚期的祭祀活动物品，在IT7710、IT7711中仅有两枚不完整的亚洲象门齿存在，因此我们推测在金沙遗址古蜀人生存前期，亚洲象广泛存活在四川境内，且数量繁多，但到了后期，随着金沙遗址的气候变化，犀牛和亚洲象的数量大量减少。

根据所发现的脊椎动物的属性，可以得出结论，距今2 000多年至3 000年前，成都的自然面貌与现在相似，但是森林广布，野生动物繁盛。人们在这样的条件下从事农业、家畜饲养、狩猎等活动。

但是由于上述脊椎动物遗骸是在古蜀人的祭祀坑中所发现，是由古蜀人经过挑选，作为祭祀用品而放至祭祀坑中，且发现的多为动物牙齿和鹿角，这些标本种类少且有很大的人为挑选的痕迹，故不能够完全反映当时的气候特征。因此我们要进一步从多方面了解当时的环境及气候特征。

5 金沙遗址的古环境

5.1 孢粉分析

植物是古人类广泛利用且与古代人类长期共存的环境因素之一，和人类的关系十分密切。植物对气候变化的反映比较灵敏，是古气候变化的良好温度计，被广泛地应用于第四纪古气候、古环境分析[3, 43, 48, 54, 60-61, 74]。因此我们利用植物残留在土壤中的孢粉来进行古环境研究。

孢粉学是研究植物孢子和花粉的一门新兴的边缘科学，孢粉分析是孢粉学中最重要的应用研究部分。孢粉分析包括花粉和孢子两方面的研究。植物产生的孢粉仅有很少一部分能完成其最终的繁殖功能，而大多数的孢粉则被搬运到一定的沉积地点堆积并保存成为化石。过去孢粉学研究和解释通常在大的时间尺度上，很少用来解释数百年至几千年的气候变化。随着近代孢粉学的发展及测年精度的提高，在条件合适的地区可达到十年甚至数年的水平[64]。

孢粉分析作为第四纪古环境研究的一种重要方法，其历史只有100多年的时间。1952年我国建立了第一个孢粉实验室，孢粉学才逐渐发展起来。中国的孢粉学研究，在全球变化研究不断深入的时代背景下，经过我国第四纪孢粉学家50多年来的艰苦奋斗，取得了长足的发展。随着环境考古工作的深入开展，孢粉分析越来越受到考古界的重视，考古学与孢粉学的合作越来越密切。

考古学是对古代先民在生产生活中保存下来的物质证据，如古墓葬、建筑物遗存、石器及陶器等进行系统的修复与研究，揭示古代先民的政治、经济、文化等方面的形态。通常考古遗址中取得的孢粉组合资料，往往包含区域性的植被成分，反映较广地理范围内的植被特征，而在考古遗址中与石器、陶器、骨器等伴存的木材、果实、种子、叶、植物组织碎片以及植物硅酸体，往往反映较小地理范围内的植被特征，其结合可能较客观地反映当时、当地的环境。考古遗址中发现的石器、陶器、骨器、建筑物、墓葬等遗存则是恢复当时环境的间接或直接证据。近年来，环境考古学研究展示了应用历史植被恢复环境的良好开端。在此，我们将孢粉学和考古学有机地结合起来，从考古学的角度研究古代人类的生存环境，研究环境与人类文化发展之间的关系，为人类文化的发展提供生存自然环境上的解释[38]。

5.1.1 孢粉分析应用情况

1897年，丹麦考古学家萨勒佑（G. Saraun）运用孢粉分析研究了哥本哈根附近冰后期的泥炭层；1925年，陀克杜洛夫斯基（Поктуровский）应用孢粉分析确定出里亚洛夫新石器时代聚落的年代；1938年，德国学者约纳斯（F. Jonas）发表了将孢粉分析应用于考古研究的《德国西北部的灌木荒原、森林及文化》一文；1952年，约纳斯又出版了《现代与化石花粉及孢子图鉴》一书，其中许多花粉是在石器时代、青铜器时代直至史前时代前后考古遗址中发现的。孢粉分析作为恢复考古遗址古生态环境的一门重要技术被广泛运用并得到较大发展是在20世纪80年代以后。当时，许多国家如德国、丹麦、瑞典、苏联、美国、墨西哥、日本等在考古研究中注重孢粉分析的应用，尤其是日本，该工作不仅遍及全国，而且分析了新石器时代各期的植被演替状况，详细研究了各遗址古人类活动与自然环境的相互关系。我国一些著名的考古遗址也都进行了孢粉分析，如陕西西安半坡遗址、临潼姜寨遗址，内蒙古大义发泉村遗址，浙江河姆渡遗址，上海青浦菘泽遗址、寺前村遗址、福泉山遗址、果园村遗址、金山亭林遗址，江苏常州圩墩遗址等。

5.1.2 孢粉分析在环境考古中的应用

根据孢粉分析来恢复古生态环境在考古研究中已成为特别重要的方法，主要包括以下3个方面。

（1）确定考古遗址各文化层的年代。

1882~1910年，根据斯堪的纳维亚地区泥炭层的孢粉分析结果，布列特（A. Blytt）和色尔南德尔（R. Sernander）把全新世自老至新划分为前北方期、北方期、大西洋期、亚北方期和亚大西洋期5个时期，因1万年以来的孢粉分析研究极为详细，故每个期都有相应的孢粉带；20世纪50年代，根据^{14}C年龄测定的资料获得了各期的具体年代。孢粉学家得出结论：在一定时期，一定范围内的孢粉组合是相似的；如在年代不详的遗址文化层发现了另一已知年代遗址文化层的孢粉组合，根据孢粉组合的特征，即可确定此遗址文化层和已知的文化层时代相当。

（2）推断古人类生活的自然环境，了解人类社会发展与其周围自然环境的关系

史前人类及社会的形成和发展，与其所处的自然环境有着密切关系，因此，分析古人类文化层的孢粉，对于环境考古研究是十分重要的。约纳斯研究德国西北部古代部落居留区域的孢粉后，证实当时人类活动的环境是灌木荒原、森林景观。

（3）了解古人类活动对自然环境的影响。

许多遗址区的孢粉组合显示，陆地上的森林系统自有人类活动以来一直受到人类活动的影响。1941年埃沃森（Iversen）通过孢粉分析发现，丹麦新石器时代先人曾经大量砍伐森林用以烧火取暖、建房避寒，开垦土地用以放牧和耕作；而人类活动消失之后，森林又重新出现。

5.1.3 样品的采集和分析

我们对金沙遗址的两个探坑WT7908和IT8305的剖面进行了土样采集（参见表5）。在剖面中采集孢粉样品31块（表4），分属于两个探坑：

（1）探坑号为WT7908的样品16块。

（2）探坑号为IT8305的样品15块。

我们将样品送至中国科学院植物研究所系统与进化植物学重点实验室，对其进行孢粉分析和古气候研究。

表4 金沙遗址孢粉分析样品送样清单

序号	样品编号	探坑号	层号	数量	地点	采集深度/m
1	WT7908-1	WT7908	第1层	1	金沙遗址	0.06
2	WT7908-2	WT7908	第2层	1	金沙遗址	0.18
3	WT7908-3	WT7908	第3层	1	金沙遗址	0.29
4	WT7908-4	WT7908	第4层	1	金沙遗址	0.59
5	WT7908-5	WT7908	第5层	1	金沙遗址	0.65
6	WT7908-6	WT7908	第6层	1	金沙遗址	1.20
7	WT7908-7	WT7908	第7层	1	金沙遗址	1.64
8	WT7908-8	WT7908	第8层	1	金沙遗址	1.90
9	WT7908-9	WT7908	第9层	1	金沙遗址	2.15
10	WT7908-10	WT7908	第10层	1	金沙遗址	2.45
11	WT7908-11	WT7908	第11层	1	金沙遗址	2.55
12	WT7908-12	WT7908	第12层	1	金沙遗址	2.72
13	WT7908-13	WT7908	第13层	1	金沙遗址	2.80
14	WT7908-14	WT7908	第14层	1	金沙遗址	2.92
15	WT7908-15	WT7908	第15层	1	金沙遗址	3.05
16	WT7908-16	WT7908	第16层	1	金沙遗址	3.18
17	IT8305-1	IT8305	第1层	1	金沙遗址	0~0.07
18	IT8305-2	IT8305	第2层	1	金沙遗址	0.08
19	IT8305-3	IT8305	第3层	1	金沙遗址	0.18
20	IT8305-4A	IT8305	第4A层	1	金沙遗址	0.33
21	IT8305-4B	IT8305	第4B层	1	金沙遗址	0.50
22	IT8305-5	IT8305	第5层	1	金沙遗址	0.70
23	IT8305-6	IT8305	第6层	1	金沙遗址	1.05
24	IT8305-7	IT8305	第7层	1	金沙遗址	1.28
25	IT8305-8	IT8305	第8层	1	金沙遗址	1.35
26	IT8305-9	IT8305	第9层	1	金沙遗址	1.50
27	IT8305-10	IT8305	第10层	1	金沙遗址	1.90
28	IT8305-11	IT8305	第11层	1	金沙遗址	2.50
29	IT8305-12	IT8305	第12层	1	金沙遗址	3.10
30	IT8305-13	IT8305	第13层	1	金沙遗址	3.50
31	IT8305-14	IT8305	第14层	1	金沙遗址	3.80

5.1.4 分析结果

经实验室分析处理，WT7908探坑的16块样品中有5块观察到孢粉，总共399粒；IT8305探坑的15块样品中有12块观察到孢粉，总共1 490粒。两个探坑共有17块样品观察到了孢粉，共计1 889粒孢粉（表5）。

表5 金沙遗址孢粉样品统计记录

样品编号	孢粉粒数	孢粉类型
WT7908-1	266	马桑科、菊科、木犀科、木兰科、锦葵科、裸子蕨科、里白科、卷柏、双星藻
WT7908-2	100	榆属、野牡丹、藜科、桑寄生科、膜蕨科、蹄盖蕨科、石松、碗蕨科、水龙骨科、凤尾蕨、卷柏
WT7908-5	24	藜科、锦葵科、凤尾蕨、蹄盖蕨科、碗蕨科、水龙骨科
WT7908-10	1	堇草属
WT7908-13	8	蒿属、藜科、禾本科
IT8305-1	334	野牡丹、木兰科、裸子蕨科、蹄盖蕨科、膜蕨科、里白科石松、凤尾蕨、碗蕨科、中国蕨、双星藻
IT8305-2	156	鸭草科、木犀科、野牡丹、瑞香科、锦葵科、雪松、中国蕨、凤尾蕨、碗蕨科、蹄盖蕨科、膜蕨科、双星藻
IT8305-3	28	锦葵科、藜科、野牡丹、水蕨科、膜蕨科、蹄盖蕨科、凤尾蕨、碗蕨科
IT8305-5	6	鸭草科、藜科、菊科、松、蹄盖蕨科
IT8305-6	12	藜科、凤尾蕨、膜蕨科、蹄盖蕨科、水龙骨科
IT8305-7	42	凤尾蕨、蹄盖蕨科、碗蕨科、裸子蕨科
IT8305-8	23	凤尾蕨、蹄盖蕨科、碗蕨科、膜蕨科、水龙骨科、双星藻
IT8305-9	6	蹄盖蕨科
IT8305-11	3	菊科、松、蹄盖蕨科
IT8305-12	370	胡桃科、苦苣苔科、锥栗属、禾本科、瑞香科、松、冷杉、铁杉、水龙骨科、膜蕨科、水蕨科、蹄盖蕨科、凤尾蕨、碗蕨科、双星藻
IT8305-13	378	蒿属、藜科、木兰科、忍冬科、锥栗属、木犀科、桦木属、松、冷杉、铁杉、麻黄、凤尾蕨、蹄盖蕨科、水龙骨科、碗蕨科、里白科、紫萁科、水蕨科、膜蕨科、海金沙科、石竹科
IT8305-14	132	榆属、栎属、杜鹃花科、柳属、禾本科、唐松草、桦木属、毒鼠子科、木兰科、鸭草科、龙胆科、松、铁杉、锥栗属、凤尾蕨、蹄盖蕨科、碗蕨科、膜蕨科、海金沙科、紫萁科、水蕨科、水龙骨科

经过鉴定，两个探坑中共观察到了45个孢粉类型：被子植物26个类型，裸子植物5个类型，蕨类植物13个类型，藻类植物1个类型（表6、表7）。

表6 金沙遗址孢粉类型统计表

藻类植物
双星藻
蕨类植物
裸子蕨科
碗蕨科
里白科
水龙骨科
凤尾蕨
水蕨科
海金沙科
蹄盖蕨科
膜蕨科
卷柏
石松
中国蕨
紫萁科
裸子植物
松
冷杉
麻黄
雪松
铁杉
被子植物
马桑科
菊科
木犀科
锦葵科
藜科
蒿属
鸭草科
瑞香科
苦苣苔科
栎属
杜鹃花科

续表

被子植物
毒鼠子科
唐松草
野牡丹科
桑寄生科
木兰科
榆属
葎草属
禾本科
龙胆科
胡桃
锥栗属
桦木属
柳属
忍冬科
石竹科

表7　孢粉类型及其分布

孢粉类型	分布
菊科	温带
蒿属	温带
藜科	温带草原
石竹科	温带和寒带为主
忍冬科	温带
龙胆科	北温带和寒温带
葎草蜀	北温带
榆属	热带和温带
胡桃科	北半球热带到温带为主
桦木属	北温带为主
木犀科	广布于温带和热带
木兰科	北美和南美南回归线以北和亚洲东南部和南部的热带和亚热带至温带
锦葵科	广布于温带和热带
瑞香科	热带和温带地区，以非洲最多

续表

孢粉类型	分布
锥栗属	北半球的温带和亚热带为主
柳属	寒温带、温带和亚热带
栎属	北温带和热带高山上
桑寄生科	欧洲和亚洲的温带和亚热带
禾本科	全世界
杜鹃花科	南非和我国西部
麻黄	干旱、荒漠
毒鼠子科	热带
苦苣苔科	热带、亚热带
裸子蕨科	热带和亚热带，少数分布达于北半球温带和亚热带
蹄盖蕨科	全世界，以热带和亚热带为主
碗蕨科	热带和亚热带
水蕨科	热带和亚热带
膜蕨科	分布中心为热带
里白科	热带为主
海金沙科	热带、亚热带
紫萁科	北半球的温带和热带
中国蕨	我国西南及华北
石松属	全世界除干旱沙漠或石灰岩山区以外均有分布
卷柏属	全世界
水龙骨科	全世界，主要分布于热带地区，温带地区分布较少
凤尾蕨	热带和亚热带，以热带美洲为主

根据所获得的孢粉类型，经进一步确认他们的地理分布区域（表7），以此为依据进行古植被和古气候的分析。

对所获得孢粉类型中重要成分进行照相（图27~图30）。

根据孢粉分析的结果，在WT7908探坑中，草本植物花粉占61.40%，以野牡丹为主。菊科、藜科、蒿属、禾本科、莎草属蕨类植物占33.08%，以裸子蕨科、蹄盖蕨科、膜蕨科为主，其他还有石松、卷柏、里白科、碗蕨科、水龙骨科、凤尾蕨。木本植物占5.01%，包括木犀科、木兰科、马桑科、桑寄生科、锦葵科、榆属。水生植物相对较少，只占0.51%，包括双星藻。

在IT8305探坑中，蕨类植物占59.40%，其中蹄盖蕨科、水龙骨科、凤尾蕨居多，此外还包括碗蕨科、膜蕨科、石松、裸子蕨科、里白科、中国蕨、水蕨科、紫萁科和海金沙科；草本植物占28.26%，以野牡丹为主，还包括菊科、藜科、蒿属、禾本科、石

310 金沙遗址考古资料集（三）

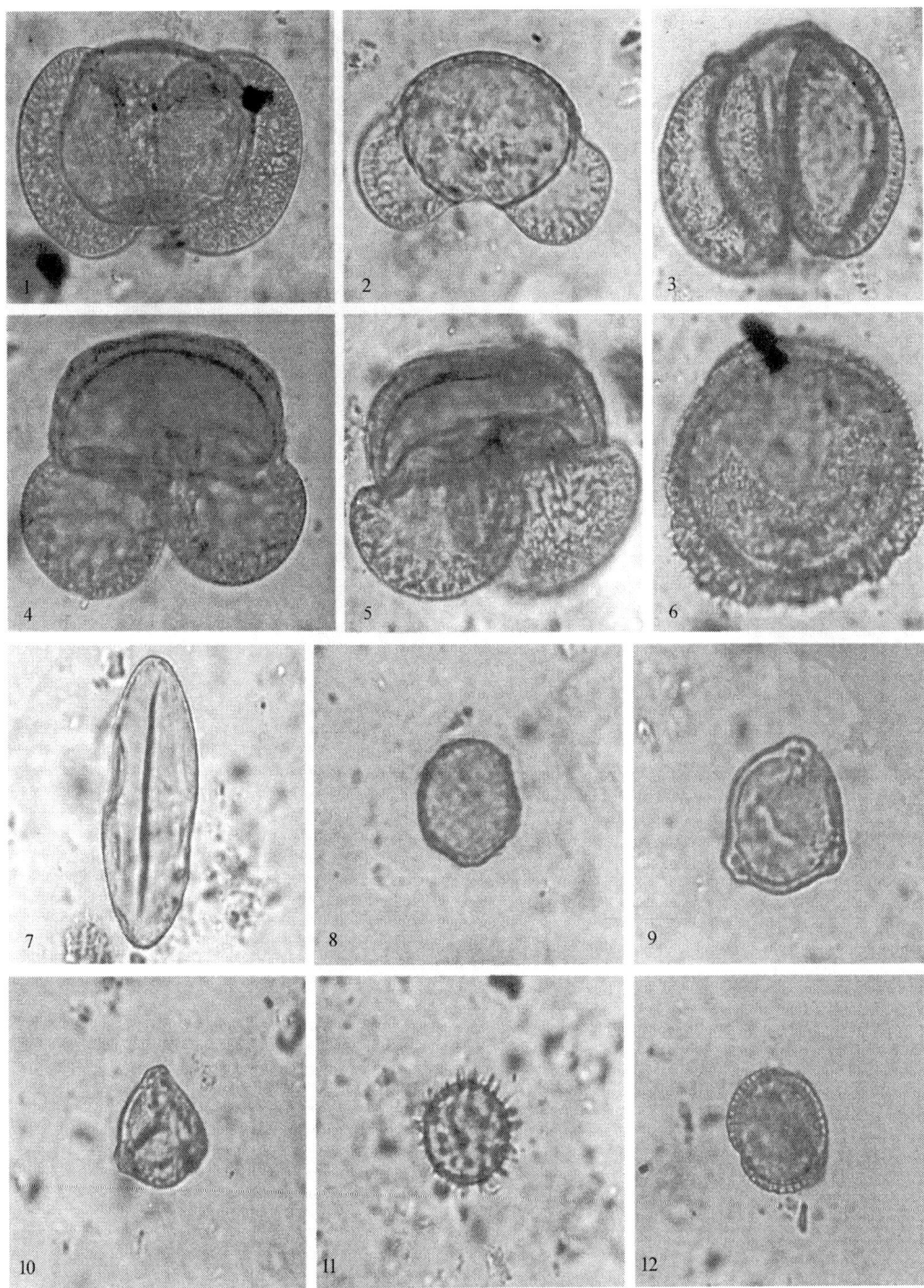

图 27　孢粉成分（1）

1-3. 松（*Pinus*）；4-5. 冷杉（*Abies*）；6. 铁杉（*Tsuga*）；7. 木兰科（Magnoliaceae）；8. 榆属（*Ulmus*）；
9. 桦木属（*Betula*）；10. 毒鼠子科（Dichapetalaceae）；11. 锦葵科（Malvaceae）；12. 木犀科（Oleaceae）

金沙遗址脊椎动物及古环境研究　311

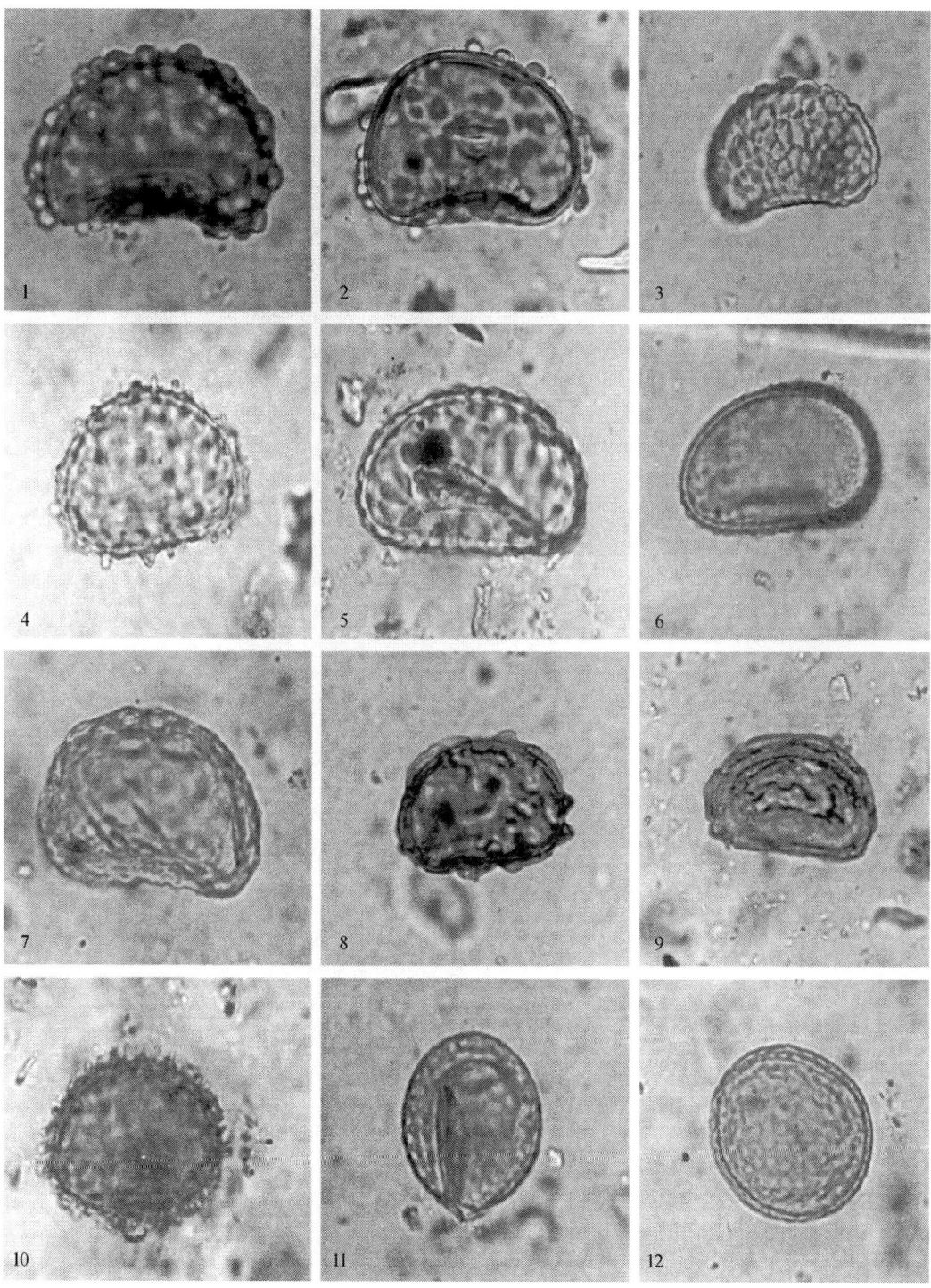

图 28　孢粉成分（2）

1-5. 水龙骨科（Polypodiaceae）；6-9. 蹄盖蕨科（Ahtyriaceae）；10. 紫萁科（Osmundaceae）；
11. 双星藻科（Zygnemataceae）；12. 藜科（Chenopodiaceae）

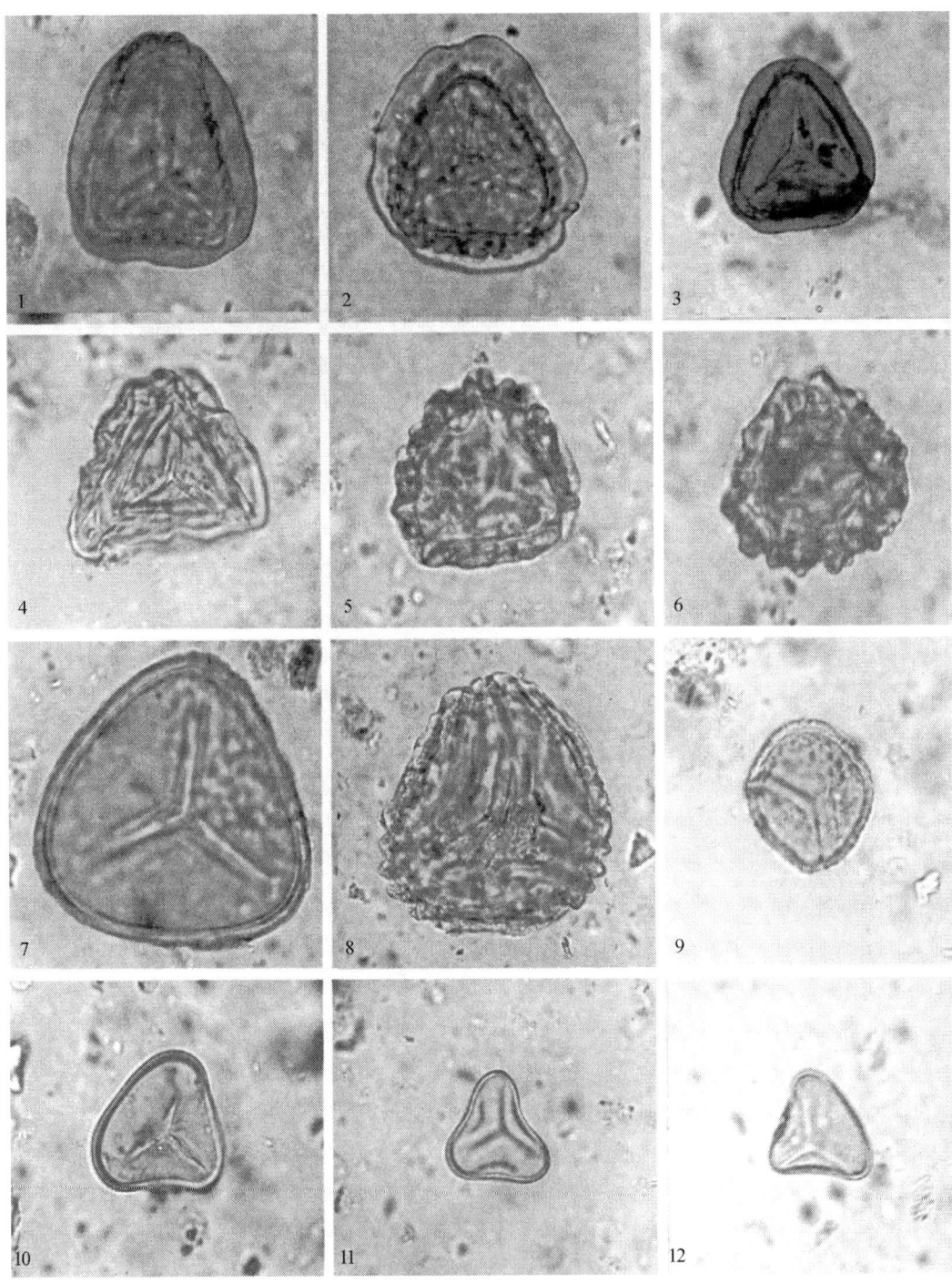

图 29 孢粉成分（3）

1-4. 凤尾蕨（*Pteris*）；5-6. 中国蕨科（Sinopteridaceae）；7. 海金沙科（Lyogdiaceae）；8. 水蕨科（Parkeriaceae）；9. 膜蕨科（Hymenophyllaceae）；10. 裸子蕨科（Gymnogrammaceae）；11. 里白科（Gleicheniaceae）；12. 碗蕨科（Dennstaedtiaceae）

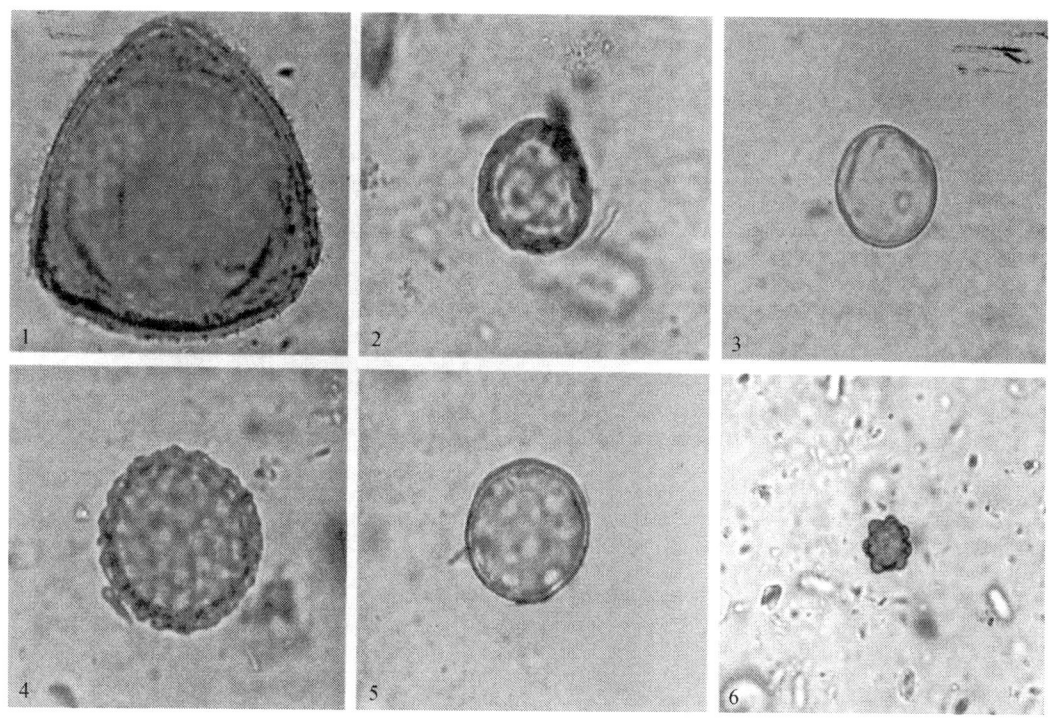

图 30 孢粉成分（4）

1. 忍冬科（Caprifoliaceae）；2. 瑞香科（Thymelaeaceae）；3. 禾本科（Gramineae）；4. 蓼科（Polygonaceae）；
5. 唐松草（*Thalictrum*）；6. 野牡丹科（Melastomataceae）

竹科、苦苣苔科、杜鹃花科和龙胆科；木本植物占11.60%，主要以松和桦树为主，其他还有木犀科、木兰科、锦葵科、毒鼠子科、榆属、瑞香科、忍冬科、胡桃科、锥栗属、柳属、栎属、雪松、冷杉、铁杉和麻黄；水生植物只占0.74%，包括双星藻和鸭草科。

5.1.5 古植被与古气候分析

川东盆地底部丘陵低山植被地区的气候受到盆地地形影响很大。尽管冬季受西伯利亚或蒙古寒潮侵袭的影响相对较弱，夏季南来的暖流越过贵州高原而下达盆地内，造成盆地气候总的特点是冬暖、春早、夏热、秋雨。该地区年均温16℃以上。1月平均温5~8℃，7月平均温26~29℃，极端最低温不低于-3℃，极端最高温达40℃左右。全年霜雪少见，无霜期300天左右，年降水量1 000 mm，常有暴雨出现，冬季雨量亦多在15 mm以上，年平均相对湿度80%~85%。即使是在冬季，天气也呈多云雾的状态，气温较高。这种气候条件有利于亚热带偏湿性的常绿阔叶林的发展。

该地区典型植被为常绿阔叶林，植被组成以刺果米槠、栲树为主，另有木荷、四川大头茶、薯豆、虎皮楠等，均属于典型的亚热带偏湿性常绿阔叶树种。根据山地地势的变化，植被面貌发生变化：在海拔500~1 000 m的酸性黄壤上主要为常绿阔叶林、亚热带针叶林和次生性的亚热带草丛；在海拔500~1 000 m的石灰岩或紫色岩层地区多为柏木林或其混交林，砍伐后为灌林；在海拔300~500 m的地区主要为栽培植被；在河谷地段有热带和亚热带经济林木，如甜橙、红橘、龙眼、荔枝、印度胶树以及多种桉树；在温湿的沟谷有桫椤、小羽桫椤、中华莲座蕨、乌毛蕨，更新较好；栽培作物以水稻、玉米、红苕、小麦为主。

根据地貌、气候与植被组合不同，本地区可分为五个植被地区：长江上游低山丘陵植被小区、川东平行岭谷植被小区、川中方山丘陵植被小区、川西平原植被小区和川北深丘植被小区。

成都属于川西平原植被小区，该植被小区位于四川盆地底部植被地区西部，主要为岷江、沱江两大流域冲积和洪积形成的菱形冲积扇平原，地形平坦，河网密布。气候温暖潮湿，年均温16~17℃，年降水量1000 mm左右，但降雨分配不均，具有冬干、春旱、夏洪、秋雨的特点。尽管春迟、夏长、冬早，农作物四季均能生长，经过人类的活动，该地区自然植被保存极少，只有公园和名胜古迹等地还保留有少量的以桢楠和樟为主的风景林。

在这两个剖面当中，主要是以草本植物和蕨类植物占绝对的优势（WT7908：草本61.40%，蕨类33.08%。IT8305：蕨类59.40%，草本28.26%）。草本植物中以分布于热带、亚热带的野牡丹为主，其他的热带、亚热带分子还包括苦苣苔科，此外包括一些温带分子，如菊科、蒿属、藜科、石竹科、龙胆科；蕨类植物中以分布于热带、亚热带的裸子蕨科、蹄盖蕨科、膜蕨科、水龙骨科和凤尾蕨为主，其他的热带、亚热带分子还包括：碗蕨科、水蕨科、里白科、海金沙科等，这些蕨类植物一般分布于阴暗潮湿的地方。木本植物在两个剖面中所占的比例较少（WT7908：5.01%。IT8305：11.60%）。其中，温带分子：桦木科。热带分子：毒鼠子科、麻黄。温带和热带分子：榆属、胡桃科、木犀科、木兰科、锦葵科、瑞香科、栎属。温带和亚热带分子：榆属、锥栗属。水生植物在两个剖面中所占的比例极少（WT7908：0.51%。IT8305：0.74%）。

在探坑WT7908-5样品中，因为此样品是在文化层中采集的，因此特对其孢粉类型和气候做总结（表8）。

表8 探坑WT7908-5中的孢粉类型及气候特征

孢粉类型	植物类型	气候特征
藜科	被子植物	温带草原
锦葵科	被子植物	广布于温带和热带
凤尾蕨	蕨类植物	热带和亚热带
蹄盖蕨科	蕨类植物	以热带和亚热带为主
碗蕨科	蕨类植物	热带和亚热带
水龙骨科	蕨类植物	主要分布于热带地区，温带地区分布较少

可以看出，此文化层反映的是热带和亚热带的温暖湿润气候。

在探坑IT8305中，IT8305-8是发现陶片的文化层，故也将其孢粉类型和气候总结如表9所示。

表 9 IT8305-8中的孢粉类型及气候特征

孢粉类型	植物类型	气候特征
凤尾蕨	蕨类植物	热带和亚热带
蹄盖蕨科	蕨类植物	以热带和亚热带为主
碗蕨科	蕨类植物	热带和亚热带
膜蕨科	蕨类植物	分布中心为热带
水龙骨科	蕨类植物	主要分布于热带地区，温带地区分布较少
双星藻	藻类植物	热带和亚热带

在IT8305-11中，出现了反映干旱气候的菊科和石松的孢粉，说明这时气候有变干的趋势。

反映干冷气候事件的孢粉组合，主要成分因地而异。东北以蔡、蒿为主，事件晚期中有麻黄；华北及泥河湾以蒿、禾本科为主，有时有麻黄（*Ephdera*）；西北地区花粉贫乏，出现荒漠植被，有时以藜为主，其次有麻黄及蒿；长江中下游地区以禾本科（Gramineae）、蒿为主；在台湾及云南昆明以松、云杉及草本植物增多为标志。孢粉组合的上述特点均反映气候变冷、变干[61]。

分析结果表明，当时成都地区平原植被以草本植物占优势，局部地区为低洼的湿地，生长着大量喜湿的蕨类植物，在丘陵上生长着乔木。总体气候属于热带和亚热带的温暖湿润气候，存在着温暖湿润和温暖干旱的气候交替的现象。

5.2 地球化学环境分析

土体作为一个较稳定的地理因素，是过去地质轮回中的产物，它必然能反映过去的环境，因而作为古气候信息载体，人们可以通过研究土体中元素迁移、富集等表生地球化学行为来揭示它与环境之间的内在联系[6, 13]。成都平原主要的第四纪晚更新世广汉层地层层序已有较多研究[15]，但广汉亚黏土层元素的地球化学行为研究尚少。成都金沙遗址揭露出的广汉层剖面层序较为齐全，且古蜀文化遗迹多发现在广汉层上部及以上土层中，这为研究广汉层元素的地球化学行为，以及金沙遗址早期人类活动与古环境提供机会[36]。

5.2.1 样品的采集和分析

研究的样品取自金沙遗址WT7908探方剖面，岩石柱状图和岩性描述详见表2。从表2看出，自下而上（第17~5层），由含砂砾层渐变为粉砂质亚黏土的韵律现象非常明显，为晚更新世广汉层。第1~4层为全新世沉积，出现很多根孔，为受人类耕作活动影响的土层。在广汉层顶部发掘出大量古蜀文明的文物，主要有玉器、青铜器、金器、陶器和象牙等，它们中部分文物可以与广汉三星堆对比。

5.2.2 微量元素和稀土元素地球化学特征

稀土元素以其独特的地球化学特征，被广泛地应用于岩石、矿物的成因、起源及演化方面的研究。岩石或其他地质体的稀土元素分配模式经风化或成土作用后有一定的继承性,因而比较不同物质的REE配分模式,可判别彼此之间可能存在的亲缘关系。刘东生等利用稀土元素探讨黄土的物质来源、成因及其有关地质问题,取得了理想结果。

成都金沙遗址广汉层稀土元素的分配型式(图31)都是呈负斜率型,La-Sm曲线较陡,Gd-Lu曲线较平缓,轻稀土相对富集,且轻、重稀土分馏明显。各地层采集的样品,其稀土分配型式非常相似,LREE/HREE、$(La/Sm)_n$、$(La/Lu)_n$、$(Gd/Yb)_n$等比值(表10)接近,充分说明它们物质来源的同一性和稳定性,基本上反映了同源区成分的稀土组成特征。该剖面稀土元素含量略高于地壳平均值($\sum REE=166$,Taylor,McLennan,1981),是其源区物质的反映。剖面中$\delta_{Ce}=1.01 \sim 1.21$,为弱的正异常,$\delta_{Eu}=0.75 \sim 0.86$,为弱的负异常。稀土分配曲线反映了源区物质总成分具有酸性为主的特征。

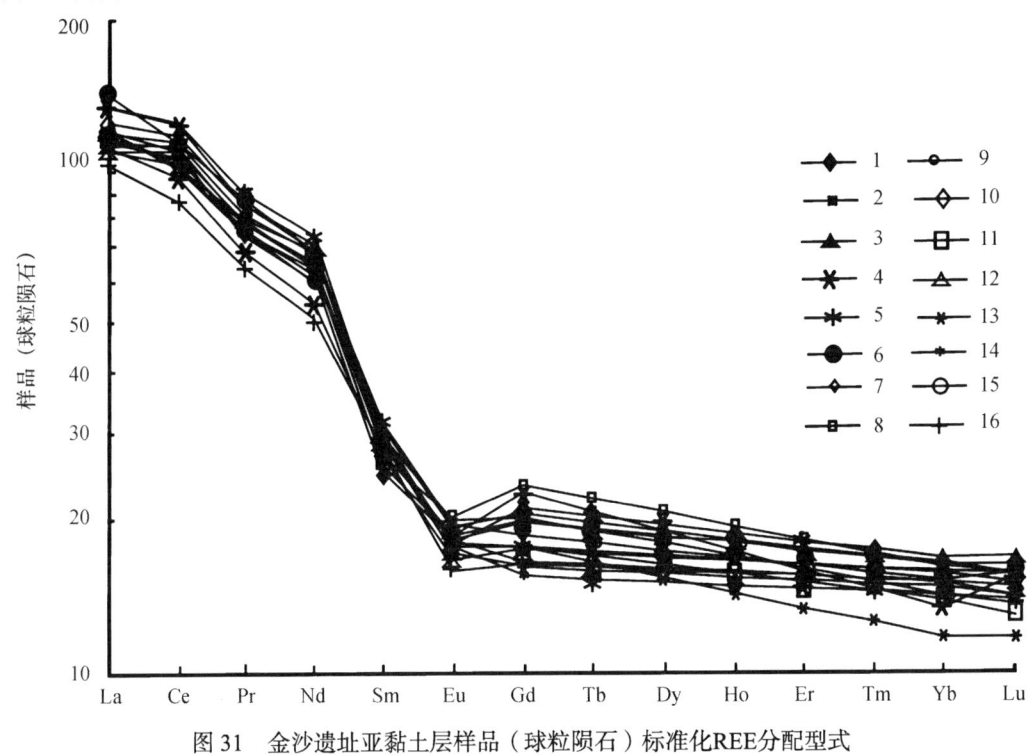

图31 金沙遗址亚黏土层样品(球粒陨石)标准化REE分配型式

表10 金沙遗址亚黏土层样品稀土元素地球化学参数

层位	LREE	HREE	∑REE	δ_{Eu}	δ_{Ce}	$(La/Lu)_n$	$(La/Sm)_n$	$(Gd/Yb)_n$	LREE/HREE
1	174.467 3	21.743 7	196.211	0.820 4	1.216 6	6.901 7	4.337	1.205 3	8.023 8
2	181.432 7	21.684 9	203.117 5	0.819 1	1.178	6.934 3	4.395 1	1.222 2	8.366 8
3	177.170 2	22.691 2	199.861 4	0.762 7	1.188 7	6.550 3	4.138 1	1.259 1	7.807 9

续表

层位	LREE	HREE	∑REE	δ_{Eu}	δ_{Ce}	$(La/Lu)_n$	$(La/Sm)_n$	$(Gd/Yb)_n$	LREE/HREE
4	161.570 8	21.482 8	183.053 6	0.746 2	1.101 6	7.226 1	4.080 8	1.702 8	7.521
5	202.469 8	20.244	222.713 8	0.816 9	1.157 8	8.485	4.298 5	1.228 2	10.001 5
6	197.045 4	21.901 1	218.946 5	0.772 4	1.012 8	9.053 4	4.639 4	1.272 2	8.997 1
7	181.915 4	20.571 4	202.486 8	0.859 9	1.126 4	8.650 1	4.462 6	1.421 3	8.843 1
8	177.526	23.657 4	201.183 4	0.770 3	1.041 4	7.485 7	3.990 1	1.449 7	7.504
9	172.234 1	18.907 5	191.141 6	0.830 2	1.068	8.417 1	4.128 5	1.094 9	9.109 3
10	194.931 9	18.433 9	213.365 8	0.799	1.132 9	8.799 7	4.331 3	1.093 7	10.574 6
11	187.725 1	18.811 5	206.536 6	0.806 7	1.150 7	9.169 4	4.194 4	1.274 7	9.979 2
12	170.914 7	19.865 8	190.780 5	0.770 3	1.132 9	6.901 7	4.035 3	1.105 1	8.603 5
13	206.514 3	17.536 1	224.050 3	0.784 8	1.139 6	11.442 3	4.636 2	1.518 9	11.776 5
14	176.873 1	17.723	194.596 1	0.855	1.101 9	8.517 3	4.140 8	1.087 4	9.979 9
15	176.369 8	19.945 9	196.315 7	0.784 6	1.145 4	7.542 6	3.827 1	1.133 7	8.842 4
16	147.815 5	18.729 6	166.545 1	0.747 4	1.073 6	6.923 3	3.705 4	1.086 1	7.892 1

5.2.3 剖面元素分布特征

元素在剖面上的分布见图32。

由图32看出，在第1～4土层中，Zn、U和Sr表现为富集，Zr和Th表现为亏损。元素U具有相对活泼性，易于流失或被有机物质和黏土吸附，因而在土层中特别是第1～4层下部略有富集。在第5～8层中，As和Th表现为富集，但总地来说，元素含量变化小，这是由于在成土过程中源区物质的分解，导致成分相对均一化。对古土壤层（第9层）而言，元素Co、Ba、Th和Sc等含量表现为增加或异常，Zn含量降低，Rb表现为风化残余富集。在第10～16层中，Zr、Th和Na等元素含量增加，Cs、Rb和Zn等元素

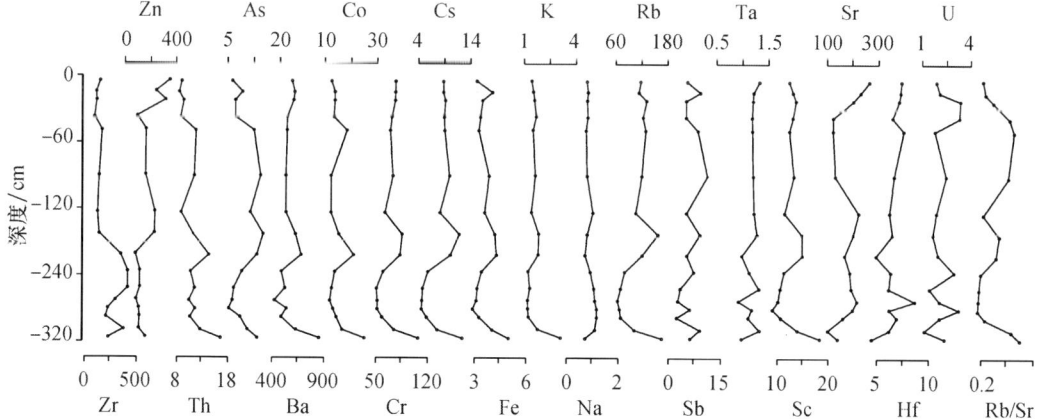

图32 金沙遗址亚黏土层元素组成的剖面变化

Fe、Na、K含量单位为%，其余元素含量单位为‰

含量降低。对第9层和第16层而言，Th含量高且相对于U、Hf和Ta变化大，这说明了在风化成壤过程中，相对于Hf和Ta，Th部分迁移；相对于U，Th则保留原地。可见，元素含量在剖面上部、中部和下部呈规律性变化。与成都平原西部岷江冲积扇土壤（As 7.335×10^{-3}‰，Th 8.772×10^{-3}‰，Zn 81.471×10^{-3}‰，K 2.374%，Na 1.261%，Fe 5.385%）相比，金沙遗址中Th含量略偏高；Fe，K和Na含量略偏低；Zn富集趋势明显（在全新世沉积层中可富集达4倍）；As含量在广汉层上部（第5~10层）中明显偏高（偏高1.5~2倍），甚至超过全国土壤背景含量（As 10×10^{-3}‰）。

5.2.4 讨论和结论

1）讨论

金沙遗址中相当于三星堆文明的地层层序为第5~16层，第4层以上为春秋以后文明。说明了当时人们最先生活的层位是在第5层上，而第4层以上是后期形成的，这与元素含量在剖面上部、中部和下部呈规律性变化是一致的，因而第1~4层更多地反映了人类活动的背景。

Rb和Sr元素在表生环境下具有独特的地球化学性质。已有的研究显示，Rb在成壤过程中为稳定元素，表现为残留富集特点。Sr为活动元素，其含量随风化成壤作用强度的增强而降低。Rb/Sr值变化取决于Sr的丢失程度，并且反映了物质在成壤过程中的淋失程度，而成壤过程中的淋失程度与降雨量有关。因而利用Rb/Sr值可揭示气候波动信息。从图32可以看出，Rb/Sr值第16~10层逐渐降低的，第10~7层逐渐升高，第7~1层逐渐降低，峰值对应层位为第8层和第5层，但二者的峰值仍然低于第15和第16层的Rb/Sr值。Rb/Sr值变化总趋势以及元素特征揭示了广汉层形成的环境是干旱潮湿气候间或发生。在金沙遗址古蜀人最先生活的层位（第5层）以上，自下而上，Rb/Sr值是逐渐减小的，可能说明了当时气候有变干的趋势。

遗址中出现两条古河道，所研究的WT7908探方是在更古老河床的二级阶地上，可能由于气候变干，地下水位下降导致黏土层中Na和K含量偏低。与生命有关的元素As和Zn含量明显偏高，对人类生理健康有无影响，尚有待进一步的研究。广汉黏土层作为古蜀文明人类生活的背景，其元素地球化学表明它是在变干趋势的环境中形成的。

2）结论

（1）广汉黏土层的形成具有同源成分特征。元素含量在剖面上部、中部和下部呈规律性变化，其中Th、U、Ta、Hf、Rb、Zn、As、K、Na和Sr等元素含量变化是源区物质分解和沉积环境共同影响造成的。广汉亚黏土层的元素地球化学行为表明它是在变干趋势的环境中形成的。

（2）一些与生活有关的元素，如Zn和K在广汉层及全新世沉积（第1~4层）分别表现为富集和亏损，As则在广汉层上部富集。全新世沉积（第1~4层）具有一致性，Zn和U等元素相对富集，是现代气候环境和表生作用的反映。

5.3 古河道砂的粒度分析

粒度大小是受流水作用营力强度控制的，与沉积物形成的环境关系极为密切。因此，粒度作为古环境的判别指标被广泛应用[67, 75]。湖水物理能量是控制沉积物粒度分布的主要因素，粗粒和细粒沉积物分别代表了湖水水动力的强和弱，也就是分别代表湖泊的高水位期及低水位时期[70]。湖泊沉积物颗粒粒度粗细变化能指示与湖泊高水位相对应的湿润气候及与湖泊低水位相对应的干旱气候：细颗粒指示湿润时期，较粗颗粒指示干旱时期[5, 70]。

在金沙遗址发现一条古河道，由于古河流受搬运营力、搬运距离和沉积环境的水动力等多种因素控制，因而可以从多方面考虑其环境指示意义。

5.3.1 古河道砂的采集

金沙遗址发现的古河道分为六层，描述如下。

第一层：灰黑色淤泥为主，下部为灰黑色粗砂层，含许多螺类；向上为灰黑色淤泥层再向上为灰色细砂层，最上部为灰黑色淤泥层，不见层理，有树干出现。取3个样品，底部见树叶、树皮。

第二层：深灰色中—细砂，具大型的斜层理。

第三层：灰—灰黄色砂，下部以灰色为主，夹黄色条带粗砂，有直径为20~30 cm的树干；向上以黄色细砂—粉砂为主，夹有黄灰色中砂层，见垂直状分布的管状物，管状物部分为黄色。见陶片、骨片。有黄色砂圈围绕树干。粗砂层见水平层理，细砂—中砂层中见小—中型板状交错层理，及大型交错层理。

第四层：灰—灰白色，下部含砾—砾质砂层，夹黑色细砂—粉砂质条带（2条），向上为中砂—细砂，见大型的斜层理。见1~2 cm陶片（比第三层的小），在渐灭处（与第五层接触处）为含砾粗砂。

第五层：从不规则冲刷面与第四层接触，为棕黄色砂层，见大量的植物碎片，大型交错层理。

第六层：为一槽状交错层理，底部见一透镜体，灰—灰白色中砂。底部为黄棕色含砾粗砂，向上为灰黄色—灰色中砂，夹黄棕色细层、大型槽状交错层理，层理出现粗—中—细砂层的韵律。

5.3.2 古河道砂的分析

粒度分析的数据，可以通过筛析法、薄片法、水力法等方法获得。所得的大量的测量数据，需用数理统计的方法加以处理，以便用来推断可能的总体性质。

常用的粒度分析的图解有直方图（或称柱状图）、频率曲线图、以及累计曲线图、概率曲线图。直方图是广泛使用的一种粒度分布的图解形式，它是以横坐标表示颗粒的大小（用φ标定，单位mm），以纵坐标表示粒度百分比，做出并排的、高低不平的矩形。如果把每个矩形顶边中点连接成一平滑的曲线，即成频率曲线图。直方图和频率曲线图有很多有点，可以一目了然地了解该样品力度分布的重要特征。我们根据所采集的13个河道砂的样品分析，得出了粒度分布百分频率直方图（图33）。

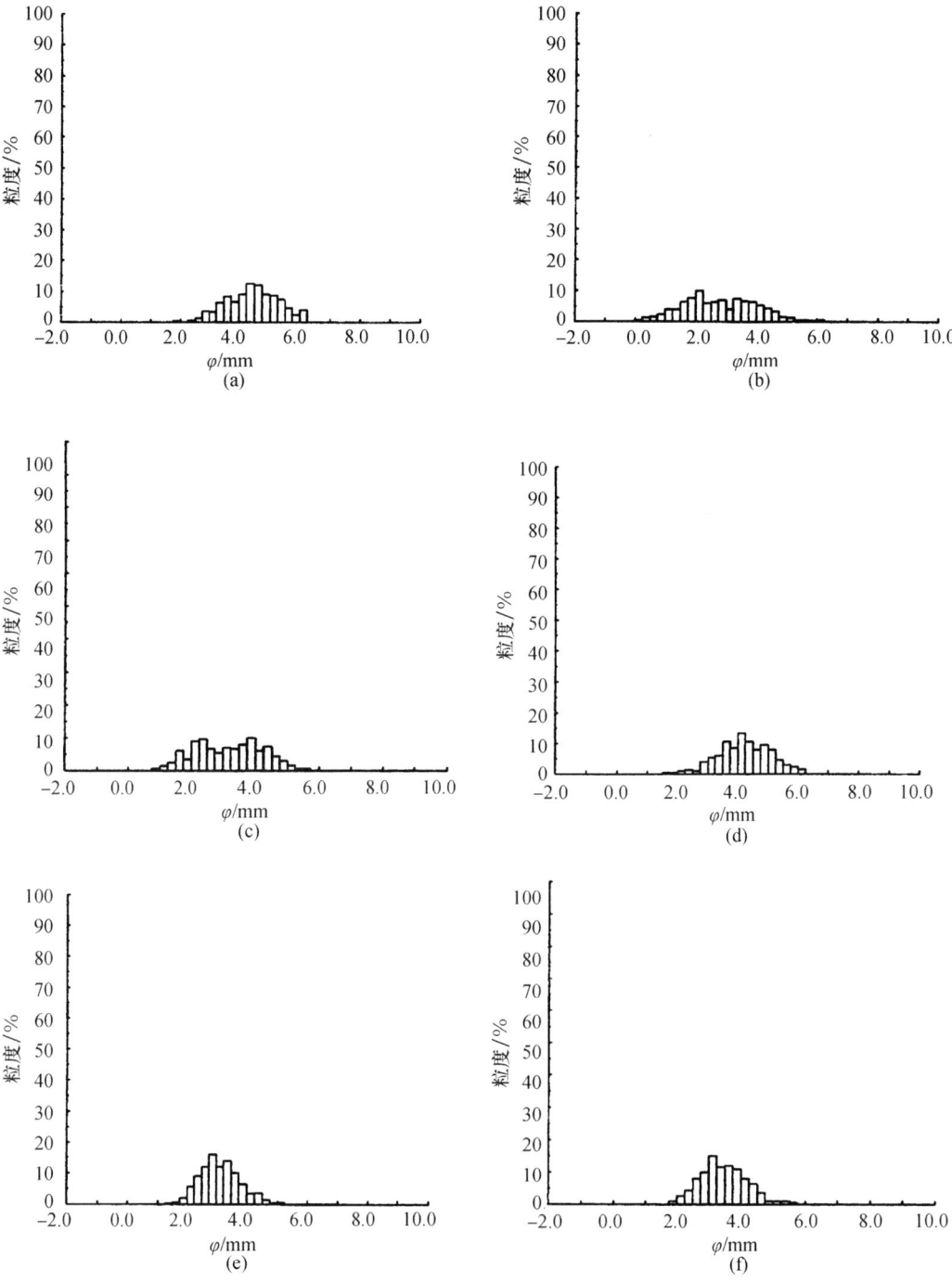

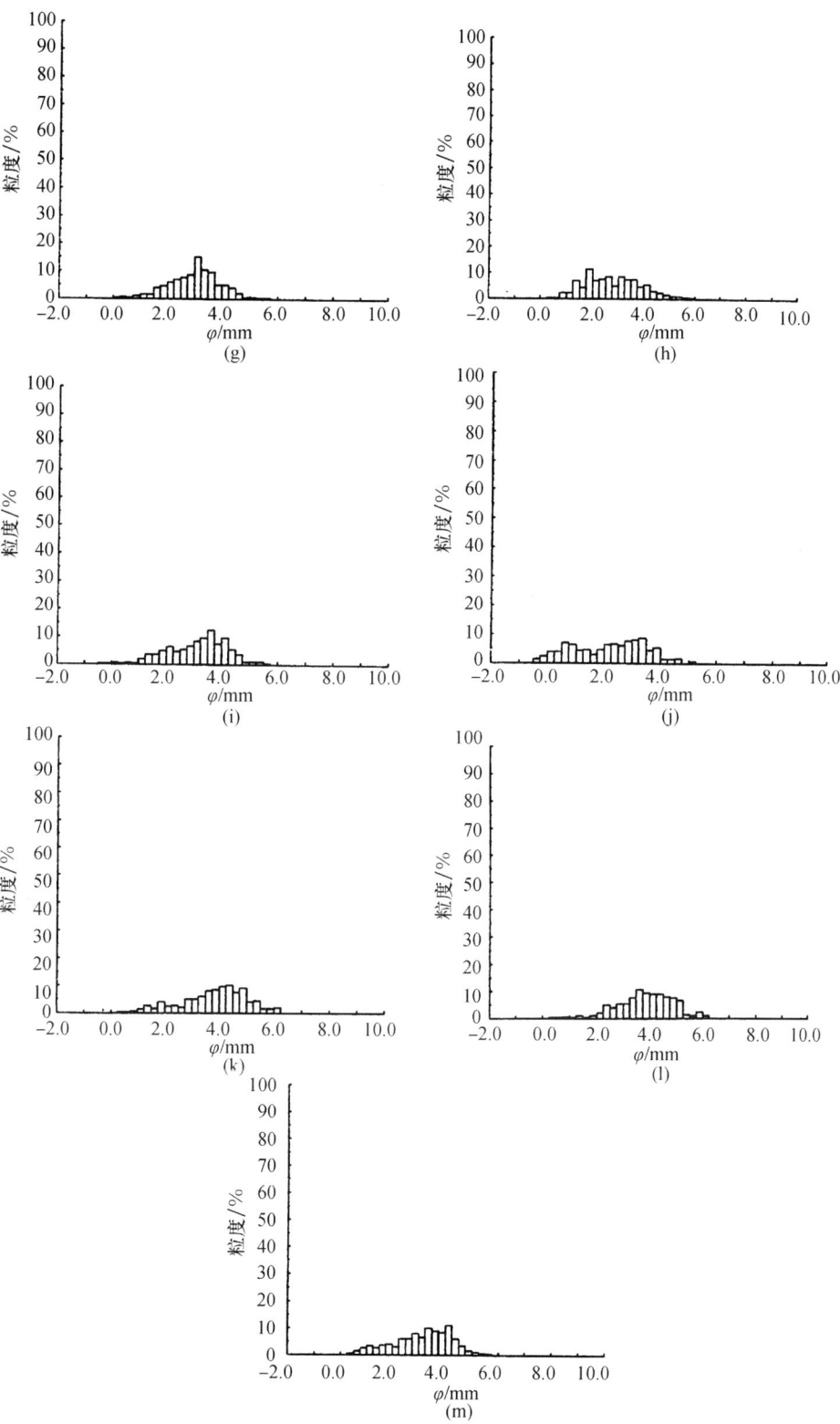

图 33 粒度分布百分频率直方图

河型分类的研究已有300余年历史，已提出十余种方案，大多着眼于河床及其动态或静态的平面特征。目前最为流行的分类方案是将其分为辫状河、曲流河、网状河和顺直河[8]。

辫状河：一种高能量河流，河道坡降大，可达1 m/km，搬运能量比较大，并以底负载的搬运形式为主，是一种低弯曲度多河道系统，河道频繁分叉汇聚，一般面宽流浅，发育河道砂坝，河道不固定，多为粗粒沉积，形成大面积连片砂砾体。

曲流河：一种较低能量河流，河道坡降较小，介于辫状河和网状河之间，流量稳定，以混合负载或悬浮负载为主，是一种高弯度的单河道系统，河道比较稳定，宽深比值低，侧向迁移明显，发育点砂坝，常发生截弯取直作用，沉积物以砂、粉砂、泥为主。

网状河：一种低能量河流，河道坡降小，一般几千米或十几千米坡降1 m，比辫状河、蛇曲河都小，沉积物搬运以悬浮负载为主，是一种低弯曲度、多河道系统，网状河道之间常被半永久性的冲积岛和泛滥平原或湿地分开，这些分隔物多由细粒物质和泥岩组成，其位置和大小比较稳定，占据河网的60%～90%面积，其河道砂体呈狭带状分布，两侧被天然堤所限。

顺直河：通常仅出现于大型河流的某一河段的较短距离内或属小型河流，并逐渐向蛇曲发展。

通过以上的直方图分析，可以看出河道砂多以细—微砂为主，砂粒较细，总体反映水动力强度不太强，应为曲流河。粒度分析结果证实其为河砂沉积、砂体的侧向加积特征证实其为曲流河（边滩）沉积。砂体中见植物叶片，树干等也证实其为河流相沉积，可见反映水动力条件和单向水流的构造，如冲刷面，大型槽状交错层理、大型板状交错层理、平行层理等。砂体中氧化铁的出现，说明其是在氧化环境中形成的。

粒度变化范围较大，但主要由砂构成，含有粉砂可能是大型河流的边滩沉积（细边滩沉积），其概率累计曲线主要由跳跃总体组成，悬移总体和滚动总体不发育，跳跃总体具有中—较高的斜率，分选中等—较好，悬移总体具低斜率，分选差，为较典型的边滩相沉积特征。

粒度特征最好作为与其他指标如孢粉分析、微量元素分析的结果相印证的辅助指标。由于古河道砂的砂粒细小，而且河道边就出露有最大的象牙堆积坑，说明当时金沙遗址的古蜀人就在河边进行祭祀活动，由此可以推测当时的河水水动力条件较弱。造成水动力条件弱的原因可能是因为当时的雨水较少造成的，这些说明金沙遗址当时的古环境有变干旱的趋势。同样，在微量元素研究中，在金沙遗址古蜀人最先生活的层位（第5层）以上，自下而上，Rb/Sr值是逐渐减小的，也可能说明了当时气候有变干的趋势，且黏土层中Na和K含量偏低，这些均可能由于气候变干，地下水位下降导致。这同这条古河流反映出的干旱条件相对应。

5.3.3 金沙遗址古环境综合分析

在以往的资料中，古蜀地区的气候属于热带和亚热带的温暖湿润气候，存在着温暖湿润和温暖干旱的气候交替的现象。据目前所获的科学材料，在亚北方期即全新世期间最酷烈的灾变气候大多均以极度干燥、伴以各种灾害天气现象为主要特征，表现出大陆气候的某些典型性特征。高山、高纬地区普遍出现冰进，中纬冰川外围的广大地域，以持续干旱为主，伴以强烈风灾和突发性洪水，古蜀地区环境亦不能例外，表现为多年性持续干旱并伴以突发性洪水的酷烈气候。据刘兴诗教授实地考察发现，以四川盆地为中心，远及广西红水河、邑江、鄂西宜昌、宜都红花套和清江流域等广大地域内，曾经发生空前规模的大面积干旱[59]。

综合以上所述，得出以下结论：

（1）在2200年之前，成都平原还有亚洲象和犀牛的广泛分布，这种温暖湿润的气候和丰富的生物资源环境，一直延续到商代。在金沙遗址出土的脊椎动物骨骼遗存中，可以确切鉴别出种类的有家马、家牛、虎、猪獾、熊、亚洲象、犀牛、水鹿、赤麂、小麂、野猪等。这些动物现今有些生活在热带地区，有些生活在热带和亚热带地区，并在自然环境中栖息，而像犀牛、亚洲象这类的脊椎动物在今天的成都平原早已绝迹。

脊椎动物组成和保存特点及其反映的自然条件，间接地反映了当时人们的生活状况。人们在森林广布、野生动物繁茂、气候温暖湿润的成都，主要从事农业、家畜饲养和狩猎活动。

（2）通过对金沙遗址^{14}C研究，得出金沙遗址的绝对地质年代为：（2930±70）~（2265±85）年。

（3）通过孢粉分析得出成都地区平原植被以草本植物占优势，局部地区为低洼的湿地，生长着大量喜湿的蕨类植物，在较高的丘陵和山地上生长着乔木。总体气候属于热带和亚热带的温暖湿润气候，存在着温暖湿润和温暖干旱的气候交替的现象。

（4）通过对微量元素和稀土元素的研究，可以得出金沙遗址广汉黏土层的形成具有同源成分特征。元素含量在剖面上部、中部和下部呈规律性变化。其中，Th、U、Ta、Hf、Rb、Zn、As、K、Na和Sr等元素含量变化是源区物质分解和沉积环境共同影响造成的。广汉亚黏土层的元素地球化学行为表明它是在变干趋势的环境中形成的，因此说明金沙遗址的古环境有变干旱的趋势。

（5）通过对古河道砂的粒度分析，可以得出当时的古河是一条反映温暖干旱环境的曲流河。

对金沙遗址的脊椎动物以及古环境的研究，大概了解了金沙遗址的古蜀人的生活环境。

距今2200~3000年，金沙遗址所处的成都平原气候温暖湿润，河流星罗棋布，平原上森林广布、野生动物繁盛，生活着大量的亚洲象、犀牛、黑熊、麂子、鹿等，人们主要从事农业生产，此外，还从事家马、家牛等家畜的饲养和狩猎活动。

中国同期总体的气候特征表现为：大多为干燥，伴以各种灾害天气现象。金沙遗址也不例外，也存在着干旱潮湿气候间或发生的现象，且在金沙遗址古蜀人早期的祭祀坑中发现数以吨计的象牙，而在后期的祭祀坑中却只发现两根残缺的亚洲象门齿。因此，我们推测，在金沙遗址的前期气候温暖湿润，适合亚洲象、犀牛等野生哺乳动物的生活，但是到了后期气候逐渐变得干旱，亚洲象和犀牛的生存受到了环境的威胁，因此数量大大减少，但是仍然存在于四川盆地。

我们知道，新石器时代晚期古蜀人就在三星堆建立了自己的王国，在这里他们的统治延续了2 000年，在2 000年后的商末周初突然在三星堆中断消失，他们到哪里去了呢？从金沙遗址出土的文物来看，成都可能是继广汉三星堆古蜀王国之后的另一个时期的都城，应当说他们把自己的政治经济的中心移到了成都。金沙遗址的发现使我们意识到，成都作为都邑并不始于战国时期蜀开明王朝的第九世君王，它至迟在商代晚期就已经成为成都平原的一大都会。根据金沙遗址的发现可以推测，成都的城市最初是在今市区的西北，由西北向东南逐渐移动和逐渐扩展，到了唐代末期才发展到了两江交汇处。金沙遗址—蜀开明王朝—秦汉的大城、少城—唐末的罗城—现代的成都城，就是成都城市发展的足迹。

致　　谢

本项目的完成得到了成都文物考古研究所和成都理工大学的大力支持和帮助。

感谢成都文物考古研究所所长王毅先生、副所长江章华先生的大力支持和帮助。感谢成都理工大学科技处和博物馆领导和同事们的支持和帮助。

除项目组主要成员外，先后参与野外和室内工作的还有刘兴诗教授、李巨初教授、蔡开基教授、陈剑助理研究员、王正新工程师和付顺博士。标本照相和标本素描工作由陆远工程师和郑薇薇技师二位同志完成。在此一并致以衷心的感谢！

参考文献

[1] 于学峰. 陕西"大荔人"遗址地区中更新世环境特征. 西安：西北大学硕士学位论文，2001.
[2] 王毅. 成都市巴蜀文化遗址的新发现. 巴蜀历史·民族·考古·文化. 成都：巴蜀书社，1991.
[3] 王立新，童国榜. 孢粉数据的回归分析方法. 数理统计与管理，1995，14（4）：27-32.
[4] 王铮，张丕远，周清波. 历史气候变化对中国社会发展的影响——兼论人地关系. 地理学报，1996，51（4）：329-339.
[5] 王苏民，冯敏. 内蒙古岱海湖泊环境变化与东南季风强弱的关系. 中国科学（B辑），1991，21（7）：759-768.
[6] 文启忠，刁桂仪，贾蓉芬，等. 黄土剖面中古气候变化的地球化学记录. 第四纪研究，1995，（3）：223-231.
[7] 四川省文物考古研究所. 三星堆祭祀坑. 北京：文物出版社，1999：300-304.
[8] 许炯心. 中国不同自然带的河流过程. 北京：科学出版社，1996.
[9] 邓涛，薛祥煦. 中国真马（*Equus*属）化石的系统演化. 中国科学（D辑），1998，28（6）：505-510.
[10] 邓涛，Downs W. 中国新近纪犀科化石的演化与气候环境变迁. 地质学报，2002，76（2）：198-198.
[11] 邓涛. 根据普氏野马的存在讨论若干晚更新世动物群的时代. 地层学杂志，1999，23（1）：51-56.
[12] 刘兴起，王苏民，沈吉. 青海湖QH-2000钻孔沉积物粒度组成的古气候古环境意义. 湖泊科学，2003，15（2）：112-117.

[13] 刘东生，文启忠，安芷生，等. 黄土与环境. 北京: 科学出版社, 1985.

[14] 刘兴诗. 成都平原古城群兴废与古气候问题. 四川文物, 1998, (4): 34-37.

[15] 刘兴诗. 四川盆地的第四系. 成都: 四川科学技术出版社, 1983: 98-126.

[16] 刘宝珺. 沉积岩石学. 北京: 地质出版社, 1981: 307-320.

[17] 刘泽纯. 北京猿人洞穴堆积反映的气候变化及气候地层上的对比. 人类学学报, 1983, 2 (2): 170-183.

[18] 朱章义，张擎，王方. 成都金沙遗址的发现、发掘与意义. 四川文物, 2002, (2): 3-10.

[19] 成都文物考古研究所，北京大学考古文博院. 金沙淘珍. 北京: 文物出版社, 2002: 60-62.

[20] 江章华. 成都十二桥遗址的文化性质及分期研究. 四川大学考古专业创建三十五周年纪念文集. 成都: 四川大学出版社, 1998.

[21] 江章华，王毅，张擎. 成都平原早期城址及其考古学文化研究//宿白主编. 苏秉琦与当代中国考古学. 北京: 科学出版社, 2001: 699-721.

[22] 江章华，颜劲松，李明斌. 成都平原的早期古城址群——宝墩文化初论. 中华文化论坛, 1997, (4): 8-14.

[23] 江富建，周朝晖，周天驹. 当代地质科学的发展与展望. 河南大学学报（自然科学版）, 1995, 25 (4): 70-75.

[24] 何志国. 三星堆文化与巴蜀文化的关系. 四川文物, 1997, (4): 13-20.

[25] 孙华. 成都十二桥遗址群分期初论. 四川考古论文集. 北京: 文物出版社, 1996.

[26] 李其华. 沉积物粒度在古环境重建中的应用. 巢湖学院学报, 2003, 5 (3): 26-28.

[27] 李复华. 从三星堆、金沙遗址出土文物看蜀文化大转移的政治意义. 中国历史文物, 2003, (5): 68-72.

[28] 何信禄. 四川脊椎动物化石. 成都: 四川科学技术出版社, 1984, 85-147

[29] 迟振卿，闵隆瑞，王志明，等. 河北省阳原盆地井儿洼钻孔磁化率、粒度反映的环境意义. 地质力学学报, 2002, 8 (1): 87-96.

[30] 沈才明，唐领余. 青藏高原南部第四纪花粉植物群及古气候. 地层学杂志, 1994, 18 (2): 124-130.

[31] 汪品先，翦知湣. 寻求高分辨率的古气候记录. 第四纪研究, 1999, (1): 1-16.

[32] 闵茂中，白南静. 地质测试样品采集及送测指南. 北京: 科学出版社, 1990: 189-190.

[33] 陈社发，邓起东，赵小麟，等. 龙门山中段推覆构造带及相关构造的演化历史和变形机制（一、二）. 地震地质, 1994, 16 (4): 404-421.

[34] 陈显丹，刘家胜. 论三星堆文化与宝墩文化之关系. 四川文物, 2002, (4): 4-6.

[35] 陈星灿，刘莉，李润权，等. 中国文明腹地的社会复杂化进程——伊洛河地区的聚落形态研究. 考古学报, 2003, (2): 161-218.

[36] 陈碧辉，李巨初，李奎，等. 成都金沙古人类遗址亚粘土层的元素特征及其环境意义. 成都理工大学学报（自然科学版）, 2003, 30 (6): 648-652.

[37] 张芸，朱诚，于世永. 长江三峡张家湾遗址孢粉组合及古环境演变. 长江流域资源与环境, 2001, 10 (3): 284-287.

[38] 张芸. 长江流域全新世以来环境考古研究——以长江三峡和长江三角洲地区为例. 南京：南京大学博士学位论文，2002.

[39] 张周良. 河流相地层的层序地层学与河流类型. 地质论评，1996，42（增刊）：188-193.

[40] 张丽娜. 莱州湾南岸平原中全新世以来古湖泊与环境演变研究. 济南：山东师范大学硕士学位论文，2003.

[41] 张瑞虎. 江苏苏州绰墩遗址孢粉记录与太湖地区的古环境. 南京：南京师范大学硕士学位论文，2003.

[42] 周昆叔. 中国科学院地学部第一次学部委员会大会文集，北京：科学出版社，1988.

[43] 范淑贤，童国榜. 山西大同地区0.8Ma以来植物群及古气候演化. 地质力学学报，1998，4（4）：64-68.

[44] 赵强，王乃昂，程弘毅，等. 青土湖沉积物粒度特征及其古环境意义. 干旱区地理，2003，26（1）：1-5.

[45] 赵殿增. 竹瓦街铜器群与杜宇氏蜀国. 四川文物，2003，（2）：46-50.

[46] 胡定. 三星堆及金沙遗址文物考古与历史考古的三个难题. 四川建筑，2002，22（3）：28.

[47] 贺晓东. 广汉三星堆遗址环境考古调查. 四川文物，1997，（4）：60-61.

[48] 唐领余，沈才明. 青藏高原全新世花粉记录微体古生物学报. 1996，13（4）：407-422.

[49] 施雅风主编. 中国气候与海面变化及趋势和影响——中国历史气候研究. 济南：山东科学技术出版社，1996：1-5.

[50] 施雅风主编. 中国全新世大暖期气候与环境. 北京：海洋出版社，1992：1.

[51] 荆志淳. 西方环境考古学简介. 环境考古学研究（第一辑）. 北京：科学出版社，1991：35-40.

[52] 钱洪，唐荣昌. 成都平原的形成与演化. 四川地震，1997，（3）：1-7.

[53] 徐毅峰. 成都盆地的新构造与区域稳定性浅见. 四川水利，1994，（3）：38-39.

[54] 袁宝印，朱日祥. 泥河湾组的时代、地层划分和对比问题. 中国科学（D辑），1996，26（1）：67-73.

[55] 袁靖，宋建. 上海马桥遗址出土动物遗骸的初步研究，考古学报，1997，（2）：225-230.

[56] 谢辉. 对金沙遗址出土部分玉器的几点认识. 四川文物，2003，（3）：60-63.

[57] 黄剑华. 太阳神鸟的绝唱——金沙遗址出土太阳神鸟金箔饰探析. 社会科学研究，2004，（1）：130-134.

[58] 黄其煦. 环境考古简介. 文物天地，1998，（1）.

[59] 傅顺，王成善，刘兴诗，等. 三星堆古文明神秘消失的环境演化研究. 成都：成都理工大学学报（社会科学版），2003，11（1）：1-6.

[60] 童国榜. 中国第四纪孢粉植物群的分布. 海洋地质与第四纪地质，1992，12（3）：45-56.

[61] 童国榜，陈云. 中国更新世环境巨变的孢粉植物群记录. 地质力学，1999，5（4）：11-21.

[62] 蓝勇. 野生印度犀牛在中国西南的灭绝. 四川师范学院学报（自然科学版），1992，13（2）：92-95.

[63] 裴文中. 中国原始人类的生活环境. 古脊椎动物与古人类学报，1960，2（2）：9-21.

[64] Blake D, Rowland F. Continuing worldwide increase in atmospheric methane. 1978-1987. Science, 1988, 239: 1129-1131.

[65] Chen Zhongyuan, Song Baoping, Wang Zhanghua, et al. Late Quaternary evolution of the subaqueous Yangtze delta, China: sedimentation, stratigraphy, palynology, and deformation. 2000, Marine Geology, 162 (2-4): 423-444.

[66] Pollard A M. Geoarchaeology: Exploration, Environments, Resources. London: Geological Society, 1999: 1-165.

[67] Glaister, Nelson H W. Grain size distributions and aid un facies identification. Bull. Can. Petro. Geo., 1975, 22(3): 203-240.

[68] Harkness D D. The role of the archaeologist in C-14 measurement//Watkins T, ed. Radiocarbon: Calibration and Prehistory. Edinburge: Edinburge University Press, 1975: 135-138.

[69] Heller F, Liu T S. Magmetostratigraphical dating of loess deposits in China, Nature, 1982, 300: 431-433.

[70] Lerman A. Lakes Chemistry, Geology, Physics. Berlin: Springer, 1978.

[71] Liu Kam-Biu, Sun Shuncai, Jiang Xinhe. Environmental Change in the Yangtze River Delta since 12000 years B.P. Quaternary Research, 1992, 38 (1): 32-45.

[72] MacDonald G J. Global Climatic Change. Global Climate and Ecosystem Change. NY: Plenum Press, 1990: 195.

[73] Marker B A, Thompson R. Paleorainfall reconstruction from pedogenic magnetic susceptibility variations in the Chinese loess and paleosoils. Quaternary Research, 1995, 44: 383-391.

[74] Scott A C, 胡益成. 古植物学和孢粉学在煤地质学中的应用. 国外煤田地质，1992, (2): 11-16.

[75] Xiao J L, Porter S C, An Z S, et al. Grain size of quartz as indicatior of winter strengthen the Loess plateau of central China during the last 130,000 yr. Quaternary Research, 1995, (43): 22-29.